大庆油田基层技术员业务培训丛书

XIUJING ZUOYE JISHUYUAN
YEWU PEIXUN SHOUCE

修井作业技术员业务培训手册

大庆油田有限责任公司人事部 ◎ 编

石油工业出版社

内容提要

本书分岗位责任、专业业务知识、综合业务知识三部分，包括基层技术员岗位职责、工作要求、修井工艺及修井作业内容、地面工用具及入井工具、井下修井设备、井控业务知识、大庆油田地质及开发知识、采油工程知识、井下作业及压裂工艺、标准化及创新工作、井下修井安全生产等内容。

本书是井下修井作业基层技术员上岗操作的实用工具书，也可作为修井作业监督人员、现场操作人员的参考用书。

图书在版编目（CIP）数据

修井作业技术员业务培训手册/大庆油田有限责任公司人事部编.—北京：石油工业出版社，2017.7

（大庆油田基层技术员业务培训丛书）

ISBN 978-7-5183-1976-3

Ⅰ.①修⋯ Ⅱ.①大⋯ Ⅲ.①修井作业–技术培训–手册 Ⅳ.①TE358-62

中国版本图书馆CIP数据核字（2017）第141102号

出版发行：石油工业出版社
（北京安定门外安华里2区1号　100011）
网　址：www.petropub.com
编辑部：（010）64269289　图书营销中心：（010）64523633
经　销：全国新华书店
印　刷：北京中石油彩色印刷有限责任公司

2017年7月第1版　2017年7月第1次印刷
787×1092毫米　开本：1/16　印张：24.75
字数：550千字

定价：62.00元
（如出现印装质量问题，我社图书营销中心负责调换）
版权所有，翻印必究

《修井作业技术员业务培训手册》
编 委 会

主　　任：赵玉昆
副 主 任：姜宝山　于长江
成　　员：董洪亮　吴景刚　全海涛　王　旭
　　　　　李亚鹏　冯国栋　刘　微　林广庆

《修井作业技术员业务培训手册》
编 审 组

编写人员：李龙飞　李铁军　王海军　方纯昌
　　　　　王晓光　桑文忠　韩　泽　姜　祎
审核人员：张永春　刘　微　宋国强

前言

　　大庆油田基层技术员是企业生产一线的主要技术力量，在生产建设中发挥着巨大的作用，其业务水平的提升是企业培训工作的重要课题。在新时期、新形势下，按照有关工作要求，为进一步提高基层技术员的基本素质和业务技能水平，按照"实际、实用、实效"的原则，大庆油田有限责任公司人事部组织编写了《大庆油田基层技术员业务培训丛书》。本套丛书紧紧围绕相关专业的工作实际，从岗位职责、工作要求、专业业务知识、综合业务知识等方面介绍了基层技术员应该掌握的业务知识，具有很强的实用性、适用性和规范性，既能作为提高基层技术员业务技能水平的培训教材，也可以作为相关专业员工自学的参考资料。

　　希望本套丛书的出版能够为各石油企业提供借鉴，为持续、深入抓好基层技术员培训工作，不断提高基层技术员整体素质和业务技能水平，为实现石油企业科学发展提供人力资源保障。同时，也希望广大读者对本套丛书的修改完善提出宝贵意见，以便今后修订时能更好地规范和丰富其内容。

编　者
2017 年 5 月

目录 CONTENTS

第一部分 岗位责任 ………………………………………………………… 1

第一章 岗位职责 ……………………………………………………… 3
第一节 地质技术员岗位职责 ……………………………………… 3
第二节 工程技术员岗位职责 ……………………………………… 3

第二章 工作要求 ……………………………………………………… 5
第一节 地质技术员工作要求 ……………………………………… 5
第二节 工程技术员工作要求 ……………………………………… 8

第二部分 专业业务知识 ………………………………………………… 11

第三章 修井工艺简介 ………………………………………………… 13
第一节 解卡打捞工艺简介 ………………………………………… 13
第二节 套管整形工艺简介 ………………………………………… 19
第三节 电泵井打捞工艺简介 ……………………………………… 26
第四节 取换套工艺简介 …………………………………………… 27
第五节 加固工艺简介 ……………………………………………… 32
第六节 封窜与封堵工艺简介 ……………………………………… 36
第七节 气井大修工艺简介 ………………………………………… 39
第八节 工程报废工艺简介 ………………………………………… 39
第九节 侧斜工艺简介 ……………………………………………… 44

第四章 井下修井作业 …… 52

第一节 常用名词解释 …… 52
第二节 识读施工设计 …… 61
第三节 常规修井工序 …… 62
第四节 修井常用数据 …… 84
第五节 修井基本计算 …… 95
第六节 常见钻具类型 …… 108
第七节 现场资料 …… 113

第五章 地面工用具 …… 115

第一节 常用井口工具 …… 115
第二节 计量器具及仪表 …… 121
第三节 高压部件工具 …… 131

第六章 入井工用具 …… 133

第一节 打捞类工具及使用注意事项 …… 133
第二节 整形类工具及使用注意事项 …… 159
第三节 磨铣类及使用注意事项 …… 166
第四节 配套工具使用注意事项 …… 173
第五节 设计简单打捞工具 …… 176

第七章 井下修井设备 …… 180

第一节 修井机基本知识 …… 180
第二节 起升设备基本知识 …… 181
第三节 井口设备基本知识 …… 187
第四节 地面环保设施基本知识 …… 193
第五节 自动化设备基本知识 …… 195
第六节 循环设备基本知识 …… 226

第八章　井控业务知识 ······ 235
第一节　井控各项管理制度 ····· 235
第二节　常用井控设备 ····· 237
第三节　井控安装操作规范 ····· 242
第四节　井控安装流程 ····· 251
第五节　井控维护及保养 ····· 252
第六节　井控现场试压 ····· 253
第七节　井控防喷演习及演习记录 ····· 256

第九章　案例分析 ······ 260

第三部分　综合业务知识 ······ 273

第十章　大庆油田地质及开发知识 ······ 275
第一节　油田地质知识 ····· 275
第二节　油田开发知识 ····· 279

第十一章　采油工程知识 ······ 288
第一节　分层注水 ····· 288
第二节　分层采油 ····· 290
第三节　油水井井口装置 ····· 293
第四节　采油工程基本概念 ····· 298

第十二章　井下作业及压裂工艺简介 ······ 303
第一节　作业工艺简介 ····· 303
第二节　压裂用新工具介绍 ····· 305
第三节　压裂新工艺介绍 ····· 310

第十三章　标准化及创新工作 ······ 315
第一节　标准化基本知识 ····· 315
第二节　质量管理体系运行 ····· 316

第三节　QC 小组操作指南 ·· 319
   第四节　技术革新操作指南 ·· 321
   第五节　案例分析—运用 QC 方法降低烧电动机事故率 ··············· 323
◇ **第十四章　井下修井安全生产** ··· 329
   第一节　HSE 基本知识 ··· 329
   第二节　单井应急预案 ·· 336
   第三节　环保控制措施 ·· 341
附录1　施工总结 ·· 344
附录2　起下钻防喷演习对标评分标准及防喷演习记录 ························· 353
附录3　大庆油田井下作业井控技术管理实施细则 ······························· 357
附录4　吉林油田公司石油与天然气井下作业井控管理规定 ···················· 370
参考文献 ··· 388

第一部分

岗位责任

第一章 岗位职责

第一节 地质技术员岗位职责

修井队地质技术员负责修井现场技术服务及管理、指导解决生产过程中的技术问题,检查现场施工质量,执行大队有关技术方面的规章制度,并宣贯到隶属各岗。

(1)负责施工井的地质资料数据情况调查,指导日常生产中地质技术工作。

(2)收集和录取各类施工井的资料数据,建立健全各种报表、台账,做好施工井总结分析。

(3)负责施工现场的质量检查工作,及时纠正违反标准的施工作业,保证按施工标准和设计施工。

(4)负责新工艺、新技术的推广应用和小队的技术革新工作。

(5)严格执行地质资料收集标准,负责施工井资料、数据的整理,编写施工总结,搞好地质分析。

(6)负责施工现场计量器具、标准文本等的管理。

(7)贯彻实施 ISO 19001 质量管理体系文件要求,收集相关数据资料,填写好记录。

(8)配合工程技术员抓好本队井控工作和员工的技术教育、培训。

(9)协助副队长做好 HSE、ISO 14001 环境管理体系运行情况的执行和认证工作。

第二节 工程技术员岗位职责

修井队工程技术员负责在主管领导指导下,依据工程质量标准落实质量管理,执行技术标准,制订现场技术措施,抓好监督检查,保证施工安全和施工质量。

(1)负责小队的工程技术工作,大修施工过程中负责作业施工现场的指挥工作,配合副队长抓好施工现场管理。

(2)按照施工设计对本队员工进行技术交底工作,确保施工的正常运行。

(3)负责现场技术措施的制定,抓好本队技术革新与新技术的推广应用。

(4)负责工程事故的鉴定、分析,提出并商讨事故处理方案。

(5)负责本队工程技术资料的收集整理,搞好技术分析。

(6)负责井控设备的安装、调试、试压与日常管理,并做好记录。

(7)负责本队员工的技术教育和培训。

(8)负责新工艺、新技术的推广。掌握生产动态,按时完成生产计划。

(9)配合地质技术员抓好 ISO 9001 质量管理体系运行情况的执行和认证工作。

(10)协助副队长做好 HSE、ISO 14001 环境管理体系运行情况的执行和认证工作。

第二章 工作要求

(1)具有良好的思想政治素质,继承发扬大庆精神、铁人精神和"三老四严"等优良传统,爱岗敬业,积极进取,有较强的事业心和责任感。

(2)文化素质应具有专科及以上学历,经过培训考核合格后上岗,特别优秀人员可做适当放宽。

(3)员级及以上专业技术职务任职资格,具有岗位相关管理和专业知识,或有相关工作经验,参加过相关专业知识培训。

(4)应具有 1 年以上工作经历,一般应有班组长层级岗位工作经历。

(5)综合素质好,身体健康,具备一定的管理沟通、团队合作和学习能力,良好的语言文字表达和常用办公软件操作能力。

第一节 地质技术员工作要求

一、质量管理

质量管理执行 Q/SY DQ0531—2011《井下作业工具用具配备规范》、SY/T 6690—2008《井下作业井控技术规程》、Q/SY DQ0534—2011《井下常规作业施工资料录取和填报项目规范》等企业标准,适用于修井队日常技术质量管理。

(1)对于施工中的重点工序,实行坐岗管理,值班干部要严肃落实责任。

(2)计量器具在保证质量过关的前提下,配备齐全,灵活好用,有检验合格证,压力表在有效期内使用。

(3)修井现场钻具摆放整齐、上桥、有标识;工具房内工具清洁、分类摆放,废旧工具及时回收。

(4)在修井机就位前,严格落实井号是否相符。

(5)队长、技术员和带班干部负责对所有施工工序进行质量监督验收。

(6)根据 QD/F1/DZ7-3-04-2013《大修施工设计》或 QD/F1/XY7-3-02-2013(QD/F1/XR7-3-02-2013)《修井施工作业指导书》和相应的质量要求选用适当的工具用具和钻具。

(7)在施工过程中,技术员负责井场设施、下井管杆、工具、材料的质量验收管理工作,发现问题及时与相关部门沟通解决。

（8）顾客提供的施工井场设施、原井管柱和下井工具及其他施工用料,在接收时进行标识和验证。

（9）施工井场及设施以 QR/F1/7-3-02《修井施工交接书》作为验证、标识记录。

（10）原井管柱及下井工具以完井管柱记录或其他相关记录作为标识和验证记录,并与原始记录深度进行核对。

（11）顾客新提供的管杆、下井工具和其他用料,以作业班报表作为标识和验证记录,记录提供产品的名称、规格型号、数量及验证状态。

（12）工序的把关及质量的检查。每道工序施工前,应向在场相关施工人员交代该道工序施工中需要注意的事项,在施工中严格按照施工设计、施工标准施工,在工序关键环节要亲自把关、亲自操作。对影响施工质量的质量点要进行经常性检查。发现问题及时处理,避免质量事故的发生。

二、资料管理

（1）施工过程中认真执行修井作业指导书进行修井作业,取全取准各项资料。

（2）施工中,按要求认真记录 QR/F1/7-3-05《修井作业班报表》和 QR/F1/7-3-04《管柱记录》。

（3）施工井搬家就位后,技术员配合副队长与顾客的接井工作,填写 QR/F1/7-3-02《修井施工交接书》。

（4）完工后,由技术员整理施工井资料,填写 QR/F1/7-3-07《大修井施工总结》,上报大队审核。

（5）副队长与顾客进行完工井交付时,填写 QR/F1/7-3-02《修井施工交接书》,经双方签字或盖章确认,履行交井手续后,技术员整理保存。

（6）现场资料由四岗位严格按照《井下作业施工资料录取项目规范》《井下作业资料填报规范》（企业标准第五册）要求录取,技术员监督管理。

（7）技术员负责对现场资料的检查、指导,保证录取的各项资料数据无差错。

（8）《修井作业班报表》由各班四岗位逐项录入,技术员负责把关,完工三天之内,地质技术员将施工总结基础资料交于本队经管员,配合经管员进行 A2 系统录入。

（9）负责管理和执行施工现场的工程、地质、质量、井控、各项培训等所有相关资料,即无纸化办公录入系统,如不具备条件应及时按要求填写纸质记录及文件。

（10）负责施工中地质资料数据的收集整理,为施工提供地质技术资料信息。

三、技术培训

以上级培训部门的实施方案为指导,技术员负责全面推进修井小队操作员工岗位培训工作,进一步强化操作员工实际操作能力,坚持普遍提高与重点培养相结合。

(1)负责计划、组织、培训修井队操作岗位、技术岗位、技术发展、安全、设备等技能训练项目培训。

(2)采取岗位练兵的方式,在修井施工现场开展技能培训,练兵场教室设立在值班房。

(3)针对安全培训,技术员配合基层队副队长、班长等岗位开展"作业许可""四票"规范填写、"写风险"汇总与填写等安全相关培训。

(4)培训形式多样化,可以框架传媒、视频参观、现场操作、座谈会讨论等形式开展培训工作。

四、标准化工作

(1)井场设施、设备布局合理,与井口距离达到规定要求。

(2)在用工具、管材必须在规定的区域内利用支架摆放整齐。支架数量要求:钻杆、套管2道;油管3道;抽油杆4道。

(3)待用及报废的工具、管材,选择适宜的区域分类摆放,下垫支架,码成梯形。

(4)待用及报废管材不得连接接头、闸阀等其他工具、配件。

(5)所有工具、管材要刺洗干净,物见本色,无污泥、堵塞等现象。

(6)所有工具、管材要采用标牌标识清楚,以防误用。

五、QC工作

QC小组工作从上级方针目标、生产管理现状入手,修井小队本着QC小组活动"小、活、实、新"的原则,围绕提高质量、降低消耗、增加效益和改善管理等方面确定活动课题。同时课题要从生产实际出发,解决生产实际入手,具有创新性。

(1)由技术员选择课题时详细填写《QC小组注册、课题申请表》。上报大队技术办,课题项目名称及内容由大队相关部门进行审核、汇总、上报分公司。

(2)选取生产实际、发明创造、管理提升等方面的基层问题,目的实现降本增效,技术员负责动员及开展QC小组的各项工作。

(3)如当年所在小队开展QC小组项目工作,需注册同时上报《QC小组注册汇总表》,未申请注册的小组和课题,不得参加分公司、油田公司级评比。

第二节　工程技术员工作要求

一、施工管理

（1）现场施工过程中修井队必须有干部值班。

（2）施工前,要严格履行交接手续,进行施工井场设施的交接,并填写施工交接书。

（3）施工现场必须备有受控的施工设计或施工作业指导书,否则不准开工。

（4）各施工工序要严格按照相关技术标准、操作规程执行,严禁偷漏工序,违章操作。

（5）修井液性能必须达到施工设计要求,并及时进行维护和处理。

（6）在施工中,除对工具名称、长度、规范,下井管柱根数、规范、深度,捞出落物名称、长度、规范、泵压、排量等正常施工的数据进行记录外,还应对出现异常情况、非常规工具规范或非常规施工时出现的现象及施工参数进行仔细的描述和记录。

（7）对于施工中出现的复杂、异常情况,根据具体情况采取相应措施。井下情况与采油厂工程设计提供的情况不符时,应及时向采油厂修井监督反映井下实际情况。对在施工中出现、发生的复杂、疑难问题,自己拿不准、解决不了的,及时向有关技术部门、人员反映情况进行沟通。

二、井控工作要求

（1）施工前从地质、工程、施工等方面做好技术交底工作并留有记录。

（2）施工过程中按照设计要求安装井控装置。

（3）井口配备与井内管柱扣型相匹配的带提升短节的内防喷工具,阀门处于常开状态且开关灵活,扳手放在井口附近适当位置。

（4）施工过程中有专人观察井口溢流情况并做好记录。

（5）起大直径工具或钻具时及时向套管内灌注压井液。

（6）所选用的防喷器压力等级、组合形式符合施工设计要求。

（7）定人定岗定时对井控装置、工具进行检查、保养,并填写详细记录。

（8）防喷器安装必须规范,各阀门灵活好用,上全上紧井控配备的专用连接螺栓。

（9）全套井控装置在现场安装完毕后,现场对井控装置进行试压,试压到额定工作压力的70%,并达到合格。

(10)防喷器开关扳手配备齐全好用,并放置在井口附近适当位置。

(11)井控装置按规定的使用周期及时更换[详细参照(21)]。

(12)各种阀门开关灵活好用,并处于正确的开关状态。

(13)现场设备的报警汽笛灵敏好用。

(14)放喷管线安装下风方向,距井口30m以外,通径不小于50mm。放喷阀门距井口3m以外,每隔10~15m用地锚或基墩固定牢靠。

(15)放喷管线靠近四通处要有总阀门控制。压力表安装在内控管线和放喷阀门之间。

(16)放喷管线转弯处要用钢弯头或钢制弯管,转弯夹角不小于120°,特殊情况可以使用90°弯管。

(17)放喷管线出口不能有其他设施或障碍物。

(18)放喷管线接在四通套管阀门上时,放喷管线一侧紧靠套管四通的阀门应处于常开状态,并采取防堵、防冻措施,保证畅通。

(19)压井管线安装在上风口的套管阀门上,入口连接活接头。

(20)"三高"井施工现场配备应急预案,施工前针对各工况进行演习。

(21)参照集团公司、油田公司井控管理相关规定及有关标准规程要求,对井控装备使用(或检测)期限规定如下:

防喷器的现场使用(或检测)期限为:防喷器3个月或25口井,气井、水平井等特殊井2个月或3口井;

旋塞阀等内防喷工具现场使用(或检测)期限为6个月。

施工中发生过井涌、井喷等情况,施工结束后立即将井控装置送回工具厂检修。

(22)修井队一岗位及以上岗位人员必须持证上岗,并且《井控操作证》要在有效期内。

(23)防喷演习一个月内每个班组不同工况至少演习1次,并做好防喷演习讲评和记录。修井班组防喷演习要求程序正确,反应迅速,关井及时,组织周密。

(24)在非三高油气井(高压、高含硫、高危地区)进行大修作业施工,由技术员或值班干部组织进行开工前井控验收,同时对施工人员进行交底。

(25)接收到《井控隐患整改消项通知单》后,必须按照措施要求,在规定的整改期限内对存在的问题和隐患进行彻底整改,并将措施实施情况及整改结果填写在《井控隐患整改消项通知单》上,反馈回大队技术办或工程队。

三、技术革新

修井小队革新工作的运行主要以革新现场为平台,针对修井工具类、机械设备类、井口环保类、信息化平台类等方面进行技术革新。

(1)修井队技术革新工作由技术员负责组织、汇总及管理。

(2)负责考察交流等活动的组织,负责项目立项、推荐、推广等工作。

(3)负责制定工作计划、日常的组织管理、项目跟踪等,负责革新创效工作的安排、分解、实施和总结。

(4)不定期召开革新专项会议,由技术员负责主持,小队革新成员及革新项目参与者参加,针对革新成果、专业技术创新、新技术工具及工艺的推广、教育培训等问题进行研究、讨论。

(5)定期组织技术革新相关技能培训,梳理历年来革新工作文件,并存档。

四、工用具管理

(1)现场修井工具应妥善保管,加强保养和维护,防止丢失。

(2)使用修井工具时应按规定要求使用,不得随意拆装,要有记录和示意图。

(3)各种下井工具应严格按照使用说明书和相关的操作标准执行,严禁超压、超温、超负荷使用。

(4)各种工具出库后需要带上护丝、搬运过程中轻拿轻放,避免损坏,因为拉运、装卸、使用不当造成工具损坏的,按工具原值赔偿。

(5)使用下过井的工具应仔细检查,保证生产安全。

(6)对各种修井工具的使用效果及时向技术办或工程技术队做器材反馈。

(7)领取工用具要执行大队相关的领取用料审批发放制度,履行审批程序,保存好领料单。

(8)按照大队修旧利废制度及时回交工具。

第二部分

专业业务知识

第三章 修井工艺简介

第一节 解卡打捞工艺简介

解卡打捞是解卡井内落物后进行打捞的工艺技术。卡钻是指油水井在生产或作业过程中,由于操作不当或某种原因造成的井下管柱或井下工具在井下被卡住,按正常方式不能上提的一种井下事故。由于卡钻事故,会使油水井的生产不能正常进行,严重时还会使油水井报废,给油田的生产和经济造成重大的损失。因而如何预防和及时妥善处理卡钻事故,对维护油田生产和提高作业水平是非常重要的。

卡钻事故按其形成的原因可分为以下几种类型:

(1)油水井生产过程中造成的油管或井下工具被卡,如砂卡、蜡卡等。

(2)井下作业不当造成的卡钻,如落物卡、水泥(凝固)卡、套管卡等。

(3)井下下入了设计不当或制造质量差的井下工具造成的卡钻,如封隔器不能正常解封造成的卡钻。

一旦发生卡钻事故,切不可盲目操作,以免卡钻事故更加严重,应认真分析研究,确定卡钻事故的原因、遇卡位置及类型,及时妥善处理。

一、测卡

(一)提拉测卡

卡钻事故发生后,确定卡点位置(即测卡)对解卡是十分重要的一项工作。在现场,测卡方法一般是利用原井下管柱测定其受某一上提拉力时的伸长量,来计算出卡点位置。

测卡时上提钻具,使其上提悬重比卡钻前的悬重多几吨,记下这时的拉力 F_1,并且在方钻杆沿转盘平面做记号 L_1。然后再用较大的力(一般增大 10~20t)上提同样记下拉力 F_2,方钻杆上的记号 L_2。两次上提力量的差 $(F_1 - F_2)$ 是上提拉力 ΔF,两次上提时在方钻杆上的记号(L_1、L_2)之间的距离就是钻杆的伸长量 ΔL。

为了准确计算,可用不同大小的拉力多提几次,量出几个伸长量,然后取拉力和伸长量的平均值进行计算,求出卡点位置 L。测卡点经验公式:

$$L = K\Delta L / \Delta F \tag{3-1}$$

式中 K——可在修井手册中根据钻具的几何尺寸及材料查得;

ΔL——平均伸长，cm；

ΔF——平均拉力，kN。

(二)利用测卡仪测卡点

卡点也可用测卡仪进行测定。测卡仪如图3-1所示，主要由以下部件组成：

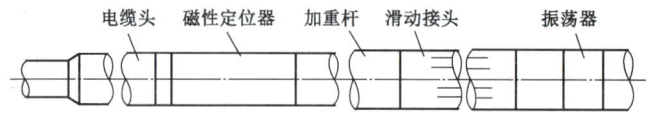

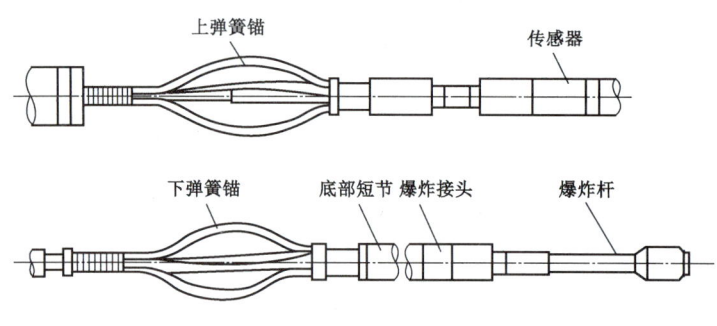

图3-1 测卡仪

(1)电缆头。电缆头是连接电缆和磁定位仪的部件，中间有导线与仪器连接形成一闭合电路。

(2)磁性定位器。与测卡仪配套使用的是小径磁性定位器，接在电缆头的下面。

(3)加重杆。测卡仪的加重杆是空心的，中间有导线，可与仪器接通电路。每根加重杆长2m，重约16kg。测卡时通常接3根，最多不得超过5根。

(4)滑动接头。内腔有呈双层螺旋弹簧的导线。内层导线接壳体，外层导线接芯子，将滑动接头与磁定位及传感器连接后即接通电路。

(5)振荡器。该电器组件接在滑动接头下部，中间有导线连通。当传感器线圈电感量发生变化时，振荡器频率也发生变化。

(6)弹簧锚。测卡仪有上、下两个弹簧锚，其中间距离是1.32m。每个弹簧锚是由4组弹簧沿圆周均匀分布，每组有两片弹簧，且用螺钉固定在定位器上。用螺旋压簧来调节弹簧的外径，并用中心杆上的定位套与定位环来固定弹簧的外径尺寸，中心杆内有导线。

(7)传感器。传感器接在两个弹簧扶正器之间，当钻柱受拉或受扭时，传感器电阻值变化。

(8)底部短节。接在弹簧支撑体下面。

(9)爆炸接头。爆炸接头在测卡仪的最下部,其下面是爆炸杆,爆炸杆上有导爆索,找准卡点后,通400V高压电,低电流引爆倒扣。

测卡仪的技术参数见表3-1。

表3-1 测卡仪与爆炸松扣装置主要技术参数

外径,mm	可测范围,mm	精度,mm/m	可用井温,℃	可耐压力,MPa	可测井深,m
50~114 油管	73~168 钻杆	0.01/1.5	150	45	3500
166~203 钻铤	114~245 套管				

测卡仪的工作原理:当管材在其弹性极限范围内受拉或受扭时,应变与受力或力矩成一定的线性关系。被卡管柱在卡点以上的部分受力时,应变符合上述关系,而卡点以下部分,因为力(或力矩)传不到而无应变,因此,卡点位于无应变到有应变的显著变化部位。测卡仪能精确地测出 2.54×10^{-3} mm 的应变值,二次仪表能准确地接收、放大且明显地显示在仪表盘上,从而测出卡点。

测卡仪的使用方法及注意事项如下。

1. 使用方法

(1)调试地面仪表。先将调试装置与地面仪表连接好,再根据被卡管柱的规范,将调整装置上的拉伸应变表调到适当的读数后(应超过预施加给被卡管柱的最大提升力所产生的伸长应变),把地面仪表的读数调到100,然后把指针拨转归零。同法调试地面仪的扭矩。这样才能保证测卡时既不损伤被卡管柱,又能准确测出正确的数据。

(2)测卡操作。先用试提管柱等方法估计被卡管柱卡点的大致位置,进而确定卡点以上管柱重量,并根据管柱的类型、规范确定上提管柱的附加力。将测卡仪下到预计卡点以上某一位置,然后自上而下逐点分别测拉伸与扭矩应变,一般测5~7点即可找到卡点。测试时先测拉伸应变,再测扭转应变。

测拉伸应变,先松电缆使测卡滑动接头收缩一半,此时仪器处于自由状态,将表盘读数调整归零,再用确定的上提管柱拉力提管柱,观察仪表读数,并做好记录。

测扭转应变,根据管柱的规范确定应施加于被卡管柱旋转圈数(经验数据是300m 的自由管柱转四分之三圈,一般管径大、壁厚的转的圈数少些)。先松电缆,使测卡仪处于自由状态,然后将地面仪器调整归零,再按已确定的旋转圈数缓慢平稳地转动管柱,观察每转一圈时地面仪表读数的变化,直至转完,记下读数值。然后控制管柱缓慢退回(倒转),观察仪表读数的变化,以了解井中情况,这样逐点测试,直到找准卡点为止。

2. 注意事项

(1)被测管柱的内壁一定要干净,不得有滤饼、硬蜡等,以免影响测试精度。

(2)测卡仪的弹簧外径必须合适,以保证仪器正常工作。

(3)所用加重杆的重量要适当,要求既能保证仪器顺利起下,又能保证仪器处于自由状态,以利于顺利测试。

二、解卡

(一)憋压恢复循环法解卡

发现砂卡后,应争取时间开泵循环。如循环不起来,可用憋压的方法,如能憋开,则卡钻即可解除。同时上下活动管柱。憋压时应注意安全,管线连接部分的螺纹、活接头应上紧,操作人员要在安全地带,以防管柱断脱伤人。

(二)喷钻法

若油管偏靠套管壁又被卡住时,用套铣筒套铣就有困难,可采用喷钻法以达到解卡的目的。喷射器采用两根 3/4in 的无缝钢管,其长度稍长于或等于被卡油管长,下部各接一朝下的喷嘴,两根管子用电焊并排连接(避免落入鱼腔内)。下钻时,距鱼顶 3~5m 处应放慢速度。遇到鱼顶应上提转动从环形空间放入,探明水泥面后上提转动从环形空间放入,探明水泥面后上提 1m 开泵循环,正常后加砂喷钻,再套铣倒扣捞出落物。

(三)冲管解卡

冲管解卡是借小直径的冲管在油管内进行循环冲洗,以解除砂堵。最下面的冲管要有切口,用于捣检砂堵和防止憋泵。冲管直径的选择与油管直径有关。$\phi62mm$($2\frac{1}{2}in$)油管内用 $\phi40m$($1\frac{1}{2}in$)或 $\phi35mm$($1\frac{1}{4}in$)冲管,如带有 $\phi50mm$ 小口时,则用 $\phi25mm$ 冲管。设计冲管时,必须考虑冲管直径与油管内径的配合及冲管自身的拉力强度。在浅井内,可下入同一直径的冲管,而在深井中,根据计算,选择复合冲管程序,如 $\phi62mm$($2\frac{1}{2}in$)油管内可选用 $\phi25mm$、$\phi35mm$ 及 $\phi40mm$ 的冲管组合成多级冲管来进行冲砂,或同一直径上部用拉力大的高强度冲管,以保证冲砂中冲管不断。当管下至距砂面 5~10m 处时,即开泵冲洗,排量一般为 12~15m^3/h,井口压力不超过 0.04MPa。冲管冲出油管鞋 4~5m 后停止加深,应做长时间冲洗,使油管外围的砂堵慢慢掉下来而被冲出地面。这样,可避免立足点管加深后砂子突然垮下来而卡住或挤断冲管。

(四)大力提拉活动解卡

当井下管柱或工具遇卡时间不长,或遇卡不很严重时,应分析遇卡原因,根据井架及设备允许负荷条件,对管柱进行大力提拉活动卡具,或快速下放冲击,使卡点脱开(井底有口袋才行)。采用此方法一定要注意管柱负荷、井架及设备能力,不能盲目乱干。而且在施工前,应全面检查井架、设备、绷绳、滑轮等各部分的安全情况等,将各部分不安全因素排除之后,方可进行施工。这对于一般轻度砂卡、盐卡、蜡卡等,往往可以解卡。

(五)长期悬吊解卡

当判明井下卡钻原因是胶皮膨胀、胶皮块卡钻情况时,可以利用胶皮受力后的蠕变性能,在井口给管柱施加一合适拉力,使胶皮卡点处受拉,在较长的时间内产生蠕变,从而逐步解卡。在这种施工过程中,应经常观察指重表上悬重的变化,如悬重缓慢下降,则说明胶皮正在蠕变,应继续补充拉力,迫使蠕动继续,直至解卡。在观察指重表变化时要记录真实变化数值,必须排除指重表等因漏失而产生的假象,为了消除假象,可以在井口做出方入标志,如指重表下降,方入有所减少则说明蠕动在进行,可继续提高拉力,反之两者不能统一,则说明是指重表管线漏失下降的假象,应具体分析后,方可进行施工作业。

(六)震动解卡

在卡点附近造成一定频率的震击,有助于被卡管柱和工具的解卡。常用的震击器类工具有上击器、下击器、加速器等。上击器接在安全接头上面,是采用液压工作原理实现上击的,其液压工作原理为锥形活塞结构,它是由锥体、旁通体、密封体和密封体油封四种零件组成。锥体可在旁通的台肩和密封体上端面之间游动。震击时,先下放钻柱,使上击器芯轴向下移动,此时锥体的下端面与密封体的上端面由于液压轴的作用而分开,上下油腔的通道开启,油流畅通,上击器处于回位(关闭)状态,芯轴继续向下移动,直到芯轴的台肩碰到密封体的上端为止,上击器完全关闭。下击器与上击器相反,产生下击的作用。下击器接在钻具下部,安全接头之上。下击器通常是在处理键槽卡钻或上提遇阻卡时使用,效果较好。使用下击器时,先上提钻杆,使下击器的壳体也向上移动,再突然把它们下放,使下击器的壳体击到下面的接头,产生一种震击力量,把受卡部分震松。

上击器操作开始时,应先小范围活动钻具,以检验震击器工作情况,步骤为:

(1)下放钻具到指重表读数小于正常下放悬重 10t 左右,使上击器关闭。震击器关闭过程,可在指重表上显示出来,指针会出现一段静止或回摆,说明上击器已经闭合。

(2)上提钻具,一般比正常上提钻具的悬重多 20~30t,刹住刹把,观察上击器震击瞬间,指重表指针摆动,钻台上可感到震动。

(3)确定上击器能正常工作后,重复以上两步动作,使震击器反复震击。并且根据井下情况制造更大的震击力,直到解除事故。在需要长时间震击时,应该每连续震击 30min,停止震击 10min,以使震击器中液压油冷却。

震击器震击效果,在操作方面,除与上提速度有关外,主要由上提拉力决定,上提拉力虽受多方面因素的影响,但在定向井中主要考虑上提、下放钻具存在的摩擦阻力,上提震击和下放关闭时应去掉这部分阻力,正确确定提放吨数。

下击器的操作可按下面步骤:

(1)在一般情况下,下击器在井下总是处于"打开"的位置,需要下击时,司钻下放钻具,除去摩擦阻力外,压在下击器上的钻压要大于事先调节的震击吨位,然后刹住刹把,观察下击器工作,下击器震击瞬间,指重表的指针摆动,井口可感动震动。

(2)需要再次下击时,首先要使下击器重新打开,即上提钻具,直到指重表上所显示的悬重证明下击器已打开,下击器直接连接在下部组合的顶部,通过过渡接头,与加重杆相连。在大直径井眼中的塔式钻具中,震击器上部有时也加有几根直径小于震击器外径的钻铤。

从要求上讲,正常钻进的钻具中,随钻震击器所安装的位置,应在钻具的中和点以上,使震击器处于拉伸状态。保持随钻震击器在正常钻进时处于打开的位置。但在定向井中,加有相当数量的加重钻杆代替部分钻铤,一般是把随钻震击器加在加重杆以下,防止震击器以上钻具遇卡,出现虽有震击器而无法工作的情况。在打捞钻具中,考虑震击器位置,应注意两个方面,一是震击器要尽量靠近鱼顶,二是震击器上部应有足够重量的钻铤。

(七)套铣倒扣解卡

先将油管倒至被卡的水泥面,用套铣筒铣去油、套管环形空间的水泥环,采用套一根、倒一根的办法,将被卡管柱起出。

(八)倒扣

找出卡点准确位置,进行倒扣作业。如果落鱼顶部被砂所埋,应先进行冲砂作业,将砂清除之后,再进行倒扣。常用倒扣工具有反扣钻杆配合相应的反扣打捞工具(如公母锥、打捞矛、安全接头等)。

(九)磨铣法

当套管内径小或被卡管柱直径较小时,可用磨鞋将被卡管柱连同水泥环磨掉。施工时,首先将水泥面以上油管设法取出,然后用平底磨鞋或凹底磨鞋磨去管柱和水泥环。

磨铣时磨鞋上部应接扶正器。磨铣一段时间后,可用磁铁打捞器或反循环篮捞净碎铁屑,然后再继续磨铣。

(十)爆炸松扣

所选择的炸药、导火索、药量必须适当,药量过大会损坏甚至炸裂钻具,过小可能松不开扣,用药量根据实践而定。

爆炸松扣的简单操作：

（1）测卡后，先将管柱上紧，将测卡仪的爆炸杆对正卡点以上管柱的第一个接箍处。

（2）按330m转动四分之三圈的经验数据反向旋转管柱（大直径的钻杆或套管，一般每320m转二分之一圈；卡点距地面较近时，转的圈数减少一点）。

（3）用高电压（440V）、低电流（1.5A）的直流电源引爆，倒扣解卡。

（4）爆炸松扣成功的典型显示：从仪器上看出断路、扭矩表读值下降、井口钻具及卡瓦震动。点火后，立即上提测卡仪约30m，静止5～10min后，再起仪器，防止仪器、加重杆外壳快速冷却淬火折断，卡住甚至切断仪器。先慢速活动上提，待摩擦力正常后，再逐渐提高速度。

（十一）切割解卡

对于被卡的管类落物或需要修理的套管，用其他方法难于处理时，常采用切割的方法处理，所使用的切割工具有机械式、聚能式和化学喷射式几类。

第二节　套管整形工艺简介

套管变形或错断后，内通径减小，针对变形和错断点以下的各种工艺技术措施无法实施，导致油气水井停产或报废，而且能引发成片套损。因此，套管变形和错断后，应采取一定的技术措施进行整形扩径，捞尽井下落物后，根据井况进行密封加固修复或取套修复，也可彻底报废后侧钻修复。套管整形扩径技术是套管变形和错断井修复的前提和基础。

一、梨形胀管器冲胀整形

（一）工艺原理

胀管器工作面部分为锥体大端，当钻柱施加给胀管器工作面大端以 P 力时，其锥体大端与套管变形有部位接触的瞬间所产生的侧向分力 F 直接作用挤胀、冲胀变形部位。钻柱施加给工具的 P 与钻柱质量、下放速度和下放距离、井内介质密度有关。所以：

$$P = \frac{1}{2}Mv^2 \qquad (3-2)$$

则

$$F = \frac{P}{2}\tan\frac{\alpha}{2} \qquad (3-3)$$

式中　　M——钻柱质量,kg;

　　　　v——钻柱下放速度,m/s;

　　　　$α$——胀管器锥角,(°)。

将上式推理,则

$$F = \frac{Mv}{\tan\alpha/2} \qquad (3-4)$$

因此可知:挤胀力 F 与钻柱质量成正比,与下放速 v 的平方成正比,与锥半角 $α$ 成反比。所以,当工具锥角大于30°时,钻柱质量不变而下放速度越快则整形冲胀力越大。为施工安全起见,下放速度应严格控制。所以一般以增加钻柱质量即增加钻铤数量来提高钻柱质量 M,使冲击挤胀力增大。

(二)工艺过程

(1)套管变形井段深度、变形尺寸、形状等应清楚、准确。

(2)首次整形应选用大于变形尺寸2mm 的胀管器。

(3)胀管工作管柱结构(自下而上)为:胀管器、安全接头、钻铤、钻杆柱。

(4)工具下至变形井段以上 1～2m 时,开泵循环工作液、洗井,记录钻柱悬重。

(5)下放钻柱,预探变形井段顶点。在钻柱方余长度上做记号。

(6)根据钻柱及配重钻铤数量确定计算出上提的冲胀高度,以一定的下放速度下放钻柱冲击胀管。一般正常情况下上提冲胀距离不大于2m,当记号距井口(自封面)10～30cm 时刹住车,利用钻柱惯性伸长使胀管器冲击、挤胀变形井段。如此反复,直至工具能顺利通过变形井段、上提无夹持力。

(7)更换下一级差胀管器、重复上述动作直至整形完成。

(8)冲胀力不够时,应增加开式下击器、增加钻铤根数来增大钻柱质量,不应提高冲胀距离和增加下放速度。

(9)同一级差的工具未能有效通过变形井段时,应更换小一级差的工具整形。

(10)一般情况下不得越级差选用工具。

二、旋转震击整形

(一)工艺原理

旋转式震击整形器在钻柱旋转带动下,整形器的锤体同整形头间的凸轮面产生相对运动,锤体带动钢球沿环形槽抬起。经旋转一定角度后,凸轮曲面出现陡降,被抬起的锤体下降,砸在整形头上,给变形部位以挤胀力。由于锤体、整形头端面的凸轮轮廓面为三个等分的螺旋面,所以钻柱每旋转一周可发生震击三次。

震击力的大小由钻柱本身质量、凸轮螺旋曲面高度决定。高度越大,钻柱向下冲击行程越大。在工具不变情况下,增加钻柱质量(即增加配重钻铤数量)可增大冲击力。加快钻柱旋转圈数也能起到较好的冲击整形效果。

(二)工艺过程

(1)工具规格尺寸选择应与套变部位相适应,不可超越整形级差太多。锤体和整形头间的转动、上下窜动等应灵活,水眼应通畅。

(2)整形钻柱结构(自下而上)为:整形器、钻铤、开式下击器、钻杆柱。

(3)工具下至变形点以上 1~2m 时,开泵循环工作液洗井,记录钻柱悬重。

(4)下放钻柱,使工具与变形部位顶部接触,钻压稍大于所加钻铤重量。

(5)上提钻柱,使悬重处于钻柱悬重减去钻铤重量,然后再稍上提 100~150mm,稍拉开下击器即可。

(6)旋转钻柱,整形器开始旋转震击整形。注意转速不超过 20r/min。

(7)当旋转扭矩明显降低或无扭矩时,整形器已通过变形井段,此级别的整形即完成。上下划眼 3~4 次。

(8)更换下一级差整形器,重复上述动作要求完成整形。

(9)若变形井段长度大于下击器拉开行程,钻柱整形旋转扭矩降低或已无扭矩,不应停转,下放钻柱使整形器接触到变形部位,然后继续整形。

(10)整形器与开式下击器、钻铤配套使用。用钻铤为整形器提供冲击重力,用下击器拉开的行程消除凸轮曲面以上钻柱全重对工具旋转的摩擦加重阻力。

(11)钻柱及工具旋转前的上提拉开下击器非常必要。否则全悬重加在整形器凸轮曲面上旋转时立即会将工具磨损。

(12)每次使用后,检查工具磨损情况,钢球、环形槽无磨损则可,再用凸轮曲面严重磨损则必须更换。

三、偏心辊子整形

(一)工艺原理

当钻柱沿自身轴线旋转时,上、下辊自身轴线做圆周运动,而中辊轴线由于与上、下轴线有一偏心距,必绕钻柱中心线做圆周运动。这样就形成一组曲轴凸轮机构,形成以上、下辊为支点,中辊为旋转挤压的形式对变形部位套管进行碾压整形。除此之外,当工具在变形复杂的井段内工作时,由于变形量的不同,上、下辊与中辊又可以互为支点,而各支点的阻力各不相同,因此具有偏心距 e 的偏心轴旋转时,在变形量小、阻力小的支点处,辊子边滚动边外挤。在变形量大阻力也较大的支点处,偏心轴与辊子间产生滑动摩擦运动,对变形部位向外挤胀。

因而,偏心辊子整形器具有滚动碾压功能,在钻压下辊子外部还对变形部位有向下挤胀作用。

(二)工艺过程

(1)检查各辊子尺寸应符合设计整形量对辊子尺寸的要求,辊子孔径与轴的间隙应不超过0.5mm。

(2)工具安装后,用手转动辊子应灵活无阻滞,上下滑动辊子窜动量不大于1mm。

(3)钢球装口丝堵应紧固,锥辊转动灵活无卡阻。

(4)工具内充满润滑脂。

(5)连接工具入井,整形器之上应加装安全接头。

(6)工具下至变形部位以上1~2m时,开泵循环工作液,记录钻柱悬重。

(7)洗井正常后,启动转盘空转钻柱,转速不超过20r/min。无异常后,缓慢下放钻柱,转动不停。锥辊、下辊逐渐进入变形部位,转盘扭矩将明显增大,此时保持缓慢下放直至工具通过变形(整形)部位。

(8)上提、下放钻柱,用较高的转速反复划眼,直至工具能顺利通过变形点无夹持力。

(9)视整形量和整形结果是否符合要求,酌情更换大一级别的上、中、下辊再次整形,直至达到设计要求。

(10)必要时整形器之上配加重钻铤和开式下击器,恒定进给钻压。

(11)旋转转速一般不超过40r/min。

四、三锥辊套管整形

(一)工艺原理

三锥辊套管整形器随钻柱旋转和所施加的钻压进入套管变形部位,锥辊随芯轴转动并绕销轴自转,对变形部位套管进行挤胀、碾压,在钻压和钻柱转动作用下,套管变形部位不断被挤胀、碾压而逐渐恢复通径。因套管材质原因,套管变形段对工具有弹性反力,锥辊最大直径通过变形段后,对长锥面反弹作用力因距离大而不起作用,而对短锥面有反弹力。但钻柱不断转动和锥辊的自转,对恢复段继续辊压,在工作液的循环冷却下,弹性反力逐渐消失,被整形复位的通径则保持不变。钻柱、工具不断转动和下压,整形效果则越来越明显。

(二)使用方法、要求

(1)整形器各连接、销定部位完好,润滑脂充足。

(2)工具下至变形部位以上 1~2m,开泵循环工作液,记录管柱悬重。

(3)旋转下放钻具,使整形器缓慢工作。

(4)锥辊接触变形部位时,悬重下降,此时钻压应保持在 20~50kN,转速控制在 20~40r/min 间。

(5)悬重下降、扭矩减少,工具已通过变形部位,此时应上下划眼 3~5 次至工具无夹持。

五、磨铣整形

(一)工艺原理

磨鞋底端及外侧堆焊 YD 型硬质合金粉或颗粒不规则的合金块,有利于切削磨铣。在钻柱转动及钻压下,磨鞋旋转对落鱼进行切削或对断口套管磨削,随钻压加大,YD 型硬质合金或其他硬性材料将吃入并磨碎落鱼或断口,磨屑被洗井工作液冲出。

(二)工艺过程

使用方法基本同铣鞋、套铣筒。磨鞋中间水眼直径较小,注意保持水眼通畅,循环时泵压可能较高,但一般不应超过 15MPa。

无进尺或进尺缓慢,可提起工具 0.5~1m,然后快速下放顿击工具,使 YD 型硬质合金颗粒块(尖)被击断(碎),重新露出峰齿,磨铣切削速度可加快。

六、燃爆整形

(一)工艺原理

将具有一定综合性能的炸药药柱用管柱或电缆送到井内预整形复位(扩井)井段后,经校深无误,投撞击棒或接通电源,引爆雷管炸药。炸药爆炸后产生的高温高压气体及强劲的冲击波在套管内的介质中传播,当冲击波和高温高压气体达到套损部位套管内表面时,则产生径向向外的压力波。这种压力波使套损井段的套管向外扩张,从而达到整形复位的目的。

(二)适用范围

一般用于以下井况:

(1)变形最小通径在 ϕ95mm 以下。

(2)错断断口通径在 ϕ70mm 以上。

(3)井内压力低于 36MPa。

(4)井内压井液密度小于 1.8g/cm³。

(5)井内温度低于 80℃。

(6)变形、错断点以下 2~3m 内无落物。

(7)错断井管外无坍塌。

(8)错断井上、下断口相对位移低于 0.3m。

(9)变形、错断部位以上套管无严重弯曲。

(10)因补贴加固管直径限制、爆炸焊接管材质限制等因素,目前爆炸整形复位扩径只限 5½in(ϕ139.7mm)套管系列内。

(三)工艺过程

燃爆整形工艺比较复杂,对于有落物的变形井、错断井施工难度相对较大。

(1)洗井。

油井洗井,工作液温度≥70℃。

水井放溢流降压,放溢流排量≤0.5m³/min。

(2)压井。

(3)安装作业井口、钻台、转盘。

(4)起原井管柱。

(5)打印核对落物结构、鱼顶状况。

(6)打捞落物。

(7)打印核对套损状况及深度。

① 落物处在套损部位时,可将落物下击让出套损点 2~3m。

② 落物下击无效时,可钻磨落鱼,务必使套损井段让出至少 2~3m。

③ 打印核实套损井段状况。

(8)修整套损井段。

① 印痕不清或套损井段通径形状不利整形扩径工具通过则修整套损井段。

② 用梨形胀管器或铣锥对套损井段的变形错断口进行修整,务必使通径规整,达 75mm 以上,整形扩径工具能顺利通过。

③ 套损井段修整后,用铅模通过。

(9)检测核实套损井段的变形、错断情况。

用井径仪、彩色超声波成像、铅模等,检测套损井段状况,为布药方式、引爆方式选择提供依据。

(10)药性、药量及引爆方式选择。

根据套损井段的变形错断情况检测结果,合理正确选择炸药药性,然后根据公式计算药性药量。确定之后,选择布药方式及装药结构,最后选择引爆方式。

(11)组装整形扩径工具。

(12)下整形扩径工具。

① 电缆连接入井。

② 油管柱或钻杆柱连接入井,螺纹涂密封脂,旋紧扭矩不低于2800N·m,管柱内外必须清洁,无油污以免撞击棒投不到位。

(13)引爆雷管炸药整形扩径。

① 电缆连接入井则接通电源引爆。

② 油管、钻杆柱连接入井,则投撞击棒撞击引爆,或等候定时点火引爆。

(14)起出引爆用连接电缆或油管、钻杆柱。

(15)检测整形、扩径效果。

① 用彩色超声波成像仪检测。

② 用井径仪检测。

③ 用铅模检测。

以上可全部采用或选一种。

(16)通井。

① 用通井规通井。

② 用铅模通井。

(17)冲洗碎弹片等。

如通井顺利,则可进行下步打捞。如通井不顺利,则应冲洗碎弹片,修整爆炸后的套损井段,直至通井规能顺利通过。

(18)打捞套损点以下落物。

(19)通井至人工井底。

(20)检测整形井段,为下部加固方式选择及加固管选择提供依据。

(21)施工要求:

① 套损井段以下落物应处理干净,或下击落物,让出套损井段2~3m,为工具通过套损井段创造必要条件。

② 套损井段的变形、错断状况检测非常重要,必须认真执行。

③ 药性、药量、布药方式、引爆方式选择必须准确无误。

④ 整形的装药药盒中心尽量与井眼套管轴线重合,错断井的扩径炸药应使药盒中点与错断口中间对正。

⑤ 引爆时,井口周围50m范围内无非操作人员。

⑥ 引爆30min后,无异常,可起出电缆或油管、钻杆柱。

⑦ 引爆无显示,或出现哑炮,应由专业人员处理,其他人员撤离井口50m以外。

⑧ 采用定时引爆的管柱应在规定的时间内将管柱下入设计井段。

第三节　电泵井打捞工艺简介

电泵打捞是针对电泵井内打捞泵、电缆及电泵井其他落物的工艺技术。

一、施工步骤

(一)压井

根据潜油电泵井采油管柱的泄油阀深度,压井液密度按下式计算:

$$\rho_{wk} = 102 p_{ws}(1+50\%)/H_0 \quad (3-5)$$

式中　ρ_{wk}——压井液密度,g/cm^3;

　　　p_{ws}——施工前三个月内的静液压力,MPa;

　　　H_0——油层中部深度,m。

压井液黏度在 55~65s 范围内,失水量小于 4mL/min,含砂小于 2%,采用循环压井法压井一周。

(二)安装井控装置

压井后卸掉采油树,安装井口,并在井口 3~5m 处安装缠绕电缆的滚筒,将地面电缆缠绕在滚筒上。

(三)试提

对存在原井管柱的井,用油管短节与原井油管连接后试提管柱,试提负荷不超过 300kN。若试提行程在 1~1.5m,悬重无变换,说明管柱无卡阻,可将潜油电泵起出;若试提时悬重有明显变化,说明管柱有卡阻,需进行解卡打捞。

(四)处理卡点以上的管柱和电缆

下机械式内割刀到卡点以上 2~4m,将油管切断。起出割刀,正转油管管柱 10~20 圈,将电缆缠绕在管柱上,尽量使电缆在断口处拔脱,然后将油管和电缆一并起出。

(五)处理套损点

(1)下 ϕ118mm 铅模打印,检测井内鱼顶的真实状况,如有电缆,则下活齿外钩将电缆捞净。

(2)若卡阻类型为死油、死蜡卡,可用热水进行热洗清蜡,循环挤入 70~80℃ 的热水,使之融化,卡阻即可解除。

(3)若为砂卡或小件落物卡,则需下薄壁、高强度套铣筒套铣砂子或小件落物,并通过循环液将其带至地面,清理油管和套管之间的环空,然后根据鱼顶状况选下合适的打捞工具;若套铣一次不能解卡,可分多次套铣、打捞,直至将潜油电泵全部捞出。

(4)若卡阻为套管损坏卡阻,则先下击落物,让出套损部位,用整形工具对套损部位整形扩径至 $\phi120mm$,再下合适的打捞工具,将井内落物全部捞出。

(六)打捞电泵机组

打捞潜油电泵机组以上管柱时,应尽量在电泵机组上留出 1~2 件井下工具,为打捞电泵机组留出抓捞的余地;若电泵机组上没有井下工具,则需下电泵卡瓦捞筒,必要时还需套铣,可选用 $\phi101mm$ 套铣筒进行套铣,套铣进尺 20~40cm 后,用特殊母锥或电泵捞筒进行打捞;一次不能将机组全部捞完,则进行多次套铣、打捞,直至将电泵机组全部捞出。

(七)通井

潜油电泵机组全部处理完毕后,用通井规通至人工井底。

(八)完井

按采油厂要求下入完井管柱,安装井口、替喷、收尾。

二、注意事项

(1)施工前首先将施工井井史资料查清,如井下电泵、电机、管柱结构以及规格尺寸。

(2)根据井下技术状况编写施工设计,按设计要求准备各类专用工具。

(3)每一道施工工序严格按照设计进行,选用工具必须符合井下技术状况要求。

(4)每次打捞都要详细描述捞出落物的数量、规范,以便对下一步打捞提供依据。

第四节 取换套工艺简介

利用取换套技术修复套损井,可完全恢复套管内通径,完井指标和新井相同,能够满足各种分采、分注措施的要求,是最彻底的一种套管修复方法。

一、工艺原理

利用专用的套铣工具(套铣钻头、套铣筒等配套工具),钻铣掉部分原井眼井壁和固结在 $5\frac{1}{2}$in 套管壁上的水泥环,利用专用套管割刀将套损点以上及其以下适当部位割掉并捞出,然后下入新套管,利用补接专用工具进行新旧套管的对接。根据施工井的具体情况可采取先处理套损点及井内落物后取换套管,或先取换套管后处理套损点及井内落物的方法施工。

二、钻具结构

$\phi 290 \sim 300 mm$ 套铣头 + $\phi 219 mm$ 套铣筒 + 特制连接变扣头 + $\phi 219 mm$ 六方方钻杆。如图 3-2 所示。

该套钻具的优点是强度大,安全系数高(螺纹抗拉力为 4586kN,抗拉扭综合应力为 386MPa,900m 套铣安全系数为 1.8);钻具内通径较大,切割、打捞、断口引入以及鱼头修整和补接等工序都可在套铣筒内进行,一趟钻具可连续套铣至设计井深,避免了频繁起下钻具引起的井壁坍塌和丢鱼等工程事故。

三、专用工具及配套技术

(一)套铣头

该技术配套的套铣头有 I 型和 II 型两种。

I 型套铣头是一种集套铣岩层、水泥环和管外封隔器、扶正器为一体的多功能套铣钻头。结构尺寸为:$\phi 290mm \times \phi 190mm \times 300mm$。其齿外缘采用 PDC(聚晶金刚石)保径,内缘用 CBN(立方氮化硼)保径。负切削角 α 和圆弧流线型齿底设计(如图 3-3、图 3-4 所示),采用的 CBN 削铣新材料的削铣效率较常规 PDC 提高 50%,削铣后封隔器残体规则,可以从套铣筒内顺利捞出,较好地解决了管外封隔器和扶正器的处理难题。

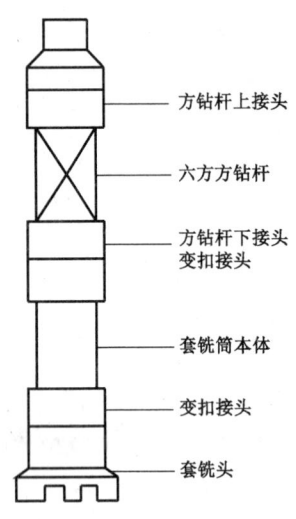

图 3-2 钻具结构示意图

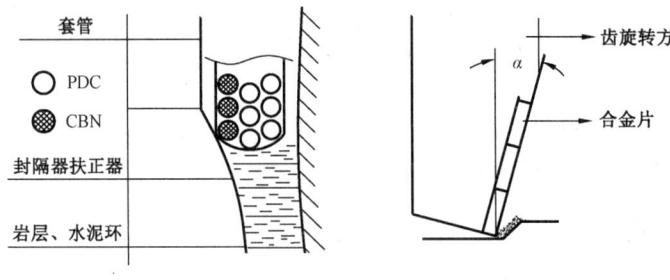

图 3-3 切削示意图

Ⅱ型套铣头用于处理套损部位,实现下部套管引入。主要用于严重错断井断口引入和防丢鱼。结构尺寸为:$\phi280 \times \phi190 \times 310$mm。其底部设计为二齿流线型套铣头状,外体有两道循环沟槽;内腔为喇叭口状,这种喇叭口状结构具有修鱼收鱼作用;外部两道循环槽与底槽相连,有利循环。采用YD合金将套铣头铺成流线型扩口,使套铣头的刮削变为引入研磨,磨铣不规则鱼顶平稳、不蹩钻,避免了对下部断口的工程破坏,保证鱼头规则完整不丢失,可以较好地解决因套损严重,无法实施加固及示踪导致的丢鱼问题。如图3-5所示。

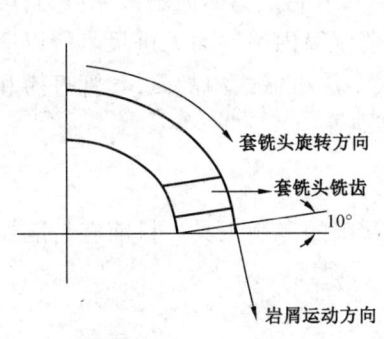
图3-4 刮削和剪切示意图

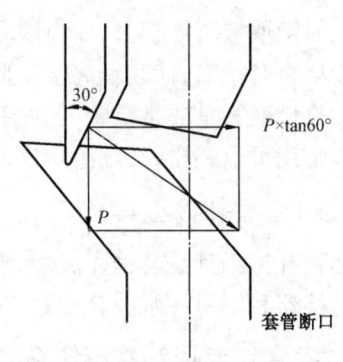
图3-5 Ⅱ型套铣头修鱼引入示意图

(二)套铣筒

套铣筒基本结构形式如图3-6所示。本体采用API标准 8⅝in 套管,钢级P-110,壁厚11.43mm,内径 ϕ196.2mm。螺纹抗滑扣3900kN,螺纹综合应力386MPa,安全系数1.8,既满足了5½in套管的管外复杂套铣,又满足套损部位的引入处理需要。

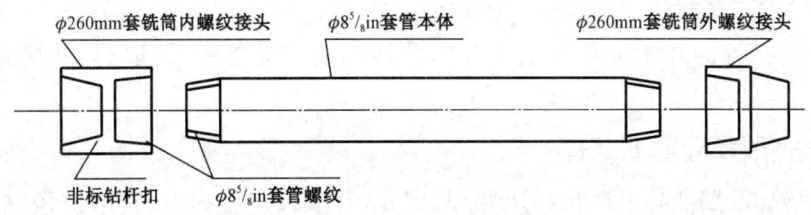
图3-6 套铣筒示意图

(三)六棱方钻杆

六棱方钻杆:外径 ϕ219mm,内径 ϕ190mm,长度12m。如图3-7所示。其六方结构较原四方结构扭矩传递均匀,预防扭伤钻具;缩小了外径,使之与现有设备配套,在外径缩小内径不变的情况下,强度不减,整体抗弯曲能力强。

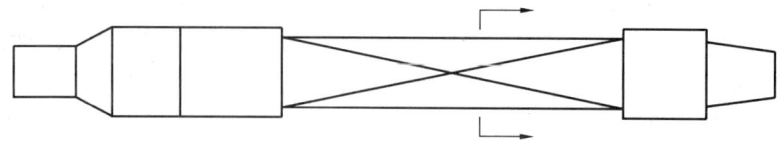

图 3-7 六棱方钻杆示意图

(四)套管切割打捞工具

适时割取被套铣套管,以免因套铣筒内套管过长造成弯曲后增大摩擦力,影响循环而堵塞套铣筒,使套铣筒被卡阻而扭断或套铣筒内堵塞而无进尺。所以适时切割和打捞套管是非常重要的。切割套管一般常用机械式内割刀,套管打捞和倒扣一般常用可退式捞矛、三滑块捞矛、公锥和母锥等。

(五)套管补接工具

套管补接工具是套铣完成后,连接新旧套管串的专用工具。目前有封隔器式套管补接器和铅封注水泥补接器。

(六)套铣专用钻井液体系

深部套铣岩层主要是泥页岩,造浆性和膨胀性对取套钻井液的调配造成一定难度;钻遇 200m 左右水泥环中大量 Ca^{2+},极易产生钙浸,使钻井液失水量增大,切力上升,以至失去流变性。钻井液性能变差,导致井壁坍塌、吸附卡钻、丢失鱼头等工程事故。

套铣钻井液体系应具有摩擦系数低、抗钙浸性能好和良好的剪切稀释性,能有效地预防井壁坍塌、吸附卡钻等工程事故的发生。

四、施工方法

取换套管的施工操作一般可分为取换套前期准备、套铣取套、补接完井三部分。

(一)取换套前期准备

取换套前期准备工作包括压井、起原井管柱、核定套损点、整形扩径、打捞落物、通井、丢手填砂、打井口导管、安装钻台、配制套铣工作液等工序内容。

(二)套铣取套

1. 套铣

套铣深度为套损点以下第 2 根套管接箍以上 2m(如果采取对扣补接,套铣深度应在套损点以下第 2 根套管接箍以下 2m)。套铣参数见表 3-2。

表 3-2 套铣参数

套铣井段	钻压,kN	转速,r/min	排量,L/s
裸眼段	20~80	80~120	25~28
封固段	30~100	80~120	28~30

套铣钻具结构:ϕ300mm 套铣头 + ϕ219mm 套铣筒 + ϕ219mm 六棱方钻杆。

2. 取套

下入内割刀和打捞工具分次切割打捞套管,最后将套损点以上套管全部取出。一般每套铣进尺 80~120m 取套一次。

3. 冲砂打捞

冲砂捞出丢手管柱。

4. 打捞套管

切割并打捞出套损点至补接点井段之间的套管。

5. 修整鱼头

下入 ϕ140mm 空心磨鞋,修整套管鱼头,直至满足补接要求。

(三) 补接完井

采用封隔器式套管补接器或铅封补接器进行新旧套管补接。

1. 对接

管串下至套管端面以上 2~3m 时,开泵循环冲洗鱼顶,记录管串悬重;缓慢下放并正转管串,将套管鱼头引入工具引鞋内(悬重下降 1/3 为止);上提管柱,负荷增加 80~100kN,开泵试压 10~20MPa,5min 压降不超 0.5MPa 为合格。

2. 固井

下放管柱,打开注水泥通道,注水泥固井,水泥浆返至设计井深,误差不超过 20m。上提管串,负荷增加 100kN,保持负荷候凝 48~72h。

3. 试压

试压井段为井口至补接点以下 2m,试压管柱为:丝堵 + ϕ62mm 油管 + K344-113 封隔器 + 喷砂器 + ϕ62mm 油管 + K344-113 封隔器 + ϕ62mm 油管短节。清水试压,压力 15MPa,30min 压力下降不超过 0.5MPa 为合格。

4. 安装固定井口

调整好最后一根套管,用螺纹连接,不允许焊接,上提拉力超过新下套管悬重 4~5kN,固定井口。本次施工后套补距不变。

5. 打水泥帽

井口打水泥帽不少于 40m,返至地面。固井及候凝期间套管始终保持 4~5kN 的上提拉力。

6. 通井

下 φ118mm×5m 通井规通井至人工井底。

7. 替喷

光油管下至人工井底,清水 30m³,正循环替出井内修井液。

8. 完井

下 φ62mm 油管完井,安装井口采油树。

9. 收尾

装井口,收尾,交井。

第五节　加固工艺简介

对变形、错断的套管经整形扩径打开通道,捞尽井内落物后,可以进行加固修复。加固修复的优点,一是防止套损井段复位通径减小;二是保持套管井眼有基本通道;三是密封加固能防止套损井段进水成为成片套损源;四是修复成本低。加固修复的缺点是加固后井眼内通径减小。

一、不密封式丢手加固

(一)工艺原理

加固管上部连接丢手悬挂装置,投送管柱送至整形扩径井段后,投球打压,使悬挂装置中的防掉防顶卡瓦张开,紧紧咬住套管内壁,同时丢手接头在压力作用下脱开,与投送管柱一起起出,加固管及悬挂装置则留在需加固的井段中。

(二)操作方法

(1) 用模拟筒进行模拟通井,保证加固装置的顺利下入。
(2) 下入加固装置,使加固管位于套损井段正中。
(3) 投球打压 12~15MPa,使加固器卡瓦张开,紧紧咬住套管内壁,加压至 20MPa,剪断销钉,起出丢手接头和投送管柱。

(三)适用范围

丢手不密封加固因加固管与套管壁之间有一定的间隙,其上部的悬挂装置也是卡瓦起作用,不能实现环空密封。因此,多用在套管变形井的加固,注水井套管错断整形扩径后,一般不宜使用该方法加固,因注入水仍将会从加固处漏失,成为新的套损源。

二、液压密封加固

(一)工艺原理

利用液压传递原理将地面泵车提供的压力,通过动力工具内的导压孔作用于其活塞上,活塞向上运动,缸体相对向下运动,产生两个大小相等、方向相反的作用力,推动上下胀头工作,将加固管两端的特制胀体挤贴到套管完好处,达到密封加固的目的,上提管柱拉断连接套,完成丢手工作。

(二)操作方法

(1)模拟通井:下入 $\phi 118mm \times 3000m$ 或 $\phi 114mm \times 8000m$ 通井规模拟通井,保证整形扩径后的套损部位无夹持力。

(2)测井:对套损井段进行 X – Y 井径测井,根据测井曲线选择上下加固点和加固器。

(3)校深:用油管将加固器送至加固井段,并进行磁性定位测井,校正加固点的位置。

(4)加固:注水打压缓慢升至13MPa,稳压10min进行密封加固并拉断丢手连接套。下放管柱,钻压20~30kN如管柱遇阻,证明丢手成功。

(5)试压:下入试压管柱。管柱结构为油管 + K344 – 95 封隔器 + 喷砂器 + K344 – 95 封隔器 + 尾管 + 丝堵。对加固井段进行试压,注水试压15MPa,稳压30min 压力不降为合格。

(三)适用范围

液压密封加固器适用于:
(1)破损井段小于10m 的井。
(2)适合活性错断或非活性错断井。
(3)适合于断口吐砂井。
(4)适合单段或多段加固井。

三、燃气动力加固

(一)加固器结构

燃气动力密封加固装置由下到上分别为:导引器、下锥、下锚、加固管、上锚、上锥、双级气缸,内部贯通中心拉杆。中心拉杆下端与下锥靠卡簧锁住,上端与气缸连接。当施加拉力达到设计拉力时,中心拉杆下端拉断环被拉断,卡簧收缩解卡。

(二)工艺原理

燃气动力密封加固是利用端部锚体扩径,完成与原井套管间的悬挂和密封,加固管本身内径不变。其原理是利用气缸内的火药燃烧产生的高温高压气体作动力,气体推动活塞运动,活塞带动中心拉杆与活塞外缸套做上下相对运动,拉杆和缸套的轴向力转化为锚体的径向力,在极短时间内,使锚体由弹性变形向永久性塑性变形转变,达到锚体和套管过盈配合,实现悬挂和密封。

(三)操作方法

(1)磨铣打通道或扩径时必须分级磨铣。
(2)在油层内加固,加固端点必须选在夹层上。
(3)模拟通井时达到缓慢下放不遇阻,上提夹持力不超过50kN为合格。
(4)对于活性错断井,必须先加固后冲砂,以免断口丢失。
(5)预置加固管时,必须将其放在断口以上,以免倒挂。

(四)适用范围

φ139.7mm、φ146mm、φ168mm套管加固长度小于15m均可加固,对长井段可分段加固。

四、波纹管补贴技术

(一)工艺原理

补贴用波纹管,按其截面几何形式分为8峰和10峰两种形式,用有一定抗拉、抗弯折、抗压强度和较大延伸率、收缩率的钢板经轧压、焊接而成型。缠粘一层0.4~0.5mm的玻璃丝布。内表面处理光滑无疤痕后,涂防腐漆及润滑脂,然后用硬纸筒包装入库。用油管柱将补贴波纹管和补贴工具送至套管破损部位,然后管柱内憋压,在液压作用下,补贴工具中液缸及活塞拉杆将被液压力转变成机械动力,使拉杆急速回缩上行,带动胀头胀开波纹管,使波纹管挤贴在套管上,达到补贴的目的。

(二)操作方法

(1)安全接头上部与活塞拉杆或加长杆连接时,在波纹管穿过情况下,应留出80~100mm咬管钳的余地。安全接头上、下两部分左、右旋螺纹均上紧之后(约320N·m)再穿入销钉锁紧。
(2)弹性胀头自由外径较大,通过井口已胀开的波纹管有困难时,可用专用卡盘收拢球瓣,使端部卡爪收拢后插入刚性胀头端卡孔内,弹性胀头即可减少外径尺寸 5~7mm。入井工作时,在液压作用下刚性胀头上行瞬间,由于弹性胀头外径仍比波纹管内径大很多,所以很容易从刚性胀头内卡孔中退出,恢复原自由外径尺寸。

(3)由于补贴工具较长,加上波纹管长度一次入井工具将达15m左右,在提吊工具时可能会压弯活塞拉杆及加长杆波纹管。因此,需将波纹管先行吊起入井,在井口用专用卡盘卡牢,之后再提吊补贴工具,并将工具下端的拉杆、加长杆插入波纹管内,然后将补贴工具与波纹管一同提起,在井口提吊状态下连接安全接头及胀头等部件。

(4)所有入井工具连接螺纹均应涂防黏扣密封脂,旋紧扭矩不低于3800N·m。

(三)适用范围

1. 修复补贴

修复补贴适用的井况包括套管腐蚀孔洞、穿孔、破裂裂纹、破裂裂缝、螺纹失效、误射孔补救等。这种井况下的补贴修复,修复效果明显,成功率高,修复后井的利用率高。

2. 调整补贴

对于多油层系同开发的油井,共同注水的注水井,在开发到一定程度后,同井不同层系、不同油层将会出现层间矛盾、层内矛盾、平面矛盾等注水开发三大矛盾。为消除解决这三大矛盾,特别是层间矛盾,往往需调整开发层系,使某一层系,某一层段封闭放弃开发,为此需对关闭放弃的层段射孔孔眼进行补贴封闭,这种补贴法称为调整补贴。因补贴而封闭的油层一旦需重新动用,只需重新补射孔即可完成。

利用波纹管补贴封堵射孔孔眼与化学堵剂封堵关闭的油层配套进行,可使调整开发层系取得更理想的施工效果。

3. 封堵高含水层段

利用波纹管补贴封堵漏点的优点,可以将波纹管代替封隔器堵水,而波纹管只封堵高含水部位,低含水部位则被解放出来发挥作用。所以波纹管堵水的前景将是广泛的。

经补贴法修复的套管补贴井段,套管内径减少约6~7mm,承压能力基本可以达到或接近原套管完好时的承压能力,基本不影响一般下井工具的起下作业,因此补贴完成的修复井完全可以进行正常生产。油井以 $5\frac{1}{2}$ in 套管为例:油层顶部套管破损外漏补贴修复后,原套管壁厚6.2mm,套管内径为139.7 – 2 × 6.2 = 127.3(mm),补贴后套管内径减少6.6mm,则为127.3 – 6.6 = 120.7(mm),油层部位套管壁厚7.72mm,补贴后剩117.66mm,基本不影响 ϕ70mm 抽油泵和 ϕ114mm 工具的起下。

第六节 封窜与封堵工艺简介

在各油层的油田开发中,由于各油层的层间差异需要进行分层作业。但是由于固井、采油及地层结构等因素的影响,常常会造成部分油水井的层间或管外窜通,从而使各种井下作业无法实现,严重地影响到油田的开采速度和最终采收率。地层间的窜通,会降低生产井寿命,封窜技术是恢复油水井正常生产的重要手段。

一、封窜技术

(一)油水井窜通类型

(1)地层窜通。
(2)管外窜通。

(二)封窜

根据找窜结果,选择以下几种封窜方式:

1. 循环法封窜

工作原理:将水泥浆以循环的方式,在不憋压力的情况下替入窜通井段,使水泥凝固,以达到封窜的目的。

循环法封窜的分类与应用:单水力扩张式封隔器封窜,双水力扩张式封隔器封窜两种方式。

循环法封窜步骤:

(1)封窜管柱,使封隔器坐于施工设计要求的夹层位置。
(2)冲洗窜槽。
(3)泵入与设计要求相符合的性能和数量的水泥浆。
(4)替液至节流器以上 10~20m 处。
(5)解封封隔器上提管柱至射孔井段以上反洗井,洗出多余的水泥浆,洗液为井筒容积 1.5~2 倍。
(6)起出 20~40 柱管柱,关井候凝 48h。

2. 挤入法封窜

工作原理:将水泥浆通过封窜管柱,在压力允许范围泵入井内,使水泥浆充满所有窜槽部位,使窜通层充分吸附水泥浆,以达到封窜的目的。

分类与应用:根据井况的不同,挤入法封窜可以分别采用封隔器封窜、油管封窜、桥塞封窜三种方法。

(1)封隔器法:将封隔器坐于紧靠窜通层上部的夹层上,水泥浆自上而下地挤入。

（2）油管封窜法：当窜槽复杂或套管破损，不易下封隔器时，可采用此方法进行封窜。

（3）桥塞封窜：当封窜井较深，夹层较薄时，为提高封堵准确性，缩短工期可采用此方法进行封窜。

3. 循环挤入法封窜

循环挤入法实际上是循环法与挤入法的联合使用，它先使水泥浆在不憋压的方式下进入窜槽，再用挤入的方法使水泥浆充填好。其过程是水泥浆开始进入窜槽时，套管阀门是打开的，以保证水泥浆在不憋压力的情况下进入地层。当地层窜槽进入足够的水泥浆后，关闭套管阀门挤入剩下的水泥浆，再替够清水，静止一定时间，上提封隔器至射孔井段以上，反洗井冲去多余的水泥浆，然后上提油管 10～20m 关井候凝。

4. 填料水泥浆封窜

填料水泥浆封窜就是为了防止水泥浆由于重力作用而下沉，在水泥浆挤入并充满窜槽后，接着挤入填料水泥浆堵死窜槽的进口，避免水泥浆反吐，以达到封窜目的。

（三）验窜

油水井窜通在通过封窜处理后，其效果的好坏必须通过验窜来检验。通过验窜，收集必要的有关数据和资料进行分析对比，判断封窜效果。一般采用声幅测井和封隔器验窜两种类型。测得声幅曲线图，若声幅曲线幅度小，说明水泥环完好，封窜效果好，反之，封窜效果差。根据水泥环胶结的好坏，声幅曲线解释可分为优质井、合格井和不合格井。封隔器验窜同找窜法相同。验窜时在正常生产压差下，即在泵压 8MPa、10MPa、8MPa 或 10MPa、8MPa、10MPa 三个压力点下，流放清水 10～30min，观察记录套管压力或套管溢流量的变化，无溢流量变化及套压无变化为封窜合格。

二、堵漏技术

（一）套管破漏情况分析

油层套管的破漏，直接影响油水井的正常生产，破漏严重的使油水井不能生产，造成地面环境污染。

油水井套管破漏绝大部分发生在水泥返高以上，发生的原因有：固井质量不好，管外水泥返高不够，未能将水层封住，套管受硫化氢水腐蚀和管外水的侵蚀、氧化等影响，发生腐蚀性损坏。套管质量存在缺陷，不能承受过高压力及增产，或作业措施不当而损坏套管。具体可分三种类型：

(1)腐蚀性破漏。
(2)裂缝性破漏。
(3)套损破漏。

(二)找漏

要成功堵漏,恢复油水井生产,首先要确定漏失的类型、漏失位置、漏失压力和漏失量,以便确定堵漏方法和提高堵漏成功率。找漏方法有测体电阻法、本塞法、井径仪测井法、封隔器试压法、FD找漏法、井下视像等。

封隔器找漏是油层大修中常用的找漏方法,用单封隔器或双封隔器卡住井段分别试压并确定其破漏深度。另外普遍采用井下视像找漏就是将井下摄像机所摄取到的图像经井下仪器内电子系统处理储存、频率转换,将原图像改变成适宜电缆传输的数码信号,沿电缆传递至地面仪器,地面接收器接收,处理复原为模拟视像信号,最后录制并打印。视像系统在油田上应用广泛,通过检测油管、套管的连接和破损情况,观测井下落物的形状大小,探测和正确测定井下漏失点。

(三)堵漏

堵漏方法有水泥堵漏和综合化学堵剂堵漏,另外也有衬管法和套固法,现场主要采用挤堵工艺技术。挤堵方法分为:

(1)套管平推法,这种方法一般用在漏失较浅的井,光井筒坐封井口后将堵剂直接挤入井筒,顶替到破漏位置以上30~50m,关井候凝。

(2)循环挤入法,如果漏失井段较深,大多采用循环法作业。将钻具下至破漏位置以下20~30m,先循环部分水泥浆或堵剂,然后上提钻具至候凝深度,坐封井口后,再进行挤堵、顶替并完成作业。

(3)单封隔器法,对套管两处以上的破漏,且相距较长,封堵一处漏失后封另一漏失时则需要用工具封隔器保护已封段以避免损坏已封层。

(四)堵剂

堵漏的成功与否关键取决于堵剂在套管破漏处管外的运动状态。堵剂在破漏管外流动时,没有将破漏处管外的环形断面均匀灌注,而在破漏管外呈舌状推进是造成封堵失败的主要原因。改变堵剂的反应速度,堵剂在破漏管外的流向,可提高封堵效率。

堵剂分类:

(1)油井水泥浆回事凝剂。

(2)综合堵剂,对于漏失量在200~400L/min,试挤压力在2~4MPa,破漏深度超过150m井,采用油井水泥加入一定比例的速凝剂封挤。

凡管外出油气水,漏、窜均存在的破漏,这种破漏普遍较深,可先以硅土胶泥或高密度、高黏度压井液挤压管外窜漏,再挤水泥浆回事凝剂,堵漏完成施工。

第七节　气井大修工艺简介

气井修井是近年发展起来的一项新工艺技术,与常规油水井相比,气井具有井内压力高、危险性大、腐蚀性强、产层易受污染等特点。气井修井工艺既包含常规油水井大修工艺,又具有其独特性。气井大修施工重点在点火降压、循环压井、安全防喷和保护产层等方面。

一、点火降压

安装节流管汇点火降压,当压力降至5MPa时可进行压井作业。

二、置换压井

压井液反循环置换压井。

三、压井

按设计要求,选用合适的压井液反循环压井。

四、卸采气树

通过设备抻吊拆卸相应等级的采气树。

五、装防喷器

安装相应等级的防喷器并试压合格。

第八节　工程报废工艺简介

目前,对于无法修复的严重套损井,修复施工中途又因各种原因而不能有效完成施工的井,以及地质的需要,往往采取工程报废处理,以便再补钻更新井、调整井,而不影响该区块的开采。

目前根据油田修井工艺分类情况以及对严重套损井的修复和报废处理情况,基本可将工程报废工艺分为水泥封固永久报废和重泥浆压井暂时报废两种工艺类型。

一、水泥浆封固永久报废工艺技术

水泥浆封固永久报废工艺技术,主要适用于严重损坏的注水井,部分需补钻调整井而需要作报废处理的油井。

水泥浆封固永久报废,就是利用固井水泥,在对油层间验证窜槽的基础上,对串漏层段、层间进行水泥浆封堵窜后,再对错断、破裂部位的套管井眼循环挤注水泥浆,使错断、破裂部位以上50~100m至人工井底充满水泥浆,固化后,即永久封固所有油层井段,达到永久封固报废的目的。

水泥浆封固能在一次施工即可达到永久报废的目的,其关键在于对油层部位的封堵处理。因此,报废井在挤注水泥浆前,需对井内管柱进行处理,错断部分以下需无落物,错断口至少可允许1½in小油管通过,使其能在油层底界以下循环挤注水泥浆。因此,水泥浆封固永久报废施工,看起来似乎简单,实施起来却相当复杂。按永久报废的"四无"要求,首先必须井内无落物,否则层间无法进行封堵处理,其次层间需验证窜槽,否则将无法确定封堵窜槽的层段和封堵措施及水泥浆量。所以水泥浆封固永久报废逐渐形成了独有的工艺技术特点。

(一)工艺要求

按水泥封固永久报废的"四无"要求,在实施水泥浆封固前,井筒、油层间应达到以下工艺要求。

1. 井内无落物

井内无落物,一般是指在油层底界以下,可有少许管类、杆类及小件落物,基本不影响验窜,堵封窜和水泥浆的挤注封固效果。所以,井下无落物是泛指油层部位及以上无落物。按这条规定施工,可节省很多施工时间和成本,又能保证措施效果(图3-8)。

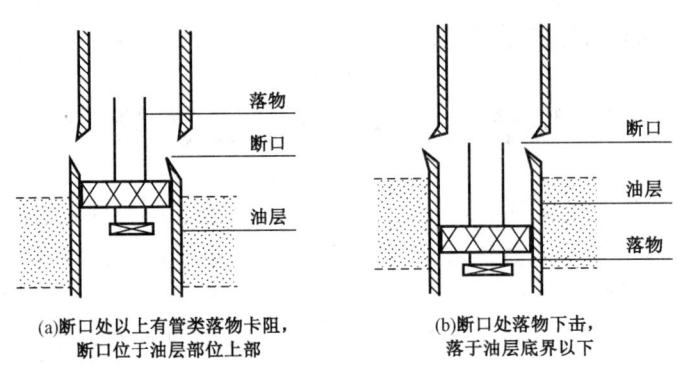

(a)断口处以上有管类落物卡阻,断口位于油层部位上部　　(b)断口处落物下击,落于油层底界以下

图3-8　断口处落物处理示意图

2. 断口修复

错断部位有落物卡阻,应将卡阻点上落物处理打捞干净,或将卡阻的落物下击到套管错断部位以下2~4m,以便为修复错断部位留有活动余地。

对错断部位的修复,以扩径打通道为手段,以打捞落物为目的。因此,修复措施可选用快速修整法。

(1) 爆炸打通道。用燃爆整形方法爆炸扩径,使错断部位套管得以最大限度地扩径,为打捞以下落物创造条件。

(2) 锥形磨鞋修铣断口,裁弯取直。将下断口的弯曲偏离部件铣磨掉,上、下断口贯通,为打捞下部落物创造条件。

(3) 梨形胀管器或长锥面胀管器整形复位,利用机械力使断口上、下尽量对正复位,便于打捞下部落物。这种整形复位方法对于活动型错断井况不太适用,对非活动型错断有较好的复位作用。

断口部位修整修复后,应快速打捞以下落物,务求捞尽。必要时在捞尽落物后对错断的修复部位进行加固,以防断口再次发生位移,使下步验窜,封堵窜难以进行。

3. 验窜与封堵窜

验窜与封堵窜,即为"四无"的层间无窜通而实施的施工项目,验证层间无窜通后,则层间可不作封堵处理。层间有窜通,必需封堵窜,封堵窜后,试压验证效果。

4. 挤注水泥浆封固

以上所有工序完成后,对油层井段及错断口以上 50~100m 进行水泥封固。

一般情况下错断口处挤注水泥浆量应考虑油层有效厚度与有效孔隙度及一定的封堵半径等因素。可按下式计算:

$$V_{CS} = h_e \cdot \pi \gamma_t^2 \phi \qquad (3-6)$$

式中 V_{CS}——断口处挤注水泥浆量,m^3;

h_e——油层有效厚度,m;

γ_t——封堵半径,m,$\gamma_t \leqslant 0.5m$;

ϕ——油层有效孔隙度,%。

挤注水泥浆泵压一般不超过油层吸水启动压力,排量不低于 $0.2m^3/min$。

5. 封固效果检验

候凝 72h 后,对封固井段试压检验,试压压力 15MPa,稳压 30min,压力降不超过 0.1MPa 为合格。

(二) 施工方法

工程报废井多属于井况复杂、套损严重,一般多有落物卡阻,因此,施工工序步骤较多。本节将按有落物的错断卡阻型井况介绍施工方法、步骤与要求。

1. 压井

(1)注水井提前放溢流降压,放溢流排量一般不超过 $0.1m^3/min$,溢流流向统一,降至设计压力。

(2)油井热洗井,洗井液温度 60~70℃,洗井 2~3 周,泵压不超过 10MPa,排量不低于 $0.2m^3/min$。

(3)油井洗井后压井,视油层实际合理选定压井压力,中深井一般压井泵压不超过 15MPa,排量不低于 $0.3m^3/min$,压井中途不得随意停泵。

2. 安装

安装作业井口、钻台、转盘。

3. 试提、起泵井管柱

试提油管柱,悬重不超过原井管柱悬重 100kN,正常后起出原井管柱。

(1)原井管柱遇卡阻时,计算、测度卡点深度,判断卡阻类型。

(2)爆炸松扣处理卡点以上管柱。

(3)如无条件进行爆炸松扣时,可选用爆炸切割或机械切割取出卡阻点以上管柱。

4. 打印

打印核实套损状况、鱼顶状况、深度。

5. 打捞、处理卡阻部位的落物

(1)打捞卡阻部位落物。

(2)下击落物,让出套损部位 2~4m。

(3)必要时,磨铣套损部位落物,让出套损部位 2~4m。

6. 修整套损部位

(1)条件允许时,对套损部位爆炸整形、扩径。

(2)梨形或长锥面胀管器整形、复位。

(3)锥形铣鞋、平底磨鞋等,铣磨套损部位,特别是下断口。

7. 打印或测井

检测核定套损部位修整情况。

8. 打捞

打捞处理套损部位以下落物。

9. 加固已修整的套损部位井段

根据套损程度、修整情况、套损部位以下落物情况,酌情对修整井段加固处理。

10. 通井

用通井规或铅模通井至人工井底,或至少通至油层底界以下5m。通井规或铅模外径应比下步下井工具大1~2mm。

11. 油层间验窜槽

(1)工程测井法(同位素法、井温法等)。

(2)双封隔器法:

管柱结构为(自上而下):油管柱、工作筒、扩张式封隔器、节流器(或喷吵器)、油管短节、扩张式封隔器、尾管、丝堵。

用套压法或套溢法检测。以低、高、低或高、低、高三个不同工作压下所测窜通量为窜通验证结果,压力差1.5~2.0MPa,最高工作压力不超过15MPa(或与本区块最高注水压力相同)。

验证窜槽后,上提封隔器(下封)至射孔顶界以上验证封隔器工作状况,正常时,所验窜通资料为准确。封隔器工作异常,应起出检窜管柱、重下验窜、重新验窜。

12. 封堵窜槽

(1)根据层间窜通压力、窜通量、选择封堵窜方式与管柱结构。

(2)根据封窜要求选用相应的水泥浆封堵窜,或化学堵剂封堵窜,或水泥浆与化堵剂综合封堵窜。

(3)挤完封堵剂后,用钻井液顶替堵剂。

(4)候凝72h。

(5)封堵效果检验,双封试压,压力为挤堵剂时最低泵压。

封堵窜半径一般不小于2m。

封堵窜时,泵压不超过验窜压力,排量不超过$0.3m^3/min$,中途不得随意停泵。

人工配制水泥浆时,从水泥加水到泵注完成应在1h内完成。人工配制水泥浆较多时,应考虑添加缓凝剂。

窜通量较大而窜通压力较低时,可考虑在水泥浆中添加炉灰渣、石棉绳头等,必要时添加速凝剂。

13. 水泥封固报废

下油管至人工井底以上1~2m,井内有少许落物时,油管至少应下至油层底界以下5~10m。错断口通径较小时(ϕ95mm以下)可下入2in或1/2in小油管通过错断口。

(1)循环井内工作液,如无异常,则循环1~2周即可。

(2)配制水泥浆,密度1.85~1.95g/cm^3为佳。水泥浆量较大时,可用下灰车配制挤注。

(3)向错断口外油层及水泥环残破处挤注水泥浆。

(4)循环泵入水泥浆,封固错断口以上 50~100m 至人工井底井段。水泥浆量按下式计算:

$$V_{cs} = V_{Dt} \cdot K + 500 \qquad (3-7)$$

式中　V_{cs}——水泥浆量,L;

　　　V_{Dt}——人工井底至断口以上设计水泥面的套管容积,L;

　　　K——水泥浆收缩率,$K \approx 1.08 \sim 1.13$。

(5)上提油管至断口以上设计水泥面高度以上 2~3m 反洗出多余水泥浆,使水泥面高度符合设计要求。

(6)候凝 48h。

(7)候凝期间每隔 2~4h 反洗井 1 次。

(8)探水泥面。

候凝 36h 后,可加深油管探水泥面,管柱悬重下降不超过 5kN(500kg),连探三次,数据吻合为合格。

(9)封固效果验证。

对封固井段试压,压力为 15MPa,稳压 30min,压力降不超过 0.2MPa 为合格。

(10)完井。

一般井筒内不下油管,空井筒装防盗采油井口完井。

按错断卡阻管柱的复杂井况,水泥浆封固永久报废达到井内无落物(全部捞出落物),层间无窜通(封堵窜槽)。水泥浆挤注封固套管错断口,达到断口无窜流。井筒水泥封固,达到井口无溢流。

第九节　侧斜工艺简介

侧斜是指通过浅层取套作业将原井内一部分套管取出,然后在原井裸眼段一定深度,利用侧斜工具按照预定的方位侧钻,避开下部井眼和套管,重新钻出新井眼,根据设计的井眼轨迹中靶,下入新套管固井的修井技术。

侧斜井工序为:起原井——打通道——打捞井下落物——水泥浆报废油层、漏点及错断口井段——取套——打侧斜水泥塞(或下斜向器丢手)——侧斜定向——稳斜钻进——降斜钻进——完井。

起原井、打通道、打捞井下落物、水泥浆报废油层、漏点及错断口井段等工序与普修井相同,这里重点介绍取套、打侧斜水泥塞、侧斜定向、稳斜钻进、降斜钻进、完井等工序。

一、侧出原井眼技术

(一)取套深度的选择

侧斜井取套深度一般选择在350~450m,因该深度已进入泥岩段,岩性相对稳定、软硬适中,适合于螺杆钻具造斜钻进。

(二)套铣头的选择

套铣头的选择直接关系到套铣速度和一次套铣深度,目前我们选用的套铣头为:套铣水泥环及裸眼段选用ϕ230mm复合片铣头。该套铣头具有套铣速度快,使用寿命长的优点,但是ϕ230mm复合片铣头在井下遇到金属落物时复合片容易脱落,所以当井下遇到金属落物时应选择ϕ230mm圆弧齿铣头,该套铣头对井下金属落物具有较好的研磨性,同时圆弧齿铣头的铣齿呈喇叭口形状,使铣齿与套管脱离,套铣时不研磨套管,可以避免复杂情况的发生。

(三)套铣参数

经过现场实践,摸索出以下套铣参数可以最大提高机械钻速,从而提高修井速度。套铣参数见表3-3。

表3-3 套铣参数统计表

铣头	钻压,kN	转速,r/min	漏斗黏度,s	排量,L/s	机械套速,m/h
ϕ230mm 复合片铣头	40~60	80~100	60~70	28~30	18.6
ϕ230mm 圆弧齿铣头	30~50	60~80	60~70	28~30	4.8

(四)切割打捞技术

根据井内情况的不同,采取不同的切割方法,以达到缩短修井周期的目的。

(1)内割刀切割打捞。

侧斜井在套铣以后采用可退式捞矛配合机械式内割刀进行切割和打捞,切割打捞一次完成。

(2)外割刀切割打捞。

原井套管内有水泥塞的情况下,不钻水泥塞,套铣后采用外割刀进行切割,切割后将套管和水泥塞一起打捞出来,省去了钻塞的工序,缩短了修井周期、降低了工人的劳动强度。

(3)提拉测卡切割打捞。

实际施工中部分井上部套管柱不受卡或轻微受卡,可以在不套铣或少套铣的情况下,采用提拉测卡计算出卡点深度,若卡点深度满足施工要求,则直接在该深度范围内切割打捞,从而省去了套铣的过程。

(五)侧斜支撑点

(1)打水泥塞侧斜。

取套后在切割点以上打水泥塞80~100m作为侧斜的支撑点。

打水泥塞要求:打水泥塞时修井液性能必须达到固井要求,水泥浆密度在1.87~1.95g/cm³之间,水泥浆候凝时间为36~48h,这样,形成的水泥塞强度高,能够满足侧斜施工。

(2)应用斜向器侧斜。

为了减少打水泥塞工序、避免修井液钙侵、缩短修井周期,可应用斜向器进行侧斜施工。应用斜向器侧斜同打水泥塞侧斜相比,一是裸眼内不打水泥塞,避免了报废进尺,提高了对原井眼的利用率;二是节省了因打水泥塞所需的水泥浆候凝时间,缩短了施工周期;三是避免了打水泥塞造成的井眼污染,减少了修井液的维护时间和药品的投入;四是施工完全由修井队自己完成,工序上具有连续性,优化了侧斜工艺。

图3-9 斜向器结构图

斜向器结构及原理:

斜向器结构主要由丢手、坐键销子、导向面、锚定体和锚等五部分组成。如图3-9所示。

斜向器下到预定深度后,根据设计方位调整装置角,然后憋压至3MPa,锚定体上的锚伸出,将斜向器锚定在井壁上,继续憋压至8MPa,丢手管柱与斜向器脱离,完成斜向器坐封。斜向器在井眼内起到造斜支撑和导向的作用。

侧斜井浅层取套后,打水泥塞或下斜向器作为造斜的支撑点,下造斜钻具,在50m内侧出原井眼,保证新井眼与原井眼具有一定的距离,防止新老井眼窜通及钻回老井眼事故发生,如果50m以内侧不出原井眼,将失去造斜支撑点。

二、井眼轨迹控制技术

(一)侧斜井井身剖面设计

侧斜井井眼轨迹控制:最大井斜角3°以内,方位在设计方位±β(设计方位可变化区间),井底水平位移30m以内。根据侧斜井井身质量的特殊要求,井身剖面设计采用特殊方法,即直井段—造斜段——稳斜段——降斜段——稳斜段。

(二)侧斜方位设计原则

侧斜方位除考虑井排方向、断层位置、井网关系外,在防碰方面考虑三个因素。
(1)设计侧斜方位选择与地层倾向相一致的方位。
(2)侧斜井方位设计必须避开原井井眼轨迹,防止相碰。
(3)侧斜方向线与测斜点以下的井眼轨迹线不能相交。

利用计算机绘出同井场每口井井眼轨迹的水平位移变化,绘成"侧斜井方位设计分析图"。直观准确地表示了各井井眼轨迹的变化情况以及之间相对关系。

(三)实钻井眼轨迹控制

1. 直井段

按深度要求取出上部套管,修整井壁,确保直井段井眼畅通,为下步侧斜施工和井眼轨迹控制提供有利条件。

2. 造斜段

井下动力钻具采用螺杆和1.5°弯接头(造斜率为6°/100m)按照设计方位造斜钻进。结构:ϕ215mm牙轮+螺杆钻具+1.5°弯接头+无磁钻铤+ϕ159mm钻铤×2根+ϕ127mm钻杆。

造斜参数:钻压30~60kN,排量20~25L/s,泵压7~9MPa。

当测量井斜角为2°~3°且钻速均匀时,表明已侧出原井眼,起钻换稳斜钻具。

3. 稳斜段

采用ϕ215mm牙轮钻头配合双钟摆钻具组合。结构:ϕ215牙轮钻头+ϕ159mm钻铤2根+ϕ198mm螺旋扶正器+ϕ159mm钻铤1根+ϕ198mm螺旋扶正器+ϕ159mm钻铤11根+ϕ127mm钻杆。

稳斜参数:钻压100~120kN,排量25~30L/s,泵压12~14MPa。

每钻进50m进行单点测斜,根据测量数据计算并作图分析及时调整钻进参数,使实钻井眼轨迹符合设计要求,当井底闭合距达到10~15m时稳斜结束。

4. 降斜、稳斜段

一般钻到500~600m起钻换ϕ215mmPDC钻头配合原双钟摆钻具降斜钻进。结构:ϕ215mmPDC钻头+ϕ159mm钻铤2根+ϕ198mm螺旋扶正器+ϕ159mm钻铤1根+ϕ198mm螺旋扶正器+ϕ159mm钻铤11根+mmϕ127钻杆。

降斜参数:钻压40~60kN,排量25~30L/s,泵压12~14MPa。

该钻具降斜率为1°/100m,每钻进50m进行单点测斜并跟踪计算,当井斜角降到能够满足目的层水平位移小于30m时,将钻压加至100~120kN进入稳斜钻进至完钻。

三、侧斜井修井液体系

针对侧斜井的特殊情况,要求修井液具有抗钙侵、抗井壁坍塌和预防卡套铣筒的功能,因此,虽然都为水基修井液,但在体系构成和维护处理上有其自身的特殊性,即适合侧斜井特点的修井液体系—抗钙侵防塌修井液体系。

(1)抗钙侵能力强,解决侧斜井修井液钙侵问题。

通过抗钙侵处理剂的合理使用,修井液体系具有较强的抗钙侵能力,能够解决侧斜井修井液的钙侵问题。

(2)控制井壁坍塌,解决大井眼修井液的携砂问题,降低侧斜井的完井电测遇阻率。

由于所修的井经过多年的浸泡,上部地层较软,坍塌现象较为严重,因此,还应注意控制侧斜井井塌和上部大井眼的携砂问题。现场主要应用水解聚丙烯腈铵盐(NPAN)降失水剂,来降低修井液的失水;同时,利用石棉携砂剂来提高修井液的动塑比,解决携砂问题。总体上使修井液的失水量控制在5mL以内,并具有较好的携砂效果,解决因井塌和携砂不好而造成的电测遇阻问题。

(3)降低修井液的滤饼摩阻系数,预防卡套铣筒(钻具)事故。

针对侧斜井上部取套易卡套铣筒及下部井眼大易卡钻具的特点,在现场修井液中加入高效润滑剂RH—3(加量在0.3%左右),可使修井液的滤饼摩阻系数大大降低(一般降到0.15以下),可有效预防因修井液滤饼摩阻系数大而引起的粘吸卡套铣筒(钻具)事故。

四、侧斜井固井工艺技术

(一)影响侧斜井固井质量的因素

(1)井位分散,无法进行整体区块泄压,使得纵向压力剖面上多压力层系之间层间矛盾更加突出,固井质量不易保证。侧斜井大多是多年的套损井,而且多在异常高压力区块,固井施工难度非常大。

(2)侧斜井欠压层滤饼厚,顶替效率不易保证,固井质量受到很大影响。

(二)提高侧斜井固井质量的措施

1. 保证固井候凝时压稳油气层

(1)加强钻关工作,合理设计固井洗井液密度。

首先强化钻关工作,及早与采油厂联系进行侧斜井周围邻井钻关工作,尽可能地完成泄压,保证修井施工的顺利进行。

其次广泛收集资料,合理确定修井液密度。

第三跟踪完井电测资料,根据完井电测数据修正固井时的洗井液密度,确保压稳的需要。

(2)应用 DSK 系列添加剂。它具有改变水泥浆流变性、控制失水、抗窜早强、候凝时微膨胀等性能,因此能够提高水泥环的抗窜能力。

(3)油层段全部使用黏砂套管,确保第一界面的胶结质量,提高水泥环的抗窜能力。

(4)应用水泥面控制工具。一是能准确控制水泥返高,防止套管损坏;二是能缩短水泥浆段长,降低候凝时水泥浆段的压力损失,确保压稳;三是适当多注一些水泥浆,通过水泥面控制工具将多余的水泥浆顶替到 100~300m 井段,防止固井后管外喷冒。

2. 提高顶替效率

(1)加强生产组织,缩短建井周期。这样可以减少油层浸泡时间,降低井径扩大率,为提高固井质量奠定良好基础。

(2)加强修井液管理,改善修井液性能,保证全井修井液性能良好。

(3)保证套管居中,我们在封固段每根套管间隔下旋流扶正器和单弧大直径扶正器,确保套管居中和顶替效果。

(4)实现紊流顶替。紊流顶替速度一般选择替速为 1.5m/s,根据计算此时的顶替排量应为 $2.58m^3/min$。

由于目前 BJ 固井车顶替排量只有 $2.0m^3/min$ 左右,所以固井施工时使用两台 BJ 车同时顶替,确保替速,提高顶替效率。

五、现场应用案例

以杏 5-1-侧斜 16 井侧斜施工为例。

(一)基本情况

1975 年 8 月 21 日完钻,套管规范 ϕ139.7mm,壁厚 6.20~7.72mm,水泥返高 743m,人工井底 1209.1m,射孔井段 987.9~1164.8m。

(二)历次施工简况

2001 年 3 月,井下修井××队大修,捞出井下全部落物,共发现 5 处套损,857.3m 套管变形,最小通径 ϕ105mm;867.32m 套管错断,最小通径 ϕ64mm;917.6m 套管变形,最小通径 ϕ103mm;953.94m 套管错断,最小通径 ϕ72mm;1110.55m 套管错断,最小通径 ϕ95mm。全部整形至 ϕ120mm 后对 863.0~871.28m 井段和 953.0~958.23m 井段实施密封加固,加固管规范 ϕ114mm 外径×ϕ100mm 内径。

2001年4月作业,完井下φ38mm管式泵一台,φ62mm油管88根,φ16mm抽油杆1根,φ22mm抽油杆103根。

(三)情况分析

井下多处套损,并有两处加固,需打印检测套管技术状况,根据具体情况处理井筒。然后取套侧斜。

(四)施工过程

1. 起原井

起出原井φ22mm抽油杆103根,φ16mm抽油杆1根,φ38mm管式泵1台。φ62mm油管88根,62mm筛管一根,丝堵一个,管柱总长856.18m。井内无落物。

2. 压井

用相对密度1.70g/cm³漏斗黏度55s的钻井液压井,泵压3MPa。排量0.6m³/min。压井深度1000m,出口密度1.55g/cm³,钻井液用量20m³。

3. 打印

下入φ118mm铅模打印,遇阻深度1110.05m,打印钻压20kN,起出打印钻具,铅模印痕为套管错断,最小通径φ96mm。

4. 整形

用φ98～120mm梨形胀管器逐级整形,共计整形12次,冲程1.2m,整形深度1110.05m,夹持力由30kN下降到0,均通过变点。

5. 水泥报废

下报废管柱至井深1200m,打入密度1.94g/cm³的微膨水泥浆9.2m³,上提管柱550m候凝36h。下φ118mm牙轮探塞,遇阻深度755.70m,连探3次,深度不变。下试压管柱试压,试压井段12.00m至755.70m。试压15MPa,稳压30min,压力未降。

1)套铣取套

下入φ265mm复合片式铣头套铣,总进尺397.80m套铣至井深400.80m。下ND140mm机械式内型割刀和LM-T140mm可退型捞矛分2次切割打捞,捞出139.7mm套管42根,总长397.60m,鱼顶深度400.30m。

2)打侧斜水泥塞

下φ127mm钻杆41根,注入密度1.93g/cm³水泥浆4.0m³,替入密度1.35g/cm³漏斗黏度55s的泥浆2.5m³泵压5MPa,排量1.8m³/min,预计塞面290m。候凝36h后,下φ215mm牙轮探塞,至292.00m。

3）造斜钻进

下入 ϕ215mm 牙轮 + ϕ165mm 螺杆 + 2.0 弯接头 + ϕ159mm 无磁钻铤 × 1 + ϕ159mm 钻铤 × 3 + ϕ127mm 钻杆定向侧斜，钻具总长 303m，方余 4m，下至井深 299m。造斜进尺 36.37m。侧斜 3 次，井深 307m，方位 350°，井斜 2.0°，井深 318m，方位 352°，井斜 3.0°，井深 328m，方位 355°，井斜 3.5°。

4）稳斜钻进

下入稳斜钻具，钻具结构为：ϕ215mmPDC + ϕ198mm 螺旋扶正器 + ϕ159mm 无磁钻铤 × 1 + ϕ159mm 钻铤 × 1 + ϕ198mm 螺旋扶正器 + ϕ159mm 钻铤 × 1 + ϕ198mm 螺旋扶正器 + ϕ159mm 钻铤 × 9 + ϕ127mm 钻杆 + ϕ133mm 方钻杆。稳斜钻进至完钻。

5）下套管固井

下入 ϕ139.7mm 套管 114 根，联顶节长度为 2.5m，管柱总长 1201.50m，下入深度 1204.30m。阻流环 1193.55m。泵入水泥浆 8.5m^3，泵压 5MPa，排量 1.8m^3/min。替清水 10.0m^3，钻井液 50m^3，泵压 5MPa，排量 1.8m^3/min，碰压 15MPa，稳压 30min，压力不降。

第四章 井下修井作业

第一节 常用名词解释

石油:是一种以液体形式存在于地下岩石孔隙中的可燃性有机矿产。直观上比水稠但比水轻的油脂状液体,多呈褐黑色,化学上是以碳氢化合物为主体的复杂的混合物。

石油的相对密度:是指在标准条件(20℃、0.1MPa)下原油密度与4℃条件下纯水密度的比值。石油的相对密度变化很大,一般介于0.75~1.00之间。

油气藏:指具有同一压力系统和油气水界面的单一圈闭中的石油和游离气聚集体。

工业油气藏(田):若开采油气藏(田)的投资低于采出油气的价值,这类油气藏(田)称为工业油气藏(田)。

储油层:凡能使石油、天然气在其孔隙、孔洞和裂缝中流通、聚集和储存的岩层(岩石)的称为储油层。

井:以勘探开发石油和天然气为目的的,在地层中钻出的具有一定深度的圆柱形孔眼。

油、气井:石油和天然气埋藏在地下几十米至几千米的油层中,要把它开采出来,需要在地面和地下油(气)层之间建立一条油气通道,这条通道就是油气井。

直井:井眼轴线大体沿铅垂方向,其井斜角、井底水平位移和全角变化率均在限定范围内的井。

定向井:按照探井或生产井的目的和要求,沿着特定的方向和轨迹所钻达预定目的层位的井。按井深剖面可包括垂直段、增斜段和稳斜段等直到井底的井眼。

水平井:先钻一直井段或斜井段,在目的层中井斜角达到或接近90°,并且有一定水平长度的井。

井壁:井眼的圆柱形表面。

环空:井中下有管柱时,井壁与管柱或管柱与管柱之间的圆环形截面的柱状空间。

井眼轴线:井眼的中心线。

钻台:装于井架底座上,作为钻工作业的场所。

井下作业设备:是用来对井下管柱或井身进行维修或更换而提供动力的一套

综合机组。

井架:是支撑吊升系统的构件,其顶部安装天车,与大绳、游动滑车组成吊升系统,用来完成起、下油管、钻杆和抽油杆的作业。

指重表:供井下作业中指示井内钻具悬重和动力负荷下牵引阻力的瞬时值仪表。

水龙头:是修井机旋转系统的一个部件,它上部悬挂在大钩上,下部通过方钻杆与钻柱相连接,在循环修井工作液的同时悬挂钻柱,并保证钻柱旋转。

转盘:是修井施工中驱动钻具旋转的动力来源。

吊环:吊环是起下管柱时连接大钩与吊卡用的专用工具。

吊卡:吊卡是用来卡住并起吊油管、钻杆、套管等的专用工具。在起下管柱时,用吊环将吊卡悬吊在游车大钩上,吊卡再将油管、钻杆、套管等卡住,便可进行起下作业。

钻井泵:是(钻)修井作业最基本的循环冲洗设备。

水龙带:水龙带是在钻水泥塞、冲砂和循环压(洗)井等施工中,用于连接水龙头或活动弯头与地面管线,输送洗井或冲砂液体的高压橡胶软管。

套管四通:连通油套环形空间和套管阀门及套压表的部件。

油管四通:连通油管内空间和生产阀门、清蜡阀门及油压表的部件。

套管阀门:控制油套环形空间的阀门。

生产阀门:控制油管内空间的阀门。

总阀门:在套管四通以上、油管四通以下控制油管内空间的阀门。

顶丝:压紧油管挂的一种特殊螺钉。拧紧顶丝可压住油管挂,防止井内油管上顶。

(大)鼠洞:当不使用方钻杆而从大钩上卸下时,用于放置方钻杆和水龙头的洞,位于钻台左前方井架大腿与井口的连线上。

井口工具:钻台上用于井口操作的工具,包括大钳(吊钳)、吊卡、卡瓦、安全卡瓦、提升短节等。

卡瓦:是在井下作业起下钻时,将油管或钻杆卡紧在井口法兰盘或转盘上的专用工具(可代替吊卡)。

方补心:钻井、大修施工时,安装在钻台转盘中卡住方钻杆,使方钻杆与转盘一起转动的钢套,称为方补心,简称补心。

抽油杆:是将抽油机的动力和运动传递给抽油泵进行抽汲的部件。

光杆:是抽油杆上部第一根特殊的抽油杆。

油管:下入井中,用作产液或者注液的管子。

方钻杆:用高级合金钢制成的,截面外形呈四方形或六方形而内为圆孔的厚壁管子。两端有连接螺纹。主要用于传递扭矩和承受钻柱的重量。

钻杆:用高级合金钢制成的无缝钢管。两端有接头。用于加深井眼,传递扭矩,并形成钻井液循环的通道。可分为内平钻杆、管眼钻杆和正规钻杆。

尾管:下到裸眼井段,并悬挂在上层套管上,而又不延伸到井口的套管。

筛管:位于油层部位具有筛孔的套管。

导管:井身结构中下入的第一层套管,称为导管。

技术套管:表层套管与油层套管之间的套管,称为技术套管。

油层套管:井身结构中最内的一层套管叫油层套管,也称完井套管。作用是封隔油、气、水层,建立一条供长期开采油、气的通道。

井身结构:是指由直径、深度和作用各不相同,且均注水泥封固环形空间而形成的轴心线重合的一组套管与水泥环的组合。

水泥返高:是指固井时,水泥浆沿着套管与井壁之间的环形空间,上返最后的平面至钻井钻机转盘(补心)上平面之间的距离。

完钻井深:从转盘上平面到钻井完成时钻头所钻进的最后位置之间的距离。

套管深度:从转盘上平面到套管鞋的深度。

人工井底:钻井或试油时,在套管内留下的水泥塞面叫人工井底。其深度是从转盘上平面到水泥塞面之间的距离。

沉砂口袋:从人工井底到油层底部的一段套管内容积。

联项节方入(联入):指钻井转盘上平面到最上面一根套管接箍上平面之间的距离。

油补距:是钻井转盘上平面到套管四通上法兰面之间的距离(也称补心高差)。

套补距:是指钻井转盘上平面到套管短节法兰上平面之间的距离。

射开油层顶部深度:射孔井段最上部至方补心的距离,单位为米(m)。

射开油层底部深度:射孔井段最下部至方补心的距离,单位为米(m)。

中和点:被卡管柱中间有一既不受压力又不受拉力的点称为中和点。

井史:是指一口井的档案资料,包括钻井、地质、完井等施工作业数据和资料。

动液面:指油井生产时油套环形空间液面的深度。动液面可以用来确定泵的沉没度和推算井底压力。

静液面:指油井关闭后油套环形空间液面的深度。静液面可以用来推算油井的静压。

脱接器:是在抽油泵活塞直径大于上部油管内径的情况下,用于抽油杆与活塞之间的对接和脱开,解决小直径油管下大直径抽油泵的井下工具。

气锚:为防止气体进入泵内影响抽油效率的井下工具,称为气锚。

砂锚:为防止抽油泵长时间抽吸泵内进砂,活塞被砂卡在泵筒内的一种井下防砂工具,称为砂锚。

封隔器:是具有弹性、用于封隔油套环形空间、隔绝产(注)层,或控制产(注)层,保护套管的井下工具。

桥塞:桥塞是指停留在井中某一深度而又与管柱脱离的封隔器,它又称为丢手封隔器。

静水柱压力:是井口到油层中部的水柱压力。

原始地层压力:油、气在未开采前的地层压力称为原始地层压力。

目前地层压力:是指油层投入开发以后,某一时期测得的油层中部压力。

油管压力:油、气从井底流到井口后的剩余压力称为油管压力,简称油压。

套管压力:油套管环形空间内,油和气在井口的压力称为套管压力,简称套压。

地层破裂压力:地层破裂压力是指地层岩石发生变形、破碎或裂缝时的压力。

抽汲压力:由于上提管柱而使井底压力减少的压力。

激动压力:由于下放管柱而使井底压力增加的压力。

压力梯度:是指井内每加深100m,井内液柱所增加的压力。

含水率:是指生产油井日产水量与日产液量(油和水)之比,也称含水百分数。

大修:利用一定的工具,采用一定的措施处理油水井事故,恢复油水井正常生产的作业过程。

井下作业:为维持和改善油、气、水井正常生产能力,所采取的各种井下技术措施的统称。

修井:是指为维护和恢复油(气)井正常生产或提高其生产能力,所进行的各类故障处理和各项治理措施,总称为修井。

作业设计:作业设计是指导作业施工的纲领性文件,是施工过程中应遵守的规定和原则。

开工准备:进行井下作业前,所做的直接服务于井下作业人员、技术、设备、工具、器材、通信、照明、道路、场地、安全措施等项工作,统称为开工准备。

立井架:是将作业中吊升起重系统安装在井口的过程。

穿大绳:是指用钢丝绳将吊升系统的井架天车与游车按要求连接在一起的过程。

校井架:指为保证井架施工安全,通过调整绷绳,使井架与井口之间的位置达到规定要求的过程。

安全检查:是对施工井的提升系统、循环系统、承压承载件、电路、锅炉和压力容器等部位的例行检查。

起下管柱:用提升系统将井内的管柱提出井口,逐根卸下放在油管桥上,经过清洗、丈量、重新组配和更换下井工具后,再逐根下入井内的过程。

组配管柱:指按照施工设计给出的下井管柱规范、下井工具的数量和顺序、各工具的下入深度等参数,在地面丈量、计算、组配的过程。

压井:将具有一定相对密度和数量的液体泵入井内,依靠泵入液体的液柱压力相对平衡地层压力,使地层中的流体不能流入井筒,以便完成某项施工。

压井液:用于油、气、水井作业施工压井的液体。常用压井液有钻井液、清水、卤水、无固相压井液等。

挤注法压井:压井时井口只留压井液的进口,不留出口,采用高压向井内挤注压井液,把井筒内的油、气、水挤入地层,让井筒充满压井液,从而把井压住。

替喷:用密度较小的液体将井内密度较大的压井工作液替换出来,从而降低井底回压的方法。

二次替喷:先将油管下到人工井底以上1~2m,用替喷液将压井液正替至油气层顶界以上50~100m,然后上提油管至油气层顶界以上10~15m,装好井口,第二次用替喷液正替出井内全部压井液。

探砂面:是下入管柱实探井内砂面深度的施工。

冲砂:就是向井内高速注入液体,靠水力作用将井底沉砂冲散悬浮,并借助高速上返的液流将冲散的砂子带到地面的作业施工。

冲砂液:进行冲砂时所采用的液体。

反冲砂:就是冲砂液由套管与冲砂管的环形空间进入,冲击沉沙,冲散的砂子与冲砂液混合后沿冲砂管内径上返至地面的冲砂方式。

正冲砂:就是冲砂液沿冲砂管内径向下流动,在流出冲砂管口时以较高流速冲击砂堵,冲散的砂子与冲砂液混合后,一起沿冲砂管与套管环形空间返至地面的冲砂方式。

正反冲砂:就是采用正冲的方式冲散砂堵,并使其呈悬浮状态,然后改用反冲洗,将砂子带到地面的冲砂方式。

冲管冲砂:就是采用小直径的管子下入油管中进行冲砂,清除砂堵的冲砂方式。

洗井:是在地面向井筒内泵入具有一定性质的工作液,把井壁和油管上的结蜡、死油、铁锈、杂质等脏物混合到洗井工作液中带到地面的作业过程。

套管刮削:套管刮削是指刮削套管内壁清除套管内壁上水泥、硬蜡、盐垢及炮眼毛刺等的作业。

通井:是用规定外径和长度的柱状规,下井直接检查套管内径和深度的作业施工。

刮蜡:下入带有套管刮蜡器的管柱,在套管结蜡井段上下活动,刮削套管内壁的结蜡,再循环打入热水将刮下的死蜡带到地面的作业施工。

套管外窜槽：油水井发生套管外壁或与水泥环与井壁之间的窜通称为套管外窜槽。

找窜：确定油水井层间窜槽井段位置的施工工艺。

机械法验窜：下入封隔器管柱，通过套压法或套溢法验证某一井段套管外是否串通的施工工艺。

井下事故处理：由于各种因素而造成油水井井内管柱遇卡，工具、仪器及钻柱等掉落井内的现象称井下事故，针对井下事故所采取的相应措施，即井下事故处理。

坐封：封隔器在下至预定位置后，在给定的方法和载荷作用下，使封隔器的密封元件达到膨胀密封的工作状态，这种操作称为封隔器的坐封。

验封：封隔器坐封后，通过泵车打压，验证密封元件是否处于密封状态的操作称为验封。

解封：当分层作业完成，需要从井内起出封隔器时，按给定的方法和载荷解除封隔件的工作状态的操作称为解封。

打捞：捞出井下落物的作业过程。

卡钻：当吊升系统使用与钻具在井下重量相等的拉力不能起下，或起下钻时阻力很大，不能正常的起下操作称为卡钻。

砂卡：在油水井生产或作业过程中，由于地层砂或工程砂埋住部分管柱，使管柱不能提出井口，这种现象称为砂卡。

落物卡：在起下钻施工中，由于井内落物把井下管柱卡住造成不能正常施工的事故称为落物卡。

套管变形卡：井下管柱、工具等卡在套管内，用与井下管柱悬重相等或稍大一些的力不能正常起下作业的现象称为套管卡。

卡点：井下落物被卡部位最上部的深度。

活动解卡：利用修井作业设备，采用上提、下放、轻微转动等无规律地多次反复运动，对井下遇卡管柱进行机械解卡的一种常用方法。

落鱼：凡是断落在井内的管类、杆类、绳类、仪器、小件落物等称为井下落物，又称落鱼。

鱼顶：又称鱼头，井下落物的顶部。

探鱼：利用管柱下带仪器或工具，在井下试探落鱼深度和位置。

摸鱼：利用管柱下带打捞工具在井下寻找和拨正落物并使之进入打捞工具内的过程。

方入：下井管柱遇阻或到达预定深度时，最后一根管柱进入四通上法兰面的长度。

方余:方余与方入是相对而言的,指下井管柱遇阻或到达预计深度时,管柱在四通上法兰面以上剩余的长度。

套管变形:是由于地应力轴向力的变化以及套管外挤压力大于套管内压力,套管强度等因素的影响,造成套管一处或多处的缩径、挤扁和轴向弯曲变化,统称套管变形损坏,简称套变。

套管断错损坏:是指其在轴向发生了断裂,而在其径向上(水平方向)也发生了位移,双向叠加造成的套管变形损坏。

侧钻:是在油水井的某一特定深度固定一个斜向器,利用其斜面造斜和倒斜作用,用铣锥在套管的侧面开窗,从窗口钻出新井眼,然后下尾管固井的一整套工艺技术。

工程测井:在油水井生产过程中,对井下技术状况监测的测井方法。

磁性定位测井:是根据井壁磁通量变化,利用磁性定位器检查井下工具深度的一种测井方法,广泛应用于对各种工艺管柱的作业质量检查。

井径测井:利用井径仪测得套管内径变化曲线,确定套管损坏状况和位置的一种测井方法。

射孔:用电缆或油管将射孔器送入套管内,对准油层深度,通电点火或机械撞击,使射孔器炮弹发生爆炸,产生高温高压高速的金属喷射流,将套管、水泥环和油层射开,作为油气从油层流入井筒的通道。

正压射孔:射孔时,静液柱压力大于地层压力称为正压射孔。

负压射孔:射孔时,静液柱压力小于地层压力称为负压射孔。

补孔:根据井下作业工艺要求,对原射孔段需增加孔眼密度或因首次射孔而发生的哑炮、假炮等未射开现象,进行再次射孔。

初凝:当水泥凝结时间测定仪(维卡仪)的试针沉入水泥浆中距底板 $0.5 \sim 1.0 mm$ 时,则认为水泥浆达到初凝。

初凝时间:水泥从加水开始,直至水泥初凝的时间。

终凝:当水泥凝结时间测定仪(维卡仪)的试针沉入水泥浆中不超过 $1mm$ 时,则认为水泥浆达到终凝。

终凝时间:水泥浆从初凝至终凝的时间。

凝结时间:初凝和终凝的总时间。

固井:对所钻成的裸眼井,通过下套管注水泥以封隔油气水层,加固井壁的工艺。

取换套:采用专用的套铣工具(套铣钻头、套铣筒等配套工具),套铣套管周围的水泥环及部分岩石,使之自由,采用切割或倒扣的方式将套损点以上及其以下适当部位的套管取出,然后下入新套管对扣或用补接器补接,将损坏的套管换掉,达到修复的目的。

套铣头:用来破碎套管外水泥环及水泥环外的岩石专用的套铣工具。

断口:套管由于某种原因发生错断,因套管所受拉伸载荷及钢材自身收缩力的作用,断开位置产生纵向上的相对位移,这个位置就称作断口。

侧斜修井:利用定向工具及钻具,在原井眼的一定深度内按照预定的方位进行侧斜钻进,避开下部井眼和套管,重新开辟出新井眼,根据设计的轨迹钻进,控制井眼轨迹中靶,下入新套管固井。

测量井深:指井口至测点间的井眼实际长度。

井斜角:测点处的井眼方向线与重力线之间的夹角。

方位角:以正北方向线为始边,顺时针旋转至方位线所转过的角度,该方向线是指在水平面上,方位角可在 $0 \sim 360°$ 之间变化。

风险评价:依据现有专业经验、评价标准和准则,对危害的分析结果得出系统发生危险的可能性及后果的严重程度的评价。

垂直井深:通过井眼轨迹上某点的水平面到井口的距离。

闭合距:指水平投影面上测点到井口的距离,通常指靶点或井底的位移,而其他测点的闭合距离可称为水平位移。

闭合方位:指水平投影响图上,从正北方向顺时针转至测点与井口连线之间的夹角。

井斜变化率和方位变化率:井斜变化率是指单位长度内的井斜角度变化情况,方位变化率是指单位长度内的方位角变化情况,均以 $(°)/100m$ 来表示(也可使用 $(°)/30m$ 或 $(°)/100ft$ 等)。

方位提前角(或导角):预计造斜时方位线与靶点方向线之间的夹角。

狗腿严重度:是用来测量井眼弯曲程度或变化快慢的参数(以 $(°)/100ft$ 表示)。

井底压差:井底压力与地层压力之差叫井底压差。

井径:井眼的直径,称为井径。

造斜点:从垂直井段开始倾斜的起点。

含砂量:表示钻井液中固相颗粒的含量,一般要求小于 0.5%。

滤失量:在井眼内钻井液中的部分水分因受压差的作用而渗透到地层中去,这种现象称为滤失。滤失的多少称为滤失量。

滤饼:由于钻井液柱与地层间的压差作用,在滤失的同时,黏土颗粒在井壁周围形成一层堆积物,此堆积物称为滤饼。滤饼的好坏(质量)用渗透性即致密程度、强度、摩擦性及厚度来表示。

冲程:泵的活塞上、下运动一次的距离称为一个冲程,可分为上冲程和下冲程。

冲数:是指单位时间内活塞上下往返运动的次数。

射孔完井法:是目前油井完成应用最广泛的一种方法。它采取先钻开油、气层,然后下入油层套管至油气层底部,用水泥浆固井,再用射孔器(枪)对准油气层部位射孔,射穿套管和水泥环并射入地层一定深度,为油气流入井筒打开通道。

油、气侵:油或天然气侵入井内后,在循环过程中,钻井液槽、池液面上有油或气泡时,称之为油、气侵。

水泥浆失水量:在规定的温度和压力下,通过一定面积的筛网从水泥浆中滤出的自由水的量。

井控:即井涌控制或压力控制,就是采取一定的方法控制住地层孔隙压力,基本上保持井内压力平衡,保证井下作业的顺利进行。

井侵:当地层压力大于井底压力时,地层中的流体侵入井筒液体内的现象。

溢流:当井侵发生后,地层流体过多的侵入井筒内,使井内流体自行从井筒内溢出的现象。

井涌:井内液体过多的溢出井口,出现涌出的现象。

井喷:地层流体无控制地涌入井筒,喷出地面的现象。

井喷失控:井喷发生后,无法用常规方法控制井口而出现敞喷的现象。

气侵:天然气侵入井筒内流体后,造成静液压力和井筒压力及流体性质的改变。

硬关井:是指在发生溢流或井喷之后,在放喷阀门、节流阀和四通等旁侧通道全部关闭情况下关闭防喷器。

软关井:是指在溢流或井喷时,在套管旁侧通道适当打开的情况下,关闭防喷器,然后再关闭套管阀门。

"三高"油气井:"三高"油气井是指高压、高危、高含硫油气井。

井控设备:是为实现油气水井压力控制技术而设置的一整套专用设备、仪表和工具,是对井喷事故进行预防、监测、控制、处理的关键装置。

防喷器:是井下作业井控必须配备的防喷装置,对预防和处理井喷有非常重要的作用。

内防喷工具:是在井筒内有作业管柱或空井时,密封井内管柱通道。同时又能为下一步措施提供方便条件的专用防喷工具。

不压井作业:是在带压环境中由专业技术人员操作特殊设备起下管柱的一种作业方法。

硫化氢:化学分子式为H_2S,一种可燃、有毒气体,通常比空气重,有时存在于油气开采和气体加工的流体中。

初级井控:依靠井内液柱压力来控制平衡地层压力,使得没有地层流体侵入井筒内,无溢流产生。

二级井控：二级井控依靠井内正在使用的压井液不足以控制地层压力，井内压力失衡，地层流体侵入井筒内，出现溢流和井涌，需要及时关闭井口防喷设备，并用合理的压井液恢复井内压力平衡，使之重新达到初级井控状态。

三级井控：发生井喷，失去控制，使用一定的技术和设备恢复对井喷的控制，也就是平常所说的井喷抢险，可能需要灭火、邻近注水井停注等各种技术措施。

压力系数：是指某地层深度的地层压力与该深度的静水柱压力之比。

异常高压：超过静水柱压力的地层压力称为异常高压。

异常低压：低于静水柱压力的地层压力称为异常低压。

爆炸极限：可燃物与空气的混合物，在一定的浓度范围内均匀混合形成预混合气，遇着火源才会发生爆炸，这个浓度范围称为爆炸极限。

一级井喷事故：是指海上油（气）井发生井喷失控；陆上油（气）井发生井喷失控，造成超标有毒有害气体逸散，或窜入地下矿产采掘坑道；发生井喷并伴有油气爆炸、着火，严重危及现场作业人员和作业现场周边居民的生命财产安全。

二级井喷事故：是指海上油（气）井发生井喷；陆上油（气）井发生井喷失控；陆上含超标有毒有害气体的油（气）井发生井喷；井内大量喷出流体造成对江河、湖泊、海洋和环境造成灾难性污染。

三级井喷事故：是指陆上油气井发生井喷，经过积极采取压井措施，在24h内仍未建立井筒压力平衡，中国石油天然气集团公司直属企业难以短时间内完成事故处理的井喷事故。

四级井喷事故：四级井喷事故是指发生一般性井喷，各单位能在24h内建立井筒压力平衡的井喷事故。

高压油气井：是指以地质设计提供的地层压力为依据，当地层流体充满井筒时，预测井口关井压力可能达到或超过35MPa的井。

近平衡压力：是使用合理的修井液形成略高于地层压力的液柱压力，达到对油层实施一级控制的目的。

高含硫油气井：是指地层天然气中硫化氢含量高于$150mg/m^3$的井。

第二节　识读施工设计

一、施工井资料的准备

（一）采油厂大修工程设计资料的准备

修井队技术员在拿到采油厂的工程设计后，应仔细阅读设计，主要注意以下内容：大修的内容，即修井类型，施工井的基础数据，历次施工情况，井下落物、井筒情况、采油厂大修施工要求等。在认真阅读后,记录相关有用数据。复印留底后与井史同时交相关设计部门出施工设计。

(二)井史资料的准备

修井队技术员在拿到施工井工程设计后,根据工程设计提供的井号,向有关部门索取井史,井史拿到后,认真阅读,核对工程设计提供的数据与井史提供各项数据是否一致,如不一致时阅读历次施工的详细情况,并记录与本次施工可能有关的内容、数据。阅读后,与采油厂工程设计同时交相关设计部门出施工设计,取工程设计时同时取回井史备用。

(三)施工设计的交底

施工设计拿到后,仔细阅读施工设计内容,了解熟悉各道施工工序,并向施工人员进行技术交底及交代施工中需要注意的事项。如有疑问及时与设计部门沟通

二、工具、用具的准备

开工前,井上除备有施工中常用工具外,还应根据施工设计、施工井的井下情况、施工井的类型,准备相应配套的工具,施工中需要的特殊工具,应提前告知相关部门进行准备。

三、合理组织施工工序

根据施工设计内容,合理组织各道施工工序,正确组配下井管柱,并依据现场的实际情况,适时地加以调整和修正。

第三节　常规修井工序

一、施工准备

(一)接井

1. 操作规范

(1)核对井号。核对井号无误后与采油队交接,交接内容在《施工交接书》做好记录,双方签字后各保留一份。

(2)交接的主要内容:井场地面情况、井口采油树、抽油机、地面流程、井场用电设施、井场安全环保情况等。

2. 风险提示与质量要求

(1)交接时核实井场范围内地下管线、电缆的走向及位置。防止挖掘作业时

损坏管线及电缆。

(2)井场安全设施不健全的井,待设施完善后方可施工。

(二)搬迁

1. 操作规范

(1)清点检查设备。搬迁前清点工具房、工具池内的配件及工具。检查井架车、锅炉、发电机运转是否正常。

(2)吊装。吊装值班房、锅炉房、工具房、工具池、水池子,使用 $\phi 22mm$ 以上钢丝绳套,挂牢被吊重物,经专人指挥,缓慢把施工设备吊装到专用运输车辆上,并用钢丝绳或绳套绑紧捆牢。吊装过程中,吊臂及吊物下严禁站人。搬迁前,装载物要固定牢靠,有门窗的要锁好。超高超宽的设备在运输途中要注意观察路况控制车速,车上设有超高超宽的标志,防止刮碰路上设施。

(3)转井架车。检查井架车油、水与管线是否连接紧密无老化现象。传动轴轴头挤注润滑油,井架与天车润滑点挤注润滑油,井架车按通井路线开往井场。移动井架由准备大队完成,车载井架由作业队完成。

(4)核对井号。至井场后再次核对井号。

2. 风险提示点及质量要求

(1)吊装有专人指挥。

(2)装载物捆绑牢固。

(3)吊臂及吊物下严禁站人。

(4)井架车、平板车、起重机、罐车等除驾驶室以外,其他任何部位不得载人。

(5)检查三房的吊装绳套有无断股、压扁、硬弯、接头。U形环是否符合规定要求。

(三)洗井

1. 操作规范

(1)选择水泥车、罐车停车位置。

(2)连接管线,释放套管压力。连接水泥车、水罐车管线和油管出口管线,缓慢打开阀门,释放套管压力。

(3)冲洗水龙带。水龙带一端连接水泥车,冲洗出水龙带内的污物后另一端连接在套管阀门上。水龙带两端要卡保险绳,洗井过程中保险绳套需固定。

(4)打开套管、油管阀门洗井。水泥车洗井正常压力不能超过18MPa,专人观察泵压变化。洗井时除现场指挥和观察泵压人员外,其他人员要站在安全区域。随时观察排量、出口排量及漏失量等数据,泵压升高洗井不通时,应立即停泵,及时分析原因进行处理,不得强行憋泵。热洗应保证水质清洁,水量不低于井筒容积的2倍,井口水温不低于70℃。要求大排量,采用反洗井方式,出口进污油回收装置(罐车)。洗井时排量由小到大,出口排液正常后逐渐加大排量,排量一般控制在$0.3\sim0.5m^3/min$。

(5)泄压。洗井结束水泥车停车,关闭套管阀门。打开水泥车放空阀门泄压,释放管线压力。

(6)拆管线放行车辆。卸掉水龙带,车辆驶离井场。

2. 风险提示点及质量要求

(1)水龙带两端保险绳须固定。

(2)水泥车工作压力不能超过18MPa。

(3)专人观察泵压变化。

(4)洗井不通应分析原因不得强行憋泵。

(5)释放管线压力后方可拆卸管线。

(四)接电

1. 操作规范

(1)调查可向井场供电的电源、电压和供电距离。

(2)调查接线方式。调查接线方式需要上杆接线时,应清楚电线杆类型、高度、变压器等。

(3)接电。按照施工要求连接所有用电设施电路。井场电线用胶皮软线,应无破漏、无损伤,绝缘可靠,满足载荷要求。不准用照明线代替动力线,线路整齐,不得穿越井场和妨碍交通及在油水池内通过。动力线架设高度不低于1.2m,照明线高度不低于1.0m。严禁拖地或挂在绷绳、井架或其他金属物体上,电缆支架与电缆接触点要有绝缘保护。井架照明灯使用防爆灯,电线保证绝缘,固定可靠。照明灯不准直射司机和井口操作人员。使用直流电的低压设备,放在距井口10.0m外。

(4)检查设备性能及线路。检查各种用电设施性能完好,开关、闸刀、线路连接符合安全用电要求。

(5)供电。复查电路连接正确无误后合上电源开关。

2. 风险提示点及质量要求

(1)接电操作人必须持证上岗。

(2)现场电缆不允许与金属物体直接接触。

(3)电缆线连接处严禁裸漏线芯,有绝缘保护。

(4)严禁带电作业。

(5)危险处设置"危险有电"安全标识。

(五)立井架

1. 操作规范

(1)垫平、垫实井架基础。井架基础周围场地应平整坚实,基础最小压强为 0.15~0.20MPa,基础应高于地面 80~100mm。18m 井架基础距井口 1.8m±0.05m。井架起升前,应对井架卫生进行清理,对井架、天车、绷绳、游动系统等进行全面系统的检查。

(2)升井架。由司机抬起换向阀手柄起升井架,当井架起升至垂直位置后,应减慢起升速度,不能对底架产生任何冲击。立井架必须有专人指挥、专人操作、专人观察。立井架过程中不得随意调整液压千斤。

(3)插底座销钉。井架起升完毕,将井架与底架连接销连好,打开固定二节井架的安全锁钩。

(4)升二节井架。抬起换向阀手柄,开始伸出第二节井架。

(5)锁紧二节井架。当井架升到位时,第二节井架锁销弹出后,第二节井架慢慢下放。下压控制手柄,使之处于缩回井架位置上。

(6)关闭阀组箱。全部液压装置处于非工作状态位置,阀组箱应关闭。

(7)卡绷绳,校正井架。大绳在作业机滚筒上排列整齐,大钩空行时,钢丝绳不打扭。大钩放置在最低点时,大绳在滚筒上缠绕圈数不少于 16 圈。绷绳距离电力线 5.0m 以上,绷绳与地锚绳套用紧绳器连接时,紧绳器钩子要有防脱挡板。绷绳与地锚绳套卡保险绳,保险绳不应过长。花篮螺栓的螺栓伸出长度在各部位尺寸达到要求时不大于螺栓长度的二分之一。校正井架后,前后绷绳、二道绷绳都要绷紧,受力均匀。花篮螺栓上下观测孔能看到丝杠。天车、大钩、井口在一条直线上,前后偏差应不小于 5.0cm,左右偏差应不小于 2.0cm。

2. 风险提示点及质量要求

(1)立井架期间,指令要清楚,非工作人员应离 30m 以外,工作人员不得站在井架正面。

(2)立井架不得在夜间、五级风以上情况下施工。

(3)拉力表保险绳要在拉力表上拉环绳套和井架车主梁穿过,防止拉环断裂而闪断大绳,保险绳不应过长。

(4)地锚应使用长度不小于 1.8m,直径不小于 ϕ73mm 的石油钢管。

(5)地锚不应打在虚土或水坑等松软地中,外露约 100.0mm。

(6)根据轮通作业机说明书的要求,四个地锚桩分布呈正方形,边长 30.0m(允许误差±3.0m)。

(7)地锚不松动、无裂痕,如果可打地锚处条件不允许时,应采取其他措施,如使用水泥墩,水泥墩安全等级达到标准要求。

(8)后绷绳使用4个,前绷绳使用3个开口朝向主绳同规格的U形卡子卡牢固。

(六)井场布置

1. 操作规范

(1)摆放值班房。在摆放吊物时,尽量采用牵引绳,人员禁止站在可能受到挤压的位置操作。根据现场风向标指示,选择上风口摆放值班房、工具房、锅炉房按要求摆放成U、L或–字形,值班房和锅炉房分开摆放,其距离应大于20m或根据实际情况摆放。施工井口距离值班房、锅炉房达到安全距离要求30m以上。值班房、发电机房、锅炉房等按要求加装漏电保护装置,内外清洁、物品摆放整齐。

(2)确定钻具支架位置。留有连接压井管线、放喷管线的空间。与井架车之间留有1.5~2.0m的逃生通道。钻具支架底部铺设防渗布,四边长出摆放面积1.0~1.5m,防渗布四周用土方布设围堰,围堰底部宽30cm,顶部宽20cm,高20cm。

(3)搭设配件、工具台。在工具池一侧铺设防渗布,布设围堰,将2个等高的桥座平行摆放在围堰内,桥座上方摆放4块操作台板并用铁丝与桥座固定。工具池内的工具、配件出池后按用途、规格整齐摆放在工具台上。

(4)搭井口操作台。以井口为中心铺设3.0m×3.0m防渗布,四边用土布设围堰。将可调式操作台支架平行摆放到井口两侧,操作台板放入支架上方的卡槽中。调节支架高度,插入固定销钉。操作台四周用防渗布包围,搭设平稳、牢固。

(5)搭设井口工具台、消防器材架。距井口5.0m处铺设2.0m×3.0m防渗布,四边布设围堰。将2个桥座相距2.0m平行摆放,上方放置2块操作台板,用铁丝固定在桥坐上。台板上分用途、规格整齐摆放配件、工具。消防器材架上摆放4只灭火机、4把消防锹、4只消防桶、2把消防斧。井口工具台、消防器材架搭设要求平稳、牢固。

(6)挖废液回收池。距井口10.0m处挖掘废液回收池(长4.0m、宽3.0m、深1.2m),井口与回收池之间挖排水沟(宽0.5m、深0.3m)。废液回收池与排水沟内铺设整张的防渗布,回收池四边布设警戒带(长4.5m、宽3.5m、高1.2m),回收池四边及排水沟两侧布设围堰。

(7)布设警戒带。井场四边布设警戒带(长40m、宽30m、高1.2m)划分施工和安全区域,根据通井路线选择开设入口和出口,入口两侧摆放入场须知与安全警示牌,井场布置完成后按统一方向摆放各类标示牌及安全警示牌。

2. 风险提示点及质量要求

(1) 野营房摆放在井场上风口。

(2) 野营房加装漏电保护装置。

(3) 井口与值班房、锅炉房安全距离。

(4) 值班房与锅炉房安全距离。

(5) 吊物及吊臂下严禁站人。

(6) 设备设施的防渗布及围堰。

(7) 操作台、工具台搭设平稳、牢固。

(8) 废液回收池的安全警示标识。

(9) 各类设施的标识,入场须知及安全警示牌。

(七) 吊驴头

1. 操作规范

1) 拆卸式驴头(侧翻式驴头)

(1) 将驴头放至距下死点 10~20cm。

(2) 卡方卡。在光杆上打紧底方卡,启动抽油机将驴头放置下死点。卸开光杆悬绳器方卡、卸掉驴头负荷。

(3) 卸悬绳器。卸下悬绳器,缓慢松开抽油机刹车,使游梁处于水平位置刹车刹死,断开配电箱电源。

(4) 清理鞋底和手套上游梁。上抽油机游梁的操作人员必须系安全带,随身携带工具系保险绳。有高血压、心脏病人员严禁登高作业。

(5) 挂吊装绳套及保险绳。固定安全带,挂吊升绳套和牵引绳套,绳套采用 ϕ16mm 钢丝绳以上,无压扁、松股、硬弯、接头。大钩缓慢提直吊升绳套,待绳套绷直后停车,松开顶丝卸下驴头销子。

(6) 吊驴头。大钩缓慢提升,将驴头从悬挂装置中提出。拉紧牵引绳套,严禁刮碰井架、光杆或采油树。大钩下行驴头放至距井口 3.0m 处,摘掉吊升绳套及牵引绳,放平驴头。

(7) 停游梁。松开抽油机刹车使驴头游梁停至上死点,打死抽油机刹车。

2) 上翻式驴头

(1) 将驴头放至下死点。

(2) 卡方卡。在光杆上打紧底方卡,卸开光杆悬绳器方卡、卸掉驴头负荷。

(3) 卸悬绳器。卸下悬绳器,启动抽油机将驴头停至上死点,刹车断开配电箱电源。

(4) 清理鞋底和手套上游梁。上抽油机游梁的操作人员必须系安全带,随身携带工具系保险绳。有高血压、心脏病人员严禁登高作业。

(5)挂绳套及牵引绳。固定安全带,挂好专用吊升绳套和牵引绳套。吊驴头绳套采用φ16mm钢丝绳以上,无压扁、松股、硬弯、接头。大钩缓慢提紧吊升绳套,待绳套绷直后停车,松顶丝卸下驴头底部销子。

(6)固定驴头。缓慢提升驴头上的专用绳套,当驴头上翻接近最高点时拉紧牵引绳,停止上提,缓慢下放驴头,使其翻转在抽油机游梁上,并用φ16mm钢丝绳对其进行固定。

2. 风险提示点及质量要求

(1)拆驴头之前对抽油机刹车进行全面检查,刹车失效时禁止拆抽油机驴头。

(2)拆卸驴头时抽油机游梁和起重臂半径内不得站人。

(3)禁止使用机动设备牵引抽油机驴头,以防扭伤抽油机游梁。

(4)拆卸抽油机驴头时不能对抽油机其他部件造成损坏。

二、起原井抽油杆

(一)操作规范

(1)连接压井管线、放喷管线。放喷管线连接朝向井场下风口,油管连接紧密,不刺不漏。两个阀门之间装25MPa套压表,套压表垂直于地面,表背朝向井口,打井套管、油管阀门泄至井内无压力,否则根据井口压力情况,进行洗井、压井等相关作业。压井管线、放喷管线连接各30.0m,放喷管线每10.0~15.0m放置一个基墩,基墩添加填充物。基墩上固定油管的挡板螺丝要上紧。

(2)卡方卡。在光杆顶部打紧一个方卡,方卡下扣油管吊卡,挂吊环插入吊卡销子。油管吊卡系保险绳或使用磁性销子。

(3)试提光杆。人员离开井口10.0m以外,上提光杆3.0m停车,反复活动三次,观察拉力表示数是否正常。

(4)卸胶皮阀门。打开防喷盒,卸松胶皮阀门,将其降至光杆底部。

(5)起光杆。上提光杆至接箍露出井口0.5m,扣抽油杆吊卡,下放光杆坐在吊卡上。

(6)起抽油杆。起出光杆卸掉油管吊卡,换上抽油杆吊钩,固定吊钩销子。吊钩销子必须使用保险绳或磁性销子。起抽油杆时根据不同抽油杆级别,更换相应级别抽油杆吊卡。

(7)摆放抽油杆。起出的抽油杆摆放在抽油杆桥上,接箍错开每10根出头一次。

(8)刺洗抽油杆及活塞。检查抽油杆螺纹是否完好,有无弯曲、偏磨、腐蚀。使用锅炉蒸汽刺洗抽油杆时,蒸汽管线各部件要连接紧密,防止烫伤。

(二)风险提示点及质量要求

(1)上提光杆时所有人员离开井口。

(2)吊钩销子使用保险绳或磁性销子。

(3)放喷管线连接朝向下风口,前方无障碍物。

(4)刺洗抽油杆时蒸汽管线各部件要连接紧密。

(5)放喷管线安装在当地季节风向的下风方向,接出井口30m以外,高压气井放喷管线接出井口50m以外,通径不小于50mm,放喷阀门距井口3m以外,压力表接在内控管线与放喷阀门之间,放喷管线如遇特殊情况需要转弯时,要用锻造钢弯头或钢制弯管,转弯夹角不小于120°,每隔10~15m用地锚或水泥墩固定牢靠。压井管线安装在上风向的套管阀门上。

(6)若放喷管线接在四通套管阀门上,放喷管线一侧紧靠套管四通的阀门应处于常开状态,并采取防堵、防冻措施,保证其畅通。

三、抬井口

(一)操作规范

1. 拆采油树

(1)拆井口。倒换采油流程,拆掉生产管线。

(2)卸掉井口法兰螺丝。

(3)吊采油树。用吊装绳套(ϕ16mm钢丝绳,无压扁、松股、硬弯、接头)吊下采油树,抬至工具台上。

2. 试提、倒油管挂

(1)连油管挂短节。松开油管挂顶丝,将油管短节连接在油管挂上,在短节上扣油管吊卡。油管吊卡销子使用保险绳或磁性吊卡销子。

(2)试提。挂吊环,人员离开井口后试提。试提油管挂时井口10.0m以内严禁站人,试提油管挂拉力不超过井内管柱悬重200kN。

(3)检查井架、地锚受力情况。油管挂提起0.5m刹车,专人检查大绳死绳端及拉力表绳卡,井架各部与地锚桩的受力情况,无问题才能缓慢提升。

(4)观察拉力表。继续缓慢上提,将井内管柱提出3.0m后,反复活动三次,观察拉力表示数。

(5)卸油管挂。油管接箍下扣油管吊卡,下放油管卸掉油管挂。

(二)风险提示点及质量要求

(1)试提油管挂时,检查顶丝是否开到位,井口严禁站人。

(2)油管吊卡销子使用保险绳或磁性吊卡销子。

(3)试提油管挂拉力不超过井内管柱悬重200kN。

(4)原井有封隔器、水力锚等工具的要按其解封方式解封,方可试提。

四、安装井控

(一)操作规范

(1)打开防喷器全封和半封。检查防喷器各部件是否灵活好用,并确保防喷器规格与井口相匹配,否则更换井口。选用2SFZ18-14或2SFZ18-21手动双闸板防喷器,配备相应压力级别油管旋塞阀。针对井控高危区域施工井,选用2FZ18-35液动双闸板防喷器及液控系统,同时配备相应压力级别的压井管汇、节流管汇。

(2)吊防喷器。从油管接箍处套入钢圈,用吊装绳套(φ16mm钢丝绳,无压扁、松股、硬弯、接头)吊起防喷器坐在吊卡上。

(3)连接倒防喷器油管。吊起一根油管坐入防喷器内。打牢背钳,数准上扣圈数(10~11圈为宜),关闭半封。

(4)坐钢圈。上提油管摘掉下部吊卡,将钢圈放入槽内。钢圈及钢圈槽要清洁涂抹黄油。严禁用手直接触碰移动钢圈。

(5)坐防喷器。缓慢下放管柱,使防喷器螺栓全部进入法兰螺丝孔内,打开半封。

(6)紧防喷器螺栓。确认钢圈进槽后,两人同时将防喷器螺栓对角上紧、上平。

(二)风险提示点及质量要求

(1)安装前确认防喷器各部件灵活好用。

(2)严禁用手直接触碰移动钢圈。

(3)现场安装前要认真保养防喷器,并检查闸板芯子尺寸是否与所使用管柱尺寸相吻合,检查配合三通的钢圈尺寸、螺孔尺寸是否与防喷器、套管四通尺寸相吻合。

(4)防喷器与套管四通的连接必须采用井控专用螺栓,其规格为M30mm×30mm。

(5)连接螺栓配备齐全并对称旋紧,螺栓两端余扣一致,一般以出露2~3扣为宜。法兰间隙均匀,密封垫环槽、密封垫环清洁干净,并涂润滑脂安装,确保连接部位密封性能满足试压要求。

(6)防喷器各闸板需挂牌标识开关状态。

(7)防喷器安装必须平正,各控制阀门、压力表应灵活可靠,上齐上全连接螺栓。

(8) 所有井控装备都要建档并出具检验合格证。运行半年或施工已达到 60 口井的井控装置及井控工具必须进行检测。

(9) 普修井手动双闸板防喷器井口安装示意图 4-1 所示。

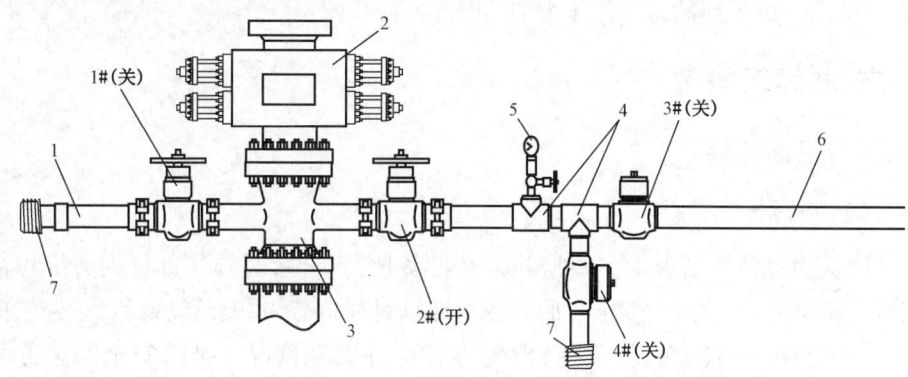

图 4-1 普修井手动双闸板防喷器井口安装示意图
1—压井管线；2—手动双闸板防喷器；3—套管四通；4—三通；5—压力表；6—放喷管线；
7—外螺纹接头；1#和 2#闸阀为原井四通两侧阀门；3#闸阀为放喷阀门；4#闸阀为排液阀门

五、防喷器试压

(一) 操作规范

(1) 下入试压管柱。按从下至上的顺序下入 $\phi 62mm$ 丝堵(双面丝堵)1级。K344-115 封隔器 1 级，喷砂器(无套)1 级，下入 $\phi 73(62)mm$ 外加大油管 3 根，($\phi 139.7mm$、$146mm$ 套管适用，其他尺寸套管另选相应用封隔器)关闭半封及套管闸门。

(2) 水泥车、水罐车停靠在放喷管线一侧。

(3) 连接试压管线。坐投球器，勒上吊绳，依次连接大弯管、放空三通、水龙带、水泥车、液罐车。水龙带两端卡保险绳，试压时两端保险绳要固定。

(4) 试压。水泥车试压至防喷器额定压力 70%，稳压 10min，压力下降不大于 0.7MPa 为合格。专人观察压力情况，打开套管阀门，进行压井管线、放喷管线试压。防喷器、压井管线、放喷管线试压过程要求连接紧密、不刺不漏。

(5) 拆试压管线。试压合格后打开套管闸门，释放压力。拆试压管线，抽上吊绳卸井口投球器，水泥车、罐车驶离井场。

(二) 风险提示点及质量要求

(1) 防喷器、压井管线、放喷管线试压过程要求连接紧密、不刺不漏。

(2)防喷器控制系统必须采取防冻、防堵、防漏措施,安装在距井口25m以外,保证灵活好用。

(3)井控装置在现场安装完毕后,用清水(冬季加防冻剂)对井控装置连接部位进行试压。试压到额定工作压力的70%。

六、起原井油管

(一)活动管柱

1. 操作规范

(1)大力提拉活动解卡。根据井架及设备负荷条件,对管柱进行大力提拉活动卡具,或快速下放冲击,使卡点脱开。要注意管柱负荷,井架及设备能力,施工前全面检查井架、设备、绷绳、大绳、滑轮等各部件安全情况。排除安全隐患方可施工。

(2)长时间悬吊解卡。原井管柱卡原因是胶皮膨胀、胶皮块卡钻情况时,可以利用胶皮受力后的蠕变性能,在井口给管柱以合适的拉力,使胶皮卡点受力。胶皮在一定时间内产生蠕变而逐渐解卡。施工过程中应经常观察指重表上悬重变化,如悬重缓慢下降,说明胶皮产生蠕变,应继续补充拉力,迫使蠕变继续,直至解卡。

(3)震击解卡。在卡点附近造成一定频率的震击,有助于被卡管柱和工具的解卡。常用震击器类型有上击器、下击器等,上击器接在安全接头上面,采用液压工作原理。下击器与上击器相反,产生下击作用。下击器接在钻具下部,安全接头上部。下击器通常是在处理上提遇卡时使用效果较好。

(4)倒扣打捞解卡。找出卡点位置,进行倒扣作业。常用的倒扣工具有公母锥、捞矛、安全接头等。

2. 风险提示点及质量要求

(1)试提。

(2)上扣,将所有螺纹旋紧。

(3)缓慢上提,最大负荷不得超过设备和提升系统的额定载荷。

(4)在最大载荷内,管柱上提行程超过管柱允许伸长量,且上升速度较快,则可保持该负荷上提,直至解卡,起出管柱。

(5)在安全载荷范围内上提时,可施以旋转,扭矩不超过规定的数值。

(6)在最大载荷内尚不能解卡,可以快放,利用管柱弹性收缩解卡。

(7)在最大载荷内,上提下放反复活动并紧扣,可加循环洗井,直至解卡起出管柱。有自溢能力的井,井筒内修井液应保持常满状态,每起10~20根油管灌注一次修井液。

(二) 起原井油管

1. 操作规范

（1）起原井油管时司钻操车，内钳工、外钳工把井口，井架工上二层平台，副司钻在场地观察井口。

（2）起原井油管以前，要检查防喷器闸板是否开到位。

（3）上提大钩。井口人员将吊环挂入油管吊卡槽内，插入吊卡销子。油管吊卡销子使用保险绳或磁性吊卡销子。

（4）接箍提出井口。上提管柱，油管接箍提出井口 0.5m 停车。

（5）坐油管吊卡。在油管接箍下扣油管吊卡，下放管柱，接箍坐在油管吊卡上。

（6）卸开原井油管。使用液压钳将油管卸开，上提油管。液压钳卸原井油管时，操作人员要数液压钳卸扣圈数，一般 $\phi62mm$ 平式油管 13~14 圈，$\phi62mm$ 外加厚油管 9~10 圈。在未切断液压钳动力源时，不应用手触碰液压钳钳牙。当遇卡、遇阻上提负荷接近井架安全载荷时，不应硬提，要慢慢上下活动，分析原因，进行妥善处理。液压钳卸油管时要平稳，注意观察油管摆动幅度。

（7）重复上述动作，直至起出原井所有油管。

（8）核实记录原井油管及下井工具与设计不符时，通知技术办或采油队。

2. 风险提示点及质量要求

（1）有自溢能力的井，井筒内修井液应保持常满状态，每起 10~20 根油管灌注一次修井液。

（2）根据动力提升能力、井深和井下管柱结构的要求，管柱从缓慢提升开始，随着悬重的减少，逐步加快至规定提升速度。

（3）使用液压钳卸油管时，待螺纹全部松开后，才能提升油管。

（4）起井下工具和最后几根油管时，提升速度不大于 5m/min，防止碰坏井口、拉断拉弯油管或井下工具。

（5）起油管过程中，随时观察并记录油管和井下工具有无异常，有无砂、蜡堵、腐蚀及偏磨等情况。

（6）应对起出的油管或工具进行检查，对不合格的及时进行标示、隔离或更换。

（7）起完立柱或中途暂停作业，井架工应从二层平台上将管柱固定。

（8）起钻发生溢流，应及时发出信号，停止起油管作业，关闭防喷器，迅速接好防喷单根。

（9）六级风（含六级）以上或雷雨、风雪等恶劣天气应停止起油管作业。

七、打印

(一)操作规范

(1)刺洗检查钻杆。使用蒸汽刺洗钻杆螺纹及内外壁,钻杆螺纹完好,内外壁清洁;检查钻杆接箍及本体无裂痕、无孔洞、无弯曲、无压扁,管内无脏物,不合格钻杆标上明显记号单独摆放,及时回收。

(2)丈量钻杆。丈量钻杆由3人完成,钻杆前后两端各1人,1人记录;使用经检测后标定合格,有效长度15m以上的钢卷尺,丈量钻杆时拉直钢卷尺,钻杆中间部分横担一根棕绳;丈量钻杆时钢卷尺零点位于接箍上端面,另一端对准油管螺纹根部读出油管单根长度;将丈量全部钻杆单根长度记录在打印管柱记录上;交换丈量读数人员,丈量三次,三人三次丈量的钻杆累计长度误差不大于0.02%。

(3)检查大钩、吊环、吊卡,吊卡销子使用保险绳或磁性吊卡销子。

(4)接铅模。将铅模与钻杆连接,至井口入井前卸掉包装物。

(5)下钻杆。检查防喷器是否处于开的状态;下第一根钻杆时内钳工和外钳工扶正钻杆,缓慢下放,严防铅模撞击井口;使用液压钳上扣时,待液压钳退出后,才能提升钻杆。

(6)下至接近套损点时,控制下放速度,记录悬重,悬重下降30~50kN时,记录方余,计算出深度。

(7)打印后缓慢起钻,待悬重正常后按标准起出打印钻具。

(8)起出铅模后,擦洗干净,绘制印痕图,将印痕描述清楚;通过分析,得出结论;填好铅模卡片随铅模上交有关部门并照相存档。

(9)如通过分析未调查出最小通径,则根据打印情况重新选择铅模并重复上述步骤,直至调查出套损最小通径或得出最终结论为止。

(二)风险提示点及质量要求

(1)根据套损情况选择适当铅模,如套损情况不清,则选择小于套管内径4~6mm规格的铅模,要求铅模柱体及侧面、底面平滑无伤痕、铅体无夹层、无气泡,并用柔软物包好,搬运时严禁磕碰。

(2)铅模印痕应清晰可辨。

(3)资料数据齐全、记录准确,内容包括铅模类型、规格、示意图,管柱结构示意图、管柱累计长度、钻杆(油管)规范、根数、管柱方余,打印深度、铅模印痕描述,绘制铅模印痕图。

(4)管柱螺纹密封脂涂抹均匀,上扣扭矩符合标准。

(5)起下管柱速度均匀、平稳,打印时严禁猛顿猛提,在一次打印工序内严禁多次下放重复打印。

(6) 施工中井内溢流或洗出液体不得随意排放,应集中处理或进入外输管线,保护环境。

八、整形

(一) 冲胀整形

1. 操作规范

(1) 检查大钩、吊环、吊卡,吊卡销子使用保险绳或磁性吊卡销子。

(2) 接梨形胀管器。

(3) 下钻杆。检查防喷器是否处于开的状态;下第一根钻杆时内钳工和外钳工扶正钻杆,缓慢下放,严防梨形胀管器撞击井口;使用液压钳上扣时,待液压钳退出后,才能提升钻杆。

(4) 下至接近套损点时,控制下放速度,记录悬重,悬重下降 30~50kN 时,记录方余,计算出深度。

(5) 上提钻具,下放钻具冲击,反复冲击 15~20 次,记录钻具悬重变化。当夹持力小于 5kN 时,起出,更换更大一级差的胀管器。

(6) 在该套损点,重复上述工序,反复冲胀,直至达到扩径要求。

2. 风险提示点及质量要求

(1) 入井钻具螺纹应清洁、无损伤,涂好螺纹密封脂。

(2) 用梨形胀管器整形时,首选工具直径比套损点最小通径大 2mm,通过后夹持力不大于 5kN,可更换大一级差胀管器继续扩径。

(3) 胀管器向下冲击行程不大于 2m,下击速度不大于 5m/s。每冲击 15~20 次,应紧一次扣。

(4) 变形部位在 400m 以上的整形,应增加配重钻铤根数而不应增加冲击行程和冲击速度。

(二) 磨铣整形

1. 操作规范

(1) 检查大钩、吊环、吊卡,吊卡销子使用保险绳或磁性吊卡销子。

(2) 自下而上依次连接:磨铣工具,安全接头,配重钻铤、开式下击器,钻杆。

(3) 下钻杆。检查防喷器是否处于开的状态;下第一根钻杆时内钳工和外钳工扶正钻杆,缓慢下放,严防磨铣工具撞击井口;使用液压钳上扣时,待液压钳退出后,才能提升钻杆。

(4)下至接近套损点时,控制下放速度,记录悬重,悬重下降 30~50kN 时,记录方余,计算出深度。

(5)上提钻具,甩掉上部第一根单根。

(6)接方钻杆,用液压钳紧扣。

(7)开泵,循环正常后启动转盘。转盘旋转正常后缓慢下放钻具,加压 10~25kN,钻速控制在 60~100r/min。

(8)对一处套损点反复钻磨,当该点夹持力小于 5kN,停转盘,充分循环修井液后停泵。

(9)起出井内磨铣钻具。

2. 风险提示点及质量要求

(1)磨铣管柱中应有扶正类工具,保护磨损点以上套管不被损伤。

(2)磨铣时,钻压应不大于 20kN,转数不大于 100r/min。

(3)磨铣工具通过套损井段后,应上、下划眼直至无夹持力。

(4)用磨铣工具通井至扩径井段以下 20~30m。

九、打捞

(一)操作规范

(1)检查大钩、吊环、吊卡,吊卡销子使用保险绳或磁性吊卡销子。

(2)接打捞工具,自下而上依次接打捞工具、安全接头、钻具。打捞工具的选择原则是:管类落鱼优先选用可退式矛类、筒类工具;杆类落鱼优先选用可退式筒类工具;小件落物优先选用篮类、强磁类工具。

(3)下钻杆。检查防喷器是否处于开的状态;下第一根钻杆时内钳工和外钳工扶正钻杆,缓慢下放,严防打捞工具撞击井口;使用液压钳上扣时,待液压钳退出后,才能提升钻杆。

(4)下至接近鱼顶时,控制下放速度,记录悬重,悬重下降 20kN 时,记录方余,计算出深度。

(5)试提,检查抓获落鱼情况。当上提载荷大于打捞管柱悬重时,证明已抓获落鱼。

(6)慢慢上提,最大载荷不得超过设备和提升系统的额定载荷及管柱和打捞工具的强度极限。

(7)在最大载荷内,管柱上提行程超过管柱允许伸长量,且上升速度较快,则可保持该负荷上提,直至解卡。

(8)起出井内打捞管柱,当起至最后一根钻具时,将落鱼坐于井口吊卡上,退掉打捞工具。

(9)起出打捞上来的落物,与钻具区别摆放。

(10)若井内还有落物,重复上述工作,直至落物打捞干净或者终止打捞。

(二)风险提示点及质量要求

(1)如遇卡且经活动等措施仍不能解卡,可采取倒扣措施,不应超负荷打捞作业。

(2)作业时应安装经检定合格、符合要求的指重表及井控装置。

(3)井内排出的液体和施工工序液须回收处理,不随意排放,不污染周围环境。

(4)起下管柱时,井口应设防掉、防喷装置,防止落物、井喷事故发生。

十、铅模通井

(一)操作规范

(1)刺洗检查钻杆。使用蒸汽刺洗钻杆螺纹及内外壁,钻杆螺纹完好,内外壁清洁;检查钻杆接箍及本体无裂痕、无孔洞、无弯曲、无压扁,管内无脏物,不合格钻杆标上明显记号单独摆放,及时回收。

(2)丈量钻杆。丈量钻杆由3人完成,钻杆前后两端各1人,1人记录;使用经检测后标定合格,有效长度15m以上的钢卷尺,丈量钻杆时拉直钢卷尺,钻杆中间部分横担一根棕绳;丈量钻杆时钢卷尺零点位于接箍上端面,另一端对准油管螺纹根部读出油管单根长度;将丈量全部钻杆单根长度记录在打印管柱记录上;交换丈量读数人员,丈量三次,三人三次丈量的钻杆累计长度误差不大于0.02%。

(3)检查大钩、吊环、吊卡,吊卡销子使用保险绳或磁性吊卡销子。

(4)接 ϕ120mm 铅模。将铅模与钻杆连接,至井口入井前卸掉包装物。

(5)下钻杆。检查防喷器是否处于开的状态;下第一根钻杆时内钳工和外钳工扶正钻杆,缓慢下放,严防铅模撞击井口;使用液压钳上扣时,待液压钳退出后,才能提升钻杆。

(6)下至接近套损点时,控制下放速度,记录悬重,悬重下降 30~50kN 时,记录方余,计算出深度。

(7)打印后缓慢起钻,待悬重正常后按标准起出打印钻具。

(8)起出铅模后,擦洗干净,绘制印痕图,将印痕描述清楚;通过分析,得出结论;填好铅模卡片随铅模上交有关部门并照相存档。

(9)如通过分析未调查出最小通径,则根据打印情况重新选择铅模并重复上述步骤,直至调查出套损最小通径或得出最终结论为止。

(二)风险提示点及质量要求

(1)根据套损情况选择适当铅模,如套损情况不清,则选择小于套管内径 4～6mm 规格的铅模,要求铅模柱体及侧面、底面平滑无伤痕、铅体无夹层、无气泡,并用柔软物包好,搬运时严禁磕碰。

(2)铅模印痕应清晰可辨。

(3)资料数据齐全、记录准确,内容包括铅模类型、规格、示意图,管柱结构示意图、管柱累计长度、钻杆(油管)规范、根数、管柱方余,打印深度、铅模印痕描述,绘制铅模印痕图。

(4)管柱螺纹密封脂涂抹均匀,上扣扭矩符合标准。

(5)起下管柱速度均匀、平稳,打印时严禁猛顿猛提,在一次打印工序内严禁多次下放重复打印。

(6)施工中井内溢流或洗出液体不得随意排放,应集中处理或进入外输管线,保护环境。

十一、模拟通井

(一)操作规范

(1)检查大钩、吊环、吊卡,吊卡销子使用保险绳或磁性吊卡销子。

(2)接通井规,自下而上依次接通井规、钻具。

(3)下钻杆。检查防喷器是否处于开的状态;下第一根钻杆时内钳工和外钳工扶正钻杆,缓慢下放,严防通井规撞击井口;使用液压钳上扣时,待液压钳退出后,才能提升钻杆。

(4)下至接近人工井底时,控制下放速度,记录悬重,悬重下降 10～20kN 时,重复两次,记录方余,计算出深度。

(5)起出井内通井钻具。

(二)风险提示点及质量要求

(1)通井时平稳操作,管柱下放速度控制为不大于 20m/min,下到距离设计位置 100m 时,下放速度不大于 10m/min。当遇到人工井底悬重下降 10～20kN 时,重复两次,使探得人工井底深度误差不大于 0.5m。

(2)通井时,若中途遇阻,悬重下降控制不超过 30kN,并平稳活动管柱、循环冲洗。

(3)对遇阻井段应分析情况或实测打印证实遇阻原因,并经修正后再进行通井作业。

(4)起下管柱时,井口应设防掉、防喷装置,防止落物、井喷事故发生。

十二、密封加固

(一)操作规范

(1)进行十六臂井径测井,根据测井数据,确定密封加固段深度和长度。

(2)用不小于加固管长度的通井规模拟通井并注意观察通井管柱通过扩径段时指重表的数值变化,通径规遇阻负荷变化值不得超过13kN。若顺利通过扩径井段,则进行下一步工序;若无法通过则采取相应措施继续整形,直到通径规顺利通过套损井段。

(3)下密封加固工具:用投送钻柱连接加固工具,扶正缓慢下入井中,直到加固管中部对准套管磨铣扩径部位。加固井段在套损井段上下各延长0.5~0.8m。

(4)磁性定位测井校核加固器下入深度。

(5)核实深度无误后进行加固施工,加固成功后,起出投送管柱。

(6)若液压加固则先使用平底或刮刀磨鞋将膨胀加固管下丝堵钻通钻掉;再使用铣锥修整加固管上下端口,修整完好后,起出钻、修管柱;若燃气加固则直接使用铣锥修整加固管上下端口,修整完好后,起出钻修管柱。

(7)下 $\phi105mm \times 5000mm$ 的通井规模拟通井,确保能够顺利通过加固井段。

(8)验封:在密封加固井段上下两处下入K344-95封隔器,打压15MPa,稳压15min,压降≤0.5MPa为合格。

(二)风险提示点及质量要求

(1)加固管下不到预定位置大都因为变形点没有处理好,虽然梨形胀管器、铅模和通径规能够通过,但由于加固管较以上工具都长,如果变形段存在大段弯曲,加固管就下不到预定位置。这种情况下应起出加固管柱,下加长铣锥反复对变形点进行裁弯取直,直至加固管能够顺利通过。

(2)投棒后炸药不能燃爆,需要起出加固管柱由专人检查加固器或更换加固器再进行重新加固。

(3)在油层内加固,加固端点必须选在夹层上。

(4)对于活动断口的错断井,必须先加固后冲砂,以免断口丢失。

(5)如果加固管和套管之间没有密封,则应取出加固管重新施工作业。

十三、试压

(一)操作规范

(1)检查大钩、吊环、吊卡,吊卡销子使用保险绳或磁性吊卡销子。

(2)下管柱,管柱串结构自下而上为:丝堵、喷砂器、油管、封隔器、油管。

(3)检查防喷器是否处于开的状态;下第一根油管时内钳工和外钳工扶正油管,缓慢下放,严防管柱撞击井口;使用液压钳上扣时,待液压钳退出后,才能提升油管。

(4)丈量油管,下至试压设计深度。

(5)泵车、水罐摆放到位,接管线,管线之间用保险绳系好,管线试压。

(6)坐封隔器。先向油管内注入清水,持续加压,当压力达到封隔器坐封压力时上提管柱,若负荷超过原悬重的20%管柱不动,此时封隔器已坐封。

(7)继续加压,当压力达到15MPa时,停泵,稳压30min,压力不降为试压合格。

(8)泄压。泵车泄掉压力后,卸掉管线。

(9)上提管柱,封隔器解封。

(10)起出井内试压管柱。

(二)风险提示点及质量要求

(1)上提管柱解封分割器。井架绷绳要保证牢固可靠。

(2)试压过程中,所有员工要远离试压管线和钻台。

(3)井内液体外排要进入罐车或废液池。

十四、下完井油管

(一)操作规范

1. 刺洗检查完井油管

(1)刺洗油管。刺洗油管螺纹及内外壁,确保下井油管及井下工具清洁。刺洗油管及下井工具时,蒸汽管线各部件连接紧密,防止烫伤。

(2)检查油管。检查油管接箍、油管无裂痕,管内无脏物。油管有无弯曲、腐蚀、裂缝、孔洞、和螺纹损坏,用相应内径规通过,不合格油管标上明显记号单独摆放,不准下入井内。

2. 丈量完井油管

(1)丈量油管由3人完成。油管前后两端各1人,1人记录。

(2)拉直钢卷尺。丈量油管时拉直钢卷尺,油管中间部分横担一根棕绳。丈量油管使用经检测标定合格,有效长度15m以上的钢卷尺。

(3)丈量油管单根。丈量油管时钢卷尺零点位于接箍上端面,另一端对准油管螺纹根部读出油管单根长度。

(4)记录单根油管长度。将丈量全部油管单根长度记录在油管记录上。丈量油管不得少于三人,反复丈量三次,每次每根油管做好记录。

(5)交换丈量读数人员。丈量三次,三人三次丈量的油管累计长度误差不大于0.02%。

3. 检验下井工具

(1)核对下井工具是否与施工设计相符。

(2)检查下井工具。检查下井工具各部件是否完好,功能是否正常,连接是否紧密。

(3)连接下井工具。按照组配管柱的顺序连接下井工具,组装下井工具做到设计、合格证、实物三对口,复核无差错后方可下井。

4. 复查完井管柱

(1)计算丈量油管累计长度。

(2)核对下井工具深度。

(3)核对下井工具的连接顺序。

5. 下完井管柱

(1)下完井管柱至少5人完成。井口2人,拉油管2人,司机1人。

(2)向井口输送油管。拉油管人员按照组配完井油管的顺序,依次将下井工具及油管输送至井口。下入井内油管必须用相应内径规通过,油管螺纹应涂抹密封胶。

(3)吊油管单根。将油管吊卡扣在横担上的油管接箍下方,下放大钩,将吊环挂在吊卡槽内,插入吊卡销子。油管吊卡销子使用保险绳或磁性吊卡销子。双手扶住吊环上提油管,油管运行至滑道前端时,拉油管人员双手扶住传递到井口。

(4)完井油管上扣。油管单根上提至井口油管接箍上方0.3m米停车。下放大钩使油管单根螺纹坐入接箍内,使用液压钳将油管螺纹上满。

(5)下入完井油管。上提管柱摘下油管吊卡,扣在横担上油管接箍下方,下入完井油管。如上操作下入全部完井油管。

(二)风险提示点及质量要求

(1)刺洗油管及下井工具时,蒸汽管线各部件连接紧密,防止烫伤。

(2)下完井管柱应控制下放速度,严禁下顿井口。

(3)冬季严禁用火烧的方式清洁油管。

(4)使用液压钳上扣时,严禁定压过大,造成油管造扣。

(5)对有油管锚、封隔器的井,按设计要求锚定油管,坐封封隔器。

十五、拆防喷器

(一)操作规范

1. 拆防喷器

(1)接箍下入井内。完井油管下至最后一根时,将下方接箍下入井内2.0m。

(2)卸自封压盖。卸开自封压盖,上提管柱将自封芯子和压盖随油管接箍提起。

(3)取下自封芯子和压盖。在接箍下面坐油管吊卡,卸开油管螺纹,取下自封芯子和压盖。

(4)油管上扣。下放油管坐入接箍内上紧。

(5)下入最后一根完井油管。上提管柱,摘下油管吊卡,下入最后一根完井油管。

2. 坐油管挂

(1)连接油管挂。油管挂用 $\phi 59mm$ 内径规通过,将连有油管短节的油管挂,坐入最后一根完井油管接箍内上紧。

(2)坐油管挂。上提油管短节,摘下油管吊卡,下放管柱使油管挂坐入四通内。检查油管挂密封胶圈是否完好,油管挂是否坐严。

(3)吊防喷器。卸掉防喷器法兰螺栓,吊下防喷器(吊防喷器绳套使用 $\phi 16mm$ 钢丝绳,无压扁、松股、硬弯、接头),取出钢圈上紧油管挂顶丝,顶紧压帽螺栓。

(二)风险提示点及质量要求

(1)吊防喷器时使用牵引绳,防止刮碰流程,碰伤人员。

(2)上卸油管时,观察上方油管吊卡上端面与油管接箍是否分离。

十六、装采油树

(一)操作规范

1. 装采油树

(1)刺洗检查采油树各部件。安装采油树前,要对损坏或失效的采油树零件进行更换。对偏Ⅲ采油树弹子盘检查,确保灵活好用。采油树各部件刺洗干净,清洁无油。刺洗采油树时,蒸汽管线各部件连接紧密,防止烫伤。

(2)坐钢圈。将钢圈放入钢圈槽内,钢圈和钢圈槽要清洁干净,涂抹黄油。吊装采油树时严禁用手直接触碰移动钢圈。

(3)吊采油树。使用 $\phi 16mm$ 钢丝绳(无压扁、松股、硬弯、接头)吊起采油树,缓慢坐在底法兰上。

（4）装采油树。上紧采油树螺栓,连接生产线流程。安装采油树要装正放平,连接各部件做到不渗、不漏、不松动,配件齐全,管线畅通。连接好所有管线,装好各部件的连接螺栓,均匀上紧,做到连接牢固、密封可靠、灵活好用。

（5）调整采油树方向。卡紧卡箍,调整采油树方向,采油树按设计方位摆正,手轮方向一致。偏心采油树的测试偏孔位于驴头的正前方向。

2. 拆油管桥、液压钳

（1）拆油管桥。拆压裂、原井油管桥,拔掉油管防掉器,拆滑道,油管下桥。刺洗归拢桥座入池。下桥油管归拢整齐,方便吊装。

（2）拆液压钳。用钢丝绳套吊起液压钳,卸开连接液压钳吊绳与吊臂的绳卡,卸开连接液压钳尾绳的绳卡。吊下液压钳,绞车收回液压钳吊绳。清洁液压钳抬入工具房。

（二）风险提示点及质量要求

（1）刺洗采油树、配件、工具时蒸汽管线各部件连接紧密,防止烫伤。

（2）采油树法兰螺栓要对角上紧,法兰上平面螺栓上平。

（3）吊采油树、液压钳绳套使用 $\phi 16mm$ 钢丝绳,无压扁、松股、硬弯、接头。

十七、收尾

（一）操作规范

1. 拆井口操作台

（1）刺洗井口操作台。

（2）将台板、操作台架抬入工具池。

2. 完工交井

（1）拆管线。拆放喷管线、压井管线。

（2）拆设施电路。收拢工具、配件、桥座、拆除用电设施线路。

（3）平整井场。刺洗采油树、抽油机,平整井场。

（4）交井。通知采油队施工结束交井。

（二）风险提示点及质量要求

（1）蒸汽刺洗采油树、抽油机时,管线各部件要连接紧密,防止烫伤。

（2）装驴头前对抽油机刹车进行检查,刹车失效时禁止装抽油机驴头。

（3）禁止使用机动设备牵引抽油机驴头,以防扭伤抽油机游梁。

（4）有高血压、心脏病人员,严禁登高作业。

第四节 修井常用数据

一、井下作业常用单位及换算

井下作业常用单位及换算见表4-1。

表4-1 井下作业常用单位及换算

量的名称与符号	单位名称	单位符号	换算关系
长度 $l(L)$	微米	μm	$1\mu m = 10^{-6}m$
	毫米	mm	$1mm = 10^{-3}m$
	厘米	cm	$1cm = 10^{-2}m$
	分米	dm	$1dm = 10^{-1}m$
	米	m	
	千米	km	$1km = 1000m$
面积 $S(A)$	平方毫米	mm^2	$1mm^2 = 10^{-6}m^2$
	平方厘米	cm^2	$1cm^2 = 10^{-4}m^2$
	平方分米	dm^2	$1dm^2 = 10^{-2}m^2$
	平方米	m^2	
	平方公里	km^2	$1km^2 = 10^6 m^2$
体积和容积 V	立方毫米	mm^3	$1mm^3 = 10^{-9}m^3$
	立方厘米	cm^3	$1cm^3 = 10^{-6}m^3$
	立方分米	dm^3	$1dm^3 = 10^{-3}m^3$
	立方米	m^3	
	毫升	mL	$1mL = 10^{-6}m^3$
	升	L	$1L = 10^{-3}m^3$
质量 m	克	g	
	千克(公斤)	kg	$1kg = 1000g$
	吨	t	$1t = 10^3 kg = 10^6 g$
时间 $t(T)$	秒	s	
	分	min	$1min = 60s$
	小时	h	$1h = 60min = 3600s$
	日(天)	d	$1d = 24h = 86400s$

续表

量的名称与符号	单位名称	单位符号	换算关系
力 $W(P、G)$	牛[顿]	N	
	千牛[顿]	kN	$1kN=1000N$
压力 P	帕[斯卡]	Pa	
	千帕[斯卡]	kPa	$1kPa=1000Pa$
	兆帕[斯卡]	MPa	$1MPa=10^6Pa$
力矩 M	牛[顿]米	N·m	
	千牛[顿]米	kN·m	$1kN·m=1000N·m$
	兆牛[顿]米	MN·m	$1MN·m=10^6N·m$
温度 t	摄氏度	℃	$t(℉)=9/5t(℃)+32$
			$t(℃)=5/9[t(℉)-32]$
黏度 $\eta(\mu)$	帕[斯卡]秒	Pa·s	
质量流量 q_m	千克每秒	kg/s	
	吨每小时	t/h	
	吨每日	t/d	
体积流量 q_v	升每秒	L/s	
	立方米每秒	m³/s	
	立方米每日	m³/d	
密度 ρ	克每立方厘米	g/cm³	$1g/cm^3=1t/m^3$
	千克每立方米	kg/m³	$1kg/m^3=10^{-3}g/cm^3$
	吨每立方米	t/m³	$1t/m^3=1000kg/m^3$
表面张力 $\tau(\sigma)$	牛[顿]每米	N/m	
渗透率	平方微米	μm²	
	平方毫米	mm²	
	平方米	m²	
功 W；能 $E(W)$；热 Q	焦[耳]	J	
	千焦[耳]	kJ	$1kJ=1000J$
	兆焦[耳]	MJ	$1MJ=10^6J$
功率 P	瓦[特]	W	
	千瓦[特]	kW	$1kW=1000W$

井下作业常用单位与英制单位换算见表4-2。

表4-2 井下作业常用单位与英制单位换算

量的名称	单位名称	单位符号	与英制单位换算
长度	米	m	1m = 39.37in = 3.2808ft
	厘米	cm	1cm = 0.3937in = 0.032808ft
			1ft = 0.3048m = 30.48cm
	毫米	mm	1in = 25.4mm = 2.54cm
面积	平方米	m^2	$1m^2 = 10.7639ft^2 = 1550in^2$
	平方厘米	cm^2	$1ft^2 = 0.0929m^2 = 929.03cm^2$
	平方毫米	mm^2	$1in^2 = 0.00064516m^2 = 6.4516cm^2$
体积(容积)	立方米	m^3	$1m^3 = 220.09gal(英) = 264.20gal(美) = 35.315ft^3 = 61030in^3$
	立方厘米	cm^3	$1L = 0.2201gal(英) = 0.2642gal(美) = 0.0353ft^3 = 61.03in^3$
	升	L	$1gal(英) = 0.004537m^3 = 277.27in^3 = 0.1605ft^3$
			1桶(美) = $0.158987m^3$
	毫升	mL	1桶(英) = $0.163654m^3$
质量	克	g	1kg = 2.2046lb = 35.274oz
			1g = 0.0353oz
	千克	kg	1lb = 0.4536kg = 453.56g
	吨	t	1oz = 28.350g
流量	立方米每日	m^3/d	$1ft^3/s = 0.0283m^3/s$
	立方米每秒	m^3/s	$1gal(英)/s = 4.546 \times 10^{-3} m^3/s$
			1桶(美)/h = $0.0442L/s = 4.41631 \times 10^{-5} m^3/s$
	升每秒	L/s	1桶(美)/s = $158.987 \times 10^{-3} m^3/s$
力	千牛[顿]	kN	1lbf = 4.448N
			1tf(英) = 9964.02N
	牛[顿]	N	1tf(美) = 8896.44N
压力	兆帕[斯卡]	MPa	$1lbf/ft^2 = 47.880Pa$
	帕[斯卡]	Pa	$1lbf/in^2(psi) = 6894.76Pa$
功率	千瓦[特]	kW	1马力(hp) = 550ft·lbf/s = 745.663W
	瓦[特]	W	1米制马力 = 0.735kW

二、套管数据

套管容积数据表4-3。

表 4-3 套管容积数据表

外径 in(mm)	内径 mm	壁厚 mm	重量 kg/m	容积 L/m	1m³相当于管内长度,m
5½ (139.7)	127.3	6.20	20.83	12.73	78.55
	125.7	6.98	23.06	12.42	80.51
	124.3	7.72	25.30	12.13	82.44
	121.4	9.17	29.76	11.57	86.43
	118.6	10.54	34.22	11.05	90.50
7 (177.8)	166.1	5.87	25.30	21.66	46.10
	164.0	6.91	29.76	21.11	47.30
	161.7	8.05	34.22	20.54	48.68
	159.4	9.19	38.69	19.96	50.10
	157.1	10.36	43.15	19.38	51.59
	154.8	11.51	47.62	18.82	53.13
	152.5	12.65	52.08	18.10	55.20
	150.4	13.72	56.54	17.76	56.30
8⅝ (219.7)	205.7	6.71	35.71	33.22	30.10
	203.7	7.72	41.66	32.57	30.70
	201.2	8.94	47.62	31.79	31.46
	198.8	10.16	53.57	31.03	32.23
	196.2	11.43	59.52	30.24	33.07
	193.7	12.70	65.47	29.46	33.94
	190.8	14.15	72.91	28.59	34.98
9⅝ (244.5)	226.95	8.94	53.57	40.45	24.72
	224.41	10.03	59.52	39.55	25.28
	222.38	11.05	64.73	38.84	25.75
	220.50	11.99	69.94	38.19	26.18
	216.79	13.84	79.61	36.91	27.09
10¾ (273.1)	258.9	7.09	48.73	52.62	19.00
	255.3	8.89	60.26	51.18	19.54
	252.7	10.16	67.70	50.17	19.93
	250.1	10.43	75.89	49.16	20.34
	247.9	12.57	82.58	48.27	20.72
	245.4	13.84	90.32	47.28	21.15
	242.8	15.11	97.76	46.31	21.59

续表

外径 in(mm)	内径 mm	壁厚 mm	重量 kg/m	容积 L/m	1m³相当于管内长度,m
12¾ (325)	307	9	72.9	74.02	13.51
	305	10	80.5	73.06	13.69
	303	11	88.0	72.11	13.87
	301	12	95.4	71.16	14.05
13⅜ (339.7)	322.9	8.38	71.42	81.89	12.21
	320.4	9.65	81.10	80.63	12.40
	317.9	10.92	90.77	79.37	12.60
	315.3	12.19	101.18	78.08	12.81
	313.6	13.06	107.14	77.24	12.95

常用套管数据表4-4。

表4-4 常用套管数据

规格 mm(in)	重量 kg/m	钢级	外径 mm	内径 mm	壁厚 mm	容积 L(m)	标准接箍外径,mm	通径 mm	抗挤毁压力 MPa	1m³相当于管内长度,m
127 (5)	26.79	P110	127	108.61	9.19	12.68	141.3	105.44	92.9	
139.7 (5½)	20.83	J55	139.7	127.3	6.20	12.73	153.7	124.1	21.5	78.55
	17.86	J55	139.7	124.3	7.72	12.13	153.7	121.1	33.9	82.44
	25.30	N80	139.7	124.3	7.72	12.13	153.7	121.1	43.3	82.44
	29.76	N80	139.7	121.4	9.17	11.57	153.7	118.2	60.9	86.43
219.1 (8⅝)	35.71	J55	219.1	205.7	6.71	33.22	244.5	202.5	9.4	30.10
	41.66	H40	219.1	203.7	7.72	32.57	244.5	200.5	11.1	30.70
	47.62	J55	219.1	201.2	8.94	31.79	244.5	195.6	15.2	30.46
	53.57	J55	219.1	198.8	10.16	31.03	244.5	198	17.4	32.23
	59.53	N80	219.1	196.2	11.43	30.24	244.5	193	38.1	33.07
	65.48	N80	219.1	193.7	12.70	29.46	244.5	190.5	47.9	33.94
	72.92	N80	219.1	190.8	14.15	28.59	244.5	187.6	59.2	34.98

续表

规格 mm(in)	重量 kg/m	钢级	外径 mm	内径 mm	壁厚 mm	容积 L(m)	标准接箍 外径,mm	通径 mm	抗挤毁压力 MPa	1m³ 相当于 管内长度,m
273.1 (10¾)	48.74	H40	273.1	258.9	7.09	57.96	298.5	254.9	5.8	19.00
	60.27	J55	273.1	255.3	8.89	51.18	298.5	251.3	10.9	19.54
	67.71	J55	273.1	252.7	10.16	50.17	298.5	248.8	14.4	19.93
	75.90	N80	273.1	250.1	11.43	49.16	298.5	243.9	27.7	20.34
	82.59	N80	273.1	247.9	12.57	48.27	298.5	246.2	23.4	20.72
	90.33	P110	273.1	245.4	13.84	47.28	298.5	241.4	40.5	21.15
	97.77	P110	273.1	242.8	15.11	46.31	298.5	238.9	51.7	21.59
339.7 (13⅜)	71.42	H40	339.7	322.9	8.38	81.89	365.1	319	5.1	12.21
	81.10	J55	339.7	320.4	9.65	80.63	365.1	316.5	7.8	12.40
	90.77	J55	339.7	317.9	10.92	79.39	365.1	313.9	10.6	12.60
	101.18	J55	339.7	315.3	12.19	78.08	365.1	311.4	13.4	12.81

API 套管识别：

螺纹类型标记见表 4-5。

表 4-5　螺纹类型的标记

螺纹类型	英文标记	缩写字
圆螺纹	ROUND　　THREAD	CSG(短圆螺纹) LCSG(长圆螺纹)
偏梯形螺纹	RUTTRESS　　THREAD	BCSG
直连形螺纹	EXTREME—LINE	XCSG

钢级标记见表 4-6。

表 4-6　钢级标记

钢级	标记符号	接箍颜色	环带颜色
H—40	H	黑或不涂	黑或不涂
J—55	J	绿	一条鲜绿
K—55	K	绿	一条鲜绿
N—80	N	红	一条红色
C—75	C—75	蓝	一条蓝色
L—80	L—80	红色带棕色带	红棕各一条
C—95	C—95	棕	一条棕色
P—110	P	白	一条白色

三、钻具基本技术参数

钻杆的基本技术参数见表 4-7、表 4-8。

表 4-7 钻杆的基本技术参数 API 钻杆规范和强度数据

外径		公称重量	壁厚	内径	管体截面积	抗扭断面系数	抗拉强度,t			抗扭矩,kg·m		
							D	E	P-105	D	E	P-105
in	mm	kg/m	mm	mm	cm²	cm³	屈服极限,kg/mm²			抗扭屈服极限,kg/mm²		
							38.67	52.73	73.80	19.34	26.37	36.90
2⅞	73.024	10.190	5.512	62.00	11.69	36.73		61.69	86.18		969	1356
		15.475	9.195	54.64	18.44	52.51	71.21	97.07	136.07	1015	1384	1938
3½	88.90	14.138	6.452	76.00	16.71	64.30		88.00	123.38		1667	2373
		19.788	9.347	70.21	23.36	84.31	90.26	123.38	172.36	1630	2228	3112
		23.061	11.405	66.09	27.77	95.83	107.50	146.51	205.02	1852	2526	3537
5	127.00	24.20	7.518	111.96	28.22	159.28		148.78	280.20		4199	5877
		29.011	9.195	108.61	34.03	187.09	131.54	179.62	251.29	3617	4932	6904

表 4-8 国产钻杆规范和强度数据

外径		公称重量	壁厚	内径	管体截面积	抗扭断面系数	抗拉强度,t			抗扭矩,kg·m		
							D	E	P-105	D	E	P-105
in	mm	kg/m	mm	mm	cm²	cm³	屈服极限,kg/mm²			抗扭屈服极限,kg/mm²		
							38.67	52.73	73.80	19.34	26.37	36.90
2⅞	73	14.21	9	55	18.09	51.73	99.45	117.59	135.68	1420	1680	1940
3½	89	17.76	9	71	22.62	82.18	124.41	147.03	169.65	2252	2670	3080
		21.16	11	67	26.95	96.60	148.23	175.18	202.13	2650	3133	3620
5	127	26.19	9	109	33.39	184.00	183.65	217.04	250.43	5050	6030	6900
		31.47	11	105	40.11	214.30	220.61	260.72	300.83	5880	6950	8000

钻铤基本技术参数见表 4-9。

表 4-9 API 钻铤规范

通称尺寸		内径,mm		长度,m	重量,kg/m		扣型
in	mm	标准	选用		标准	选用	
3½	88.9	38.1		9.14	39.80		2⅜in 内平
6¼	158.75	57.15	71.44	9.14~12.802	135.11	123.56	4in 内平
7	177.80	71.44		9.14~12.802	163.20		4½in 内平

套铣筒基本技术参数见表4-10。

表4-10 套铣筒参数

项目	外径,mm	内径,mm	有效长度,m	钢级	接头最大外径,mm	接头扣型
参数	219	195	≥9.0	D55	259	8⅝in正规钻杆扣

单位换算见表4-11至表4-21。

表4-11 长度单位换算表

米	厘米	毫米	市尺	英尺	英寸
1	100	1000	3	3.28084	39.3701
0.01	1	10	0.03	0.03281	0.3937
0.001	0.1	1	0.003	0.00328	0.0394
0.333	33.333	333.33	1	1.09361	13.1234
0.3048	30.48	304.8	0.9144	1	12
0.0254	2.54	25.4	0.0762	0.08333	1

表4-12 面积单位换算表

平方米	平方厘米	平方毫米	平方市尺	平方英尺	平方英寸
1	10000	1000000	9	10.7639	1550
0.0001	1	100	0.0009	0.001077	0.1550
0.000001	0.01	1	0.000009	0.000011	0.00155
0.111111	1111.11	111111.11	1	10195989	172.23
0.092903	929.03	92903	0.836127	1	144
0.000645	6.4516	645.16	0.005806	0.006944	1

表4-13 面积单位换算表

升	立方米	立方英寸	立方英尺	(加仑英)	(加仑美)
1	0.001	61.027	0.03532	0.22022	0.264186
1000	1	61027.1	35.3165	220.216	264.186
0.01639	0.000016	1	0.000578	0.003068	0.00433
28.3168	0.028317	1728	1	6.2355	7.48051
4.54596	0.004545	277.413	0.160372	1	1.201
3.7852	0.003785	231	0.13368	0.8327	1

表4-14 质量单位换算表

吨	千克	市担	市斤	英吨	磅
1	1000	20	2000	0.984205	2204.62
0.001	1	0.02	2	0.000984	2020462
0.05	50	1	100	0.04921	110.231
0.0005	0.5	0.01	1	0.000492	1.1023
1.016046	1016.05	20.321	2032.09	1	2240
0.000454	0.45359	0.00907	0.9072	0.000446	1

表4-15 流量单位换算表

升/秒	立方米/英寸	英加仑/分	美加仑/分
1	3.6	13.197	15.8514
0.27787	1	3.6658	4.4032
0.7577	0.27279	1	1.2011
0.6309	0.2271	0.8325	1

表4-16 流量单位换算表

千克力/厘米^2	磅力/英寸^2	大气压	水柱(15℃)米	水银柱英寸
1	14.223	0.9678	10.01	28.96
0.07031	1	0.06804	0.7037	2.0355
1.0333	14.7	1	10.34	29.92
0.0999	1.421	0.0967	1	2.892
0.03453	0.4912	0.03342	0.3456	1

表4-17 功率单位换算表

米制马力(ps)	英制马力(hp)	千瓦(kW)	千克力·米/秒	磅力·英尺/秒
1	0.9863	0.74	75	542.465
1.01389	1	0.746	76.0418	550
1.36	1.341	1	102	737.5
0.01333	0.013155	0.009804	1	7.23
0.001843	0.001818	0.001356	0.138351	1

表4-18 温度单位换算表

温度	单位符号	水的冰点(1大气压)	水的沸点(1大气压)	换算公式
摄氏温度	℃	0℃	100℃	$t℃ = 5/9(t℉ - 32°)$
华氏温度	℉	32℉	212℉	$t℉ = 9/5 t℃ + 32°$
热力学温度	°K	273°K	373°K	$T°K = t℃ + 273°$

表4-19 冲击力单位换算表

千克力·米/平方毫米	千克力·米/平方厘米	磅力·英尺/平方英寸
1	100	466.36
0.01	1	46.6636
0.0002143	0.02143	1

表4-20 常用新旧单位换算表

项目	法定计量单位	非法定计量单位	换算关系
力	兆牛(MN)	吨(t)	1吨=9.8千牛
	千牛(kN)	千克(kg)	1千克=9.8牛顿
	牛顿(N)	克(g)	
力矩	千牛·米	千克·米	1千克·米=0.0098千牛·米
压力压强	兆帕(MPa)	千克/厘米²(at)	1at=0.098MPa
	千帕(kPa)	克/厘米²	克/厘米²=98Pa
	帕斯卡(Pa)	达因/厘米²	达因/厘米²=0.1Pa
黏度	帕斯卡·秒(Pa·s)	泊	1泊=0.1Pa·s
功率	千瓦(kW)	马力(hp)	1hp=0.746kW
	瓦特(W)		1kW=1000W
比水功率	W=mm²	hp/mm²	1hp/mm²=746W/mm²
	W/mm²	hp/英寸²	1hp/英寸²=1.14W/mm²

表4-21 英寸的分数化为小数及毫米对照

英寸(in)		毫米	英寸(in)		毫米
分数	小数	mm	分数	小数	mm
1/64	0.015625	0.396875	33/64	0.515625	13.096875
1/32	0.03125	0.79375	17/32	0.53125	13.49375
3/64	0.046875	1.190625	35/64	0.546875	13.890625
1/16	0.0625	1.5875	9/16	0.5625	14.2875

续表

英寸(in)		毫米	英寸(in)		毫米
分数	小数	mm	分数	小数	mm
5/64	0.078125	1.984375	37/64	0.578125	14.684375
3/32	0.09375	2.38125	19/32	0.59375	15.08125
7/64	0.109375	2.778125	39/64	0.609375	15.478125
1/8	0.125	3.175	5/8	0.625	15.875
9/64	0.140625	3.571875	41/64	0.640625	16.271875
5/32	0.15625	3.96875	21/32	0.65625	16.66875
11/64	0.171875	4.365625	43/64	0.671875	17.065625
3/16	0.1875	4.7625	11/16	0.6875	17.4625
13/64	0.203125	5.159375	45/64	0.703125	17.859375
7/32	0.21875	5.55625	23/32	0.71875	18.25625
15/64	0.234375	5.953125	47/64	0.734375	18.653125
1/4	0.25	6.35	3/4	0.75	19.05
17/64	0.265625	6.746875	49/64	0.765625	19.446875
9/32	0.28125	7.14375	25/32	0.78125	19.84375
19/64	0.296875	7.540625	51/64	0.796875	20.240625
5/16	0.3125	7.9375	13/16	0.8125	20.6375
21/64	0.328125	8.334375	53/64	0.828125	21.034375
11/32	0.34375	8.73125	27/32	0.84375	21.43125
23/64	0.359375	9.128125	55/64	0.859375	21.828125
3/8	0.375	9.525	7/8	0.875	22.225
25/64	0.390625	9.921875	57/64	0.890625	22.621875
13/32	0.40625	10.31875	29/32	0.90625	23.01875
27/64	0.421875	10.715625	59/64	0.921875	23.415625
7/16	0.4375	11.1125	15/16	0.9375	23.8125
29/64	0.453125	11.509375	61/64	0.953125	24.209375
15/32	0.46875	11.90625	31/32	0.96875	24.60625
31/64	0.484375	12.303125	63/64	0.984375	25.003125
1/2	0.5	12.7	1	1	25.4

第五节 修井基本计算

一、计算公式

(一)水力参数常用计算

(1)修井泵额定水功率：

$$P_{pr} = P_r \times Q_r \tag{4-1}$$

式中 P_{pr}——修井泵额定水功率，kW；
　　P_r——修井泵额定泵压，MPa；
　　Q_r——修井泵额定流量，L/s。

(2)修井泵实际水功率：

$$P_p = P_s \times Q \tag{4-2}$$

式中 P_p——修井泵实际水功率，kW；
　　P_s——修井泵工作泵压，MPa；
　　Q——修井泵工作流量，L/s。

(3)修井泵水功率分配关系：

$$P_p = P_b + \Delta P_{cr} \tag{4-3}$$

式中 P_p——修井泵实际水功率，kW；
　　P_b——钻头(喷嘴)水功率，kW；
　　ΔP_{cr}——循环系统损耗水功率，kW。

(4)修井泵压力分配关系：

$$p_s = \Delta p_b + \Delta p_g + \Delta p_{cs} \tag{4-4}$$

式中 p_s——修井泵工作泵压，MPa；
　　Δp_b——钻头(喷嘴)压降，MPa；
　　Δp_g——地面管汇压力损耗，MPa；
　　Δp_{cs}——循环系统压力损耗，MPa。

$$\Delta p_{cs} = \Delta p_{pi} + \Delta p_{ci} + \Delta p_{pa} + \Delta p_{ca} + \Delta p_g$$

(5)钻头(喷嘴)压力降：

$$\Delta p_b = k_b \times Q^2 \qquad (4-5)$$

式中 Δp_b——钻头(喷嘴)压降,MPa;

Q——修井液流量,L/s;

k_b——钻头(喷嘴)压降系数,$k_b = \dfrac{554.4\rho_d}{A_J^2}$,量纲1;

ρ_d——修井液密度,g/cm³;

A_J——喷嘴截面积,$A_J = \left(\dfrac{554.4 \times \rho_d \times Q^2}{p_s - \Delta p_{cs}}\right)_{0.5}$,mm²。

(6)地面管汇压力损耗:

$$\Delta p_g = k_g \times Q^{1.8} \qquad (4-6)$$

式中 Δp_g——地面管汇压力损耗,MPa;

Q——流量,L/s;

k_g——地面管汇压力损耗系数,$k_g = 3.767 \times 10^{-4} \times \rho_d^{0.8} \times \mu_{pv}^{0.2}$;

μ_{pv}——塑性黏度,$\mu_{pv} = \theta_{600} - \theta_{300}$,mPa·s;

θ_{600}、θ_{300}——旋转黏度计600r/min、300r/min 的读数,量纲1。

(7)管内循环压力损耗。

钻杆内见下式:

$$\Delta p_{pi} = k_{pi} \times L_p \times Q^{1.8} \qquad (4-7)$$

式中 Δp_{pi}——钻杆内循环压力损耗,MPa;

k_{pi}——钻杆内循环系统压力损耗系数,$k_{pi} = 7628 \times \rho_d^{0.8} \times \mu_{pv}^{0.2} \times \dfrac{1}{d_{pi}^{4.8}}$,量纲1;

L_p——钻杆长度,m;

Q——流量,L/s;

ρ_d——修井液密度,g/cm³;

μ_{pv}——塑性黏度,mPa·s;

d_{pi}——钻杆内径,mm。

钻铤内见下式:

$$\Delta p_{ci} = k_{ci} \times L_c \times Q^{1.8} \qquad (4-8)$$

式中 Δp_{ci}——钻铤内循环压力损耗,MPa;

k_{ci}——钻铤内循环系统压力损耗系数,$k_{ci} = 7628 \times \rho_d^{0.8} \times \mu_{pv}^{0.2} \times \dfrac{1}{d_{ci}^{4.8}}$,量纲1;

L_c——钻铤长度,m;
Q——流量,L/s;
ρ_d——修井液密度,g/cm³;
μ_{pv}——塑性黏度,mPa·s;
d_{ci}——钻铤内径,mm。

(8) 管外循环压力损耗。

钻杆外见下式:

$$\Delta p_{pa} = k_{pa} \times L_p \times Q^{1.8} \tag{4-9}$$

式中　Δp_{pa}——钻杆内循环压力损耗,MPa;

k_{pa}——钻杆内循环系统压力损耗系数,$k_{pa} = \dfrac{7628 \times \rho_d^{0.8} \times \mu_{pv}^{0.2}}{(d_h - d_p)^3 (d_h + d_p)^{1.8}}$,量纲1;

L_p——钻杆长度,m;
Q——流量,L/s;
ρ_d——修井液密度,g/cm³;
μ_{pv}——塑性黏度,mPa·s;
d_h——井眼直径,mm;
d_p——钻杆外径,mm。

钻铤外见下式:

$$\Delta p_{ca} = k_{ca} \times L_c \times Q^{1.8} \tag{4-10}$$

式中　Δp_{ca}——钻铤内循环压力损耗,MPa;

k_{ca}——钻铤内循环系统压力损耗系数,$k_{pa} = \dfrac{7628 \times \rho_d^{0.8} \times \mu_{pr}^{0.2}}{(d_h - d_c)^3 (d_h + d_c)^{1.8}}$,量纲1;

L_c——钻铤长度,m;
Q——流量,L/s;
ρ_d——修井液密度,g/cm³;
μ_{pv}——塑性黏度,mPa·s;
d_h——井眼直径,mm;
d_c——钻铤外径,mm。

(9) 钻头(喷嘴)水功率:

$$P_b = \Delta P_b \times Q \tag{4-11}$$

式中　P_b——钻头(喷嘴)水功率,kW;

ΔP_b ——修井泵实发水功率,kW;

Q ——流量,L/s。

（10）射流喷射速度：

$$V_J = \frac{1000Q}{A_J} \tag{4-12}$$

式中　V_J ——射流喷射速度,m/s;

　　　Q ——流量,L/s;

　　　A_J ——喷嘴截面积,mm²。

（11）射流冲击力：

$$F_J = \rho_d \times v_J \times Q \tag{4-13}$$

式中　F_J ——射流冲击力,N;

　　　ρ_d ——修井液密度,g/cm³;

　　　v_J ——射流喷射速度,m/s;

　　　Q ——流量,L/s。

（12）钻头单位面积水功率（比水功率）：

$$P_{bs} = \frac{1000P_b}{A_b} \tag{4-14}$$

式中　P_{bs} ——钻头单位面积水功率,W/mm²;

　　　P_b ——钻头水功率,kW;

　　　A_b ——井底面积,$A_b = \frac{1}{4}\pi d_b^2$,mm²;

　　　d_b ——钻头直径,mm。

（13）修井泵功率利用率：

$$\mu = \frac{P_b}{P_p} \tag{4-15}$$

式中　μ ——修井泵功率利用率,量纲1;

　　　P_b ——钻头水功率,kW;

　　　P_p ——修井泵实发水功率,kW。

（14）修井液环空返速：

$$v_a = \frac{1273Q}{d_h^2 - d_p^2} \tag{4-16}$$

式中 v_a——修井液环空返速,m/s;
Q——流量,L/s;
d_h——井眼直径,mm;
d_p——钻杆外径,mm。

(二)修井液常用计算

(1)加重剂用量计算公式:

$$w_{加} = \frac{\rho_{加} V_{原}(\rho_{重} - \rho_{原})}{\rho_{加} - \rho_{重}} \qquad (4-17)$$

式中 $w_{加}$——所需加重剂的质量,t;
$\rho_{加}$——加重材料的密度,g/cm³;
$\rho_{原}$——加重前修井液密度,g/cm³;
$\rho_{重}$——加重后修井液密度,g/cm³;
$V_{原}$——加重前的修井液体积,m³。

(2)修井液循环一周(从进井口到返出井口)所需时间计算公式:

$$T = 16.67 \times \frac{V_h - V_p}{Q} \qquad (4-18)$$

式中 T——修井液循环一周的时间,min;
V_h——井眼容积,m³;
V_p——钻柱本体体积,m³;
Q——修井液泵排量,L/s。

(3)修井液上返速度:

$$v_{返} = \frac{1274Q}{d_h^2 - d_p^2} \qquad (4-19)$$

式中 $v_{返}$——修井液上返速度,m/s;
Q——修井液泵排量,L/s;
d_h——井径(钻头直径),mm;
d_p——钻柱外径,mm。

(4)井漏速度:

$$v_{漏} = \frac{Q_{漏}}{t_{漏}} \qquad (4-20)$$

式中　$v_{漏}$——漏失速度，m^3/h；
　　　$Q_{漏}$——漏失量，m^3；
　　　$t_{漏}$——漏失时间，h。

(5) 井底温度：

$$T = T_0 + \frac{H}{168} \quad (4-21)$$

式中　T——井底循环温度，℃；
　　　T_0——井口循环温度，℃；
　　　H——井深，m。

(6) 配置修井液所需黏土和水量：

$$W_{土} = -\frac{\rho_{土} V_d (\rho_d - \rho_{水})}{\rho_{土} - \rho_{水}} \quad (4-22)$$

$$Q_{水} = V_d - \frac{W_{土}}{\rho_{土}} \quad (4-23)$$

式中　$W_{土}$——所需黏土的质量，kg；
　　　V_d——所需修井液量，L；
　　　$\rho_{水}$——水的密度，g/cm^3；
　　　$\rho_{土}$——土的密度，g/cm^3；
　　　ρ_d——修井液密度，g/cm^3；
　　　$Q_{水}$——所需水量，L。

(7) 降低修井液密度时加水量：

$$W_{水} = \frac{V_{原} \times (\rho_{原} - \rho_{稀}) \times \rho_{水}}{\rho_{稀} - \rho_{水}} \quad (4-24)$$

式中　$W_{水}$——所需水量，m^3；
　　　$V_{原}$——原修井液体积，m^3；
　　　$\rho_{原}$——原修井液密度，g/cm^3；
　　　$\rho_{稀}$——稀释后修井液密度，g/cm^3；
　　　$\rho_{水}$——水的密度，g/cm^3。

(三) 固井常用计算

(1) 注水泥量：

$$Q = (V_1 + V_2)/V_3 \quad (4-25)$$

式中　Q——注水泥总袋数；
　　　V_1——封固段环形容积；
　　　V_2——水泥塞容积；
　　　V_3——1袋水泥配制的水泥浆体积。

(2) 替修井液量：

$$V = V_1 + V_2 + \cdots\cdots + V_i \qquad (4-26)$$

$$V_i = (0.7854 d_i^2 L_i)/10^6 (\text{m}^3)$$

式中　V——替修井液量，L；
　　　V_1——不同壁厚套管的每米内容积，m^3；
　　　d_i^2——同一壁厚套管的内径，mm；
　　　L_i——同一壁厚套管的长度，m。

(3) 管内注速：

$$V_z = Qq/(V_1 T_z) \qquad (4-27)$$

式中　V_z——管内注速，m/s；
　　　Q——注水泥总袋数；
　　　q——每袋水泥的配浆体积，L；
　　　V_1——每米套管内容积，L；
　　　T_z——注水泥时间，s。

(4) 环空返速：

$$V_f = Vh/(V_h T_t) \qquad (4-28)$$

式中　V_f——环空返速，m/s；
　　　V——替修井液量，m^3；
　　　h——封固高度，m；
　　　V_h——环空容积，m^3；
　　　T_t——替修井液时间，s。

(5) 水泥计算：

$$Q = \frac{V_1 + V_2}{V_3} \qquad (4-29)$$

式中　Q——水泥总袋数；
　　　V_1——封固段环空；
　　　V_2——水泥塞容积；
　　　V_3——1袋水泥配制的水泥浆体积。

(6) 替钻井液：

$$V_{替} = V_1 + V_2 + \cdots\cdots + V_i \quad (4-30)$$

$$V_i = \frac{0.785 d^2 li}{1000}$$

式中　V_i——不同壁厚的套管内容积，m^3；
　　　li——同一壁厚的套管总长，m。

(7) 注速：

管内注速：

$$V = \frac{Qq}{V \times 60} \quad (4-31)$$

管外注速：

$$V_1 = \frac{Qq}{V_1 \times 60} \quad (4-32)$$

式中　Q——每分钟注灰袋数；
　　　q——每袋水泥的配浆体积，m^3；
　　　V——每米套管内容积，m/s；
　　　V_1——每米平均环型容积，m/s。

(8) 替速：

$$V_{替} = \frac{替钻井液量 \times 封固高度(m)}{环形容积 \times 替钻井液时间(s)} (m/s) \quad (4-33)$$

(四) 井控常用计算

$$钻井液密度 = \frac{地层压力 \times 10}{井深}(没有附加) \quad (4-34)$$

$$地层压力 = 立管压力 + 0.1 \times 密度 \times 井深(关闭环空) \quad (4-35)$$

$$替钻井液泵压 = \frac{1}{10}(H-h)(\gamma_1 - \gamma_2) + 0.01L + (8\sim16) \quad (4-36)$$

式中　H——管外水泥柱高度，m；
　　　h——管内水泥塞高度，m；
　　　γ_1——水泥浆密度，g/cm^3；
　　　γ_2——修井液密度，g/cm^3；
　　　L——套管下深，m。

(五)压井常用计算

(1)关井立管压力:

$$p_s + p_d = p_p = p_a + p_{ad} \qquad (4-37)$$

式中 p_s——关井立管压力,MPa;
  p_d——钻柱内修井液压力,MPa;
  p_p——地层压力,MPa;
  p_a——关井套管压力,MPa;
  p_{ad}——环空内修井液柱压力,MPa。

(2)压井所需修井液的新密度:

$$\rho_{dl} = \rho_d + \Delta\rho \qquad (4-38)$$

式中 ρ_{dl}——压井所需修井液新密度,g/cm³;
  ρ_d——钻柱内修井液密度,g/cm³;
  $\Delta\rho$——压井所需修井液密度增量,$\Delta\rho = \dfrac{1000 p_s}{g \times H} + \rho_e$ 或 $\Delta\rho = \dfrac{1000(p_s + p_e)}{g \times H}$,g/cm³;
  p_s——关井立管压力,MPa;
  ρ_e——安全附加当量修井液密度(油井 0.05~0.10g/cm³;气井 0.07~0.15g/cm³);
  p_e——附加压力(油井 1.5~3.5MPa;气井 3.0~5.0MPa);
  H——井深,m。

(3)压井循环时立管总压力:

$$p_T = p_s + p_{cs} + p_e \qquad (4-39)$$

式中 p_T——压井循环时立管总压力,MPa;
  p_s——关井立管压力,MPa;
  p_{cs}——定排量压井循环时钻柱内、钻头水眼、环形空间内流动阻力的循环压力,MPa;
  p_e——考虑平衡安全时的附加压力,MPa。

(4)求初始循环压力:

① 用不同泵速,如 25min⁻¹、30min⁻¹、35min⁻¹、40min⁻¹、45min⁻¹、50min⁻¹(即不同排量时)记录下来的立管压力 p_{ci}

②

$$p_{Ti} = p_s + p_{ci} + p_e \qquad (4-40)$$

式中 p_{Ti}——初始循环压力,MPa;

p_s——关井立管压力,MPa;

p_{ci}——不同排量时立管循环压力,MPa;

p_e——附加压力,MPa。

(5)求终了循环压力 $p_{cf}(p_{Tf})$:

$$p_{Tf} = \frac{\rho_{d1}}{\rho_d} \times p_{ci} \qquad (4-41)$$

式中 p_{Tf}——压井终了循环压力,MPa;

ρ_{d1}——压井时所需修井液密度,g/cm³;

ρ_d——关井时钻柱内未气侵修井液密度,g/cm³;

p_{ci}——不同排量循环立管压力,MPa。

(六)事故处理常用计算

(1)卡点深度:

$$L = K\frac{e}{p} \qquad K = 21F \qquad (4-42)$$

式中 L——卡点深度,m;

e——平均伸长,cm;

p——平均拉力,t;

K——计算系数(表4-22);

F——管体截面积,cm²。

表4-22 常用卡点计算系数 K 值表

外径,mm		壁厚,mm	内径,mm	F,cm²	K
API 钻杆	114	10.92	92.5	35.47	745
	127	9.195	108.6	34.03	715
	73	9.19	54.6	18.43	387
API 套管	139.7	6.20	127.3	26.00	546
	139.7	7.72	124.3	31.91	670
	139.7	9.17	121.4	37.51	788

(2)复合钻具卡点深度:

① 通过大于钻柱原悬量的实际拉力提拉被卡钻具,量出钻柱总伸长 ΔL(一般取多次提拉伸长量的平均值)。

② 计算在该拉力下,每段钻具的绝对伸长(假设有三段钻具):$\Delta L_1 = \dfrac{L_1 P \times 10^5}{EF_1}$;$\Delta L_2 = \dfrac{L_2 P \times 10^5}{EF_2}$;$\Delta L_3 = \dfrac{L_3 P \times 10^5}{EF_3}$。

③ 分析 ΔL 与 $\Delta L_1 + \Delta L_2 + \Delta L_3$ 值的关系:

如果 $\Delta L \geqslant \Delta L_1 + \Delta L_2 + \Delta L_3$,说明卡点在钻头上;

如果 $\Delta L \geqslant \Delta L_1 + \Delta L_2$,说明卡点在第三段上;

$\Delta L \geqslant \Delta L_1$,说明卡点在第二段上;

$\Delta L \leqslant \Delta L_1$,说明卡点在第一段上。

④ 计算 $\Delta L \geqslant \Delta L_1 + \Delta L_2$ 的卡点位置:

先求 ΔL_3,$\Delta L_3 = \Delta L - (\Delta L_1 + \Delta L_2)$

计算 L_3 值:$L_3 = \dfrac{\Delta L_3 \times E \times F_3}{P \times 10^5}$,为第三段钻具未卡部分的长度。

计算卡点位置:$L = L_1 + L_2 + L_3$

⑤ 其他情况可类推。

⑥ 符号说明:

ΔL_1、ΔL_2、ΔL_3——自上而下三种钻具的伸长,cm;

ΔL——总伸长,cm;

P——上提拉力,kN;

L_1、L_2、L_3——自上而下三种钻具下井长度,m;

F_1、F_2、F_3 自上而下三种钻具的截面积,cm²;

E——钢材弹性系数,$E = 2.1 \times 10^5$ MPa;

(3)钻杆允许扭转圈数:

$$N = KH \qquad (4-43)$$

式中 N——允许扭转圈数,圈;

K——扭转系数(见表 4–23),圈/m;

H——卡点深度,m。

表 4–23 API 钻杆扭转系数 K 值

外径,mm	扭转系数,圈/m		
	D 级	E 级	P105 级
73	0.00703	0.00957	0.0134
89	0.00577	0.00787	0.01101
114	0.00449	0.00612	0.00856
127	0.00404	0.00551	0.00771

表4-24 钻杆伸长系数

拉力 t	钻杆伸长系数 89mm	钻杆伸长系数 127mm	拉力 t	钻杆伸长系数 89mm	钻杆伸长系数 127mm
10	0.0203761	0.0139933	58	0.1181816	0.08116088
20	0.0407523	0.0279865	68	0.1385578	0.095154136
24	0.0489027	0.0335838	72	0.1467082	0.100751438
28	0.0570532	0.0391811	76	0.1548587	0.10634874
30	0.0611284	0.0419798	78	0.1589339	0.109147391
34	0.0692789	0.0475771	82	0.1670844	0.114744693
38	0.0774293	0.0531744	86	0.1752348	0.120341995
40	0.0815046	0.055973	88	0.1793101	0.123140646
44	0.089655	0.0615703	92	0.1874605	0.128737948
48	0.0978055	0.0671676	96	0.195611	0.13433525
50	0.1018807	0.0699663	98	0.1996862	0.137133901
52	0.1059559	0.0727649	100	0.2037614	0.139932553
54	0.1100312	0.0755636	102	0.2078367	0.142731204
56	0.1141064	0.0783622	104	0.2119119	0.145529855

表中数值乘以钻杆长度即为伸长量,计算公式为:

$$\Delta L = \frac{pL}{EA} \quad (4-44)$$

式中 p——拉力,t;

L——钻杆长度,m;

E——弹性模量,MPa;

A——钻具截面积,cm²。

127mm 钻杆: $\Delta L = \frac{pL}{714.63}$;

89mm 钻杆: $\Delta L = \frac{pL}{490.77}$。

(4)泡油量:

$$Q = K\frac{1}{4}\pi(D^2 - D_1^2)H + \frac{1}{4}\pi d^2 h \quad (4-45)$$

式中 Q——泡油量,m^3;
 K——附加系数,一般为1.2~1.5;
 D——井径,m;
 D_1——钻杆外径,m;
 d——钻杆内径,m;
 H——钻杆外油柱高,m;
 h——钻杆内油柱高,m。

(5)入井工作液密度:

入井工作液密度的确定应以钻井资料显示最高地层压力系数或实测地层压力为基准,再加一个附加值。

$$\rho = \frac{1000p}{gH} + \rho_{附加} \qquad (4-46)$$

式中 ρ——入井工作液密度,g/cm^3;
 p——实测地层压力,MPa;
 g——重力加速度,$9.81m/s^2$;
 H——液柱垂直高度,m;
 $\rho_{附加}$——密度附加值,g/cm^3。

密度附加值的取值范围为:油水井为0.05~0.1;气井为0.07~0.15。

(6)入井工作液用量:

入井工作液准备量一般为井筒容积的1.5~2倍,浅井和小井眼为3~4倍。

① 理论计算:

$$V = \frac{\pi D^2}{4}H \qquad (4-47)$$

式中 V——井筒容积,m^3;
 D——井筒内径,m;
 H——井深,m。

② 现场计算:

$$V = \frac{D^2}{2}H \qquad (4-48)$$

式中 V——井筒容积,m^3;
 D——井筒内径,in;
 H——井深,m。

第六节 常见钻具类型

修井中常用钻柱主要由方钻杆、钻杆、钻铤、各种接头及专用工具组成,其中方钻杆、钻杆及钻铤等统称为钻具。

一、方钻杆

在修井作业中,方钻杆位于钻柱的最上端,其上部与水龙头相接,下部与钻杆连接,方钻杆的主要作用是传递转盘扭矩,承载钻柱的全部悬重。

(一)方钻杆基本结构

方钻杆的基本结构形式见图4-2,图4-3。

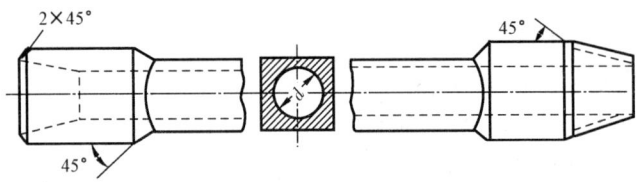

图4-2 四棱方钻杆结构

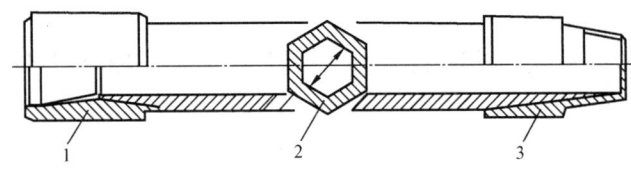

图4-3 六棱方钻杆结构
1—上接头;2—六方本体;3—下接头

方钻杆由于所处工作条件非常繁重,应具有较高的抗拉、抗扭强度,因此方钻杆厚度一般比钻杆大3倍左右,用高强度优质合金钢制成。

方钻杆两端接头配有螺纹,以便与水龙头、钻杆或套铣筒连接,修井作业中方钻杆的上端始终处在转盘面以上,为防止在旋转中自动卸扣,方钻杆上端螺纹一般均为左旋螺纹(反扣),下端为右旋螺纹(正扣),特殊情况根据需要在使用左旋钻杆(反扣钻杆)修井时,可将方钻杆上端改为右旋,下端改为左旋,而相应的水龙头下端也应改为右旋,目前方钻杆均为无细扣的对焊型。

(二)方钻杆基本参数

方钻杆基本参数见表4-25。

表4-25 方钻杆规范

通称尺寸		内径 mm	方部尺寸			方部长度 m	上部接头(反扣)		下部接头(正扣)	
in	mm		对方 mm	对角 mm	方棱半径 mm		外径 mm	扣型	外径 mm	扣型
3	76	45	76	100	9.5	10.50	146	420	105	211
5¼	133	80	133	175	16	13.60	197	630	178	521
8⅝	219	190	190	219		11~12				

(三)使用要求

(1)方钻杆使用时,上、下端应加配保护接头。

(2)方钻杆垂直度应小于2mm/根,不允许有扭曲、弯曲现象。

(3)方钻杆本体长度内不得有微裂纹、表面疤痕等缺陷。

(4)方补心内方尺寸与方钻杆对方尺寸配套,允许偏差上±2mm,超过时,应更换或补焊补心内方,以弥补内方尺寸不足,减少对方钻杆的磨损。

(5)方钻杆不用时应插入鼠洞内,不得斜放在钻台与地面之间,以免弄弯方钻杆。

(6)长时间停用方钻杆,应将其支垫起并做好清洁防腐工作。

(7)方钻杆搬运时,应用专用方钻杆保护管,以免闪顿弯方钻杆。

(8)定期无损探伤检测方钻杆。

(9)方钻杆与补心之间应随时加注润滑剂,冷却润滑。

二、钻杆

钻杆是钻柱组成的基本单元,主要传递转盘扭矩和承载及建立工作液循环通道,是完成修井工艺过程的基本配套专用管材。钻杆通常用优质碳素无缝钢管制成,在修井工作时,钻杆常位于方钻杆与钻铤之间,有时也单独使用钻杆。与工具组成钻杆柱,钻杆柱的主要作用是传递扭矩,输送工作液,完成修井工艺要求。

(一)钻杆基本结构

在修井工艺实施过程中,钻杆处在整个钻柱的中部,并在套管井眼工作,受力不如下部钻铤复杂,因此钻杆的管壁相对方钻杆和钻铤薄一些,内径比同规格的方钻杆、钻铤大一些,一般壁厚9~11mm,很大程度减少了工作液的流动阻力。

钻杆两端分别配装带粗螺纹的钻杆接头各一只(合为一对),称为钻杆单根,管体两端车有螺栓,配装一副钻杆接头称为有细螺纹钻杆,管体两端分别与接头对焊而成的称无细螺纹钻杆或对焊钻杆(图4-4A)。

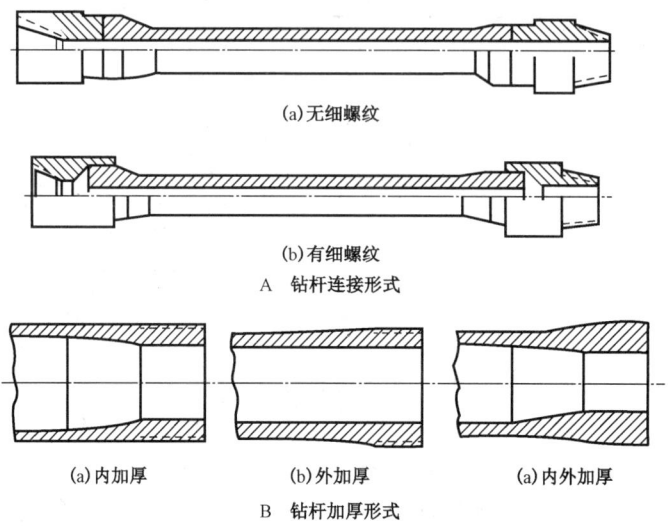

图4-4 钻杆连接、加厚示意图

为加强钻杆本体两端同接头连接部分的强度,一般钻杆两端需加厚处理,加厚方式有内加厚、外加厚、内外加厚三种形式(图4-4B)。目前修井作业中常用外加厚钻杆,即通称内平钻杆,接头外径比同尺寸钻杆接头外径大些,在套管井眼旋转时,接头与井壁接触摩擦机会增多,易磨损,但工作液循环流动阻力相对减少。

(二)钻杆基本技术参数

钻杆的基本技术参数见表4-26、表4-27。

表4-26 钻杆的基本技术参数 API 钻杆规范和强度数据

外径		公称重量 kg/m	壁厚 mm	内径 mm	管体截面积 cm²	抗扭断面系数 cm³	抗拉强度,t			抗扭矩,kg·m		
							D	E	P-105	D	E	P-105
in	mm						屈服极限,kg/mm²			抗扭屈服极限,kg/mm²		
							38.67	52.73	73.80	19.34	26.37	36.90
2⅞	73.024	10.190	5.512	62.00	11.69	36.73		61.69	86.18		969	1356
		15.475	9.195	54.64	18.44	52.51	71.21	97.07	136.07	1015	1384	1938

续表

外径		公称重量	壁厚	内径	管体截面积	抗扭断面系数	抗拉强度,t			抗扭矩,kg·m		
							D	E	P-105	D	E	P-105
							屈服极限,kg/mm²			抗扭屈服极限,kg/mm²		
in	mm	kg/m	mm	mm	cm²	cm³	38.67	52.73	73.80	19.34	26.37	36.90
3½	88.900	14.138	6.452	76.00	16.71	64.30		88.00	123.38		1667	2373
		19.788	9.347	70.21	23.36	84.31	90.26	123.38	172.36	1630	2228	3112
		23.061	11.405	66.09	27.77	95.83	107.50	146.51	205.02	1852	2526	3537
5	127.00	24.20	7.518	111.96	28.22	159.28		148.78	280.20		4199	5877
		29.011	9.195	108.61	34.03	187.09	131.54	179.62	251.29	3617	4932	6904

表4-27 国产钻杆规范和强度数据

外径		公称重量	壁厚	内径	管体截面积	抗扭断面系数	抗拉强度,t			抗扭矩,kg·m		
							D	E	P-105	D	E	P-105
							屈服极限,kg/mm²			抗扭屈服极限,kg/mm²		
in	mm	kg/m	mm	mm	cm²	cm³	38.67	52.73	73.80	19.34	26.37	36.90
2⅞	73	14.21	9	55	18.09	51.73	99.45	117.59	135.68	1420	1680	1940
3½	89	17.76	9	71	22.62	82.18	124.41	147.03	169.65	2252	2670	3080
		21.16	11	67	26.95	96.60	148.23	175.78	202.13	2650	3133	3620
5	127	26.19	9	109	33.39	184.00	183.65	217.04	250.43	5050	6030	6900
		31.47	11	105	40.11	214.30	220.61	260.72	300.83	5880	6950	8000

(三) 钻杆使用要求

(1) 入井钻杆螺纹必须涂抹螺纹密封脂,旋紧扭矩不低于3800N·m。

(2) 钻杆须按顺序编号,每使用3~5口井须调换入井顺序,以免在同一深度同一钻杆过度疲劳磨损。

(3) 始终保持钻杆的清洁、通畅、螺纹完好无损伤。

(4) 定期进行无损探伤检查,保持钻杆完好、无损伤。

(5) 入井钻杆不得弯曲、变形、夹偏。

(6) 钻杆搬迁不得直接在地面施拽,螺纹处应戴护丝。

三、钻铤

钻铤在修井施工中的主要作用是施加压力、增加钻柱在套管井眼的刚性,因此钻铤一般壁厚较厚，名义质量较大，壁厚相当同尺寸钻杆的4~6倍，名义质量比同尺寸的钻杆大4~5倍。

（一）钻铤基本结构

钻铤的基本结构如图4-5所示。

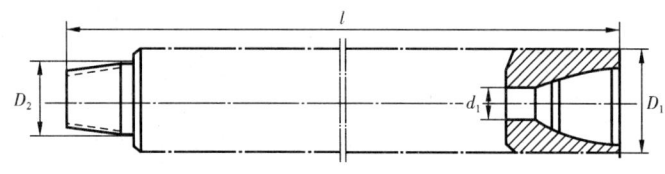

图4-5 钻铤基本结构

钻铤一般用高级合金钢制造，两端均为粗螺纹型，螺纹型与钻杆相同，锥度有1∶4和1∶6两种，每英寸牙数有4牙、5牙两种，通常钻铤一端为螺栓，一端为螺母，以便连接。

一般钻铤多以外径尺寸为其公称尺寸，为减少钻铤在连接时因螺纹型加工应力集中而引起的断裂损坏，常常在螺纹消失处，设有应力减轻槽，可提高钻铤的使用寿命达5~10倍。

（二）钻铤技术参数

钻铤基本技术参数见表4-28。

表4-28 API钻铤规范

通称尺寸		内径,mm		长度,m	重量,kg/m		扣型
in	mm	标准	选用		标准	选用	
3½	88.9	38.1		9.14	39.80		2⅜in 内平
6¼	158.75	57.15	71.44	9.14~12.802	135.11	123.56	4in 内平
7	177.80	71.44		9.14~12.802	163.20		4½in 内平

（三）钻铤使用要求

(1)钻铤不直度不超过2mm/全长，不圆度不大于基本直径5mm。

(2)钻铤本体及螺纹处不得有微裂纹，坑痕等缺陷。

(3)入井钻铤重量或长度不应超过设计要求的400~800kg或8~16m。

(4)钻铤入井应配套使用井口卡盘，用专用提升接头连接后提起放入鼠洞内。

(5)入井钻铤螺纹处涂抹螺纹密封脂，旋紧扭矩一般不低于3800N·m。

四、套铣筒

(一)基本结构

基本结构见图4-6。

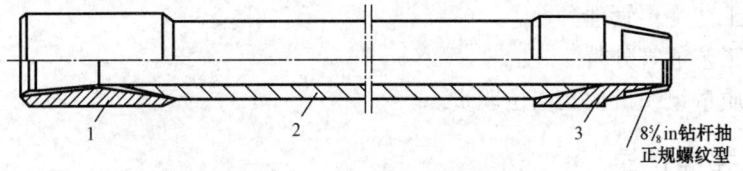

图4-6 套铣筒
1—上接头;2—筒体;3—下接头

(二)基本技术参数

套铣筒基本技术参数见表4-29。

表4-29 套铣筒参数

项目	外径,mm	内径,mm	有效长度,m	钢级	接头最大外径,mm	接头扣型
参数	219	195	≥9.0	D55	259	8⅝in 正规钻杆扣

第七节 现 场 资 料

一、质量记录

(一)现场填写

(1)修井施工作业班报表。
(2)修井施工作业管柱记录。
(3)修井施工作业交接书。
(4)计量器具台账。
(5)大修终止施工申报单。
(6)外委技术服务验收单。
(7)工具台账(地面工具台账、下井工具台账)。

(二)支持记录

(1)施工方案(地质方案、工程方案)。

(2)施工设计(作业指导书、地质设计、工程设计及补充设计等)。
(3)在用标准及目录。
(4)大修施工总结。
(5)大庆油田油水井大修质量跟踪监督卡(认证单)。
(6)井下作业井控风险评估及分级管理暂行规定。
(7)工艺变更管理。
(8)工艺危害分析。
(9)质量组织机构及岗位职责。

二、井控记录

(一)现场填写

(1)井控例会记录。
(2)井控综合记录(井控技术交底、井控装置试压记录、井口溢流观察记录、井控操作证台账、井控装置日查记录)。
(3)防喷演习记录。
(4)坐岗记录。
(5)高压部件台账。

(二)其他记录

(1)井控操作合格证及台账。
(2)防喷器试压报告。
(3)油管旋塞阀试压报告。
(4)钻杆旋塞阀试压报告。
(5)管线探伤报告。
(6)井控组织机构及岗位职责。

(三)支持文件

(1)《石油与天然气井下作业井控规定》。
(2)《石油与天然气钻井井控规定》。
(3)《油公司井下作业井控技术管理实施细则》。
(4)《大庆油田钻井井控实施细则》。
(5)《井下作业分公司井控管理办法》。
(6)《井下作业分公司"三高"井井控管理规定》。
(7)《井下作业井控装备现场安装规范》。

第五章 地面工用具

第一节 常用井口工具

修井井口常用工具一般指作业吊升工具、卡具及上卸扣工具等,这些用具是修井施工作业时的专用工具,是保障作业得以实施的基本用具。

一、吊卡

吊卡是用来卡住并起吊油管、钻杆、套管等的专用工具,在起下管柱时,用双吊环将吊卡悬吊在游车大钩上,吊卡再将油管、钻杆、套管等卡住,便可进行起下作业。修井施工中常用的吊卡一般有活门式和月牙形两种吊卡,过去也用过的羊头吊卡,因其较笨重,目前已不再使用。

（一）基本结构形式

吊卡的基本结构形式如图5-1、图5-2所示。

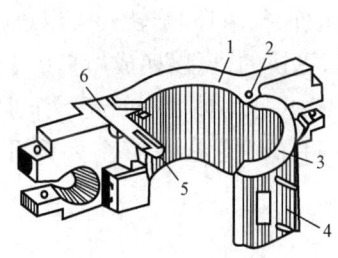
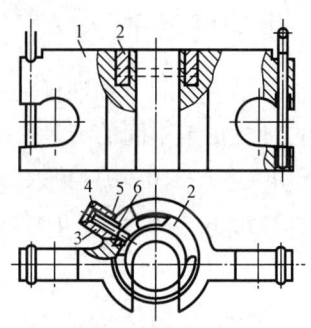

图5-1 活门式吊式
1—吊卡体;2—活门销子;3—吊卡活门;
4—手柄;5—锁扣销子;6—锁扣

图5-2 月牙形吊卡
1—壳体;2—凹槽;3—插闩;4—手柄;
5—弹簧;6—弹簧底垫

活门吊卡主要由本体、手柄、活门（或门）等部件组成,其特点是承重力较大,适用于较深井的钻杆柱的起下。

月牙形吊卡主要由壳体、凹槽、插闩、手柄和弹簧等组成,其特点是轻便、灵活,适用于油管柱或较浅井的钻杆柱的起下作业。目前月牙形吊卡发展到平式与外加厚油管两用型。

(二)基本技术参数

吊卡的基本技术参数见表5-1。

表5-1 吊卡技术参数表

吊卡形式	名义尺寸 in	外形尺寸			承重量 t	质量 kg	用途
		井口直径,mm	宽,mm	高,mm			
活门式	2	62	450	205	23	40.5	油管用
	2½	77,76	440	210	30	40.3	油管、钻杆
	3	92,91	495	230	35	52	油管、钻杆
	4	116,115	525	250	40	69	油管、钻杆
月牙式	2	62	435	205	23	23	油管、钻杆
	2½	77	480	205	42	74	油管、钻杆
	3	89	600	205	42	74	油管、钻杆
	4	115	600	280	65	121	油管、钻杆
月牙轻便两用	2	62,66	450	205	23	41	油管
	2½	76,83	440	210	30	40	平式、加厚
	3	91,96	495	230	35	53	平式、加厚

二、抽油杆吊卡

抽油杆吊卡是起下抽油杆的专用吊卡,主要由外壳、吊环、旋转套等组成,见图5-3。抽油杆吊卡中间的卡具(卡套)一般是可以更换的,可以换成所需的卡具尺寸,一般由5/8in～1in均可更换,即可适应各种规格尺寸的抽油杆的起下作业。

抽油杆吊卡一般工作负荷为50kN,使用时将吊环悬挂在游车大钩开口内即可。

三、吊环

吊环是起下修井工艺管柱时连接大钩与吊卡用的专用提升用具,一般用不低于45号优质碳素钢经锻造后正火处理而成。

(一)基本结构

基本结构见图5-4。

(二)吊环基本参数

吊环基本参数见表5-2。

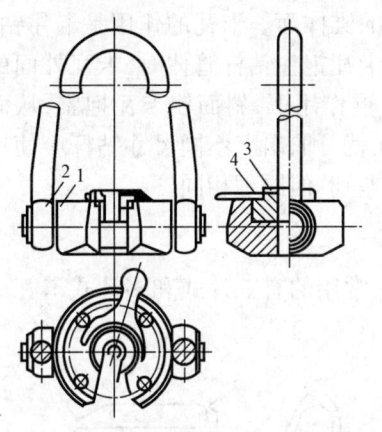

图 5-3 抽油杆吊卡
1—卡体;2—吊环;3—卡具;4—手柄

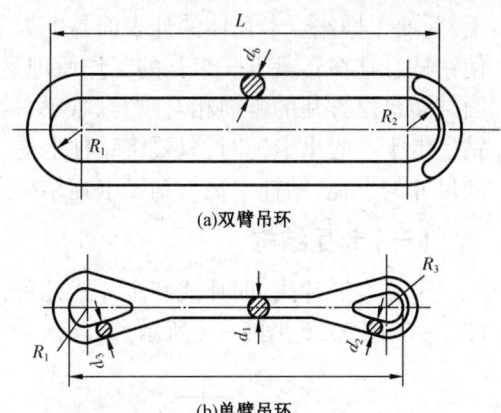

图 5-4 吊环结构示意图

表 5-2 吊环基本参数

类型	型号	一对吊环负荷,kN	一对吊环质量,kN	直径 mm	长度 20mm	弧长 mm	小弧 mm	D mm	H mm
双臂	DH—20	200	9.9	22±1	750	40	40	—	—
	DH—30	300	34	34±1	1100	60	50	—	—
	DH—50	500	54	39~43	1100	60	50	—	—
	DH—75	750	78	44~48	1300	100	52	—	—
	DH—150	150	170	58~63	1750	105	60	—	—
单臂	YH—50	500	40	36~41	1300	—	50	200	200
	YH—75	750	62	44~48	1300		52	215	215
	YH—150	1500	104	54~59	1700		52	260	250
	YH—250	2500	172	65~70	2100		60	260	250
	YH—350	3500	300	80~85	2400		70	260	300

(三)吊环使用要求

(1)吊环应配套使用。
(2)不得在单吊环情况下使用。
(3)经常检测吊环直径、长度变化情况,直径长度不相同时,不得继续使用。
(4)应保持吊环清洁,不得用重物击打吊环。

四、卡瓦

卡瓦主要由卡瓦体、卡瓦牙和手把三部分组成。常用卡瓦的卡瓦体由三片组成,用两个铰链把它们连接在一起。卡瓦牙装在卡瓦体的内表面,手把在卡瓦体的上部，便于操作。卡瓦体的外表面是上大下小的锥体面。卡瓦的作用是卡住钻柱，使钻柱悬挂在转盘上。卡瓦的工作原理是：当卡瓦抱住钻杆管体时，卡瓦外面的锥面与转盘里方瓦的锥面相对吻合，在钻柱的自重作用下，斜面使卡瓦抱紧，从而把钻柱卡牢。起出卡瓦时，只要将钻柱上提，卡瓦就可取出。不同尺寸钻杆应使用不同尺寸的卡瓦，钻杆卡瓦与钻铤卡瓦结构虽有差别，但原理相同。

(一)卡瓦结构

卡瓦有三片式、四片式和多片式几种，现在常用的有三片式和多片式卡瓦。如图5-5、图5-6、图5-7所示。

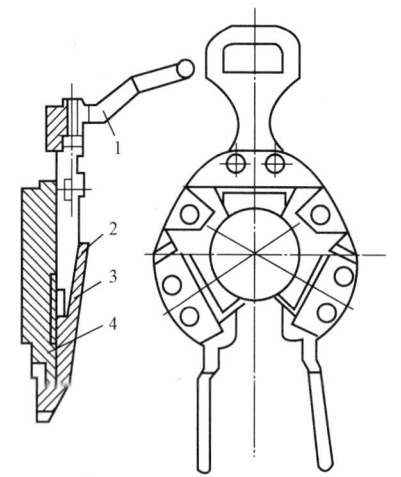

图5-5 三片式卡瓦
1—手柄；2—卡瓦体；3—卡瓦牙；4—铰链销钉

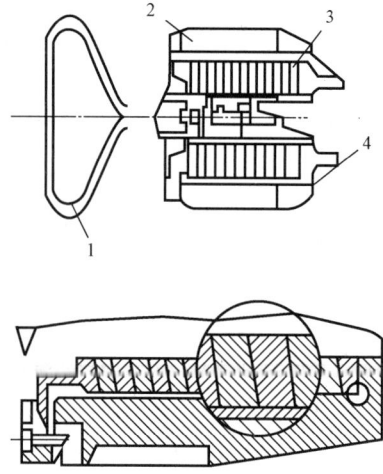

图5-6 四片式卡瓦
1—手柄；2—卡瓦体；3—卡瓦牙；4—衬套

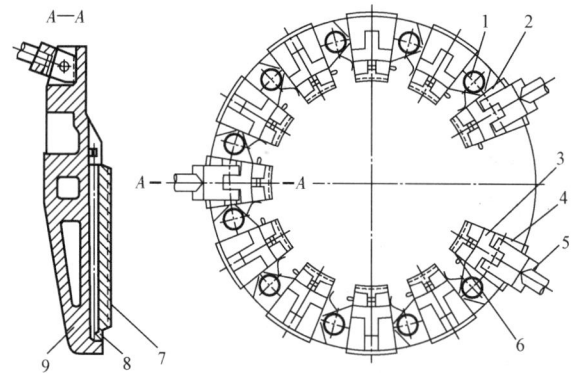

图5-7 多节卡瓦
1—卡瓦连接销；2—右卡瓦体；3—左卡瓦体；4—手把连接销；5—手把；
6—井口销；7—卡瓦牙；8—卡瓦牙固定销；9—中卡瓦体

(二)卡瓦规格

卡瓦规格见表5-3、表5-4。

表5-3 三、四片式卡瓦规格

名称规格	形式	卡瓦牙内径,mm	最大工作负荷 t	用途	外形尺寸,mm			每副卡瓦牙数	质量 kg
					L	B	H		
50.8油管卡盘	卡盘式	60.3	50	50.8油管	790	304	340		227
63.5油管卡盘	卡盘式	73	50	63.5油管	790	304	340		227
73钻杆卡瓦	四片式	73	75	73钻杆	332	165	580		83
88.9钻杆卡瓦	三片式	86.5	100	88.9钻杆	766	332	559	50	105
114.3钻杆卡瓦	三片式	112.7	100	114.3钻杆	766	332	559	60	95
127钻杆卡瓦	三片式	125	100	127钻杆	766	332	559	60	95
141.3钻杆卡瓦	三片式	141.3	90	141.3钻杆	≈827	≈355	≈564	60	108
168.3钻杆卡瓦	三片式	168.3	100	168.3钻杆	≈827	≈355	≈564	66	112
146钻铤卡瓦	三片式	146	14	146钻杆	≈827	≈355	≈564	60	106.5
177.8钻铤卡瓦	三片式	178	20	177.8钻杆	≈827	≈355	≈564	66	101.75
203.2钻铤卡瓦	四片式	203	25	203.2钻杆	328	300	585		80

表5-4 多节钻铤卡瓦规格

钻铤外径,mm	88.9~120.65	114.3~177.8	171.45~209.55	203.2~241.3	215.9~254	234.95~285.75	279.4~323.85
卡瓦节数	7	9	11	12	13	14	15

(三)使用要求

(1)钻井施工作业要根据所钻井钻具的负荷和尺寸选择相匹配的卡瓦,保证施工作业的安全。

(2)使用前要对卡瓦认真检查,卡瓦壳体有无伤痕、各部件是否灵活、卡瓦牙是否好用。

(3)不得在卡瓦各部割焊。

五、安全卡瓦

安全卡瓦是起下钻铤的专用工具,安全卡瓦由许多环节构成,每节的内表面上装有卡瓦牙,环节数量随钻铤的直径不同而变,少则七八节,多则十余节。环节与环节之间由销钉铰链连接,呈带状,可曲可直。带状两端通过一副螺栓,螺母可以闭合,呈环状,抱在钻铤的外面。由于钻铤的两端没有接头,螺纹是直接车在管体上的。这样在接卸钻铤时就无法使用吊卡把钻铤坐在转盘面上,只能使用卡瓦。又由于起下钻铤时,钻柱重量总是较小,卡瓦抱紧力也就小,万一卡瓦失灵卡不住,就会将钻铤掉到井里,造成事故。为了防止事故发生,在卡了卡瓦以后,还要在稍上位置再卡上安全卡瓦,相当于在钻铤端增加了一个接头台肩,万一卡瓦失灵,钻铤下掉,由安全卡瓦挡住。

(一) 结构

安全卡瓦的结构如图 5-8 所示。

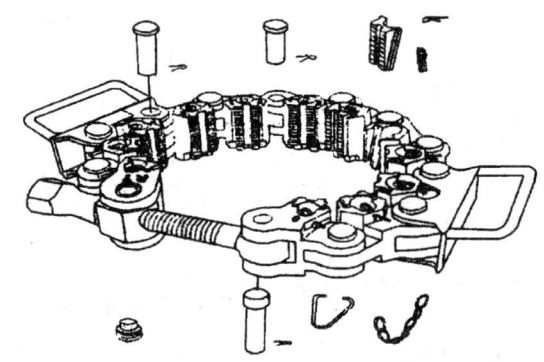

图 5-8 安全卡瓦

(二) 规格

安全卡瓦的规格见表 5-5。

表 5-5 安全卡瓦的使用规格

卡物外径,mm	环节数	卡物外径,mm	环节数
95.25~117.5	7	190.5~219	11
114.3~142.9	8	215.9~244.5	12
139.7~168.3	9	241.3~269.9	13
165.1~193.7	10		

(三) 使用要求

(1) 修井施工作业要根据钻具负荷和尺寸选择相匹配的安全卡瓦,保证施工作业的安全。

(2) 螺纹上卸要灵活。

(3) 各连接孔磨损不得超过 1mm。

(4) 各连接件有断裂变形或缺件不得使用。

六、常用上卸扣工具

(一)管钳

管钳又称管子钳,它是转动上卸管子和其他圆形工作物的工具,井下作业时常用它进行上卸较小的油管与钻杆及其他工具。

管钳由钳身、钳头、板牙、调节环四部分组成,它的规范是按管钳头张到最大位置时管钳的全长而定,以英寸为公称尺寸。井下作业常用管钳有:18、24、36、48in四种。其技术规范见表5-6。

表5-6 管钳技术规范

公称尺寸,in	18	24	36	48
全长,mm	450	600	900	1200
适用范围,in	1~1½	1½~2	2~3	3½~4
工作负荷,N·m	850	1000	1800	2500

(二)链钳

是转动上卸管子的手工具。它由链柄、平板、链条三部分组成,其优点是应用时伸缩性大,扣上管身,转动时不易脱落,这对用人力上卸管子细扣比较有利。

(三)油管钳

它是专门用来上卸油管的工具。由钳柄、钳牙、大钳颚、小钳颚组成。用销钉连成一活动整体,在小钳颚内镶有一微突的钳牙,使用时钳子夹住管体,转动钳柄时,钳柄头将小钳颚向内收缩,通过钳牙紧紧咬住管体,用力越大咬得越紧。

第二节 计量器具及仪表

计量器具及仪表在使用时要及时建立台账,确定计量器具检定周期,必须经计量检定机构检定合格后方可使用。按照实际情况,对计量器具(包括计量标准器、油田专用计量器具)划分为A、B、C三类实施管理,并用彩色标识加以标注。

(1)A类计量器具的范围:

① 用于量值传递的计量标准器。

② 经政府计量行政部门认证授权的社会公用计量标准器具。

③ 用于对外贸易结算、安全防护及环境监测方面,列为国家强制检定计量器具目录的工作计量器具。

④ 用于生产工艺、质量控制关键参数检测的计量器具。

⑤ 油田公司所属各单位间进行计量交接结算的计量器具。
⑥ 产品质量监督检验机构、实验室内,用于对外提供公正数据的计量器具。

(2)B 类计量器具的范围:
① 用于分公司内部经济管理、核算的计量器具。
② 国家行业没有检定规程,自行制定比对方法和检定规程的计量器具。
石油专用计量器具。

(3)C 类计量器具的范围:
① 用于生产中的一般参数检测,要求精度低的计量器具和指示仪表。
② 用于设备配套的不易拆卸的,要求精度低的指示仪表。
③ 低值易耗的计量器具。
④ 用于指示测量的工具类计量器具。
⑤ 对指示测量参数起中间传递测量作用的计量器具。

一、压力表

(一)压力表的用途

以大气压力为基准,用于测量小于或大于大气压力的仪表,以及用于计量流体(气体、液体)压力的仪表都叫压力表。

(二)压力表结构

弹簧管压力表主要由弹簧管、齿轮传动放大机构、指针、刻度盘和外壳等几部分组成。如图 5-9 所示。

(三)压力表工作原理

如图 5-9 所示,当被测压力的介质通过接头 9 进入弹簧管的内腔中,呈椭圆形的弹簧管截面在介质压力的作用下有变圆的趋势,弯成圆弧形的弹簧管随之产生向外挺直的扩张变形,从而使弹簧管的自由端产生位移。此位移牵动拉杆 2 带动扇形齿轮 3 作逆时针偏转,指针 5 通过同轴中心齿轮 4 的带动作顺时针方向转动,从而在面板 6 的刻度标尺上指示出被测压力(表压力)的数值。指针旋转角的大小与弹簧管自由端的位移量成正比,也就是与所测介质压力的大小成正比。被测压力被弹簧管自身的变形所产生的应力相平衡。游丝 7 的作用是用来克服扇形齿轮和中心齿轮的传动间隙所引起的仪表变差。调节螺钉 8 可以改变拉杆和扇形齿轮的连接位置,即可改变传动机构的传动比(放大系数),以调整仪表的量程。

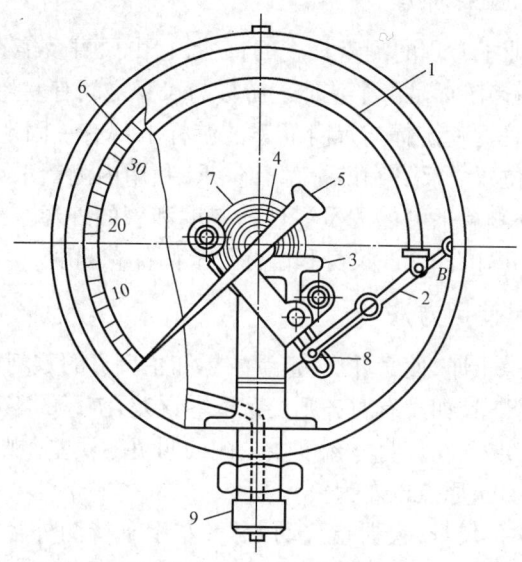

图 5-9 压力表结构示意图

1—弹簧管；2—拉杆；3—扇形齿轮；4—中心齿轮；5—指针；6—面板；7—游丝；8—调整螺钉；9—接头

二、游标卡尺

(一)游标卡尺的用途

游标卡尺是一种测量长度、内外径、深度的量具。

(二)游标卡尺结构

游标卡尺由主尺、内量爪、尺框、固定螺钉、副尺、外量爪、深度尺、指挂子组成，如图 5-10 所示。

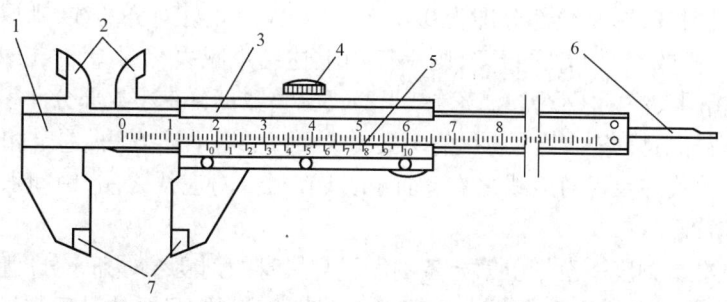

图 5-10 游标卡尺结构

1—尺；2—内量爪；3—尺框；4—固定螺钉；5—副尺；6—深度尺；7—外量爪；8—指挂子

(三)游标卡尺工作原理

游标卡尺是工业上常用的测量长度的仪器,它由尺身及能在尺身上滑动的游标组成。若从背面看,游标是一个整体。游标与尺身之间有一弹簧片(图中未能画出),利用弹簧片的弹力使游标与尺身靠紧。游标上部有一固定螺钉,可将游标固定在尺身上的任意位置。尺身和游标都有量爪,利用内测量爪可以测量槽的宽度和管的内径,利用外测量爪可以测量零件的厚度和管的外径。深度尺与游标尺连在一起,可以测槽和筒的深度。尺身和游标尺上面都有刻度。

(四)游标卡尺使用方法

用软布将量爪擦干净,使其并拢,查看游标和主尺身的零刻度线是否对齐。如果对齐就可以进行测量,如没有对齐则要记取零误差,游标的零刻度线在尺身零刻度线右侧的叫正零误差,在尺身零刻度线左侧的叫负零误差(规定方法与数轴的规定一致,原点以右为正,原点以左为负)。

测量时,右手拿住尺身,大拇指移动游标,左手拿待测外径(或内径)的物体,使待测物位于外测量爪之间,当与量爪紧紧相贴时,即可读数。卡尺两测量面的连线应垂直于被测量表面,不能歪斜。测量时,可以轻轻摇动卡尺,放正垂直位置。先把卡尺的活动量爪张开,使量爪能自由地卡进工件,把零件贴靠在固定量爪上,然后移动尺框,用轻微的压力使活动量爪接触零件。如卡尺带有微动装置,此时可拧紧微动装置上的固定螺钉,再转动调节螺母,使量爪接触零件并读取尺寸。决不可把卡尺的两个量爪调节到接近甚至小于所测尺寸,把卡尺强制的卡到零件上去。这样做会使量爪变形,或使测量面过早磨损,使卡尺失去应有的精度。

(五)游标卡尺读数原则

读数时首先以游标零刻度线为准在尺身上读取毫米整数,即以毫米为单位的整数部分。然后看游标上第几条刻度线与尺身的刻度线对齐,如第6条刻度线与尺身刻度线对齐,则小数部分即为0.6毫米(若没有正好对齐的线,则取最接近对齐的线进行读数)。如有零误差,则一律用上述结果减去零误差(零误差为负,相当于加上相同大小的零误差),读数结果为:L = 整数部分 + 小数部分 − 零误差。

判断游标上哪条刻度线与尺身刻度线对准,可用下述方法:选定相邻的三条线,如左侧的线在尺身对应线之右,右侧的线在尺身对应线之左,中间那条线便可以认为是对准了。

L = 对准前刻度 + 游标上第 n 条刻度线与尺身的刻度线对齐 × 分度值。

如果需测量几次取平均值,不需每次都减去零误差,只要从最后结果减去零误差即可。

以0.02游标卡尺的某一状态为例进行说明:

(1)在主尺上读出副尺零刻度线以左的刻度,该值就是最后读数的整数部分。

(2)副尺上一定有一条与主尺的刻线对齐,在副尺上读出该刻线距副尺的零刻度线以左的刻度的格数,乘上该游标卡尺的精度(0.02mm),就得到最后读数的小数部分。或者直接在副尺上读出该刻线的读数。

(3)将所得到的整数和小数部分相加,就得到总尺寸。

(六)游标卡尺精确程度

常用游标卡尺按其精度可分为3种:0.10mm、0.05mm和0.02mm。精度为0.05mm和0.02mm的游标卡尺,它们的工作原理和使用方法与本文介绍的精度为0.1mm的游标卡尺相同。

(七)保管方法

游标卡尺使用完毕,用棉纱擦拭干净。长期不用时应擦上黄油或机油,两量爪合拢并拧紧紧固螺钉,放入卡尺盒内盖好。

三、钢卷尺

(一)钢卷尺的用途

测量较长工件的尺寸或距离。

(二)钢卷尺的分类

钢卷尺可分为自卷式卷尺、制动式卷尺、摇卷式卷尺。卷尺长度有2m、3m、5m……20m、30m、50m数种。

(三)钢卷尺组成、结构及原理

钢卷尺主要由尺带、盘式弹簧(发条弹簧)、卷尺外壳三部分组成(如图5-11所示),所谓盘式弹簧,就是像旧式上链式钟表里的发条。当拉出刻度尺时,盘式弹簧被卷紧,产生向回卷的力,当松开刻度尺的拉力时,刻度尺就被盘式弹簧的拉力拉回。

(四)使用注意事项

钢卷尺的尺带一般镀铬、镍或其他涂料,所以要保持清洁,测量时不要使其与被测表面摩擦,以防划伤。使用卷尺时,拉出尺带不得用力过猛,而应徐徐拉出,用毕也应让它徐徐退回。对于制动式卷尺,应先按下制动按钮,然后徐徐拉出尺带,用毕后按下制动按钮,尺带自动收卷。尺带只能卷,不能折。不允许将卷尺放在潮湿和有酸类气体的地方,以防锈蚀。为了便于夜间或无光处使用,有的钢卷尺的尺

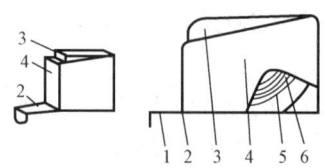

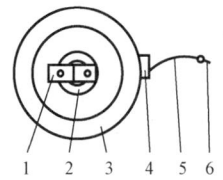 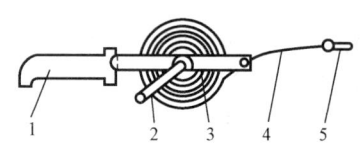

图 5－11　钢卷尺结构示意图

带的线纹面上涂有发光物质,在黑暗中能发光,使人能看清楚线纹和数字,在使用中应注意保护涂膜。

(五)使用方法

用钢卷尺丈量油管、钻杆时,必须由三人同时进行。一人拉尺的开端,一人拉尺盒端,一人作记录。尺身要拉直,准确度要达到小数点后二位。

丈量油管、钻杆长度时,钢卷尺的开端零线对准油管外螺纹丝帽消失端或钻杆外螺纹接头螺纹台肩,尺盒端对准油管接箍端面或钻杆内螺纹接头端面的刻度线,即为被丈量的长度,报记录员记录。丈量时,防止将尺身卡在油管、钻杆的缝隙间,以免将尺子夹坏。钢卷尺用完,要擦洗干净,将尺身缠入尺盒。

(六)使用后的保养

首先,钢卷尺使用后,要及时把尺身上的灰尘用布擦拭干净。然后用没有使用过的机油润湿,机油用量不宜过多,以润湿为准,存放备用。

四、钢直尺

(一)钢直尺用途

钢直尺用于测量零件的长度尺寸。

(二)钢直尺分类

规格有 100mm、150mm、200mm、300mm、500mm、600mm、1000mm、1500mm、

2000mm、2500mm、3000mm、4000mm、5000mm 等,也可以按照客户要求非标定做或是来图来样加工。

(三)钢直尺结构

钢直尺分尺身、刻度、刻度线。

(四)钢直尺测量方法

钢直尺用于测量零件的长度尺寸,它的测量结果不太准确。这是由于钢直尺的刻线间距为 1mm,而刻线本身的宽度就有 0.1~0.2mm,所以测量时读数误差比较大,只能读出毫米数,即它的最小读数值为 1mm,比 1mm 小的数值,只能估计而得。

五、1006 型黏度计

(一)1006 型黏度计用途

1006 型钻井液黏度计的流出管为孔径 5mm,长 100mm 的铜管,清洁的水 700cm^3 注入黏度计,而流出 500cm^3 所需的时间为 15s,有隔层的量杯其一端的容量为 500cm^3,另一端的容量为 200cm^3。

(二)1006 型钻井液黏度计结构

1006 型钻井液黏度计由锥形漏斗、管子、量杯、滤网、杯组成,如图 5-12 所示。

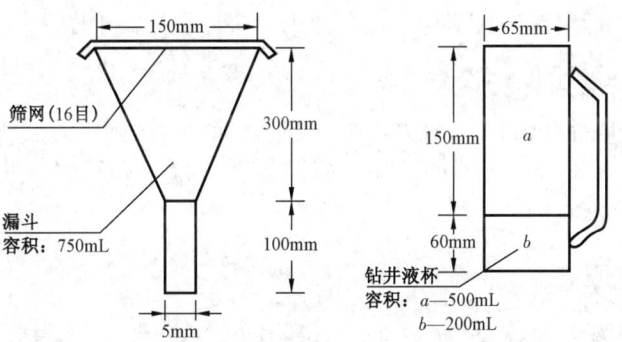

图 5-12 1006 型钻井液黏度计结构

(三)1006 型钻井液黏度计使用简要说明

在测定黏度之前,先将钻井液黏度计用水刷干净,再在化验用的钻井液搅拌机中,把钻井液搅拌 1min,将 500mL 及 200mL 量杯内的钻井液(700mL)通过筛网注入黏度计,其流出口用手指堵住不使流出。测量时将500mL的量杯置于流出口下,当放开堵住出口的手指时,同时开动停表,待钻井液流满500mL量杯,达到它的边缘时,再按动停表,记下钻井液流出的时间,就是这钻井液的黏度,假如在测定黏度以前,没有将钻井液按照上法在搅拌机中充分搅拌,则应把钻井液由量杯重新倒入钻井液黏度计中,重复测量,一直到流出的时间不再减少为止。

将钻井液黏度计悬挂在墙上做试验比较方便,这样只要一人就可以进行操作,测量后须用水将黏度计、筛网和量杯冲洗干净。钻井液黏度计应当时常用清洁的水来测量出其流出的时间,称黏度计的"水值"。如水值大于15s,表示流出管未冲洗干净,可用软毛刷,布条等冲刷管子,如小于5s,就不能用了,正常水值为15±0.5s。

六、钻井液密度计

本型钻井液密度计是不等臂杠杆式仪器,由钻井液杯、钻井液杯盖、水平仪、游码、杠杆、平衡杯、上刀口、主刀垫、底座支架组成。

(一)钻井液密度计使用简要说明

本钻井液密度计使用时,须将钻井液注入钻井液杯内,齐平杯口为止,不要留有气泡,将杯盖轻轻盖上,多余钻井液和空气即从杯盖中间小孔中排出,再将溢出的钻井液揩刷干净,然后把杠杆的主刀口放到底座的主刀垫上去,将砝码缓缓移动,当水泡位于中央时,杠杆呈水平状态,砝码左侧所示刻度,即为钻井液密度。

如需测得钻井液密度为 $2 \sim 3 \text{g/cm}^3$ 范围时,需将平衡圆柱盖旋开,然后将平衡重锤放入,旋上螺纹盖即可测得。仪器使用后应冲洗揩刷干净。

(二)钻井液密度计校验方法

检验仪器是否准确,可在钻井液杯中注满蒸馏水,用同样方法测量所测得密度如为1,则表明密度计是准确的。如果测得结果不为1,则可将钻井液密度计的平衡圆柱盖拧开,增减圆柱内物体。

七、指重表

XZ系列大钩悬重测量仪(指重表)由一次仪表和二次仪表组成,如图5-13所示。一次仪表含死绳固定器和传感器,二次仪表含指示仪和记录仪。

(一)死绳固定器

死绳固定器是将死绳锚定,并将死绳拉力传递给传感器的机构。

XZG系列死绳固定器主要由绳轮和底座两大部分组成,其上可以安装传感器。绳轮安装在底座的主轴上,死绳上产生的拉力使绳轮发生微量转动,通过绳轮力臂

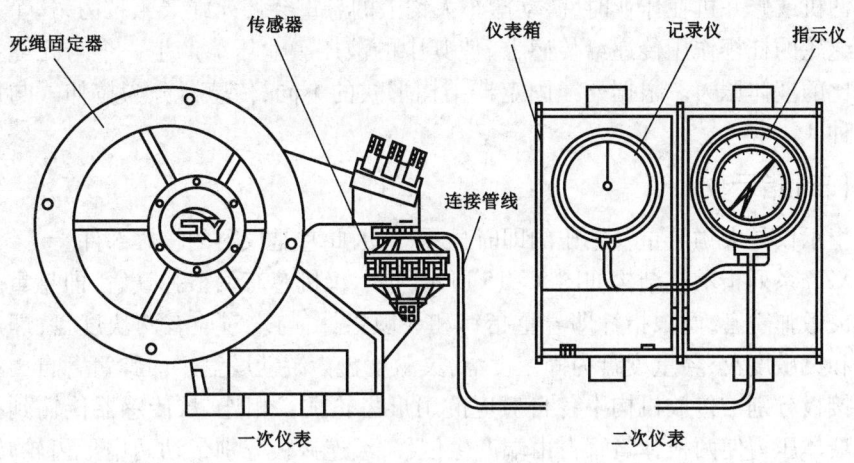

图 5-13 大钩悬重测量仪(指重表)示意图

传递给传感器,使传感器产生拉伸或压缩。为提高绳轮转动的灵敏度,主轴与绳轮之间安装有滚动轴承。根据安装形式的不同,死绳固定器分为立式和侧挂式两种。

(二) 传感器

如图 5-14 所示,传感器是一个能量转换元件,其功能是将死绳拉力转换为液体压力。

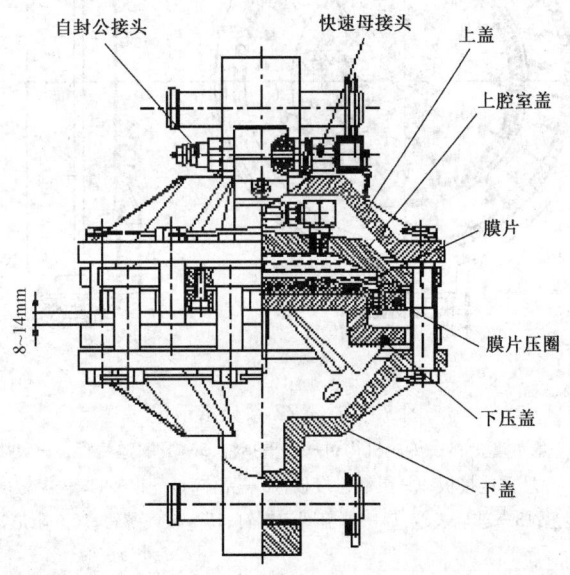

图 5-14 XZC24 型传感器

钻机或修井机在作业时,游动滑车大钩上的悬重会使死绳产生拉力,这个拉力通过绳轮的杠杆作用传递给传感器,使其中的液压膜盒压缩产生一个与死绳拉力成正比的液体压力。根据死绳固定器结构形式的不同,传感器分为拉伸式与压缩式两种。

(三)指示仪

指示仪是大钩悬重及钻压的即时显示器,因此它是仪器的核心部件。

XZZ 系列指示仪结构如图 5-15 所示,指示仪机芯有两根弹簧管,即悬重弹簧管和灵敏弹簧管,两根指针即悬重指针和灵敏指针,与之对应有两块度盘,即悬重度盘和灵敏度盘,悬重度盘为固定度盘,灵敏度盘为游动度盘。两弹簧管自由端通过连接板分别与传放机构中各自对应的扇形齿轮摇臂相连,从传感器传输到指示仪的液体压力使两根弹簧管自由端产生位移,经连接板分别带动两扇形齿轮转动,两扇形齿轮再分别驱动各自的中心齿轮转动,从而使分别安装在两中心齿轮轴上的悬重指针和灵敏指针偏转,指示大钩悬重及钻压。为提高钻压指示的分辨率,灵敏指针的转角是悬重指针转角的四倍。

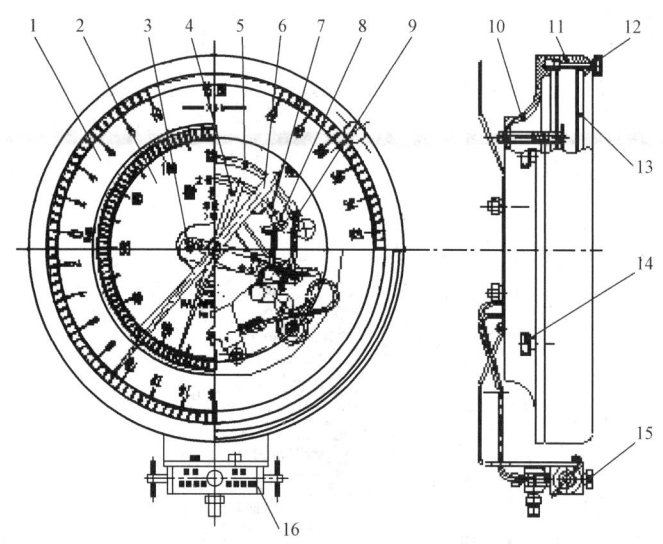

图 5-15 XZZ 系列指示仪

1—灵敏度盘;2—悬重度盘;3—传放机构;4—悬重指针;5—灵敏弹簧管;6—灵敏指针;7—悬重弹簧管;8—悬重连接板;9—灵敏连接板;10—壳体;11—框盖;12—灵敏度盘调节旋钮;13—玻璃表罩;14—框盖固定螺钉;15—放气螺钉;16—阻尼器

(四)记录仪

记录仪的功能是记录大钩悬重随时间变化的曲线。

XZJ型记录仪结构如图5-16所示。记录仪内装有一根弹簧管,自由端通过连接板与笔臂转轴摇臂相连,从传感器传输来的液体压力使弹簧管自由端产生位移,带动转轴转动从而使安装在转轴上的记录笔发生偏转,在由时钟带动做匀速转动的圆形记录纸上划出大钩悬重随时间变化的曲线。

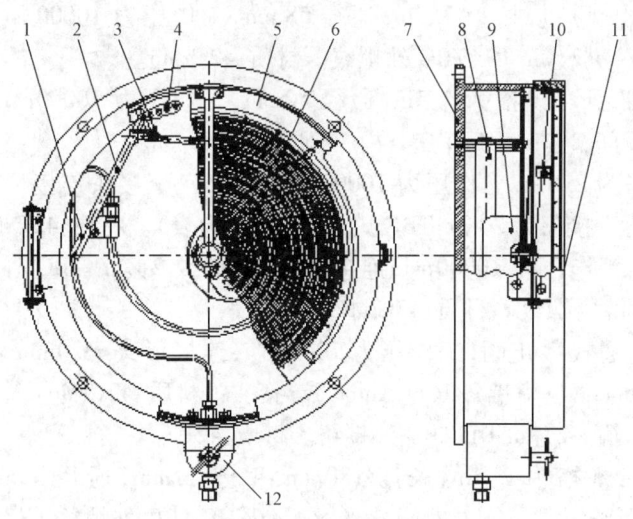

图5-16　XZJ型记录仪

1—记录笔;2—笔臂;3—微调螺钉;4—笔臂转轴架;5—记录纸托盘;6—记录纸;
7—记录仪壳体;8—弹簧管;9—记录时钟;10—记录纸压帽;11—记录仪盖;12—阻尼器

第三节　高压部件工具

修井作业施工用地面高压部件(以下简称高压部件)泛指作业、修井施工过程中,地面使用的承受一定施工压力的闸阀和管件(井控装备和石油专用管材除外)。只有经检测合格并在规定的使用期限内的高压部件方可投入使用。达到规定检测周期的高压部件必须进行检测或维修;达到使用期限的高压部件必须予以强制报废。

高压部件分为两类:

A类:旋塞阀、球阀、截止阀等各类闸阀;活动弯头;歧管三通(常规压裂)、三通、四通、歧管接头、弯管、投球器;压裂管汇橇(大规模压裂)、井口装置等。

B类:直管、活接头、转换接头、保护接头、常规压裂管汇、蜡球管汇等。

球阀:规格为2.5in,通径58mm,长度360mm,塑性密封,工作压力10000psi(1psi=6.895kPa),连接形式为FIG1502(M×F)。材质:42CrMo。

120°长半径弯管:规格为2.5in,壁厚12mm,通径59mm,工作压力10000psi,连接形式为FIG1502(M×F)。材质:42CrMo。

活接头(Ⅰ型):规格为2.5in,通径58mm,工作压力10000psi,连接形式为FIG1502(M×F)×2⅞in UP TBG 内螺纹。材质:42CrMo。

活接头(Ⅱ型):规格为2.5in,通径58mm,工作压力10000psi,连接形式为FIG1502(M×F)×2⅞in UP TBG 外螺纹。材质:42CrMo。

活接头(Ⅲ型):规格为2.5in,通径50mm,工作压力10000psi,连接形式为FIG1502(M×F)×2⅜in TBG 内螺纹。材质:42CrMo。

四通:规格为2.5in,工作压力10000psi,其中,三个接头连接形式为FIG1502(M×F×F),另一接头为2⅜in TBG 内螺纹(接压力表)。材质:42CrMo。

保护接头:工作压力10000psi,连接形式:外螺纹2⅜in TBG 外螺纹;内螺纹M20mm×1.5mm 内螺纹。材质:42CrMo。

截止阀:直通式截止阀,工作压力10000psi,连接形式M20mm×1.5mm 外螺纹×9/16in Autoclave;附带9/16in Autoclave 接头。材质:42CrMo。

卡箍头:卡箍×2⅞in UP TBG 外螺纹。材质:42Cr。

转换接头:规格为2.5in,长度180mm,壁厚11mm,通径58mm,工作压力10000psi,连接形式为2⅞in TBG 外螺纹×2⅞in UP TBG 外螺纹。材质:42CrMo。

第六章 入井工用具

第一节 打捞类工具及使用注意事项

一、打捞类工具

按结构特点,修井打捞类工具可以分为锥类、矛类、筒类、钩类、篮类、其他等六类。

(一)锥类打捞工具

1. 公锥

1)用途

公锥是一种专门从油管、钻杆、套管、封隔器、配水器、配产器等有孔落物的内孔进行造扣打捞的下井工具。这种工具对于管类落物打捞成功率较高。公锥与正、反扣钻杆及其他工具配合使用,通过旋转造扣,可实现不同的打捞工艺。

2)基本结构

公锥是长锥形整体结构,由接头和打捞螺纹两部分组成。如图6-1所示。

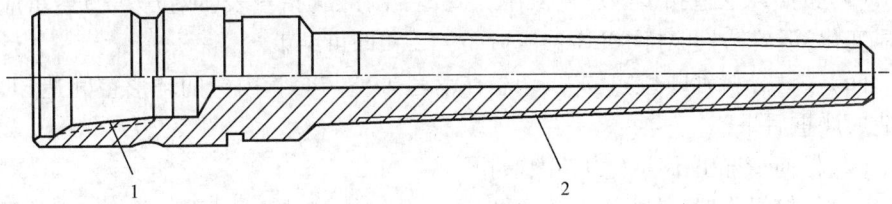

图6-1 公锥结构示意图
1—上接头;2—锥体

上接头有与钻杆相连接的螺纹,有正、反扣标志槽,便于归类和识别。公锥有水眼。锥类工具最重要的部分是打捞螺纹,常用的螺纹锥度为1:16。老式公锥多带有数条排屑槽,新式公锥没有排屑槽。

3)工作原理

当公锥缓慢进入打捞落物内孔之后,加适当钻压并转动钻具,迫使打捞螺纹挤压吃入落鱼内壁进行造扣。一般打捞管类落物时,在钻具上紧扣后造8~12扣即可,捞获后可采取上提或倒扣的办法将落物全部或部分捞出。

4)技术规范

公锥技术规范见表6-1。

表6-1 公锥技术规范

规格型号	直径×长度 mm	接头螺纹	使用规范及性能参数			
			打捞螺纹表面硬度	抗拉极限 MPa	冲击韧性 J/cm²	打捞直径 mm
GZ86-1	86×560	NC26(2A10)	HRC60-65	≥932	≥58.8	39~67
GZ86-2	86×535	NC26(2A10)				54~77
GZ105-1	105×535	NC31(210)				54~77
GZ105-2	105×475	NC31(210)				72~90
GZ121	121×455	NC38(310)				88~103

5)操作方法及注意事项

(1)公锥与钻杆之间应加安全接头,以备必要时退出安全接头以上钻柱。

(2)工具下至鱼顶以上1~2m时,开泵循环工作液冲洗鱼顶,同时在转盘面划一基准线。

(3)缓慢下放工具,使公锥插入鱼腔,泵压明显升高、钻柱悬重下降较快,说明工具已开始接触落物。

(4)停泵,加10kN钻压,缓慢转动钻柱一圈,刹住转盘1~2min,松开观察转盘是否回退。若转盘回退半圈,则说明造扣只造了半圈。并观察钻压有无变化。

(5)按照以上造扣步骤反复操作。造3~4扣后,指重表(或拉力表)悬重应有明显变化,下放钻具保持10kN钻压造8~12扣即可结束。

(6)注意分析判断造扣位置,切忌在落鱼外壁与套管内壁的环形空间造扣,避免造成严重后果。

(7)任何情况下不得人力转圈造扣。

(8)打捞操作时,禁止顿击鱼顶,以防将公锥的打捞丝扣顿坏,影响打捞效果。

2. 母锥

1)用途

母锥是从油管、钻杆等管状落物及鱼顶不规则落物进行造扣打捞的工具,可用于打捞无内孔或内孔堵死的圆柱形及无规则落物。

2)基本结构

母锥是长筒形结构,由接头与本体两部分构成,如图6-2所示。接头上有正、反扣标志槽,本体内锥面上有打捞螺纹。与公锥相同,也分有排屑槽和无排屑槽两种(参阅公锥部分)。对于特殊要求的母锥,可以按需要另行加工。

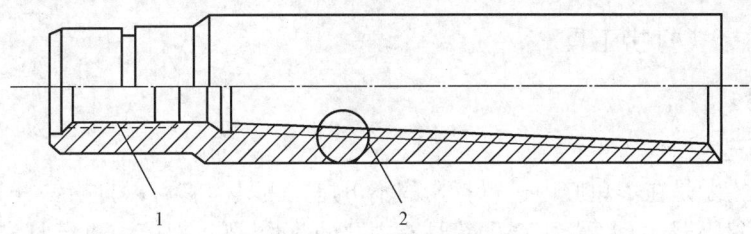

图 6-2 母锥结构示意图
1—上接头;2—锥体

3)工作原理

母锥工作原理与公锥相同,都是依靠打捞螺纹在钻具压力与扭矩作用下,吃入落物外壁造扣,将落物捞出。

4)技术规范

母锥技术规范见表 6-2。

表 6-2 母锥技术规范表

序号	规格型号	接头螺纹	外形尺寸	使用规范及主要参数
1	MZ/Z50	50 钻杆	$\phi 68mm \times 260mm$	打捞 2½in 油管,50 钻杆
2	MZ/NC26-1	NC26(2A10)	$\phi 86mm \times 295mm$	打捞 2½in 油管,50 钻杆
3	MZ/NC26-2	NC26(2A10)	$\phi 95mm \times 280mm$	打捞 2in 油管,2⅜in 钻杆
4	MZ/NC26-3	NC26(2A10)	$\phi 95mm \times 340mm$	打捞 2½in 油管,2⅞in 钻杆,2in 油管接箍等
5	MZ/NC31-1	NC31(210)	$\phi 114mm \times 350mm$	打捞 2½in 油管,2⅞in 钻杆,2in 油管接箍
6	MZ/NC31-2	NC31(210)	$\phi 114mm \times 390mm$	打捞 2½in 油管,2⅞in 钻杆的加厚部位
7	MZ/NC31-3	NC31(210)	$\phi 115mm \times 440mm$	打捞 2½in 外加厚油管接箍,3½in 钻杆,3in 油管
8	MZ/NC38-1	NC38(310)	$\phi 135mm \times 480mm$	打捞 3½in 油管,3in 3½in 外加厚油管加厚部位
9	MZ/NC38-2	NC38(310)	$\phi 146mm \times 670mm$	打捞直径 90mm
10	MZ/NC50	NC50(410)	$\phi 180mm \times 750mm$	打捞直径 127mm
11	MZ/4½/FH	4 1/2/FH(420)	$\phi 168mm \times 700mm$	打捞直径 114mm
12	MZ/5½/FH	5 1/2/FH(520)	$\phi 194mm \times 750mm$	打捞直径 141mm
13	MZ/6⅝/FH	6 5/8/FH(620)	$\phi 219mm \times 730mm$	打捞直径 168mm

5)操作方法

操作方法与公锥相同。

6)维修保养

维修保养与公锥相同。

(二)矛类打捞工具

1. 滑块捞矛

1)用途

滑块捞矛是在落鱼腔内进行打捞的不可退式工具。它可以打捞钻杆、油管、套管、衬管、封隔器、配水器、配产器等具有内孔的落物,既可对落鱼进行打捞,又可进行倒扣,还可配合震击器进行震击解卡。

2)基本结构

滑块捞矛由上接头、矛杆、滑块、锁块及螺钉组成,根据滑块数量不同。又分为单滑块、双滑块及多个滑块,如图6-3,图6-4所示,此外,双数滑块捞矛还可根据需要,加工成双面对称、斜面较短、斜度较大的特殊类型。

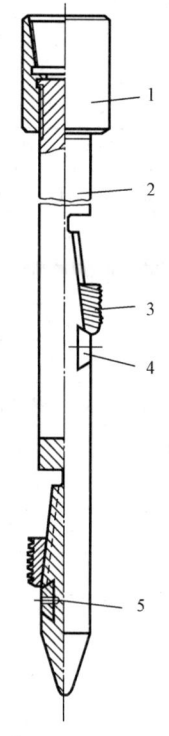

图6-3 双滑块捞矛
1—上接头;2—矛杆;3—滑块;
4—锁块;5—螺钉

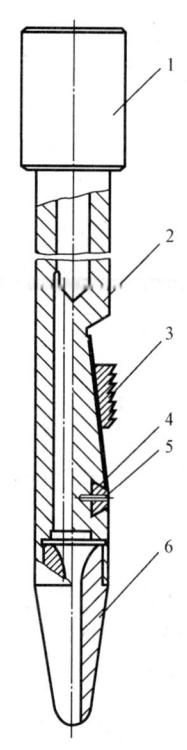

图6-4 单滑块捞矛
1—上接头;2—矛杆;3—滑块;
4—锁块;5—螺钉;6—引鞋

3)工作原理

当矛杆和滑块进入鱼腔一定深度后,滑块在自重作用下沿滑道下滑,滑块上的螺纹与鱼腔内壁接触,上提钻柱,由于螺纹与鱼腔内壁的摩擦,滑块不能与斜面一起向上运动,从而使打捞直径增大,所产生的径张力迫使螺纹吃入鱼腔内壁,抓牢落物。

4)技术规范

滑块捞矛技术规范见表6-3。

表6-3 滑块捞矛技术规范表

序号	规格型号	外径 mm	接头螺纹	使用规范及性能参数		工具长度分挡,mm
				打捞内径,mm	许用拉力,kN	
1	HLM48	73	2⅜TBG	38	251	550、650、750、800、1000、1200、1500、1800、2000
2	HLM60	86	NC26(2A10)	42~53.8	496	
3	HLM73	105	NC31(210)	52.6~64	781	
4	HLM89	105	NC31(210)	64.1~77.9	1093	
5	HLM102	105	NC31(210)	77.6~92.1	1147	
6	HLM114	121	NC38(310)	90~102.5	2246	
7	HLM127	121	NC38(310)	103~117.8	2746	
8	HLM140	135	NC38(310)	115.7~129.3	3854	
9	HLM168	165	NC38(310)	138.3~156.3	5384	
10	HLM178	175	NC38(310)	152.3~168.1	5928	

5)操作方法及注意事项

(1)操作方法。

① 地面检查滑块最大自由外径(滑块滑到最下端时外径)和打捞位置是否合适。一般情况下,最大自由外径应比鱼腔内径大4mm以上,滑块对落鱼的打捞位置应距锁块以上5mm。

② 在滑道上涂润滑脂或润滑油,使滑块上下活动灵活。

③ 连接钻柱入井,距鱼顶以上1~2m时,记录钻柱悬重,然后缓慢下放工具,进入鱼腔内,观察碰鱼方入和入鱼方入。打捞矛下入落鱼腔内预定深度即可。

④ 上提钻柱,悬重增加,说明已抓获落物。

⑤ 带水眼的捞矛在工具进入鱼腔之前,先开泵冲洗鱼顶,同时下放钻具,当泵压有所升高时,说明工具已进入鱼腔,可慢慢上提钻柱,悬重增加,说明已捞获落物。

⑥ 要倒扣或者震击时,应将上提负荷加大10~20kN,使滑块最大限度地抓牢落鱼。

⑦ 不带接箍的落物,通常不采取内捞,特殊情况下采取内捞时,捞矛应下至鱼

顶1.2m以下,且上提悬重不可过大。

(2)地面从鱼腔内退出捞矛的操作方法。

① 将落鱼单根平放或斜放,垫上方木或软质材料,用锤头敲击捞矛接头,使之进入鱼腔,斜面下行,卡瓦松开,然后用手摇动接头,边摇边转,退出捞矛。

② 对落鱼管柱重量较大,鱼顶为油管外螺纹或落鱼管柱遇卡时,可在工具上加接合适尺寸的引鞋,从外部包着鱼顶,以防止滑块胀破或撕裂鱼顶。例如打捞2½″外螺纹落鱼时,采用3″油管作引鞋,可保证油管不被胀破或撕裂。

2. 可退式卡瓦捞矛

1)用途

可退式卡瓦捞矛是通过鱼腔内孔进行打捞的工具。它既可抓捞自由状态下的管柱,也可抓捞遇卡管柱,还可按不同的作业要求与安全接头、上击器、加速器、内割刀等组合使用。其优点是在抓获落物而拔不动时,可退出打捞工具,不足之处是不能进行倒扣。

2)基本结构

可退式捞矛由上接头、芯轴、圆卡瓦、释放环和引鞋组成。如图6-5所示。

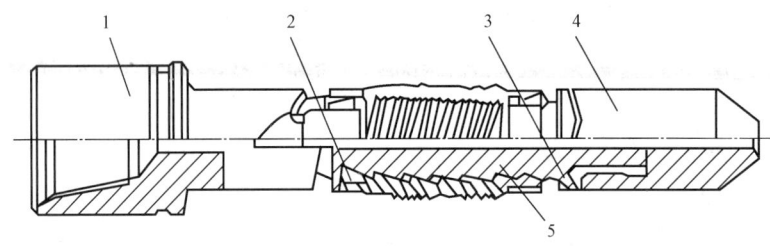

图6-5 可退式卡瓦捞矛
1—上接头;2—圆卡瓦;3—释放圆环;4—引鞋;5—芯轴

3)工作原理

工具在自由状态下,圆卡瓦外径略大于落物内径。当工具进入鱼腔时,圆卡瓦被压缩,产生一定的外胀力,使卡瓦贴紧落物内壁。随芯轴上行和提拉力的逐渐增加,芯轴、卡瓦上的锯齿形螺纹互相吻合,卡瓦产生径向力,使其咬住落鱼实现打捞。当落鱼被卡死,需退出捞矛时,只要给芯轴一定的下击力,就能使圆卡瓦与芯轴的内外锯齿形螺纹脱开。(此下击力可由钻柱本身重量或使用下击器来实现),再正转钻具2~4圈(深井可多转几圈),圆卡瓦与芯轴产生相对位移,促使圆卡瓦沿芯轴锯齿形螺纹向下运动,直至圆卡瓦与释放环上端面接触为止(此时卡瓦与芯轴处于完全释放位置),上提钻具,即可退出捞矛。

4)技术规范

可退式捞矛技术规范见表6-4。

表6-4 可退式捞矛技术规范

序号	规格型号	外径尺寸（直径×长度）mm	接头螺纹		使用规范及性能参数		
			钻杆螺纹	油管螺纹	打捞范围 m	许用拉力 kN	卡瓦窜动量 mm
1	LM-T48	φ48×447	NC26(2A10)	1.900TBG	40.3~44	210	6
2	LM-T60	φ86×618	NC26(2A10)	2 3/8 TBG	46.1~50.3	340	7.7
3	LM-T73	φ95×651	2 7/8 REG	2 7/8 TBG	54.6~62	535	7.7
4	LM-T89	φ95×651	NC31(210)	2 7/8 TBG	66.1~77.9	814	10
5	LM-T102	φ105×761	NC31(210)	3 1/2 TBG	84.8~90.1	1078	10
6	LM-T114	φ105×823	NC31(210)		92.5~102.3	1078	10
7	LM-T127	φ110~118×850	NC31(210)		101.6~115.0	1450	13
8	LM-T140	φ120~130×896	NC31(210)		117.7~127.7	1632	13

5)操作方法

(1)根据落鱼内径尺寸,选择与之相适应的可退捞矛。

(2)将卡瓦与芯轴之间涂润滑脂后,将卡瓦转动靠近释放环,使圆卡瓦处于自由状态。

(3)捞矛下至鱼顶以上1~2m时,循环工作液冲洗鱼顶,伴随着泵压升高,缓慢下放工具引入鱼腔,同时做好钻柱悬重记录。

(4)悬重下降较明显时(约下降5kN左右),反转钻柱2~3周,使芯轴对卡瓦产生径向推力然后上提钻柱,使卡瓦胀开而咬卡住鱼腔实现抓捞。

(5)上提钻柱,悬重上升明显,说明已抓获落物,如悬重无上升显示,轻微抖动后,再重复打捞动作,直至抓获落物。

(6)若上提负荷接近或大于钻具安全负荷时,可用钻柱下击捞矛芯轴。然后正转钻柱2~4圈,即可松开卡瓦,退出捞矛。

(三)筒类打捞工具

1. 卡瓦打捞筒

1)用途

卡瓦打捞筒是从落鱼外壁进行打捞的不可退式工具,它除了可以抓捞各种油管、钻杆、加重杆、部分小件落物等外,还可对遇卡管柱施加扭矩进行倒扣。

2)基本结构

卡瓦打捞筒由上接头、筒体、弹簧、卡瓦座、卡瓦、引鞋等组成。如图6-6所示。

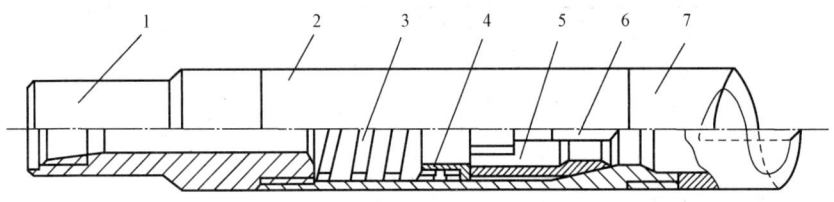

图6-6 卡瓦打捞筒
1—上接头;2—筒体;3—弹簧;4—卡瓦座;5—卡瓦;6—键;7—引鞋

3)技术规范

卡瓦打捞筒技术规范见表6-5。

表6-5 卡瓦打捞筒技术规范

序号	规格型号 mm	外形尺寸 mm	接头螺纹	使用规范及性能参数	
				打捞范围,mm	许用拉力,kN
1	DLT-95	φ95×610	NC26(2A10)	φ32~φ60	400
2	DLT-108	φ108×610	NC31(210)	φ45~φ65	650
3	DLT-114	φ114×660	NC31(210)	φ48~φ73	950
4	DLT-130	φ130×780	NC31(210)	φ70~φ90	1100
5	DLT-130	φ150×970	NC38(310)	φ90~φ114	1300
6	DLT-160	φ160×970	NC50(410)	φ100~φ121	1400

4)工作原理

当工具的引鞋引入落鱼之后,下放钻具,落鱼将卡瓦上推,压缩弹簧,使卡瓦脱开筒体锥孔上行并逐渐分开,落鱼进入卡瓦,此时卡瓦在弹簧力作用下被压下,将鱼顶抱住,并给鱼顶以初夹紧力。上提钻具,在初夹紧力作用下,筒体上行,卡瓦、筒体内外锥面贴合,产生径向夹紧力,将落鱼卡住,起钻即可捞出。

在规定的上提负荷不能提动的情况下,可用此卡瓦打捞筒进行倒扣作业。但注意倒扣扭矩不得超过卡瓦键的抗剪力。

5)操作方法

(1)地面检查卡瓦尺寸,用卡尺测量卡瓦结合后的椭圆长短轴尺寸,其长轴尺寸应小于落鱼外径1~2mm。

(2)将卡瓦背面涂润滑脂,与筒体下端内锥面配合光滑,弹簧压紧力适中。

(3) 工具入井后应缓慢下放,至鱼顶以上 1~2m 时,开泵循环工作液冲洗鱼顶,记录钻柱悬重。

(4) 缓慢下放钻具至鱼顶时转动管柱,同时下放引入落物,钻柱悬重下降 5~8kN,泵压有所升高,说明落物已引入打捞筒,此时即可上提钻柱,如果悬重明显增加,说明已抓获落物。如果落物重量较轻,指重表反应不明显时,可以转动钻具 90°,重复打捞数次,再进行起钻。当需要倒扣时,将钻具提至倒扣负荷进行倒扣作业。注意卡瓦捞筒传递扭矩的键多数是在筒体上开窗焊接的,其强度较低,不能承受大的扭矩。

2. 可退式打捞筒

1) 用途

可退式打捞筒主要适用于管、杆类落鱼的外部打捞,是管类落物无接箍状态下的首选工具,可以与上击器配套使用。

2) 基本结构

可退式打捞筒有篮式卡瓦和螺旋卡瓦两种形式。篮式卡瓦打捞筒由上接头、筒体、篮式卡瓦、铣控环、内密封圈、O 形胶圈、引鞋等部件组成,如图 6-7、图 6-8 所示。螺旋卡瓦打捞筒由上接头、筒体、密封圈、控制环、螺旋卡瓦和引鞋组成,其结构如图 6-8 所示。螺旋卡瓦较篮式卡瓦薄,因此,在同一筒体内装螺旋卡瓦时,其打捞范围比篮式卡瓦捞筒大。

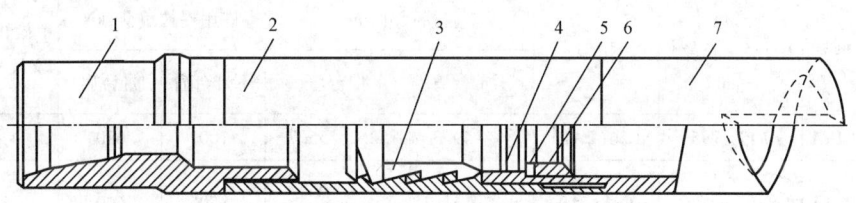

图 6-7 篮式卡瓦打捞筒

1—上接头;2—筒体总成;3—篮式卡瓦;4—铣控环;5—内密封圈;6—O 形圈;7—引鞋

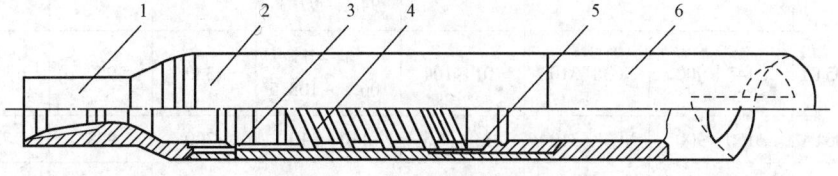

图 6-8 螺旋式卡瓦打捞筒

1—上接头;2—筒体总成;3—密封圈;4—螺旋卡瓦;5—铣控环;6—引鞋

3)工作原理

落物经引鞋引入到卡瓦时,卡瓦外锥面与内锥面脱开,卡瓦被迫胀开,落物进入卡瓦中,上提钻柱,卡瓦外螺旋锯齿形锥面与筒体内相应的齿面有相对位移,使卡瓦收缩卡咬住落物,实现抓捞。

4)技术规范

可退式打捞筒技术规范见表6-6、表6-7。

表6-6 螺旋式打捞筒技术规范

规格型号	外形尺寸(直径×长度),mm	扣型	打捞尺寸 mm	许用提拉负荷 kN	工作井眼名义尺寸 in
LT-01TB	φ95×795	NC26(2A10)	φ53~62	1200	4½
LT-02TB	φ105-815	NC31(210)	φ63~79	1200	5
LT-03TB	φ114×846	NC31(210)	φ81~90	1000	5½~5¾
LT-04TB	φ134×875	NC31(210)	φ93~105	1460	6⅝
LT-05TB	φ145×900	NC38(310)	φ106~119	1410	6⅝~7
LT-06TB	φ160×900	NC38(310)	φ120~134	1530	7⅝
LT-07TB	φ185×950	NC38(310)	φ139~156	213	8⅝

表6-7 篮式打捞筒技术规范

规格型号	外形尺寸(直径×长度) mm	扣型	打捞尺寸,mm		许用提拉负荷,kN		工作井眼名义尺寸,in
			不带台肩	带台肩	不带台肩	带台肩	
LT-01TA	φ95×795	NC26(2A10)	47~49.3	52.2~55.7	100	620	4½
LT-02TA	φ105×875	NC31(210)	59.7~61.3	63~65 65.4~68	850	600	5
LT-03TA	φ114×846	NC31(210)	72~74.5	77~79	900	450	5½~5¾
LT-04TA	φ134×875	NC31(210)	88~91	92~94.5 94.5~97.3	1300	928	6⅝
LT-05TA	φ145×900	NC38(310)	101~104	104~06 106.5~108.5	1330	950	6⅝~7
LT-06TA	φ160×900	NC38(310)	113~115	116~119	1300	928	7⅝
LT-07TA	φ185×950	NC38(310)	126~129 139~142	145~148	1800	1280	8⅝

5)操作方法及注意事项

（1）操作方法。

① 选择好工具尺寸。在下井前用手推动卡瓦，检查卡瓦是否灵活，键槽是否合格。

② 将工具下至鱼顶以上 2~3m，开泵循环，并观察泵压及悬重。

③ 缓慢下放钻具至鱼顶时，边正转边下放，使打捞筒进入鱼顶，并观察方入、悬重及泵压变化。

④ 缓慢上提，若悬重大于原打捞钻柱重量，说明已捞获落物，可继续上提。如果在上提时悬重一直上升至工具最大允许载荷时，说明遇卡严重，停止上提，将打捞筒退出落鱼。其方法是：

a. 如果打捞筒上部带有下击器，可按下击器操作规程进行；若无下击器，可视钻具重量加压下击或较缓慢溜钻下击。

b. 一边正转，一边上提即可退出。

（2）注意事项。

① 使用篮式卡瓦打捞筒在磨铣修整鱼顶时，加压不应过大。

② 因捞筒内有密封圈，当落鱼进入打捞筒循环洗井时，应注意泵压变化，防止憋泵。

③ 如被捞管柱未卡，可直接下打捞筒打捞；如遇卡严重，可配震击类工具使用，组合次序同可退式打捞矛。

3. 可退式短鱼顶打捞筒

1）用途

可退式短鱼顶打捞筒主要用于鱼顶距卡点很近，或者鱼顶在接箍以上长度很小的油管、钻杆、抽油杆本体的打捞。一般鱼头露 50mm 以上就能被抓住。

可退式短鱼顶打捞筒，是在普通可退式打捞筒基础上，根据落鱼顶较短，即落鱼与套管环空深度很浅，一般打捞筒较难实现打捞而不便使用母锥打捞及矛类工具打捞的情况下发展起来的一种专门打捞筒。它有在油管内打捞抽油杆和在套管内打捞油管、钻杆两种形式，基本结构相同，规格尺寸不一。

2）基本结构

可退式短鱼顶打捞筒由上接头、控制环、篮式卡瓦、筒体、引鞋等零件组成。如图 6-9 所示。

3）工作原理

筒体与篮式卡瓦上的宽锯齿形螺纹，就一个螺距而言，是一个螺旋锥面。当内外螺纹锥面吻合，并有上提力时，筒体便给卡瓦以夹紧力，迫使卡瓦内缩夹紧落鱼，实现抓捞。

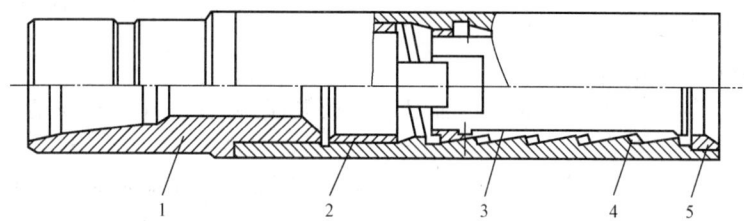

图6-9 可退式短鱼顶打捞筒

1—上接头;2—控制环;3—蓝式卡瓦;4—筒体;5—引鞋

当内外螺旋锥面脱开,并施以正扭矩和上提力时,控制环上的长键带动卡瓦右旋。虽然上提有使螺旋锥面贴合的趋势,但是螺旋锥面是左螺旋,使两锥面处于脱开状态,夹紧力近似于零,打捞筒则可退出落鱼,实现释放。

4)技术规范

短鱼顶打捞筒技术规范见表6-8、表6-9。

表6-8 普通型短鱼顶打捞筒技术规范

规格型号	外形尺寸 (直径×长度) mm	扣型	打捞尺寸 mm	许用提拉负荷 kN	工作井眼名义尺寸 in
LT-01DJ	φ95×540	NC26(2A10)	47~49.3	100	4½
LT-02DJ	φ105×540	NC31(210)	59.7~61.3	850	5
LT-03DJ	φ114×560	NC31(210)	72~74.5	900	5½~5¾
LT-04DJ	φ134×580	NC31(210)	88~91	1300	6⅝
LT-05DJ	φ145×580	NC38(310)	101~104	1330	6⅝~7
LT-06DJ	φ160×600	NC38(310)	113~115	1300	7⅝
LT-07DJ	φ185×600	NC38(310)	126~129 139~142	1800	8⅝

表6-9 抽油杆短鱼顶打捞筒技术规范

规格型号	外形尺寸 (直径×长度) mm	扣型	打捞尺寸 mm	许用提拉负荷 kN	工作井眼名义尺寸 in
CLT-01DJ	φ55×450	5/8in 抽油杆扣	15~16.7(⅝)	392	2½油管
CLT-02DJ	φ55×450	3/4in 抽油杆扣	18~19.7(¾)	392	2½油管
CLT-03DJ	φ55×500	7/8in 抽油杆扣	21~22.7(⅞)	392	2½油管
CLT-04DJ	φ55×500	1in 抽油杆扣	24~25.7(1)	392	2½油管

5)操作方法及注意事项

(1)操作方法。

① 根据鱼顶大小和井眼尺寸,选择合适的短鱼顶打捞筒。

② 工具下井,在离鱼顶 1~2m 处慢速右旋工具并下放,当悬重下降时,停转停放。

③ 上提钻具。

④ 需要释放工具时,首先给捞筒下击力,然后慢慢右旋并上提钻具。

(2)注意事项。

① 打捞之前要清楚鱼顶情况。如鱼顶大小、距接箍距离、鱼顶形状,井眼尺寸等。

② 对不规则鱼顶,如劈裂、椭圆长轴超出打捞尺寸 1.3 倍时,需修整鱼顶。

4. 可退式抽油杆打捞筒

1)用途

可退式抽油杆打捞筒抓住抽油杆后上提可捞出,一旦需要退出工具时,能够既方便又无损伤地释放落鱼而退出工具。

2)基本结构

可退式抽油杆打捞筒有篮式卡瓦和螺旋卡瓦两种,即 A 型和 B 型。如图 6-10、图 6-11 所示。

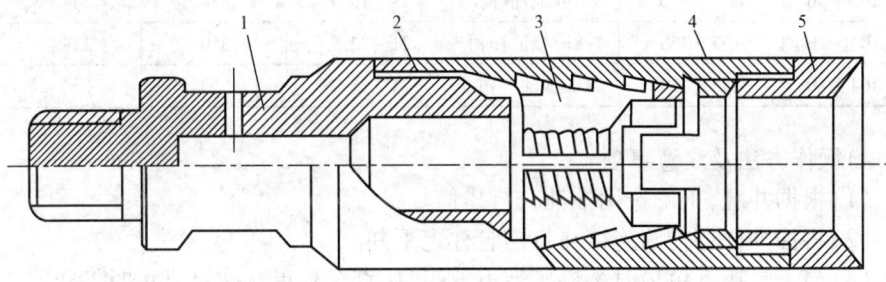

图 6-10 蓝式卡瓦抽油杆打捞筒

1—上接头;2—筒体;3—篮式卡瓦;4—控制环;5—引鞋

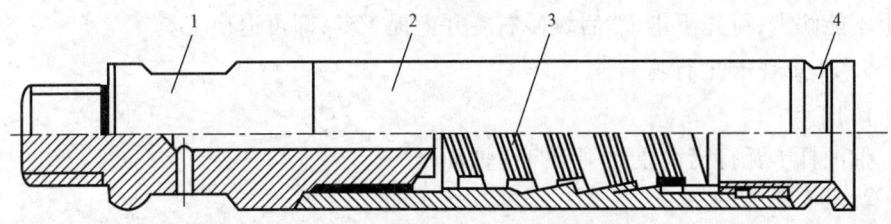

图 6-11 螺旋式抽油杆打捞筒

1—上接头;2—筒体;3—螺旋卡瓦;4—引鞋

螺旋式和篮式抽油杆打捞筒均由上接头、筒体、引鞋和卡瓦组成。其不同点除卡瓦结构外,篮式多一个控制环。

3) 技术规范

可退式抽油杆打捞筒技术规范见表6-10、表6-11。

表6-10 篮式可退抽油杆打捞筒(A型)技术规范

规格型号	外形尺寸 (直径×长度) mm	接头螺纹	打捞尺寸 mm	许用提拉 负荷 kN	工作井眼 名义尺寸 in	备注
CLT01-TA	D×650	5/8in 抽油杆扣	15~16.7	420	套管	D为根据套管内径尺寸所确定的引鞋尺寸
CLT02-TA	D×650	3/4in 抽油杆扣	18~19.7	420	套管	
CLT03-TA	D×650	7/8in 抽油杆扣	21~22.7	420	套管	
CLT04-TA	D×650	1in 抽油杆扣	24~25.7	420	套管	

表6-11 螺旋式可退抽油杆打捞筒(B型)技术规范

规格型号	外形尺寸 (直径×长度) mm	接头螺纹	打捞尺寸 mm	许用提拉负荷 kN	工作井眼名义尺寸 in
CLT01-TB	φ55×350	5/8in 抽油杆扣	15~16.7	350	2½套管
CLT02-TB	φ55×350	3/4in 抽油杆扣	18~19.7	350	2½套管
CLT03-TB	φ55×350	7/8in 抽油杆扣	21~22.7	350	2½套管
CLT04-TB	φ55×350	1in 抽油杆扣	24~25.7	350	2½套管

4) 操作方法及注意事项

(1) 根据井况,正确选用抽油杆打捞筒。

(2) 将抽油杆打捞筒连接在打捞管柱上下井。

(3) 当工具接近鱼顶时缓慢旋转下放工具,直至悬重有减轻显示时停止。

(4) 上提工具,若悬重增加则表示打捞成功。

(5) 抓住井下抽油杆后,一旦遇卡,最大上提拉力不得超过抽油杆许用载荷。如果不能解卡,可先下击,然后缓慢右旋并上提工具,即可退出工具。

5. 抽油杆卡瓦打捞筒

1) 用途

抽油杆卡瓦打捞筒主要用于打捞抽油杆。

2) 基本结构

抽油杆卡瓦打捞筒由上接头、筒体、内套、弹簧、卡瓦等组成。如图6-12所示。

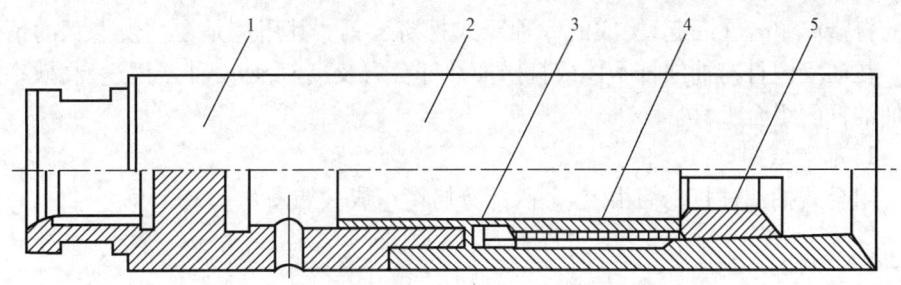

图 6-12 抽油杆卡瓦打捞筒
1—上接头；2—筒体；3—内套；4—弹簧；5—卡瓦

3）工作原理

抽油杆经筒体大锥面进入筒体，推动两瓣卡瓦沿筒体内锥面上行，并随卡瓦内孔逐渐增大，弹簧被压缩。当内孔达一定值后，在弹簧力的作用下将卡瓦下推，使筒体、卡瓦内外锥面贴合，卡瓦内孔贴紧抽油杆。此时，上提工具，由于卡瓦锯齿形牙齿与抽油杆的摩擦力，使卡瓦保持不动，筒体随之上升，内外锥面贴合得更紧。在上提负荷作用下，内外锥面间产生径向夹紧力，使两块卡瓦内缩，咬住抽油杆。随着上提负荷的增加夹紧力也越大，从而实现打捞。

4）技术规范

抽油杆卡瓦打捞筒技术规范见表 6-12。

表 6-12 抽油杆卡瓦捞筒技术规范

规格型号	外形尺寸（直径×长度）mm	接头螺纹	打捞尺寸 mm	许用提拉负荷 kN	工作井眼名义尺寸 in	备注
CLT01	φ55×346	5/8in 抽油杆外螺纹	15~16.7	392	2½套管	在套管内打捞时可加大引鞋直径
CLT02	φ55×346	3/4in 抽油杆外螺纹	18~19.7	392	2½套管	
CLT03	φ55×346	7/8in 抽油杆外螺纹	21~22.7	392	2½套管	
CLT04	φ55×346	1in 抽油杆外螺纹	24~25.7	392	2½套管	

5）操作方法及注意事项

（1）按井底的抽油杆尺寸选定卡瓦，按井口抽油杆尺寸选定上接头。

（2）拧紧各部螺纹，下入井内。

（3）当指重表悬重下降时，停止下放工具管柱。

（4）上提工具管柱。出井后，卸去上接头、弹簧，取出卡瓦，即可抽出抽油杆。

（5）如果井下抽油杆鱼顶进工具筒体困难时，可慢慢右旋使抽油杆进入筒体。

6．组合式抽油杆打捞筒

1）用途

组合式抽油杆打捞筒，是将打捞抽油杆本体的打捞筒与打捞抽油杆接箍和台肩的打捞筒组合在一起,构成的一种新式打捞工具。其用途是在不换卡瓦的情况下,在油管内打捞抽油杆本体或打捞抽油杆台肩及接箍,是一种多用途、高效率打捞抽油杆的组合工具。

2)基本结构

组合式抽油杆打捞筒由上、下两部分捞筒组成。如图 6-13 所示。

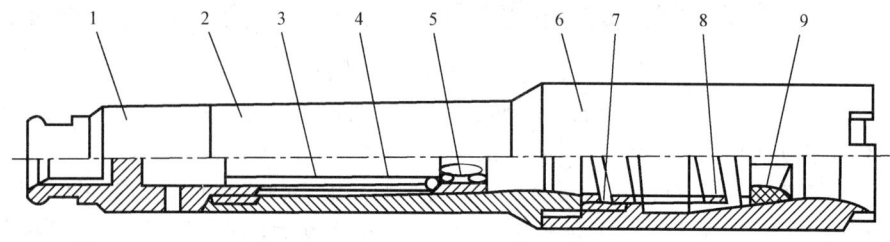

图 6-13 组合式抽油杆打捞筒

1—上接头;2—上筒体;3—弹簧座;4—弹簧;5—小卡瓦;6—下筒体;7—弹簧座;8—弹簧;9—大卡瓦

上筒部分用于打捞抽油杆本体,由上接头、上筒体、弹簧、弹簧座、小卡瓦等组成。下筒部分可打捞抽油杆接箍和台肩。在结构形式上基本与上筒相同,由下筒体、弹簧套、弹簧、大卡瓦等组成。

3)工作原理

(1)打捞抽油杆本体。

工具下井过程中,如遇抽油杆本体,本体通过下筒体进入上筒体小卡瓦内,在弹簧力的作用下,卡瓦外锥面与筒体的内锥面相吻合,并使卡瓦牙始终贴紧落鱼外表面。当提拉打捞筒时,在摩擦力的作用下,落鱼带着卡瓦相对筒体下移,筒体内锥面迫使剖分式双瓣卡瓦产生径向夹紧力,咬住落鱼。

(2)打捞抽油杆台肩或接箍。

落鱼通过下筒体引入并抵住卡瓦前倒角。随着工具下放,落鱼顶开双瓣卡瓦进入并穿过卡瓦。上提捞筒,落鱼带着卡瓦与筒体产生相对运动形成径向夹紧力,落鱼部分弧面被卡瓦咬住或卡在台肩上。

4)技术规范

组合式抽油杆打捞筒技术规范见表 6-13。

表 6-13 组合式抽油杆打捞筒技术规范

序号	规格型号	外形尺寸 (直径×长度) mm	接头螺纹	使用规范及性能参数
1	ZLT-3/4in	φ59×540	3/4in	2½in 油管内打捞 5/8in,3/4in 抽油杆接箍,台肩
2	ZLT-1in	φ72×542	1in 抽油杆扣	3in 油管内打捞 1in 抽油杆接箍,台肩

5)操作方法及注意事项
(1)操作方法。
① 将组合抽油杆打捞筒接在管柱上下井。
② 当工具下至鱼顶时,下放速度要慢,并可旋转3~5圈,以引进落鱼。
③ 当悬重下降后,停止下放,缓慢上提;若悬重增加,说明打捞筒抓住落鱼。
(2)注意事项。
① 入井前必须了解鱼顶形状及尺寸。
② 工具与管柱必须拧紧。

(四)钩类打捞工具

1. 用途

钩类打捞工具主要用于打捞井内脱落的电缆、落入井内的钢丝绳等绳缆类落物。

2. 基本结构

钩类打捞工具主要包括内钩、外钩、内外组合钩、单齿钩、多齿钩、活齿钩等类型。基本结构见图6-14。

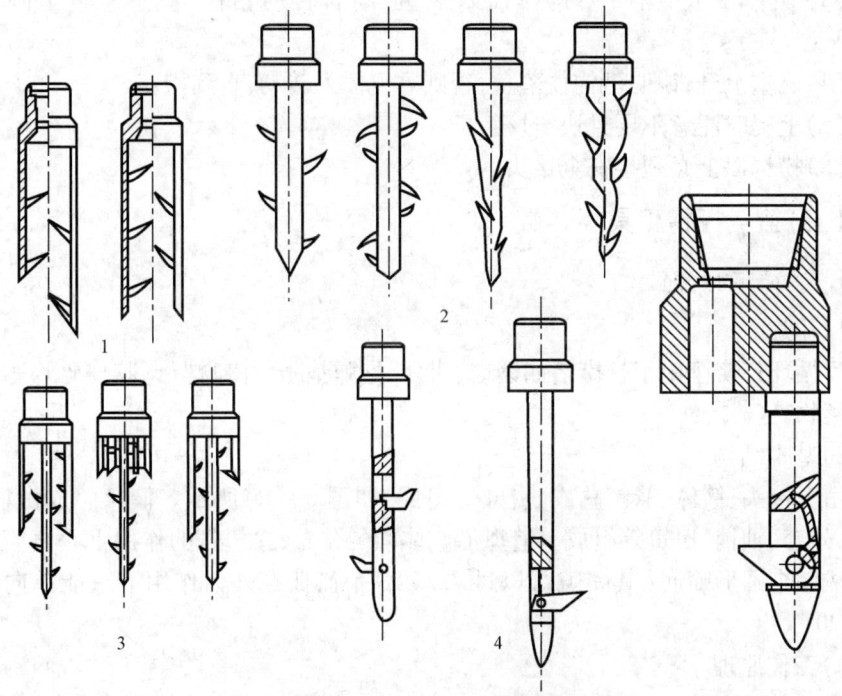

图6-14 钩类工具图
1—内钩;2—固定齿外钩;3—活动齿外钩;4—内外组合钩

3. 工作原理

靠钩体插入绳、缆内钩子刮捞住绳、缆,转动钻柱,形成缠绕,实现打捞。

4. 技术规范

钩类打捞工具技术规范见表 6-14。

表 6-14 钩类打捞工具技术规范

规格	外径,mm	接头螺纹	钩体长度及钩数,mm×个
NG-114	114	NC-31(210)	1000×2,1000×3,1000×4
WG-114	114	NC-31(210)	1000×1,1200×2
NWG-114	114	NC-31(210)	1000×1×2,1000×2×4

注:NG,WG,NWG 为内钩、外钩、内外钩汉语拼音首字母。

5. 使用方法及注意事项

(1)钩子应牢固,活齿钩固定销钉应符合要求。

(2)工具入井,至落鱼以上 1~2m 时,记录管柱悬重。

(3)缓慢下放管柱,使钩体插入落鱼,同时转动钻柱,注意悬重下降不超过 20kN。

(4)悬重上升,说明已钩住落鱼,否则重复插入转动,直到捞获。

(5)上提时注意不要过快、过猛。

(6)捞钩以上必须接安全接头。

(五)篮类打捞工具

1. 反循环打捞篮

1)用途

反循环打捞篮用于打捞诸如钢球、钳牙、炮弹垫子、井口螺母、胶皮碎片等井下小件落物。

2)基本结构

由上接头、筒体、篮筐总成、引鞋等组成,如图 6-15 所示。篮筐总成由篮体、篮抓、外套、轴销、扭簧等组成。篮抓沿筐体均匀分布,在扭簧的作用下垂直筒体轴线形成一个圆形筛底(其间隙可以过水)。各个篮抓在外力作用下只能单向向上旋转 90°。

3)工作原理

反循环打捞篮的工作原理是靠大流量、高压力的反洗井钻井液冲击井底,井底落物悬浮运动推动篮抓,使篮抓绕销轴转动竖起,篮筐开口加大,落物进入筒体,然后篮抓恢复原位,阻止了进入筒体内的落物出筐,实现打捞。

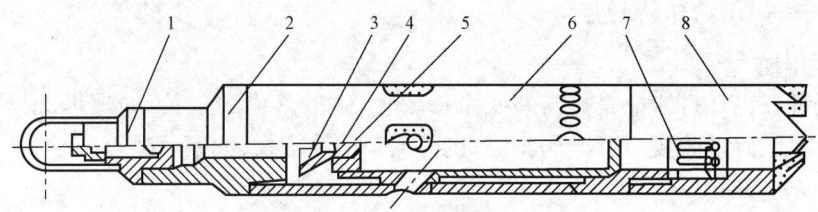

图 6-15 反循环打捞篮

1—提升接头;2—上接头;3—单向阀罩;4—钢环;5—单向阀座;6—筒体总成;7—篮筐总成;8—铣鞋总成

4) 技术规范

反循环打捞篮技术规范见表 6-15。

表 6-15 反循环打捞篮技术规范

序号	规格型号	外形尺寸 (直径×长度) mm	接头代号	使用规范及性能参数	
				落物最大直径,mm	工作井眼尺寸,in
1	FLL 01	$\phi 90 \times 940$	NC26($2\frac{3}{8}$IF)	55	$4\frac{1}{2}$
2	FLL 02	$\phi 100 \times 1150$	$2\frac{7}{8}$REC	65	5
3	FLL 03	$\phi 110 \times 1153$	NC31($2\frac{7}{8}$IF)	75	$5\frac{1}{2}$
4	FLL 04	$\phi 115 \times 1153$	NC31($2\frac{7}{8}$IF)	80	$5\frac{3}{4}$
5	FLL 05	$\phi 140 \times 1155$	NC38($3\frac{1}{2}$IF)	105	$6\frac{5}{8}$
6	FLL 06	$\phi 147 \times 1161$	NC38($3\frac{1}{2}$IF)	110	7

5) 操作方法及注意事项

(1) 操作方法。

① 检查各零部件是否完好灵活,可用手指或工具轻顶篮抓,观察是否可以自由旋转,回位是否及时灵活。

② 将工具接上钻具,下至距井底以上 3~5m 处开泵反洗井。

③ 循环正常后,再慢慢下放钻具,边冲边放。当工具遇阻或泵压升高时,可以提钻 0.5~1m,并做好方入记号。

④ 以较快的速度下放钻具,在离井底 0.3m 左右突然刹车,使井底工具快速下行,造成井底液体紊流,迫使落物运动进入筒体,增强打捞效果。循环 10min 左右停泵,起钻。

(2) 注意事项。

使用这种工具时,井口必须有能造成反循环的封井设备。最好不使用固定井口的油管挂,因为这种装置不能使钻具上下移动,打捞效果不佳。

2. 局部反循环打捞篮

1) 用途

局部反循环打捞篮是打捞井底重量较轻、碎散落物的工具,如螺母、射孔子弹垫子、钳牙、碎散胶皮、钢球、阀座等,也可抓获柔性落物,如钢丝绳等。

2) 基本结构

局部反循环打捞篮由上接头、筒体总成、阀体总成、篮筐总成、铣鞋总成等主要部件组成,如图 6-16 所示。

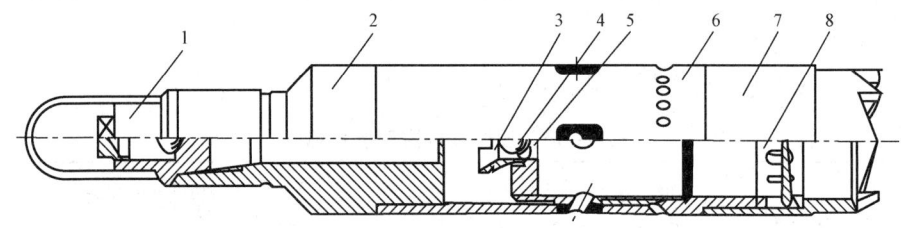

图 6-16 局部反循环打捞篮

1—提升接头;2—上接头;3—阀罩;4—钢球;5—阀座;6—筒体;7—铣鞋总成;8—篮筐总成

筒体总成由外筒与内筒组焊在一起,并且有环形通道的桥式工作筒。外筒下部有 20 个方向向下、斜度为 15°的小水眼,上部有四个尺寸较大并与内筒相连通的水眼,构成由内向外的局部反循环通道。

阀体总成在内筒体顶部,由阀罩、阀座、阀闸等组成。未投球时,循环液体通过内筒水眼进行正循环。地面投球后,循环液体通过内外筒环形空间及 20 个小水眼进行局部反循环。

篮筐总成由筐体、外套、捞抓、轴销、弹簧等组成,安装在筒体底部。筐体四周装有 6~8 个捞抓,长短各半,并能绕轴销在筒体向上旋转 90°,依靠弹簧自动复位。

铣鞋总成有三种结构:

(1) 普通型:只能通过局部反循环,捞取小件落物。

(2) 常用型:其底部焊有 YD 合金块,可以对有微卡或黏结的落物进行套铣打捞。

(3) 一把抓型:除能通过局部反循环使落物进入篮体内之外,还能通过顿钻抓取,捞获未进入篮筐的落物或其他柔性落物。

本工具除以上主要部件之外还有提升接头(此附件不下井),其作用是保护螺纹与存放配套钢球。

3) 工作原理

下至鱼顶洗井投球后,钢球入座堵死正循环通道,迫使液流改变方向,经环形空间穿过 20 个向下倾斜的小孔进入工具与套管环形空间而向下喷射。液流经过井底折回篮筐,再从筒体上部的四个连通孔返回,形成工具与套管环行空间的局部反循环水流通道。

4)技术规范

局部反循环打捞篮技术规范见表 6-16。

表 6-16 局部反循环打捞篮技术规范

序号	规格型号	工具尺寸 (直径×长度) mm	接头扣型	使用规范及性能参数	
				落物最大直径,mm	套管直径,in
1	DL01-00	φ88×940	NC25	52	4½
2	DL02-00	φ100×1050	2⅞REC	64	5
3	DL03-00	φ110×1153	NC31	74	5½
4	DL04-00	φ115×1155	NC31	79	5¾
5	DL05-00	φ135×1155	NC38	99	6⅝
6	DL06-00	φ140×1161	NC38	104	7

5)操作方法及注意事项

(1)操作方法。

① 地面检查工具零件的螺纹是否完好,大小水眼是否畅通,篮抓是否转动灵活。

② 卸开提升接头,测量钢球直径是否合格,并将球投入工具试验,检查钢球入座情况是否正常可靠。

③ 将工具下到预定深度以上一个单根后,开泵正循环洗井,待洗井正常平稳后,停泵投球。

④ 投球之后,开泵洗井送球入座,并根据洗井时间观察泵压变化,当泵压略有升高说明球已入座。

⑤ 钢球入座形成反循环之后,慢慢下放钻柱至预定深度,再略上提钻柱 1~2m 之后,用较快的速度下放至井底 0.2~0.3m。如此反复进行几次,形成工具底部洗井液的紊流并增加流速,可提高打捞效果。

⑥ 若工具为带有铣鞋的常用型,可边冲边转动钻柱,用铣齿拨动落物或少量钻进,使其随洗井液冲入篮筐。

⑦ 工具起出后,检查捞篮内捞获落物情况,回收钢球,清洗擦净,涂油,存入提升短节球腔之内。

(2)注意事项。

① 使用一把抓篮筐总成时,只能进行投球打捞操作,不能钻进。在投球形成局部反循环冲洗打捞完毕之后收拢一把抓。

② 使用常用型篮筐总成时,如在套管内使用,严禁铣鞋底部镶焊的 YD 合金有外出刀刃存在,以保护套管不被损坏。洗井液必须过滤使用(可采用上水头与出口两级过滤),以防止堵塞小水眼使打捞失败。

(六)其他打捞工具

1. 磁力打捞器

1)用途

磁力打捞器是用来打捞在钻井、修井作业中掉入井里的钻头巴掌、牙轮、轴、卡瓦牙、钳牙、手锤及油、套管碎片等小件铁磁性落物的工具。对于能进行正反循环的磁力打捞器,尚可打捞小件非磁性落物。

2)基本结构

磁力打捞器的种类很多,根据基本结构可以分为正循环型强磁、高强磁打捞器和局部反循环型强磁、高强磁打捞器。

(1)正循环型强磁、高强磁打捞器。

这种打捞器由上接头、压盖、壳体、磁钢、芯铁、隔磁套、引鞋等组成,如图 6-17 所示。

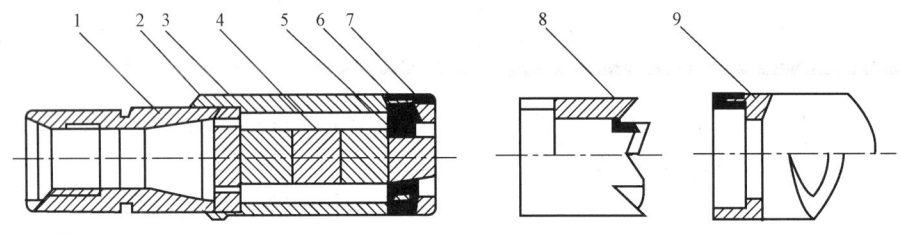

图 6-17 正循环磁力打捞器

1—上接头;2—压盖;3—壳体;4—磁钢;5—芯铁;6—隔磁套;7—平鞋;8—磨铣鞋;9—引鞋

(2)局部反循环型强磁、高强磁打捞器。

这种打捞器由上接头、钢球、压盖、壳体、打捞杯、磁钢、隔磁套、芯铁和引鞋等组成,如图 6-18 所示。

3)工作原理

以一定形状和体积的磁钢(永磁、电磁)做成磁力打捞器,引鞋下端经磁场作用会产生很大的磁场强度。由于磁钢的磁通路是同心的,因此磁力线呈辐射状并集中在靠近打捞器下端面的中心处,可以把小块铁磁性落物磁化吸附在磁极中心,实现打捞。电磁材料做成的打捞器,在入井前通电磁化,可在 20h 内有效。

4)技术规范

常用磁力打捞器技术规范见表 6-17。

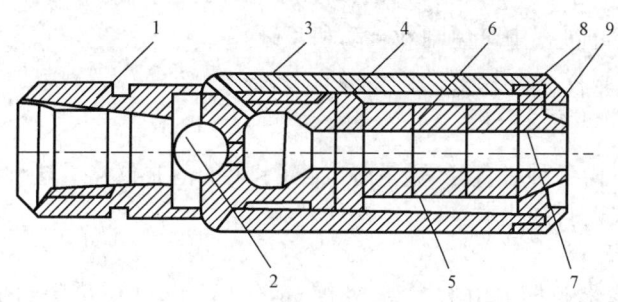

图 6-18 反循环磁力打捞器

1—上接头；2—钢球；3—打捞杯；4—压盖；5—壳体；6—磁钢；7—芯铁；8—隔磁套；9—引鞋

表 6-17 常用磁力打捞器技术规范

序号	规格型号	外径 mm	接头螺纹	使用规范及性能参数			
				吸力, N		适应温度, ℃	适应井眼 φ mm
				A	B		
1	QCLT-F86A QCLT-F86B	86	NC26(2A10)	3600	1000	≤210	95~108
2	QCLT-F100A QCLT-F100B	100	NC31(210)	5500	1700		108~137
3	QCLT-F114A QCLT-F114B	114	NC31(210)	6500	2000		120~140
4	QCLT-F175A QCLT-F175B	175	NC38(310)	18000	5000		184~216

注：表中 A 为高强磁打捞器系列；B 为强磁打捞器系列。型号后有 F 者为反循环型，无 F 者为正循环型。

5）操作方法及注意事项

（1）操作方法。

① 强磁捞筒入井至打捞鱼顶 2~4m 左右，开泵循环，冲洗落物。

② 保持循环（低排量）缓慢下放钻柱，接触落物，注意悬重下降不超过 10kN，然后上提钻柱 0.5~1.0m，将工具转动 90°，再重复打捞作业。

③ 反循环捞筒循环洗井并且投入钢球到位后，大排量冲洗 10~15min，根据引鞋形状采取不同的打捞方法，然后起钻。

（2）注意事项。

① 磁力打捞器入井前，必须用木板或胶皮同其他铁磁性设备隔开。

② 取下护磁板及被吸住的落物时，操作者的施力方向应与工具中心线垂直。

③ 操作者不允许手拿铁磁性手工具接近磁力打捞器底部,以防伤人。

④ 运输、装卸过程中避免剧烈震动和摔碰。

2. 测(试)井仪器打捞器

1)用途

专门用于打捞各种小直径、重量轻、没有卡阻的落井仪器。这种打捞器能完整无损地将落井仪器打捞出井。

2)基本结构

测(试)井仪器打捞器由上接头、外筒、钢丝环、钢丝、引鞋等组成,如图 6-19 所示。

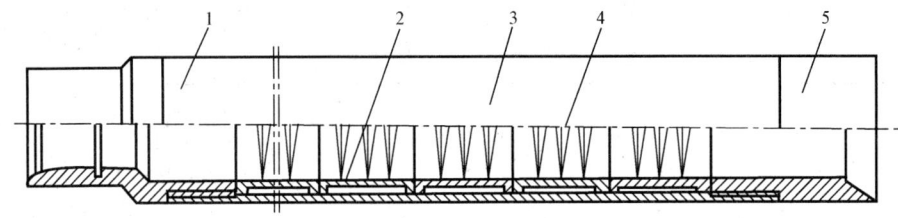

图 6-19 测(试)井仪器打捞器

1—上接头;2—钢丝环;3—外筒;4—钢丝;5—引鞋

3)工作原理

当落井的测(试)井仪器通过引鞋进入筒体后,在钻具压力下,仪器分开钢丝环内的钢丝上行,由于多股钢丝的弹力造成的摩擦力,将落物卡住,起钻后即能将落井仪器捞出。

4)技术规范

测(试)井仪器打捞器技术规范见表 6-18。

表 6-18 测(试)井仪器打捞器技术规范

序号	规格型号	外形尺寸 (直径×长度),mm	接头代号	工作井眼尺寸	备注
1	CYLQ92	$\phi 92 \times L$	NC26(2A10)	4in 油管,4½in 套管	工具长度视落物长度而定,可参考下列标准选用:700mm、900mm、1100mm、1300mm
2	CYLQ100	$\phi 100 \times L$	2⅞in REC(230)	5in 套管	
3	CYLQ114	$\phi 114 \times L$	NC31(210)	5½in 套管	
4	CYLQ140	$\phi 140 \times L$	NC38(310)	6⅝in 套管	
5	CYLQ148	$\phi 148 \times L$	NC40(410)	7in 套管	

5)操作方法及注意事项

(1)操作方法。

① 地面检查工具。各钢丝是否完好,有无损坏,并绘草图留查。

② 将工具下至鱼顶 2~3m 左右,开泵冲洗鱼顶,然后缓慢旋转并下放管柱,下放时应特别留心指重表灵敏指针的变化,如有较大的变化,即停止下放与转动,上提钻具。

③ 将钻具旋转 90°后,再按上述方法操作一次,如此数次转动并下放钻具进行打捞。

④ 停泵,再下放钻具至井底一次即可起钻。

(2)注意事项。

① 洗井液必须清洁,应在泵上水管及钻杆入口处(或水龙带入口处)安装过滤网以防止污物将工具循环通道堵死。

② 下放时不能快放重压,否则会将落井仪器压弯,造成下步打捞困难。

③ 起钻时必须轻提慢放,严禁猛顿或敲击钻具,以防止落物重新掉井。

3. 开窗打捞筒

1)用途

开窗打捞筒用来打捞长度较短的管状、柱状落物或具有卡取台阶且无卡阻的井下落物,如带接箍的油管短节、测井仪器、加重杆等。也可以在工具底部开成齿形配合其他工具使用。

2)基本结构

开窗打捞筒由筒体与上接头两部分焊接而成。如图 6-20 所示。筒体上开有 2~4 排梯形窗口,在同一排窗口上有变形后的窗舌,内径略小于落物最小外径。

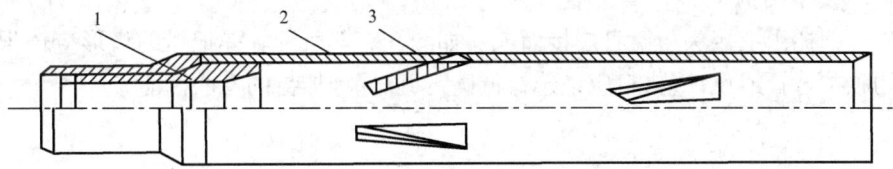

图 6-20 开窗打捞筒结构示意图
1—上接头;2—筒体;3—窗舌

3)工作原理

当落鱼进入筒体并顶住窗舌时,窗舌外胀,其反弹力紧紧咬住落鱼本体,上提钻具,窗舌卡住台阶,将落物捞出。

4)技术规范

开窗打捞筒技术规范见表 6-19。

表 6-19 开窗打捞筒技术规范

序号	规格型号	外径 mm	接头螺纹	接箍外径 mm	窗口排数	窗舌数	适用套管尺寸 φ mm
1	KLT92-1	92	NC26(2A10)	38、42、46、55	2	6	114.3
2	KLT114-1	114	NC31(210)	38、42、46、55	2	6	139.7
3	KLT92-2	92	NC26(2A10)	73	2~3	6~12	114.3
4	KLT114-2	114	NC31(210)	89.5	2~3	6~12	139.7
5	KLT140	140	NC31(210)	107、121	3~4	9~16	168.3
6	KLT148	148	NC38(310)	121、132.5	3~4	9~16	177.8

5) 操作方法及注意事项

(1) 根据落鱼尺寸选择相应规格的开窗打捞筒。

(2) 工具下入井内至落物以上 1~2m 时开泵循环工作液,正常后缓慢下放钻柱。当悬重下降时,停转、停放。

(3) 上提钻柱。

4. 一把抓

1) 用途

一把抓专门用来打捞井底不规则的小件落物,如钢球、阀座、螺栓、螺母、刮蜡片、钳牙、扳手、胶皮等。

2) 基本结构

一把抓由上接头与筒身焊接而成。如图 6-21 所示。一把抓的齿形应该根据落物种类选择或设计,材料应该选择低碳钢,以保证抓齿的弯曲性能。

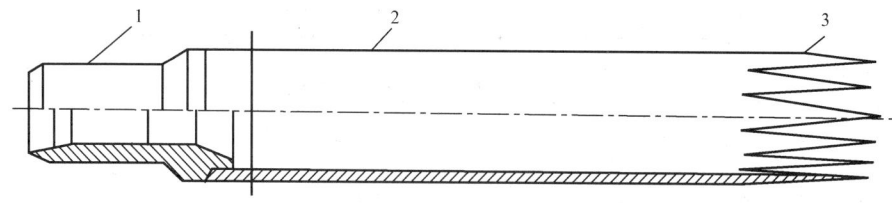

图 6-21 一把抓结构示意图
1—上接头;2—筒身;3—抓齿

3) 工作原理

一把抓下到井底后,将井底落鱼罩入抓齿之内或抓齿缝隙之间,依靠钻具重量所产生的压力,将各抓齿压弯变形,再使钻具旋转,将已压弯变形的抓齿按其旋转方向形成螺旋状齿形,落鱼被抱紧或卡死而捞获。

4)技术规范

一把抓技术规范见表6-20。

表6-20 一把抓技术规范

套管尺寸φ,mm	114.3	127	139.7	146.05	168.28	177.8
外径,mm	95	89~108	108~114	114~130	120~140	146~152
齿数,个	6	6~8	6~8	6~8	8~10	8~10

5)操作方法及注意事项

(1)操作方法。

① 工具下至落物以上1~2m,开泵洗井,将落鱼上部沉砂冲净后停泵。

② 下放钻具,当指重表略有显示时,核对方入,上提钻具并旋转一个角度后再下放,找出最大方入。

③ 在此处下放钻具,加钻压20~30kN,再转动钻具3~4圈,待指重表悬重恢复后,再加压10kN左右,转动钻具5~7圈。

④ 以上操作完毕后,将钻具提离井底,转动钻具使其离开旋转后的位置,再下放加压20~30kN,将变形抓齿顿死,即可提钻。

(2)注意事项。

提钻应轻提轻放,不允许敲打钻具,以免造成卡取不牢,落鱼重新落入井内。

第二节 整形类工具及使用注意事项

一、梨形胀管器

(一)用途

梨形胀管器简称胀管器,是用来修复井下套管较小变形的整形工具之一。

(二)基本结构

梨形胀管器基本结构如图6-22所示。胀管器工作面外部车有循环用水槽,水槽分直式和螺旋式两种。可根据变形井段变形形状和尺寸选用。胀管器的斜锥体前端锥角一般应大于30°。当锥角小于25°时,大量现场经验证明胀管器锥体与套管接触部位易产生挤压粘连而发生卡钻事故。因此一般前端锥角大于30°。

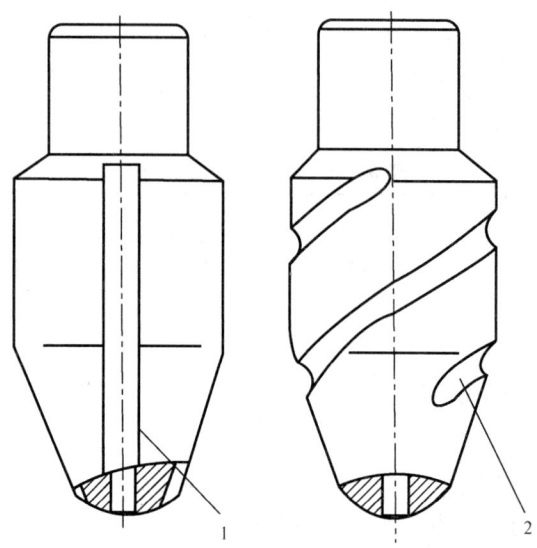

图 6-22 梨形胀管器结构示意图
1—直槽式;2—螺旋槽式

(三) 工作原理

胀管器工作面部分为锥体大端,它依靠地面施加的冲击力迫使工具的锥形头部楔入变形套管部位,进行挤胀,实现恢复套管内通径尺寸的目的。

(四) 技术规范

梨形胀管器技术规范见表 6-21。

表 6-21 梨形胀管器技术规范

序号	规格型号	外形尺寸（直径×长度）mm	接头螺纹	使用规范及性能参数		
				整形尺寸分段,mm	适应套管,in	整形率,%
1	ZQ-114	$D \times 250$	NC26(2A10)	92、94、96、98、100	$4\frac{1}{2}$	98~99
2	ZQ-127	$D \times 300$	NC31(210) 2 7/8 REG	102、104、106、108、110、112	5	98~99
3	ZQ-140	$D \times 300$	NC31(210)	114、116、118、120、122、124	$5\frac{1}{2}$	98~99
4	ZQ-168	$D \times 350$	NC31(210) NC38(310)	140、142、144、146、148、150、152	$6\frac{5}{8}$	98~99
5	ZQ-178	$D \times 400$	NC38(310)	154、156、158、160、162	7	98~99

二、旋转震击式整形器

(一) 用途

用于套管变形部位整形复位。

(二) 基本结构

由锤体(上接头)、整形头、钢球、整形头螺旋曲面等组成,如图6-23所示。

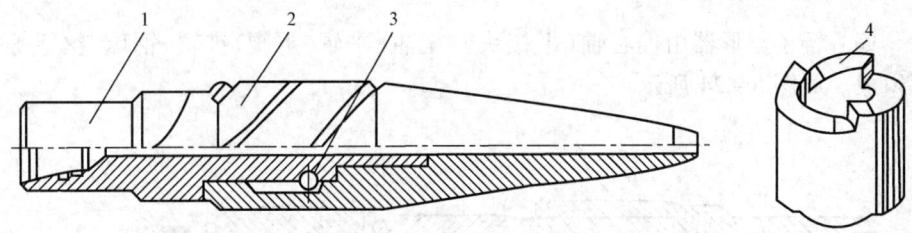

图6-23 旋转震击式整形器结构示意图
1—锤体;2—整形头;3—钢球;4—整形头螺旋形曲面

(三) 工作原理

旋转式震击整形器在钻柱旋转带动下,整形器的锤体同整形头间的凸轮面产生相对运动,锤体带动钢球沿环形槽抬起。经旋转一定角度后,凸轮曲面出现陡降,被抬起的锤体下降,砸在整形头上,给变形部位以挤胀力。由于锤体、整形头端面的凸轮轮廓面为三个等分的螺旋面,所以钻柱每旋转一周可发生震击三次。

(四) 技术规范

旋转式震击整形器技术规范见表6-22。

表6-22 旋转式震击整形器技术规范

序号	规格型号	接头螺纹	整形尺寸分级,mm
1	XZQ 114	NC26,(2A10)	92、94、96、98、99、100
2	XZQ 122	NC31(210),REG(230)	102、104、106、108、110、112
3	XZQ 140	NC31(210)	114、116、118、120、124
4	XZQ 168	NC38(310)	140、142、144、146、148、150、152
5	XZQ 178	NC38(310)	154、156、158、160

三、偏心辊子整形器

(一)用途

偏心辊子整形器对套管变形通径较大(5½in 套管变形通径一般为 ϕ100mm 以上)的套损井,一次整形可恢复径向尺寸 98% 以上。如选择工具尺寸得当、整形方法步骤恰当,则可恢复尺寸达 100%。

(二)基本结构

偏心辊子整形器由偏心轴(上接头)、上辊、中辊、下辊、锥辊、钢球、丝堵等零件组成。如图 6-24 所示。

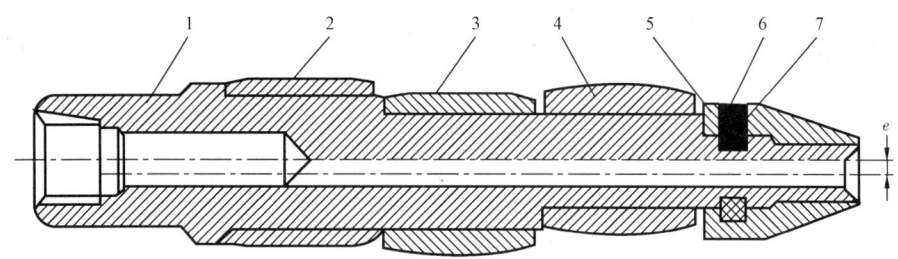

图 6-24 偏心辊子整形器示意图
1—偏心轴;2—上辊;3—中辊;4—下辊;5—锥辊;6—丝堵;7—钢球

偏心轴上端为连接钻柱的螺纹,下端为四阶不同尺寸、不同轴线的台阶。其中上接头、上辊、下辊三轴为同一轴线,中辊与锥辊为另一轴线,两轴线的偏心距为 6~9mm。

辊子分为上、中、下、锥辊四件,为整形器的整形挤胀关键零件。锥辊起引鞋导向作用,同时其内孔有半球面的槽与芯轴配合,装入钢球后并被固定,在旋转时起上、中、下三辊的限位作用。锥辊在入井后,对变形部位有初始整形作用。

(三)工作原理

当钻柱沿自身轴线旋转时,上、下辊自身轴线作圆周运动,中辊轴线由于与上、下轴线有一偏心距,因而必绕钻柱中心线作圆周运动,这样就形成一组曲轴凸轮机构,形成以上、下辊为支点,中辊为旋转挤压的形式对变形部位套管进行碾压整形。

(四)技术规范

偏心辊子整形器技术规范见表 6-23。

表 6-23　φ139.7mm 偏心辊子整形器技术规范

上辊,mm	中辊,mm	下辊,mm	最大直径,mm	整形量,mm	整形范围,mm	备注
105	104	105	110.5	5.5	105~110.5	
	107		112	7	105~112	
	110		113.5	8.5	105~113.5	
	113		115	10	105~115	
	116		116.5	11.5	105~116.5	
	119		118	13	105~118	偏心距:6mm; 整形范围: 105~125mm
110	104	110	113	3	110~113	
	107		114.5	4.5	110~114.5	
	110		116	6	110~116	
	113		117.5	7.5	110~117.5	
	116		119	9	110~119	
	119		120.5	10.5	110~120.5	

四、三锥辊套管整形

(一)用途

三锥辊套管整形器是在偏心辊子整形器原理之上,根据变形部位套管及管外水泥环破损程度而研制、发展、完善起来的新型整形工具,特别适用于变形通径较小(5½in 套管变形 φ85mm 以上)的套管整形施工。对于保护套管内壁不再次被刮、磨伤害、管外水泥环不被震挤破碎,此工具有较好的保护作用。该工具一次整形量较大,一次整形级差可达 6mm 以上。

(二)基本结构

三锥辊套管整形器由芯轴(上接头)、锁定销、垫圈、锥辊、销轴、引鞋等零件组成。如图 6-25 所示。

(三)工作原理

三锥辊套管整形器随钻柱旋转和所施加的钻压进入套管变形部位,锥辊随芯轴转动并绕销轴自转,对变形部位套管进行挤胀、碾压,在钻压和钻柱转动作用下,套管变形部位不断被挤胀、碾压而逐渐恢复通径。

(四)技术规范

三锥辊整形器技术规范见表 6-24。

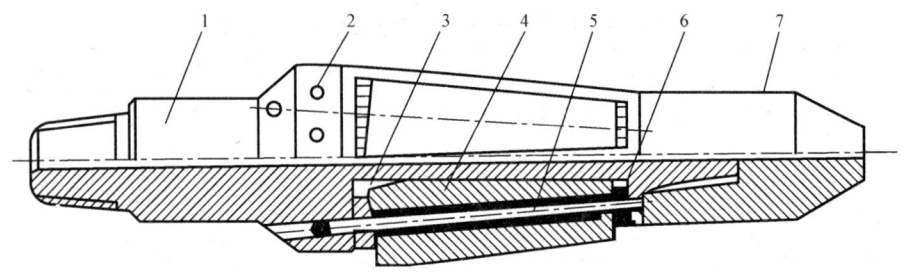

图 6-25 三锥辊套管整形器结构式意图

1—芯轴;2—销定销;3—垫圈;4—锥辊;5—销轴;6—垫圈;7—引锥

表 6-24 三锥辊整形器技术规范

序号	规格型号	接头螺纹	使用规范及性能参数	
			整形尺寸分段,mm	适应套管,in
1	ZQ-Z114	NC26(2A10)	92、94、96、98、100	$4\frac{1}{2}$
2	ZQ-Z127	NC31(210),$2\frac{7}{8}$in REG	102、104、106、108、110、112	5
3	ZQ-Z140	NC31(210)	114、116、118、120、124	$5\frac{3}{4}$
4	ZQ-Z168	NC38(310)	140、142、144、146、148、150、152	$6\frac{5}{8}$
5	ZQ-Z178	NC38(310)	154、156、158、160	7

五、整形弹

(一)用途

用于套管变形部位整形复位。

(二)基本结构

整形弹主要由上接头、密封胶塞、雷管室及雷管、压帽、密封胶圈、ϕ20mm 接头、变扣接头、ϕ20mm 炸药药柱、ϕ20mm 短节、丝绪等组成,如图 6-26 所示。

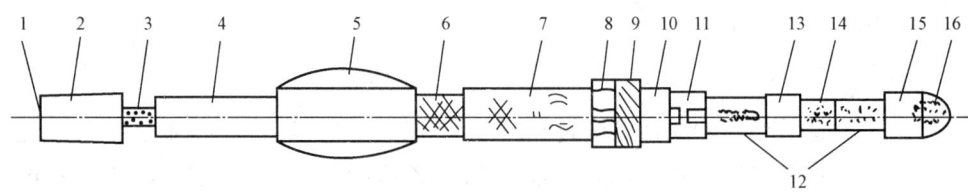

图 6-26 整形弹示意图

1—电缆头;2—磁定位器;3—安全电缆;4—加重杆;5—扶正器;6—胶塞;7—雷管室及雷管;8—压帽;9—胶圈;10—接头;11—变扣接头;12—药柱;13—短节;14—炸药;15—短节;16—导向丝堵

(三)工作原理

将具有一定综合性能的炸药药柱用管柱或电缆送到井内预整形复位(扩径)井段后,经校深无误,投撞击棒或接通电源,引爆雷管炸药。炸药爆炸后产生的高温高压气体及强劲的冲击波在套管内的介质中传播,当冲击波和高温高压气体达到套损部位套管内表面时,产生径向向外的压力波。这种压力波使套损井段的套管向外扩张,从而达到整形复位的目的。

(四)技术规范

整形弹主要适用井况为:

(1)变形最小通径在$\phi 95mm$以上,错断断口通径在$\phi 70mm$以上。

(2)井内压力低于36MPa,井内压井液相对密度小于$1.8g/cm^2$,井内温度低于80℃。

(3)变形、错断点以下2~3m内无落物,错断井管外无坍塌,且上、下断口相对位移低于0.3m。

(4)变形、错断部位以上套管无严重弯曲。

(5)目前爆炸整形复位扩径只限5½in($\phi 139.7mm$)套管系列内。

(五)使用方法和注意事项

1. 使用方法

整形弹由专业技术人员指导使用,详细操作方法略。

2. 注意事项

(1)套损井段以下落物应处理干净或下击落物,让出套损井段2~3m,为工具通过套损井段创造必要条件。

(2)套损井段的变形、错断状况检测非常重要,必需认真执行。

(3)药性、药量、布药方式、引爆方式选择必须准确无误。

(4)整形的装药药盒中心尽量与井眼套管轴线重合,错断井的扩径炸药应使药盒中点与错断口中间对正。

(5)引爆时,井四周围50m范围内无非操作人员。

(6)引爆30min后无异常,可起出电缆或油管、钻杆柱。

(7)引爆无显示或出现哑炮,应由专业人员处理,其他人员撤离井口50m以外。

(8)采用定时引爆的管柱应在规定的时间内将管柱下入设计井段。

第三节 磨铣类及使用注意事项

一、钻头类工具

(一)用途

各种形式的钻头在套管内使用,主要用于钻磨水泥塞、死蜡、死油、砂桥、盐桥等,特殊情况下可用来钻磨绳缆类堆积卡阻。

(二)基本结构

钻头类工具有多种,包括尖钻头、鱼尾式刮刀钻头、领眼钻头、三刮刀钻头等,具体结构如图6-27所示。

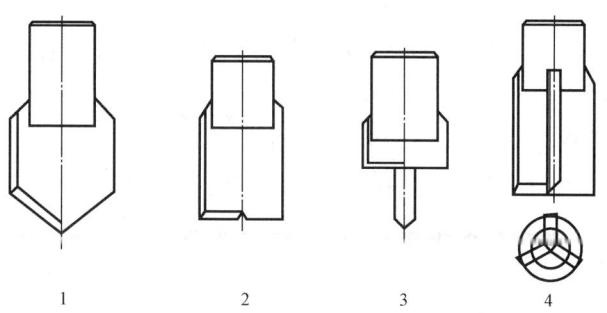

图6-27 四种钻头结构示意图

1—尖钻头;2—鱼尾式刮刀钻头;3—领眼钻头;4—三刮刀钻头

(三)工作原理

在钻压作用下,钻头吃入水泥等被钻物,再通过旋转,使吃入部分在圆周方向进行切削,逐步将被钻物钻去。

(四)技术规范

钻头类工具技术规范见表6-25。

表6-25 钻头类工具技术规范

套管公称尺寸,mm	114.3	127.0	139.7	168.2	177.8
外径,mm	92~95	105~107	114~118	136~148	146~158
总长,mm	250	300	300	300	300
接头螺纹	NC26-12E 60.32TBG	NC26-12E 73.02TBG	NC31-22G 73.02TBG	NC31-22G 73.02TBG	NC38-32E 88.9TBG

(五)操作方法及注意事项

(1)所选钻头外径尺寸应与套管公称尺寸及被钻磨物相匹配。
(2)钻头之上必须接安全接头。
(3)钻头水眼保持畅通。
(4)钻压一般不超过15kN,转数控制在80r/min以内,冲洗排量不低于0.8m³/min。
(5)磨铣过程中不得随意停泵,如需要停泵必须将管柱及钻头上提20m以上。

二、平底磨鞋

(一)用途

平底磨鞋是用底面所堆焊的YD合金或耐磨材料去研磨井下落物的工具,如磨碎钻杆钻具等落物。

(二)基本结构

平底磨鞋由磨鞋本体及所堆焊的YD合金或其他耐磨材料组成,如图6-28所示。磨鞋体从上至下有水眼,水眼可做成直通式或旁通式两种。

(三)工作原理

平底磨鞋依其底面上YD合金和耐磨材料在钻压作用下,吃入并磨碎落物,磨屑随循环洗井液带出地面。

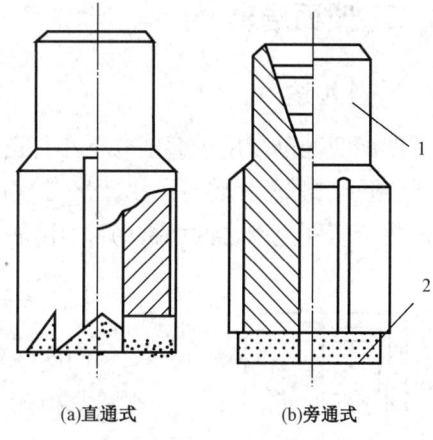

图6-28 平底磨鞋
1—磨鞋体;2—YD合金

(四)技术规范

平底磨鞋技术规范见表6-26。

表6-26 平底磨鞋技术规范

序号	规格型号	外形尺寸(直径×长度) mm	接头螺纹	使用规范及性能参数	
				最大磨削直径分段,mm	工作套管,in
1	PMB114	D×250	NC26(2A10)	94、95、96、97、98、99、101	4½
2	PMB127	D×250	NC31(210)	106、107、108、109、110、111、112	5
3	PMB140	D×230	NC31(210)	116、117、118、119、120、121、122、123、124	5½
4	PMB168	D×270	NC38(310)	145、146、147、148、149、150、151、152	6⅝
5	PMB178	D×280	NC38(310)	152、153、154、155、156、157、158、159	7

(五)操作方法及注意事项

1. 操作方法

(1)下井前检查钻杆螺纹是否完好,水眼是否畅通,YD合金或耐磨材料不得超过本体直径。

(2)将平底磨鞋连接在工具最下端下井。

(3)下至鱼顶以上2~3m,开泵冲洗鱼顶。待井口返出洗井液流平稳之后,启动转盘慢慢下放钻具,使其接触落鱼进行磨削。

2. 注意事项

下钻速度不宜过快。作业中不得停泵。如果出现单点长期无进尺,应分析原因,采取措施,防止磨坏套管。对活动鱼顶不宜使用,以防止磨鞋带动落鱼向井底钻进,或损坏下面落鱼。

三、凹面磨鞋

(一)用途

凹面磨鞋可以用于磨削井下小件落物以及其他不稳定落物。如钢球、螺栓、螺母、炮垫子、钻杆、牙轮等。由于磨鞋底面是凹面,在磨削过程中罩住落鱼,迫使落鱼聚集于切削范围之内而被磨碎,由洗井液带出地面。

(二)基本结构

凹面磨鞋的底面为5°~30°凹面角,其上有YD合金或其他耐磨材料,其余结构与平底磨鞋相同。如图6-29所示。

(三)工作原理

工作原理与本章平底磨鞋相同。

(四)技术规范

技术规范与平底磨鞋相同。

(五)操作方法及注意事项

1. 操作方法

操作方法与平底磨鞋相同。

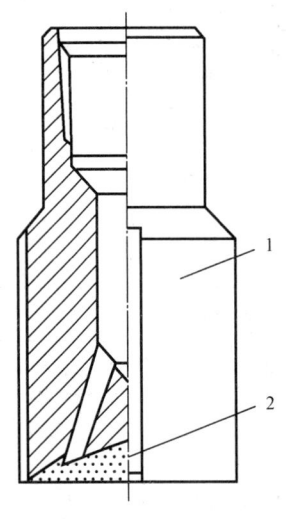

图6-29 凹面磨鞋
1—磨鞋体;2—YD合金

2. 注意事项

除与平底磨鞋基本相同外,尚需注意:在磨削较长落物时(如钻杆、钻铤等),容易出现固定部位磨削,当 YD 合金和耐磨材料全部磨损后,落物进入工具本体,形成落物与本体之间摩擦,使泵压上升无进尺,扭矩下降。此时应上提钻具再轻压,改变磨削位置。

四、领眼磨鞋

(一)用途

领眼磨鞋可用于磨削有内孔,且在井下处于不定而晃动的落物,如钻杆、钻铤、油管等。

(二)基本结构

领眼磨鞋由磨鞋体、领眼锥体或圆柱体两部分组成,底面中央锥体或圆柱体起着固定鱼顶的作用。如图 6-30 所示。

(三)工作原理

领眼磨鞋主要是靠进入落物内的锥体或圆柱体将落物定位,然后随着钻具旋转,焊有 YD 合金的磨鞋磨削落物,磨削下的铁屑被修井液带到地面。

(四)技术规范

领眼磨鞋外径尺寸规范与平底磨鞋相同。领眼锥体根据不同磨铣对象而不同。

(五)操作方法及注意事项

操作方法及注意事项与平底磨鞋相同。

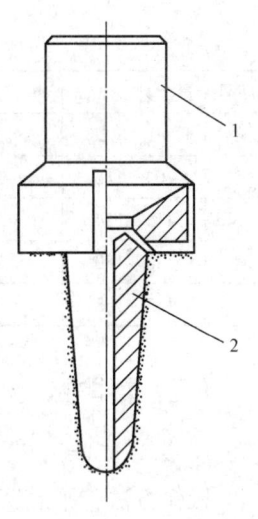

图 6-30 领眼磨鞋
1—磨鞋体;2—领眼锥体

五、梨形磨鞋

(一)用途

梨形磨鞋可以用来磨削套管较小的局部变形,修整在下钻过程中,各种工具将接箍处套管造成的卷边及射孔时引起的毛刺、飞边,清整滞留在井壁上的矿物结晶及其他坚硬的杂物等,以恢复通径尺寸。

(二)基本结构

梨形磨鞋由磨鞋本体和焊接在其上的 YD 合金组成,本体上除过水槽及水眼处均堆焊很厚的一层 YD 合金,焊后略成梨形而得名。如图 6-31 所示。

(三)工作原理

梨形磨鞋依靠前锥体上的 YD 合金铣切突出的变形套管内壁和滞留在套管内壁上的结晶矿物和其他杂质。其圆柱部分起定位扶正作用,铣下碎屑由洗井液上返带出地面。

(四)技术规范

梨形磨鞋技术规范见表 6-27。

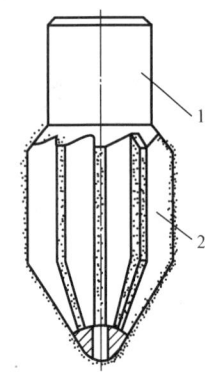

图 6-31 梨形磨鞋
1—磨鞋本体;2—YD 合金

表 6-27 梨形磨鞋技术规范

序号	最大外径,mm	总长度,mm	接头长度,mm	水眼直径,mm	接头螺纹	工作套管,in
1	90~102	233	80	25	NC26(2A10)	4½
2	104~112	250	80	25	NC31(210)	5
3	112~124	255	100	25	NC31(210)	5½
4	140~150	270	100	30	NC38(310)	5¾
5	152~158	300	100	30	NC38(310)	6⅝

(五)操作方法及注意事项

1. 操作方法

操作方法与平底磨鞋相同。

2. 注意事项

(1)下井前检查梨形磨鞋最大尺寸必须小于套管内径。
(2)下钻过程中要慢下,防止严重刮碰套管。
(3)如出现单点磨铣,无进尺或进尺缓慢时,应及时分析采取措施。

六、铣锥

(一)用途

用以修整略有弯曲或轻度变形的套管、下衬管时遇阻的井段和断口错位不大的套管断脱井段。当上下套管断口错位不大于 40mm 时,可用以将断口修直,便于下步工作顺利进行。

(二)基本结构

铣锥结构如图 6-32 所示。

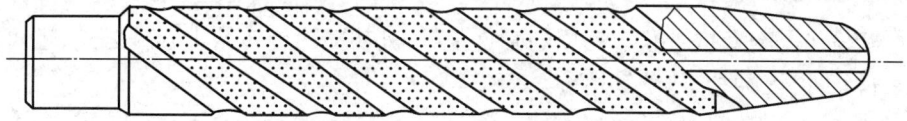

图 6-32 铣锥结构示意图

(三)工作原理

铣锥是梨形磨鞋的后续工具,当用梨形磨鞋磨削通过套管变形段之后,而其他工具管柱不能顺利通过时,可采用铣锥磨铣,因而其磨削作用是从套管径向方向磨削,可以增加套管的直度,故各级外径尺寸均相同,长度则逐级变化,以达到逐步修直的目的。

(四)技术规范

铣锥技术规范同梨形磨鞋,但长度须按表 6-28 选用。

表 6-28 铣锥长度系列表

级数	一级	二级	三级	四级
长度,m	0.3~0.5	0.5~1	1~1.8	1.8~2.5

(五)操作方法及注意事项

(1)下钻速度应在 1~2m/min 之内。有水刹车设备的应挂水刹车下钻,切忌快速下钻。其害处一是磨削合金会碰坏及损伤套管,二是在发生突然遇阻时会形成卡钻事故,而且难于处理。

(2)水槽必须畅通。

(3)洗井液必须清洁,防止堵死水眼。

(4)下至磨铣井段以上 2~3m 开泵洗井,待洗井液返出及泵压正常后,方能加压进行磨削,洗井液上返速度不低于 32m/min。

(5)钻压不能超过 10kN,应采取用低压快转慢放的操作方法。

(6)发现扭矩增加,应及时上提钻具再行慢放重磨。

(7)焊接接头及下部锥体时,必须预热至 300℃ 以上,方能进行焊接。

(8)焊接合金磨铣材料时,必须在同一圆周方向旋转焊接逐步推进,严禁单边单条焊接,否则将形成严重弯曲,并可造成井下断裂事故。

(9)加焊完毕之后应整体加温回火处理。

七、套铣筒

(一)用途

套铣筒是与套铣鞋联合使用的套铣工具,其功能除旋转钻进套铣之外,还可以用来进行冲砂、冲盐、热洗解堵等。

(二)基本结构

套铣筒基本结构如图 6-33 所示。

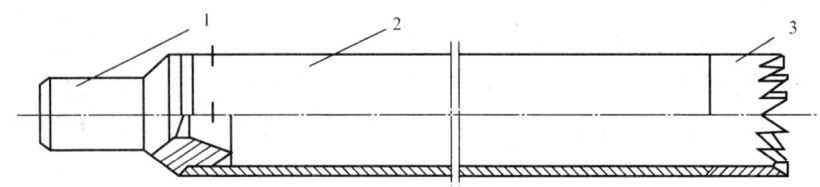

图 6-33 套铣筒
1—上接头;2—筒体;3—铣鞋

(三)技术规范

套铣筒的技术规范见表 6-29。

表 6-29 套铣筒技术规范

型号	外径,mm	内径,mm	壁厚,mm	最小使用井眼,mm	最大套铣尺寸,mm
TXG114	114.3	97.18	8.56	120.65	80.90
TXG127	127.0	108.62	9.19	146.05	101.60
TXG140	139.7	121.36	9.17	152.4	117.48
TXG146-1	146.05	130.21	7.92	161.93	127.00
TXG146-2	146.05	128.05	9.00	161.93	120.65

(四)操作方法及注意事项

套铣的操作方法及注意事项与磨鞋基本相同,可参考磨鞋部分。但有一点应特别指出,即套铣筒直径大,与套管环形空间间隙小,而且长度大,在井下容易形成卡钻事故,因而注意在操作中应使工具经常处于运动状态,停泵必须提钻,还应经常使其旋转并上下活动,直至恢复循环。

第四节 配套工具使用注意事项

辅助类修井工具和各类修井工具组合使用,可以提高修井成功率和修井效率,尤其在复杂井的修复中作用更加突出。本节介绍了安全接头和沉砂筒两类辅助修井工具。

一、安全接头

(一)用途

安全接头可以承受一定的提拉负荷,同时可以传递扭矩,一般接在修井工具之上。在钻磨铣、整形、震击、倒扣等修井作业中,当管柱遇卡阻提不动时,可根据需要退出安全接头以上(包括安全接头芯轴以上)管柱,简化下步施工程序。

(二)基本结构

目前安全接头分锯齿形和方扣形两种。锯齿形安全接头由上接头、下接头、和O形密封圈组成。

方扣形安全接头由上接头、密封胶圈、下接头组成。如图6-34、图6-35所示。

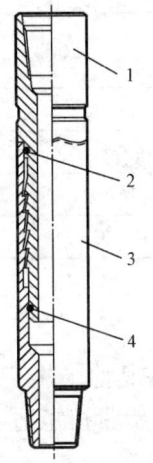

图6-34 锯齿型安全接头
1—上接头;2—O形圈;3—下接头;4—O形圈

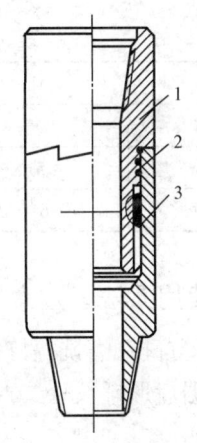

图6-35 方扣型安全接头
1—上接头;2—密封圈;3—下接头

(三)工作原理

(1)锯齿形安全接头的上、下配合宽锯齿形螺纹面,在拉力作用下,内外锥面相吻合并扭紧,可承受拉力、传递扭矩。上下配合的"八"字形凸凹结构则产生预拉力并保持恒定的锁紧力。当其吻合良好时,则保证上下接头宽螺旋面吻合而不松动,传递正反扭矩均可。

(2)方扣形安全接头依靠相互配合的倾斜凸缘,承受轴向拉压负荷及单向扭矩,需要退出安全接头上部及以上管柱时,反转钻柱,方扣螺纹即可最先卸扣松开。

(四)技术规范

两种安全接头技术规范分别见表6-30、表6-31。

表6-30 锯齿形安全接头技术规范

序号	规格型号	外形尺寸（直径×长度）mm	使用规范及性能参数	
			最小内径,mm	松脱钻压,kN
1	AJ2½	φ105×550	58	5000
2	AJ3	φ115×652	72	5000
3	AJ2⅜	φ90×582	40	7000
4	AJ2⅞	φ108×620	50	10000
5	AJ3½	φ125×660	68	10000
6	AJ4½	φ156×700	80	10000
7	AJ5½	φ175×735	100	10000
8	AJ6⅝	φ200×800	127	10000

表6-31 方扣形安全接头技术规范

规范	4in	5in	6in	7in
外径,mm	95	108	127	140
内径,mm	51	62	76	89
接头螺纹	NC26-12E	NC31-22E	NC31-22E	NC38-32E

(五)使用方法和注意事项

(1)用于打捞、磨铣等修井管柱时应将安全接头接在其他修井工具之上。

(2)宽锯齿形螺纹处、方扣形螺纹处涂螺纹密封脂,旋紧扭矩适中,凸凹、凸线应吻合良好。

(3)需要退出松开安全接头时,锯齿形接头将钻具反转1~3圈、下放下击工具,使悬重(钻压)达5~10kN,然后反转钻柱即可松开接头,退出上接头以及以上管柱;方扣形接头应上提钻柱至接头以上管柱悬重,反转钻柱即可松开接头退出上接头及以上管柱。

(4)安全接头入井前,工具的上、下接头必须预紧,接头与钻柱连接处应紧固。

二、沉砂筒

(一) 用途

当在大直径套管内进行磨铣时,由于环形空间面积较大,洗井液往往达不到一定的上返速度,带不出较大的钻屑时,可用此工具将较大的钻屑收集提出井外。

(二) 基本结构

沉砂筒由钻杆、沉砂管、下接头等组成,如图6-36所示。沉砂管为长圆筒,将顶部切成斜口,并将斜口处向内加工成圆弧防止起钻时遇卡。下接头除两端有与钻具接头连接的内螺纹外,在其上端还有与钻具螺纹旋向相反的外螺纹与沉砂管相连接,防止沉砂管在旋转中松扣。

(三) 工作原理

沉砂筒的作用是利用加大此处钻具外径,缩小环形空间过流面积,使较大的钻屑能返至沉砂管以上的钻杆部分,当流速减小,钻屑可自动沉入沉砂管与钻杆的环形空腔之内。

(四) 技术规范

沉砂筒技术规范见表6-32。

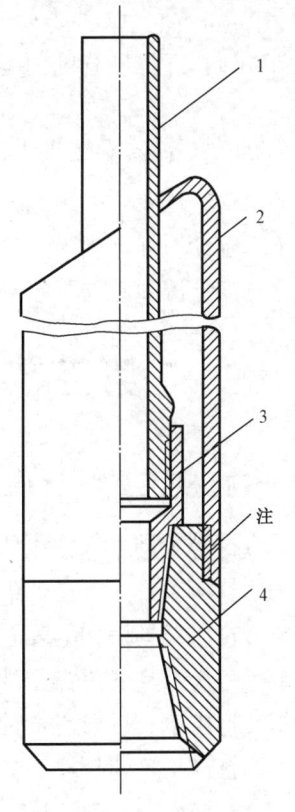

图6-36 沉砂筒结构示意图
(螺纹与钻具螺纹旋向相反)
1—钻杆;2—沉砂管;
3—钻杆接头;4—下接头

表6-32 沉砂筒技术规范

序号	钻杆外径,mm	沉砂管外径,mm	沉砂管长度,in	适应套管,in
1	60.3	88.9	4~5	4½
2	73	114.3	5~6	5~5¾
3	73	127	5~6	6⅝
4	88.9	139.7	8~10	7

(五) 使用方法和注意事项

1. 操作方法

(1) 检查沉砂管上部斜切口内向圆弧是否合适,不合适时应使用榔头进行修整。

(2)计算好沉砂管的内容积,当钻进切削总量为容积的1~1.5倍时,应起钻除砂。

(3)因故停泵,应立即上提钻具至少一根单根,防止沉砂卡钻。

2. 注意事项

(1)沉砂管外径较大易卡,钻进及洗井时应经常上下活动钻具。

(2)设计沉砂管与下接头的连接螺纹时,必须采用与钻具螺纹相反的螺纹。

第五节　设计简单打捞工具

一、打捞工具设计原则

(1)打捞工具下入方法(工具的连接方式)。

(2)打捞工具的可退性(工具使用的安全性,避免事故复杂化)。

(3)打捞工具操作的安全性(工具的强度问题)。

(4)打捞工具的可操作性(操作应简单可靠,便于现场应用)。

(5)打捞工具尽可能设计有循环通道(便于洗、压井作业)。

(6)打捞工具与现有工具的匹配性(便于工具的相互组合)。

(7)打捞作业不改变原井身结构。

二、打捞工具的设计方法和设计步骤

在接到一项设计任务后,先做以下工作后方可进行打捞工具的设计。

首先应该了解以下几方面的情况:

(1)该井的井况,其中包括井身结构、钻井、完井和套管内径等资料。

(2)调查形成落物原因和有无早期落物,分析落物井下状态及有无砂埋等情况。

(3)在落物井下状态不清楚的情况下,应下铅模打印。

(4)井内管柱状态和结构、井中各层的生产状况(主要包括出砂情况、漏失情况、油气层压力情况等)。

其次是对落物原因、遇卡原因、落物在井内状况有一定的相对、客观的判断,能够对遇卡原因或井内落物的状态有一初步的分析和认定。这样为正确判断和指导处理井内落物或遇卡管柱提供了客观基础,通过分析、讨论,产生一套完整、切实可行的处理方案。

（1）根据处理方案或处理意见选择打捞工具。尽可能选用标准的、现成的打捞工具，这样可为打捞工作节约大量的、宝贵的作业时间和作业成本。如果无现成的标准打捞工具可选，则必须设计一些非标准的打捞工具，以满足施工需求。

（2）根据打捞处理方案或处理意见确定打捞方式，即采用软捞还是硬捞。根据打捞方式确定打捞工具的连接形式和工具的操作方式，确定打捞工具的连接扣型或其他连接形式。

在设计打捞工具时，应首先结合打捞处理意见，构思打捞工具所能实现的功能和服务形式，即打捞工具的工作原理和操作方法。工具的工作原理和操作方法应符合现场实际设备和操作环境的要求，且实现的方法越简单越好。

（3）针对形成的打捞工具的工作原理和操作方法进行可行性分析、校正。即根据具体实际井况分析，确定打捞工具和打捞处理意见对打捞工具的要求之间的差别和改进措施。

（4）依据打捞工具的工作原理和连接方式确定打捞工具的总装图（或工作原理图）。在设计总装图时，应使工具实现的功能尽量满足打捞处理意见的要求。现场操作尽可能简单和适应现场设备的实际情况。但对于打捞处理意见所要求的关键性的功能不能实现的，则必须重新修改打捞工具的设计构想和工具的设计结构，使之满足打捞处理意见的要求。

根据实际的井身结构、打捞工具的工作原理图（或总装图），确定打捞工具的外形尺寸（包括最大外径、最小内径、连接扣型等）。

（5）拆画打捞工具的零件图，确定零件具体尺寸、材料，进行零件强度的校核，若零件的强度不能满足要求，则需修改零件的尺寸或选用强度更高的材料，使之满足打捞强度要求。同时，还必须修改与其相关的零件的尺寸，防止零件尺寸间的冲突。

在完成所有的零件图后，要求重新按比例画出打捞工具的总装图，在画总装图的过程中，可以校验各零件尺寸的相关性和合理性。工具总装图完成后，分析其运动原理和操作方法是否满足打捞处理方案或打捞处理意见的要求。

（6）工具的设计完成后，交相关部门、领导审核、审批，待得到批准后，送机械厂进行加工生产。加工前，与机械厂加工工艺人员讨论零件工艺的合理性。必要时，可修改零件的结构形式，以满足加工工艺的要求。加工完成后，将各零件组装在一起，在地面进行模拟打捞试验，检验工具的各项性能指标和操作的灵活性。如果有问题，必须进行整改，满足设计要求。否则，坚决不能下井，避免造成事故的复杂化。

（7）组织现场实施，工具入井前，对修井队技术员、作业工交底，说明工具的工作原理和操作方法及其注意事项。同时井口要有相应的防喷、防掉落物的措施。根据实际情况,备足相应的修井工作液。

接近鱼顶,指挥协调打捞工作。针对打捞结果和捞出的落鱼,分析井内残余落鱼的情况,根据情况,选择适当的打捞工具。若无合适的工具,则需重新设计打捞工具以适合打捞工作的要求。具体设计过程同上。

总之,针对不同的鱼头选择不同的打捞工具,若无现成的打捞工具可用,则必须设计相应功能的工具,以满足打捞工作的需求,直至将落鱼处理完成。

三、打捞管柱的确定

根据处理落物的井深、设备情况(包括提升系统)、井下遇卡情况(有无钻具遇卡)、遇卡种类(遇卡的是钢丝、电缆、油管、还是钻杆等),确定解卡、打捞方案。确定将要进行的打捞处理的所采用的方法。

打捞方法常用的有软捞和硬捞两种。其中软捞采用的是绳类工具,即钢丝、钢丝绳、电缆等。硬捞就是用钻杆、油管或抽油杆等刚体将打捞工具下到井内进行落物打捞,优点是管柱可以旋转,缺点是起下慢,劳动强度大。软捞是用钢丝绳或钢丝将打捞工具下到井内进行打捞,这种方法的优点是起下速度快,可在不压井的情况下进行,缺点是只能用于落物简单,重量较轻的落物打捞。钢丝绳或钢丝不能承受很大的负荷。在下井时如果下放速度过快,钢丝绳或钢丝容易打团,所以在采取软捞时,必须做到下放速度要慢,深度要准。

在设计打捞管柱结构时,应尽量选用标准、现成的打捞工具组合,减少准备工具的周期。另一方面就是整个管柱的安全性,即在打捞失败后或解卡不成,整个打捞管柱的可退性问题,这样可避免事故的复杂性。

四、注意事项

(1)不同的完井方式,打捞工具的设计是有差异的。在设计工具之前,必须对需进行打捞的井的井况了解清楚。避免设计工具的盲目性。

常用的完井方式有套管或尾管射孔完井、割缝衬管完井、裸眼完井、裸眼或套管砾石充填完井等。射孔完井方式是国内外最为广泛和主要使用的完井方式。其中包括套管射孔完井和尾管射孔完井。

裸眼完井方式有两种完井工序。一是钻头钻至油层顶界附近后,下技术套管注水泥固井,然后用小一级的钻头钻穿油层至设计井深完井即先期完井。另一种工序是不更换钻头,直接钻穿油气层至设计井深,然后下技术套管至油层顶界附近,注水泥固井。即后期完井。

（2）当采用硬捞的打捞方式时，即利用钻杆或油管等作为打捞工具的载体时，工具的设计过程中，应尽可能考虑实现循环修井液的要求，满足冲砂、洗井、压井等的基本作业需求。

（3）设计打捞工具时，应考虑工具的可退性。尽量设计加工可退的打捞工具，避免在捞住落鱼时，不能解卡，造成事故的复杂性。

（4）在整个修井过程中，应注意保护周边环境，防止废液落地。注意修井液与地层的配伍性，尽量减少修井过程对油气层的伤害。

第七章 井下修井设备

第一节 修井机基本知识

一、常用修井机基本型号和型号含义

修井机型号含义分成两部分。字母部分为 XJ,代表修井机。数字部分所代表的含义由于生产厂家的不同,在数字含以上不同。如湖北四机厂生产的修井机 XJ—450,450 代表滚筒输入功率 450hp(1hp = 745.6999W);而南阳二机厂生产的 XJ—120,120 代表额定大钩载荷 120t。

常见修井机型号:
湖北四机厂 XJ—450、XJ—550、XJ—650、XJ—750。
南阳二机厂 XJ—80、XJ—100、XJ—120、XJ—150。

二、修井机基本结构

一般修井机的基本结构主要有:动力部分、传动部分、绞车部分(包括井架、游动系统)、液气电控制系统,自走底盘、辅助部分,如水刹车(盘式刹车),液压小绞车、崩扣液缸(液压锚头)、钻台(包括转盘,水龙头)等。

(1)修井机的动力一般采用高速柴油机,在动力的配置上又分为单发动机和双发动机,发动机为车上、车下共用。

(2)传动部分一般采用发动机和液力变速箱直接连接,两台发动机的修井机配置一个并车箱,液力变速箱、并车箱和角传动箱之间用传动轴连接,然后通过链条与捞砂滚筒和主滚筒连接,再通过链条到转盘角传动箱,爬坡链条箱到转盘. 也可由并车箱(角传动箱)通过传动轴直接到爬坡链条箱到转盘。

捞砂滚筒、主滚筒、转盘一般采用气囊推盘离合器控制。

(3)绞车分为单滚筒和双滚筒,单滚筒为只有一个主滚筒,双滚筒则为主滚筒和捞砂滚筒,主滚筒为了排绳整齐采用了"里巴斯"绳槽。

(4)在修井机中有两套(或三套)各自独立的液压系统,主液压系统和液压转向助力系统(液压盘刹系统)。作业部分由主液压泵、调压阀、连接管路、液压缸、液压绞车等组成;转向助力系统由转向助力泵、方向机、连接管线等组成;液压盘刹系统由液压动力站、液压盘刹操作控制阀、连接管线、刹车液压缸等组成。

① 主液压系统的主要作用是修井机到井场就位后,调平车辆和井架的立放,及辅助作业如液压小绞车、崩扣液缸、液压钳等。

② 液压转向助力系统,用于车辆行驶时减轻驾驶员转动方向盘的力量。

③ 盘刹液压系统,用于滚筒液盘式刹车及其操作控制系统,实现滚筒刹车与操作。

(5) 修井机中气路系统主要起控制作用,如各离合器接合及脱开、发动机的油门、变速箱的换挡、液压泵的控制、修井机刹车的控制。

(6) 电气系统的作用,主要是供给车辆的仪表显示,车灯及发动机启动用电,为24V 直流电。

(7) 自走底盘

专用底盘主要由车梁、车桥、车轮、转向部件、减震钢板部件、桥间限位部件、行走刹车控制部件等组成。

(8) 辅助部分

① 水刹车在大吨位修井机中用于下钻时减慢钻具的下降速度,减轻刹车毂和刹车盘及刹车片的磨损。

② 液压小绞车,用于起吊工具等,配合施工。

③ 崩扣液缸(锚头绞车)用于上、卸扣。

三、修井机工作原理和基本操作流程

完成修井作业后需要移动修井机时,应先将游车大钩慢慢上提,至适当高度后从地锚上拆除全部井架绷绳,操纵液压阀,将井架收回,放回到前支架上,然后,收回井架和车体支腿,最后将上下车气控阀转换到行车控制状态。当路况较差时,可挂前加力,使动力传到前驱动桥。

在修井机进行设备安装时,应首先调整车尾与井口的安装距离,将气控换向阀置于上车作业位置,按操作规程起立井架,伸出井架上体,并调整好负荷绷绳的垂度。

第二节 起升设备基本知识

起升设备主要用于悬吊和起下井内管柱。包括:井架、绞车、天车、游车、大钩、吊环。

一、井架

井架为两节伸缩式K型井架,井架伸缩用两个伸缩油缸来完成,并能保证井架伸缩时的稳定性。井架的立起和放倒是由连接在钻台橇座和井架下体上的两个起

升油缸来完成。井架底座与钻台采用螺栓连接,通过液压千斤和在每组连接板之间增减调整垫片的方法可保证钻修机在移动到任意一口井时大钩与井口的顺利对中。

(一)井架下体

井架下体是井架的主要承载钢架结构件,井架上体要能在井架下体内部上下移动,要求其能承受来自上体的载荷、环境风力和立根载荷等。井架下体主要由四根大腿主体、背面和两侧面的斜拉杆、横拉杆、外门框、各种连接固定座以及梯子护圈等组成。

性能参数:井架下体门框(长×宽)为4400mm×2780mm;重量为13300kg。

(二)井架上体

井架上体是井架系统上部的主要承载钢架结构件,它可以在下体内移动,它的受力主要是天车上部的载荷、环境风力等。井架上体主要由四根大腿主体、背面和两侧面的斜拉杆、内门框和梯子等组成。

性能参数:井架上体门框(长×宽)为3766mm×1970mm;重量为10040kg。

(三)天车

组成:天车架、大绳滑轮、天车轴、支架与轴承。

作用:与游车大绳组成游动系统。

天车由天车底座、七个大绳滑轮、一个液压小绞车滑轮、一个气动小绞车滑轮(备用)、一个液气大钳吊轮,天车轴及轴承等零部件所组成,为整体盒式结构。

整个定滑轮组与天车座用螺栓连接,滑轮采用铸钢件,并经静平衡测试,滑轮绳槽圆弧符合 API RP 9B 要求,适合其配套钢丝绳,绳槽采用表面淬火处理,保证滑轮使用寿命长。天车轴经热处理和探伤检查。

定滑轮组由七个滑轮组成,采用二轴结构,快绳轮与死绳轮为一根轴,其余五个滑轮串接,滑轮设有防止大绳跳槽的挡绳器。滑轮的轴端设有黄油嘴,注入黄油润滑轴承。天车平台设有护栏,安全可靠,天车平台底座为整体盒式结构,满足其最大承载能力要求。

二、绞车

绞车系统主要是通过动力的传动来完成游动系统的起升作业和转盘的旋转钻进作业,安装于绞车橇上,结构紧凑,拆卸、吊装均很方便,绞车系统主要由绞车橇座和安装于其上的并车箱、主滚筒总成、主滚筒刹车系统(盘刹)、辅助刹车、天车防碰装置、毂冷却水循环系统、绞车机架及护罩、输入输出链条盒、液压油箱及支架、转盘传动箱及下坡链条盒等组成。

(一)主滚筒组成

组成:离合器、滚筒体、刹车毂、轴等。
作用:缠绕卷扬游动系统的钢丝绳,驱动游车大钩运动。

(二)主滚筒刹车系统

组成:钢带、刹带块、平衡梁、曲柄轴、限位圈、调节丝杆、拉杆、刹把。
作用:控制主滚筒旋转。

(三)辅助刹车

水刹车系统:水刹车、水箱、开关、管线及气控阀组成。
作用:减缓滚筒下放时的转速。

(四)天车防碰装置

组成:曲拐阀、换向阀、防碰汽缸、防碰控制管线、控制阀。

三、游车大钩

(一)游车大钩的基本结构

游车大钩主要由滑车总成、承力体总成、钩体总成和旋转定位机构组成,如图7-1所示。游车大钩根据外形分为A型和B型,A型主要用于固定式井架,B型主要用于车载井架。现在现场使用的主要是三钩式大钩,即包括1个主钩和2个副钩,主钩用于悬挂水龙头,2个副钩用于悬挂吊环。

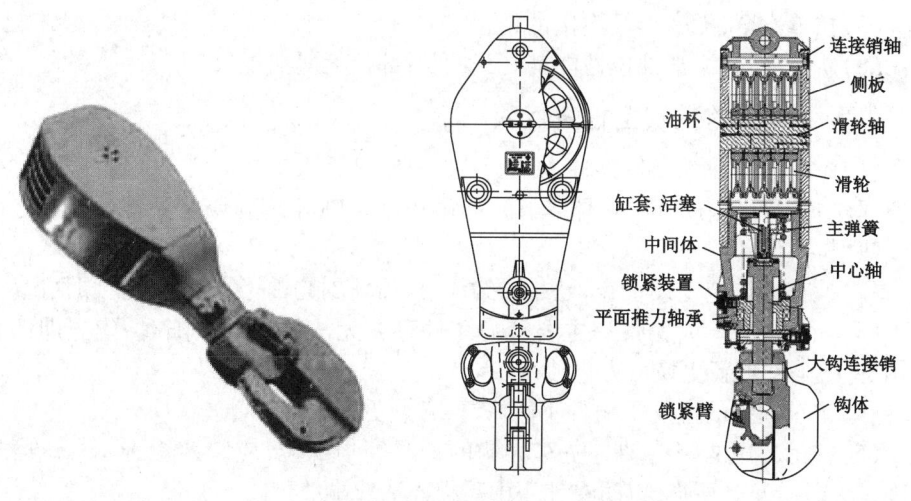

图7-1 B形游车大钩

(二)游车大钩的工作原理

(1)滑车总成:采用同轴并列式结构,并同侧板固定连接,各滑轮可以自由转动,配合天车、大绳做升降运动。

(2)承力体总成:传递游车与钩体之间所承受的力,并起到缓冲减震的作用,加速起下钻杆、油管的进程。该结构中装有弹簧,有足够的弹力和回弹距离,在卸扣过程中可使管柱螺纹与接箍螺纹脱离时自动提起一段距离,以防止损坏螺纹端部。

(3)钩体总成:用于悬挂水龙头或吊环,并使钩体有足够的强度。

(4)旋转定位机构:承力体内装有推力轴承,可以使钩体自由转动,定位机构是使钩体在承力体圆周八个位置上任一位置均能固定的装置,可保障大钩的钩体定位。

(三)游车大钩运行的安全注意事项

(1)每班接班后必须对游车大钩进行巡检,对各处连接点的螺栓、连接销、保险销等部位进行逐项检查,发现问题应及时处理,不得带病施工。

(2)必须按时对游车大钩进行润滑保养,使钩体转动灵活。

(3)钩脖在无负荷状态下必须收回,否则会对接触面产生异常磨损,壳体承受异常冲击负荷。

(4)下放钻具时应掌握好刹车距离,以免发生吊环冲击吊耳。

(5)钩体承载点和滑轮磨损量不应超标,达到最大磨损量应更换钩体或滑轮。

(6)紧固件必须数量齐全,按要求拧紧,且连接牢固。

(7)护罩齐全,无变形且连接可靠。

(8)所有密封、润滑部位性能良好,各润滑部位无漏油现象。

(四)游车大钩的安全检查点项

(1)游车大钩在承受较大冲击负荷(如碰撞、顿钻、事故处理等)后,应及时检查各部件的主要受力部位(钩体、钩口、挂吊环副钩轴等),确认无异常情况后方可继续使用。

(2)操作人员应定期检查锁紧臂、钩体、挂吊环副钩轴等零部件的磨损情况。

(3)如发现游车大钩某一主要受力零件存在无法修理的缺陷时,应立即停止使用,待缺陷件重新更换后方可使用。

(4)游车大钩的主要受力件不能修复,必须更换新的零件。

(5)挂吊环用的副钩轴是游车大钩的最易磨损部位,应定期检查测量。磨损深度过大时应及时更换,以防在使用中受损而造成事故。

(6)若长期不使用游车大钩,应放于干燥通风的库房内。在重新使用前应认真检查,确认正常后方可使用。

(五)穿大绳的方法和安全注意事项

1. 穿大绳的方法

天车与游车大钩之间钢丝绳的穿绕方式有两种——顺穿钢丝绳和花穿钢丝绳,根据穿绳方式的不同,天车又可分为顺穿式天车和花穿式天车。采用花穿钢丝绳方式会使游车大钩的运动比较稳,但采用顺穿钢丝绳方式可为游车大钩提供更大的运动空间,可以更加有效地利用井架的高度,因此顺穿式天车得到广泛应用。

(1)顺穿(平行穿)绳方法。

顺穿钢丝绳时,天车和游动滑车的两轴为平行的,先从死绳轮端穿起,其步骤如下:

顺穿步骤:绞车滚筒—1—A—2—B—3—C—4—D—5—E—6—F—7—绳固定器。

(2)花穿(交叉垂直穿)绳方法。

大绳从天车上靠中间部位的滑轮下来缠绕在滚筒上,进行花穿时,要把游动滑车的轴摆成与天车的轴相垂直。穿绳的方法与顺穿大致相同,但穿绳的次序是不同的,需要特别注意,否则容易搞错。花穿法在井下作业上应用较少,花穿其步骤如下:

顺穿步骤:绞车滚筒—1—C—2—D—3—B—4—E—5—A—6—F—7—死绳固定器。

2. 安全注意事项

(1)穿大绳时,钢丝绳头与引绳连接要牢固,以防中途脱落伤人。

(2)人力拉动引绳带钢丝绳上升时,注意棕绳不得与井架角铁摩擦,以免磨断。

(3)井架上操作人员必须拴好安全带,地面操作人员必须戴好安全帽。

(4)在穿大绳过程中,要有专人指挥,井架的操作人员与地面操作人员要密切配合,拉放要有信号和口令,以防在倒滑轮时将手挤伤。

(5)严禁从井架上往下扔工具或掉工具,使用的工具应拴好保险尾绳,固定在天车台护圈上。

(6)钢丝绳与天车、游动滑车滑轮槽大小配合必须合适。

(六)拆装吊环安全注意事项

(1)吊环应配套使用,不得在单吊环下使用。

(2)经常检查吊环直径、长度变化情况,成对的吊环直径长度不相同时不得继续使用。

(3)应保持吊环清洁,不得用重物击打吊环。

(4)拆装吊环前应将钻台操作位置清理干净,防止因油污或钻井液过滑,使人员站立不稳,吊环倾倒伤人。

四、吊环

(一) 基本结构

吊环挂在顶驱或大钩的耳环上用以悬挂吊卡,有单臂和双臂两种形式,如图 7-2 所示。

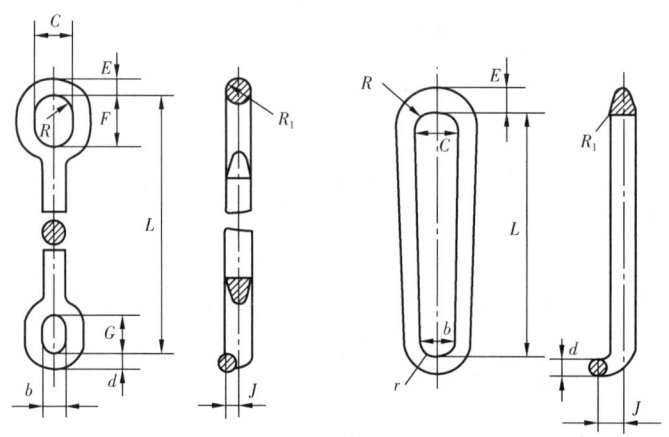

图 7-2 单臂吊环(左)和双臂吊环(右)示意图

型号表示法如图 7-3 所示。

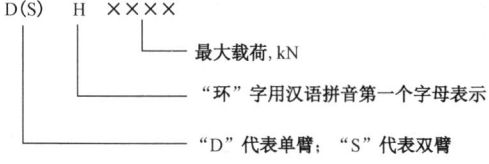

图 7-3 型号表示法

例如,吊环 DH1350 代表最大载荷为 1350kN 的单臂吊环。

(二) 使用、维护与保养

(1) 根据管柱及提升的总重量,确定吊环型号,不许超载使用。

(2) 吊环、吊卡、大钩配套使用,不同规格的不能混用。

(3) 用之前要检查吊环上是否有伤痕、裂纹等缺陷,有缺陷的产品不能使用。

(4) 吊环用过一段时间后,根据使用频度定期进行表面及内部探伤,发现裂纹,停止使用。

(5) 磨损或缺陷超过 1.5mm 深停止使用。每对单臂中的两个单环长度差应小于 1/2in(12.7mm)。

(6)用后清洗掉油污等其他脏东西,涂上防锈油,放在室内通风干燥处,防止生锈和损坏。

(7)维护保养时严禁吊环本体出现硬伤和受高温烧烤。

(三)注意事项

(1)吊环不允许摔砸。

(2)吊环表面不允许砂轮打磨,也不允许钻孔等有损承载能力的加工。

(3)严禁在吊环体上进行焊割操作。

(4)使用温度不低于 -40℃。

第三节　井口设备基本知识

井口设备主要包括液压油管钳,气动卡瓦等。

一、XQ114/6YB 型液压油管钳

(一)安装油管钳

1. 吊装钳体

钳体用 ϕ13mm 的钢丝绳吊装于井口上方,高度一般在背钳能咬住坐在井口吊卡上的油管接箍即可。

2. 拴尾绳

钳体尾部有一尾绳环,是拴尾绳用的。尾绳一端拴于绳环,另一端拴于井架。钢丝绳直径不得小于 13mm,不能有断股和严重磨损,每端绳卡子不能少于 2 个,必须卡牢,保证液压油管钳能自由拉向井口,不影响正常工作,尾绳跟尾绳环高度齐平。液压钳尾绳不能过长,以液压钳咬住油管尾绳绷直为宜。

3. 装高压胶管

用两根长度适当的高压胶管通过快速接头使液压源与液压钳相连接,快速接头高压胶管进油管与液压钳侧接口相连,回油管与液压钳下接口相连,装胶管时要保持接头的清洁,不能将脏物带入液压管道,以免堵塞液压元件的通道和加剧运动件的磨损。

4. 液压油管钳调平

将吊装好的液压油管钳推向井口,看钳体是否平正,如果不平,用液压钳带孔螺栓调节,直到钳头调平为止。

(二)使用油管钳

1. 使用前检查

(1)检查悬吊液压钳钢丝绳、尾绳钢丝绳,若出现一扭绳中有三根断丝或端部连接部分的绳股沟内有两根断丝的情况,应立即更换。

(2)检查液压钳开口部位挡板完好,无损坏,开关灵活好用。

(3)检查液压钳钳牙保持性能完好。

(4)检查液压钳液动系统保持性能完好,检查液压管线,如有破损、刺漏,应及时修理更换。

(5)检查液压钳换挡操作灵活好用。

(6)检查液压钳钳体各部位紧固螺丝无松动、缺失,各部位销子齐全牢固,有保险销或别针,检查钢丝绳卡子完好、无损坏。

2. 使用前准备

1)更换颚板

取出颚板时,启动主钳和背钳,使定位螺钉从钳头开口处露出,退出主钳定位螺钉,从钳头中心取出或装入主钳颚板总成。新装入的颚板,其规格型号必须与夹持管柱直径一致。退出背钳定位螺钉,从背钳开口处取出或装入背钳颚板总成,新装入的颚板,其规格型号必须与夹持接箍的直径一致。

2)更换钳牙

用螺丝刀顶进颚板上的钳牙挡销,取出原钳牙,装入待更换钳牙。

3)制动力矩的调整

(1)降低制动力矩:在摩擦片处加润滑油脂或按下法调松制动弹簧,以降低制动力矩,延长摩擦片寿命。

(2)提高制动力矩:松开背帽,均匀拧动各调节螺钉,适当压紧制动弹簧,适当压紧后拧紧背帽。

3. 液压钳操作

1)换挡操作

操纵手动换向阀,并下压拨叉轴挂挡为高速挡。操纵手动换向阀,并上提拨叉轴挂挡为低速挡。换挡操作必须在较慢的转速下进行,以防损坏齿轮。

2)上卸扣操作

(1)上扣操作。

① 低挡空运转液压动力钳,使其回到主钳和背钳钳头对齐开口的初始工作位置。根据需要选取适宜的挡位。

② 将主钳复位旋钮、背钳复位旋钮旋至上扣方向,确认旋钮指示方向一致。

③ 打开开口安全挡板,将液压动力钳推向管柱,确认主、背钳夹持位置适宜,关上开口安全挡板。

④ 推液压动力钳尾部,使得液压动力钳绕回转中心旋转,将尾绳拉紧。

⑤ 轻推手动换向阀操纵杆,进行上扣操作,开始先用低挡上扣,上扣正常后,再换高挡,直至液压动力钳停止旋转,根据需要,进行减挡冲扣,冲扣完成,松开操纵杆。

⑥ 拉手动换向阀操纵杆,使液压动力钳回到主钳和背钳钳头对齐开口的初始工作位置。

⑦ 打开开口安全挡板,将液压动力钳推回起始位置,一次上扣结束。

⑧ 重复上述①~⑦步操作,进行下一次上扣操作。

(2) 卸扣操作。

① 低挡空运转液压动力钳,使其回到主钳和背钳钳头对齐开口的初始工作位置。

② 将主钳复位旋钮、背钳复位旋钮旋至卸扣方向,确认旋钮指示方向一致。

③ 打开开口安全挡板,将液压动力钳推向管柱,确认主、背钳夹持位置适宜,关上开口安全挡板。

④ 拉液压动力钳尾部,使得液压动力钳绕回转中心旋转,将尾绳拉紧。

⑤ 轻拉手动换向阀操纵杆,开始用低挡卸扣。松扣后,挂高挡继续卸扣,直至螺纹完全卸出,松开操纵杆。

⑥ 推手动换向阀操纵杆,使液压动力钳回到主钳和背钳钳头对齐开口的初始工作位置。

⑦ 打开开口安全挡板,将液压动力钳推回起始位置,一次卸扣结束。

⑧ 重复上述①~⑦步操作,进行下一次卸扣操作。

(三) 现场保养

(1) 现场液压钳保养前,必须切断其动力来源。

(2) 每次搬运后,检查钳体,如有积水或油泥脏物,必须及时清除。用柴油清洗主钳及背钳钳头,并向机体各油嘴注黄油以及向各转动销轴注机油。

(3) 清洗钳头后,给颚板、颚板架、开口齿轮打黄油。

(4) 如因制动力不足,颚板不伸出,需调紧制动压力,稍拧紧各带孔螺栓,且注意不能拧得过紧而使摩擦片过热。

(5) 液压油温度不得超过65℃,过热会使液压系统密封失效。

(6) 液压油必须保持清洁,保持滤油器正常滤油,如油已脏,需及时更换。

(四) 常见故障及排除方法

常见故障和处理方法见表7-1。

表 7-1 液压油管钳常见故障及处理方法

常见故障	原因	排除方法
钳牙打滑	颚板选用不当	更换成相应适用范围的颚板
钳牙打滑	钳牙沟槽被坚硬杂物充填	清除钳牙沟槽中的杂物
钳牙打滑	钳牙过度磨损	更换新钳牙
钳牙打滑	钳头制动力矩偏小	适当调紧制动弹簧
钳牙打滑	钳体不水平	调平钳体(主钳和背钳)
主钳或背钳钳头对不齐开口	挡销不为复位旋钮包容	旋转复位旋钮180°再复位
主钳卡紧正常,背钳打滑	背钳颚板架转向与主钳转向相反	调换背钳两胶管位置
转速慢,回油压力高	快速接头单向阀不能完全开启或管路堵塞	更换快速接头或清洗管路
钳头转动时快时慢	液压泵吸油不足,有空气进入油路	清洗滤芯或补足液压油

(五)注意事项

(1)单人操作,严禁2人同时操作。

(2)操作者站在操作杆一侧操作,尾绳两侧不准站人。

(3)在操作中严禁用手去触摸液压大钳旋转部分,严禁用手直接触摸钳牙,如需更换或修理,要先切断动力源,排除剩余动力。

(4)在起下过程中,井口人员应相互配合,操作液压钳者应确保在其他人员安全的前提下启动液压钳。

(5)液压钳操作前,严格按照安全管理规定要求,正确穿戴好劳保用品。

二、C/CHD 型气动卡瓦

气动卡瓦的组成结构如图7-4所示。

(一)安装

(1)用螺杆插入气动卡盘本体底板的长孔内,将气动卡盘固定在井口上或转盘面上。

(2)连接气路管线,将气源通过管线接在气缸的进、出气接头上,主气管线可以通过脚踏阀连接到气动卡盘,也可以不使用脚踏阀,直接把进出气路管线接在司控台气动卡瓦导气阀两个接口上。

(二)使用前检查

(1)首先检查气压是否达到工作要求:气动卡盘使用气压必须达到0.6~0.8MPa,气压没达到要求不得启动使用。

(2)检查气动卡盘卡瓦牙板:齿向必须朝上,要与所施工作业管柱尺寸相符,

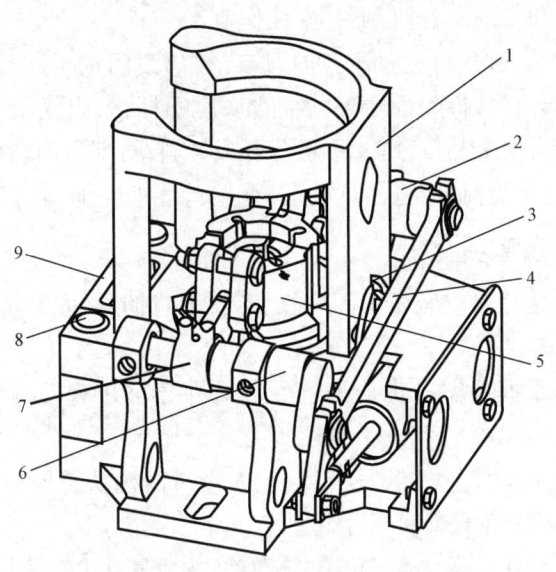

图 7-4　气动卡瓦结构示意图

1—本体 Body;2—左曲轴 Left crank;3—止退块 Stop;4—连杆 Linking rod;5—卡瓦(含牙板) Slip(incl. die);6—右曲轴 Right crank;7—转动臂 Swivel arm;8—活门销 Valve pin;9—活门 Valve

安装正确后才可使用。

(3)在使用前,须进行空载运行试验。打开导气阀,使气缸来回活动 3~5 次,仔细观察气动卡盘的各个零部件是否灵活、可靠,卡瓦体无卡滞现象,确保转动臂可灵活带动四片卡瓦体自由开合。

(三)起下管柱操作

(1)起钻作业时,在扣好吊卡上提管柱前,司钻操作导气阀,使气缸下部进气,再上提管柱。此时,在气缸举升力和管柱与卡瓦体摩擦力的共同作用下,卡瓦体沿卡瓦座锥面上行并向外张开,松开管柱,同时让出通道,允许管柱从卡瓦中心自由通过。当上提内螺纹下接头台阶距本体上平面约 350~400mm 左右时,司钻反向操作导气阀,使气缸上部进气,此时,在气缸拉力的作用下,卡瓦体下行并将管柱推移居中,卡持住管柱。此时即可进行卸扣作业。(350~400mm 距离应视所选吊卡的类型而定)

(2)下钻作业时,钻杆内螺纹与钻杆外螺纹上好扣后,司钻操作导气阀,使气缸下部进气,再上提管柱,此时,在气缸举升的作用下和管柱与卡瓦体摩擦力的作用下,卡瓦体沿卡瓦座锥面上行并向外张开,松开管柱,便可顺利下放管柱。当下放内螺纹下接头台阶距本体上平面约 350~400mm 左右时,司钻反向操作导气阀,使气缸上部进气,此时,在气缸拉力的作用下,卡瓦体下行并将管柱推移居中,卡持住管柱,此时即可卸去吊卡,进行下一立柱作业。

(3)使用完毕,需要拆卸气动卡盘时,应先拔出活门销子,取出活门;然后将卡瓦体上行处于张开位置,拆除固定气动卡盘底座螺杆;吊出气动卡盘,平放在简易平台上或钻台上,后将卡瓦体合拢,不可分开或倾斜;再把活门装回原位置,插好活门销子。吊出气动卡盘时,应将吊具放正、垂直起吊,防止碰撞。

(四)安全注意事项

(1)气动卡盘使用时安装要牢固可靠,不得随意捆绑,安装拆卸时起吊要注意安全,以防伤人。

(2)必须熟练掌握操作气动卡盘开关,操作中不能出现误操作,以防发生危险事故。

(3)气动卡盘卡持住管柱后,使用液气大钳时需确认背钳应完全夹紧后方能进行上卸扣操作,严禁下部管柱发生转动。

(4)严禁使用榔头等重物敲击气缸等部件,造成气动卡盘损坏,影响使用。

(5)每次起下管柱时,要先操作导气阀,使气缸下部进气,再缓上提管柱,卸掉负荷,气动卡盘即可打开,实现正常起下钻作业。

(6)气动卡盘不能承受扭矩,使用过程中现场需倒划眼及旋转转盘时必须将气动卡盘吊出,以防止扭断连杆或销子等,使卡瓦发生故障。

(7)卡持管柱时必须等管柱停稳后再操作导气阀,切勿在运动过程中卡持,发生顿钻或脱卡等紧急情况除外,高速卡紧可能会损坏卡瓦或损伤油管。

(8)若井口较偏斜,在下钻时,当管柱接箍靠近卡瓦时,司钻应带一下刹把,减慢管柱下放速度,以防管柱接箍刮碰卡瓦体,造成事故。当井口偏斜超过3cm时必须调整转盘使其和井口对中,以免影响气动卡盘的使用,造成故障。

(9)卡瓦仅限于卡持固定尺寸管柱作业,严禁卡持不同尺寸管柱、工具和接箍等。在卡持钻杆、油管前,必须检查卡瓦体装配的牙板规格是否与所使用的钻杆、油管外径、尺寸相同。

(五)维护保养

(1)每次起、下钻完毕后,立即把卡瓦体内的牙板齿面及卡瓦体背锥面和卡瓦座锥面的油污、钻井液等异物冲洗干净,并在内外两锥面涂润滑脂,在气缸活塞杆根部以及各转动销轴等活动部件要加注机油。

(2)定期检查卡瓦牙。注意观察牙板齿面,是否有崩齿、断齿、异常的磨损现象。如有此类现象,则要更换全套牙板,切忌新、旧牙板混用,以免发生打滑而发生事故。

(3)在修井施工间隙休息期内,应对气动卡盘的各个配合面涂上防锈油脂,再在其上附上一层纸,以防锈蚀,注意不要裸置于露天,谨防气路管线和气缸密封件老化。

(4)气缸保养:拆下气缸端盖,擦净活塞杆上的污垢,观察密封圈的磨损是否均匀、正常,如磨损严重应及时更换O形密封圈,并涂上润滑油脂重新装配、安装。

(5)在左右曲轴和主体固定支架处灌注黄油润滑保养,在转动臂油杯加注机油。

(六)常见故障及排除方法

常见故障及排除方法见表7-2。

表7-2 常见故障及排除方法

现象	产生原因	排除方法
气缸不动作	(1)气源压力未达到0.6~0.8MPa; (2)导气阀损坏; (3)管线接错	(1)检查气源压力是否达到0.6~0.8MPa; (2)更换导气阀; (3)重接管线
气缸伸缩缓慢	(1)气源压力小; (2)气路漏气; (3)气缸密封件老化	(1)检查气源压力是否达到0.6~0.8MPa; (2)检查气路; (3)检查气缸密封件
管柱打滑、损伤	(1)卡瓦体不成对; (2)牙板选错或过度磨损	(1)检查卡瓦体上钢印是否是同一编号; (2)检查并更换牙板

第四节 地面环保设施基本知识

2015年1月1日,新《环境保护法》正式实施,学习宣贯新环境保护法,落实国家对安全环保工作的新要求,推进分公司持续发展是当前安全环保工作的重点内容。

目前,在油、气、水井大修施工中,许多方面未能达到环保施工要求,主要表现以下三个方面问题:一是普修井及气井井筒压力难控制、井口溢流难收集;二是侧斜、取套井钻井液循环系统未实现油水不落地;三是现有设备为了达到新环保目标需要作较大改造。

大庆油田主要采取地面挖循环沟和钻井液池,井场铺设防渗布等措施解决污油污水的污染问题(图7-5、图7-6)。相比国内其他油田,大庆油田的环保修井作业技术发展相对滞后。

图 7-5

图 7-6

普修井环保控制方法如图 7-7 所示。

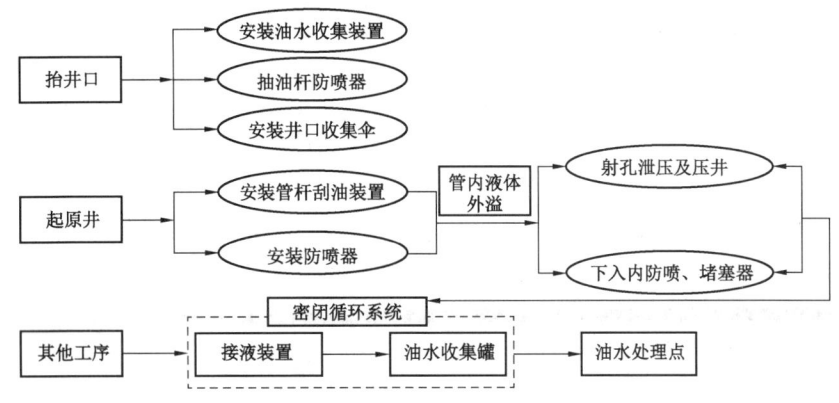

图 7-7 普修井环保控制方法

侧斜、取套井环保控制方法如图 7-8 所示。

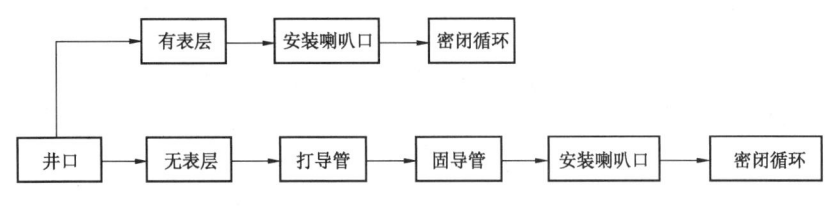

图 7-8 侧斜、取套井环保控制方法

大修施工井,按井型划分包括油井、水井和气井三大类,由于生产方式的不同,油井又分为抽油机井、螺杆泵井和电泵井等三种类型;根据施工工艺和设备配套的差异,大修施工可分为普修、取套、侧斜和气井等四种工艺。不同的井型、施工工艺以及设备配套情况造成的环境污染差异较大,针对要施工井开展前期环保隐患调研,发现提出施工井存在的安全隐患,做出环保隐患处理预案,预案包括施工井安全环保隐患点、隐患消减措施、施工中需要的配套工具以及需要的设备等,具体措施见表7-3。

表7-3 修井工艺中的环保隐患及消减措施

序号	工艺	环保隐患	消减措施
1	起抽油杆	无法压井,窜油窜气	安装抽油杆防喷器
2	卸井口	井口无法控制,油水外溢	安装油水收集装置
3	起下管柱	井口无收集装置,油管内外油水外溢;井内压力高,无泄压通道	(1)研制油管刮油装置,清除管外原油; (2)管内射孔泄压; (3)配备管内堵塞器; (4)安装油水收集装置
4	电泵起原井	油管外有电缆,无对应封井器	配备相应封井器
5	套铣侧斜钻进	钻井液循环系统不完善,钻井液落地	研制钻井液密闭循环系统
6	气井气举	无液气固分离装置,天然气及压井液排放到空气中造成污染	配备液气固分离器,安装气井点火装置

第五节 自动化设备基本知识

一、液压猫道操作与维护保养规程

(一)主要技术参数与适用范围

动力猫道、管盒装置是可用于管具运输及将管具提升送至钻台或将钻台上管具下放整齐排列的一种自动化设备。它包括液压动力系统、动力猫道及管盒机械执行机构、PLC控制系统等组成,采用液路、电气相结合的控制方式,实现动力猫道将管具上送、下放作业相关功能,可广泛应用于2000m以内较浅常规陆地修井机配套使用。

动力猫道型号:SPC-2000。

管子盒型号:SHB-140。

管具最大长度:10m。

管盒容量:80根($2\frac{7}{8}$in 钻杆)。

管盒运输尺寸:10.8m×3m×1.6m。

管盒重量(空盒):12t。

液压站驱动方式:电驱。

功率:15kW。

(二)安装

安装示意图如图 7-9 所示。

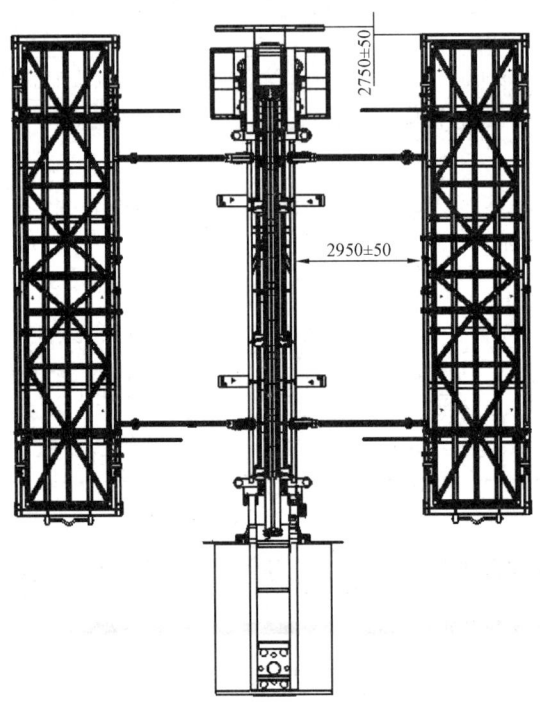

图 7-9 液压猫道安装示意图

1. 动力猫道安装

动力猫道运输至井场,通过拖车倒车卸下装置,将猫道前端倒至距井口操作台合适位置,保证猫道中心线正对井口,并将不平地面垫平。

2. 管盒安装

动力猫道运输至井场,通过钩臂车倒车卸下装置,保证管盒与猫道平行,保证管盒主结构边缘与猫道底座主体边缘距离为 2900±150mm(该距离为保证管排架展开与管盒的配合);管盒靠近井口端超出猫道靠近井口端距离保证在 200±50mm(该距离为保证管排架能顺利展开,可根据现场确定)。

3. 其他装置安装

(1)动力猫道盒管盒摆放到位后,将动力猫道的管排架展开。(保证管排架与管盒有交叉段)

(2)将电控箱摆放至合适位置。

(3) 连接液压站电路。
(4) 将管盒液压系统与液压站连接。
(5) 连接控制系统线路。

(三) 操作流程

启动液压站,微调动力猫道支腿,保证猫道水平。

1. 下管柱

1) 动力猫道管排架调节

液压站选择阀切换至动力猫道,动力猫道选择阀切换至"推进(支腿路供油)",操作六联阀调节3m管排架支腿油缸使管排架支腿尾端略低于管盒出口,使管排架达到"正"角度(可适当升起猫道底座支腿油缸,调整管排架至合适角度)。

2) 管盒出盒操作

液压站选择阀切换至管盒,操作管盒四联阀,首先同时操作4组阀片将管盒内盒升起至第1层管柱到达管盒出口;继续调整对侧2组阀片将管盒内盒调整至一定角度使1层管柱全部滚出至管排架(整排管柱滚出时,提前将管柱翻转油缸翻出,利用管柱翻转块挡管,以免撞坏挡块装置)。

3) 动力猫道上管流程

液压站选择阀切换至动力猫道,切换动力猫道选择阀至"拉出(动作路供油)",通过动力猫道上管参见《动力猫道控制系统说明书》中动力猫道上管流程。

4) 依次处理2~5层管柱

重复"管盒出盒操作""动力猫道上管流程"分别处理2~5层管柱。

2. 起管柱

1) 动力猫道管排架调节

液压站选择阀切换至动力猫道,动力猫道选择阀切换至"推进(支腿路供油)",操作六联阀调节动力猫道底座支腿油缸,调整3m管排架支腿油缸使管排架达到"负"角度(不调整管排架支腿油缸)。

2) 管盒调整

液压站选择阀切换至管盒,操作管盒四联阀,首先同时操作4组阀片将管盒内盒升起至第5层管柱到达管盒出口;继续调整对侧2组阀片将管盒内盒调整至一定角度使1层管柱全部从管排架滚进至管盒。

3) 动力猫道下管流程

液压站选择阀切换至动力猫道(下管前拆除液压管排架上的挡块装置),切换动力猫道选择阀至"拉出(动作路供油)",通过动力猫道下管参见《动力猫道控制系统说明书》中动力猫道下管流程,管具通过3m管排架滚动至管盒内。

4）依次处理4～1层管柱

重复"管盒进调整""动力猫道下管流程"分别处理4～1层管柱。

3. 注意事项

(1) 动力猫道控制系统具体控制参见《动力猫道控制系统说明书》,操作动力猫道上、下管流程前必须熟读该说明书。

(2) 每步工序必须严格按顺序执行完后,方可操作"下一步"开关,才能进行下一步工序。

(3) 管盒出管必须从最上层往下层出管,操作管盒时动作要慢,以免发生误操作导致2层管子一起滚出。

(四) 控制器操作流程

1. 启动

打开司控箱里的两极微型断路器(默认为柜门合上前合上断路器),然后打开面板上电源。

2. "本地/远控"选择、选择"本地"、"手动/自动"选择

1) 选择"手动"

(1) 工况选择,根据实际作业需求来选择相应的工况。

(2) "左右排"选择,选择动力猫道是从左管排架还有右管排架开始作业。

(3) 按照相应的工艺流程逐个操作控制开关来完成整个作业工艺。

2) 选择"自动"

(1) 工况选择,根据实际作业需求来选择相应的工况。

(2) "左右排"选择,选择动力猫道是从左管排架还是右管排架开始作业。

(3) 操作"下一步"瞬动开关,执行机构会按照PLC预先编制好的作业工序来逐步完成整个作业工艺,每一步完成后有相应的指示灯显示。

3) "自动"模式下选择"记忆"模式

(1) 分别按照"左排""右排"自动流程工艺,操作每一步对应开关,将整个流程走完。

(2) "自动"模式下将选择开关从"记忆"模式切换到"释放"模式,程序将自动记录在"记忆"模式下各步骤所需时间,自动流程将按照此记忆时间来执行自动流程。

4) 选择"远控"。在远程无线遥控器操作面板上按照相应的工艺流程逐个操作控制开关来完成整个作业工艺。

5) 选择"清除"。在"清除"模式下,系统将把系统出厂默认的一组时间赋予自动流程各动作步骤,自动流程也将按照此时间来执行相应的动作。

3. 作业过程中的"手动/自动"切换

（1）在"自动"控制模式下，如果遇到某个动作执行不到位，可以随时切换到"手动"控制模式。此时，各油缸处于保持状态，然后在"手动"控制模式下，手动操作控制开关来完成本次操作流程。

（2）在"手动"控制模式下，如果想切换到"自动"控制模式，必须按照所选择的工况，先手动操作各油缸，使其处于所选工况的初始位置，然后才能切换到"自动"控制模式。

4. 正常停机和紧急停止

（1）正常停机。正常停机时，在托盘上没有管柱的情况下，除"托盘滑移油缸"和"托盘翻转油缸"外，其余油缸均要处于收缩位置。

（2）紧急停止。手动状态下"紧急停止"：各通道输出清零，各油缸处于保持状态，"紧急停止"释放后，可根据工况操作任意控制开关。自动动状态下"紧急停止"：自动状态下的计时器、标志位全部清零，各通道输出清零，各油缸处于保持状态；"紧急停止"释放后，必须将其切换到手动状态，手动操作各油缸满足各油缸处于"自动—上行"或者"自动—下行"初始位置，方可从手动切换为自动状态，开始自动工况操作流程。

远控状态时，按下紧急停机开关，遥控器将所有输出信号切断，遥控器红色指示灯常亮，接收器无信号接收，各油缸处于保持状态，等故障排除后，再解除紧急停机。

（五）基本操作功能

1 本地控制模式

本地控制模式分为手动控制和自动流程控制2种方式。

1）手动控制

本地就近控制操作面板下方区域并排有7个摇头开关，从左边第2个控制开关到第6个控制开关可以分别控制"托盘翻转油缸""起升油缸""托盘滑移油缸""背钳油缸"和"背钳伸缩油缸"，左边第1个"管具翻转油缸"控制开关可以通过工况选择的"左排/右排"来控制"左排管具翻转油缸"和"右排管具翻转油缸"动作；为了防止误操作，在程序中做了输入输出互锁，保证同一时刻只能有一个开关输入和一个控制信号输出。"托盘翻转油缸"控制开关可以控制托盘向左排和右排2个方向翻转，操作人员控制摇头开关从左排向右排翻转时，当托盘翻转到中间位时将停止翻转，必须使控制开关复位后再次操作才能继续翻转，反之亦然。操作人员可以按照作业工艺来逐个控制摇头开关进行作业。

2）自动—记忆功能

在执行自动—记忆控制流程之前首先要在"功能模式"选择区域内将"控制模式"切换到自动，"记忆选择"模式切换到记忆，然后在"工况选择"区域进行设定，设定好以后所有的操作后，按照"上管柱"工艺流程，将所有步骤分别按照左排、右排手动操作一遍，操作完成后，将"记忆选择"模式切换到释放，此时，程序将自动记录"上管柱"每一步操作持续的时间，将其时间赋给"上管柱"自动流程中相应的步骤。

按照上述方式执行"下管柱"工艺流程，程序将自动记录"下管柱"工艺流程中每一步操作持续的时间，将其时间赋给"下管柱"自动流程中相应的步骤。

注意：不要随意将选择开关切换到"自动—记忆"模式，此操作会将已经记忆好的时间值清空，导致自动流程无法执行，只能重新记忆后使用。

3）自动—释放功能

"记忆选择"模式切换到清除，系统会自动将程序在出厂前设定的一组时间值赋予自动流程，自动流程将按照此出厂值来执行自动工艺流程。

4）自动控制

以"上管柱"工艺流程为例，"左右排选择"开关选择左排。

首先，在切换到"自动控制"模式之前，必须手动将各油缸操作到"上钻杆"的初始位（管具翻转—缩，托盘起升—缩，托盘滑移—伸，托盘翻转—中位）。接着，控制器会先判断你的"左右排选择"开关，同时，相应的指示灯会亮，准备工作就绪。

第1次向上点动"下一步"摇头开关：

（1）"托盘翻转油缸"缩回，托盘翻转到左极限位置。

（2）"左管具翻转油缸"伸出，将管柱翻转尽托盘中，"托盘翻转油缸"伸出，管柱托盘翻转到水平位置。

（3）"左管具翻转油缸"缩回，"起升油缸"伸出。

（4）"托盘滑移油缸"缩回，将托盘中的管柱送到井口位置，等待吊卡将油管移走。

再次向上点动"下一步"摇头开关

（5）"托盘滑移油缸"伸出，托盘复位到初始位置。

（6）"起升油缸"缩回，所有油缸回到自动流程初始位置。

重复以上操作步骤，直到所有钻杆送到钻台，完成全部作业。

2. 远程无线遥控模式

在远程无线遥控模式下操作，其操作和本地手动操作模式下是相同的。远程无线遥控器既可以执行手动操作，也可以执行自动流程操作，只需要在控制箱面板上设置"远程""自动"即可以执行远程自动流程操作。

需要注意的是远程遥控操作器面板上的电源指示灯和信号指示灯，如果绿色指示灯闪烁,表示其电池电源功率不足,需更换电池或者充电。绿色常亮,表示电池电源充足。红色指示灯闪烁,表示信号正常;红色指示灯常亮,表示遥控器无信号输出。

(六)维护与保养

1. 周期性维护

1)班维护

班维护作业项目包括例行检查、调试、润滑、紧固、清洁、防腐等常规作业内容以及下述各项规定的班维护作业项目。

班维护作业完全由操作人员独立完成,是操作人员的例行检查工作。

2)周维护

周维护作业项目应包括班维护作业项目。

周维护作业的例行检查完全由操作人员独立完成,部分工作量(或难度)较大的项目(例如更换过滤器芯,绝缘性能的检查)可由相关人员配合。

3)月维护

月维护作业项目应包括周维护作业项目,在月维护检查中发现有较大的工作量或难度的项目,需要有相关人员及技术人员参与解决。

4)一年维护

经过半年或一年的使用,各运动部分的零件(滑轮、钢丝绳等)必然有磨损,其他非运动零件的性能也会有所变化,必须进行调整、维护、更换,这些工作需要在专业的站点(机修站)或机修厂由专业维修人员根据设备管理技术人员的建议对钻机作全面的检修及维护。

2. 动力猫道、管盒的维护保养与检修

1)润滑

各润滑点在使用前及工作期间应加注1号(冬用)或3号(夏用)锂基润滑脂(GB/T 7324—2010),每周一次。猫道及管盒润滑点的保养周期见表7-4,表7-5。

表7-4 动力猫道一共包括36个润滑点

润滑点位置	数量	检查周期	更换周期
滚动托盘	24个	每班	每周
前支架	4个	每班	每周
后支架	4个	每班	每周
起升油缸	2个	每班	每周
尾部滚轮	2个	每班	每周

表 7-5 管盒一共包括 20 个润滑点

润滑点位置	数量	检查周期	更换周期
起升导轮	12 个	每班	每周
左右限位轮	4 个	每班	每周
前后限位轮	4 个	每班	每周

托盘尼龙板每班涂洒润滑油。

2）液压油箱液面

必须经常检查液面并及时补油。当系统中的液面减少到最低液面以下时，可能引起温升、不溶解空气积聚、泵因气穴而失效，使油液分解变质，从而引起系统故障。液面下降，说明有渗油或漏油的地方，要及时检查并维修。

3）压力表

经常观测液压站上压力表的压力值，特别是系统压力表，压力应当稳定于设定值。同时定期校定压力表。

4）滤油器

回油滤油器带有目测式堵塞指示器，指针在绿区时，滤芯正常；黄区时，轻微堵塞；红区时，严重堵塞，必须清洗滤油器壳体并更换滤芯。每天在工作温度达到正常值时，至少进行一次检查。或者每当交接班时，下一班司钻检查一次。

5）电缆、快速接头、液压管线

每天检查所有电缆、快速接头二次，确保连接良好。特别是当搬家、移动或意外碰到管线、电缆后，应严格检查液压管线、电缆是否损坏，快速接头是否虚接，确保液压管线无损伤、快速接头连接良好。

6）控制箱及线缆

每天检查控制箱电缆插头是否插好、下雨时应对控制箱做相应防护，雨后检查箱体是否进水。

7）管盒起升钢丝绳

每班检查钢丝绳磨损情况，检查钢丝绳绳卡是否松动。每班向钢丝绳涂抹润滑脂。

（七）常见故障及排除

猫道及管盒运行故障及排除见表 7-6、表 7-7。

表 7-6　猫道及管盒运行故障及原因

故障现象	可能原因
系统无压力	液压泵损坏
	泵的调压装置没有设置正确或失灵
	系统安全阀设置不正确或失灵
	油箱油位过低
	溢流阀回油口有污染物,阀芯不能正常闭合
系统压力过低或过高	比例阀或换向阀油路堵塞
	泵的吸油、回油管路上的截止阀没有打开
	调压螺丝没有锁紧
	压力表损坏
油温过高	油液黏度过大
	油箱液位太低
噪音过大或震动	油箱液位太低
	吸入和回油管接头松而使系统有气
液压阀无动作	系统无压力
	各切换阀切换到位
	快速接头未连接到位
	液压阀件堵塞
控制箱无法控制	控制箱无供电
	控制线缆虚接
	急停按钮在急停位
遥控器无法控制	控制箱天线线路虚接
	急停按钮被拍下
	电池没电

表 7-7　控制系统故障

故障现象	故障排除
控制箱合闸后面板系统运行指示灯不亮	检查车内打铁开关是否已闭合
	检查控制箱内电源线是否脱落
	检查动力猫道端部转接箱电源线是否脱落
操作仪表板控制开关时,相应的动作没有发生	检查液压系统压力是否已经达到系统设定压力
	检查 CAN IO 模块是否有输出

续表

故障现象	故障排除
远程遥控模式操作时,相应动作没有发生	检查遥控器面板电源指示灯颜色,是否遥控器溃电,导致控制信号无法发送
	检查控制箱接收器与控制器之间的线路,看是否存在虚接和脱落
切换到自动流程后,点击"下一步"后无动作	很可能是操作人员不小心切换到了记忆模式,再次切换到释放模式下,会将原本记忆的值都清零;只需要操作人员重新记忆后自动流程就可以正常工作

(八)注意事项

(1)手动控制模式下要切换到自动控制模式进行操作,必须根据工况选择所选工况,手动将各个油缸动作到相应工况的初始位置,然后才能进行手动控制模式到自动控制模式的切换。

(2)自动控制模式可以随时切换到手动控制模式,此时所有油缸保持切换前的状态,可在此基础上进行手动操作,如果想再次切换到自动控制模式时,必须重复注意事项1中所述步骤。

(3)本地手动/自动控制模式可以随意切换到远程遥控模式,远程遥控模式可以随时切换为本地手动控制模式,如果要切换为本地自动控制模式时,也必须重复注意事项1中所述步骤。

(4)每步工序必须严格按顺序执行完后,方可操作"下一步"开关,才能进行下一步工序。

(5)控制系统模块非专业人员严禁私自拆卸。

(6)电焊时,请将进入PLC的所有连接线或线束拔掉,以免损坏PLC模块内的线路。

二、STG30型铁钻工操作规程

(一)范围

本标准规定了油、水井大修设备——STG30型铁钻工的安装、启动、操作、停机和紧急停机、正扣上/卸扣、反扣上/卸扣、旋扣/紧扣扭矩设定、夹紧力设定的操作规程。

本标准适用于油、水井大修设备——STG30型铁钻工的操作。

(二)安装

1. 安装前的检查

(1)检查设备部件和组件,确认部件和组件完整、完好,无缺失、损伤或腐蚀。

(2)检查液压管束、线缆整理到位,消除各种可能的安装约束和困难。

(3)确认设备总成和控制部分齐备,在需要润滑的部位按规定添加润滑脂。

(4)清理设备安装面,确认无安装干涉和各类可能的危险。

2. 安装步骤

1)吊装铁钻工

(1)从吊装橇上松开钻用紧固螺栓。

(2)将铁钻工钻用吊具与铁钻工连接。

(3)吊起铁钻工,垂直悬停在安装插孔上方。

(4)对正安装方位后缓慢下放,使铁钻工底座准确插入安装孔内。

2)固定铁钻工

(1)检查底座是否垂直对齐,如有必要,使用专用垫片调整垂直度。

(2)松开并拆卸铁钻工吊具,使之与铁钻工分离。

(3)拆除运输/停车锁销。

3)安装远程控制台

(1)确定远程控制台安装位置并将其固定(安装位置可为钻台或司钻房旁边)。

(2)检查远程控制台控制开关和急停按钮,确认开关、按钮功能正常,紧固牢靠,按下急停按钮。

(3)解开固定于设备上的控制电缆,合理布置控制电缆布局,将其连接至远程控制台规定位置。

4)安装液压管线和电源部分

(1)合理规划液压管线布局,按规划好的路径布置并连接液压管线。

(2)在司钻台下方合适位置固定电源箱。

(3)确认设备220V AC供电电源接口,必须配备专用开关。

(4)合理规划电源电缆布局,按规划好的路径布置并连接电源电缆。

(三)启动

1. 启动前设置

1)设置限位开关

铁钻工初次安装必须设置,再次安装如无误差则无须设置。

(1)启动系统液压单元,打开限位开关箱。

(2)操作液压控制箱内的工位旋转阀块和伸缩阀块,使铁钻工钳口精确定位于井口。

(3)松开井口伸出限位开关紧固螺栓,前后滑动调整开关位置直到滚轮接触到限位臂刃面并听到开关触点断开的声音,拧紧紧固螺栓。

(4)松开井口旋转限位开关紧固螺栓,旋转开关调节螺栓,使其触点接触到限位斜坡,并听到开关触点断开的声音,拧紧紧固螺栓。

(5)重复(2)、(3)、(4)步骤,调节鼠洞伸出限位开关与鼠洞旋转限位开关。

(6)操作液压控制箱内的伸缩阀块,收回铁钻工至完全收回位置,松开回收限位开关紧固螺栓,前后滑动调整开关位置直到滚轮接触到限位臂刃面并听到开关触点断开的声音,拧紧紧固螺栓。

(7)操作液压控制箱内的工位旋转阀块,使铁钻工旋转至合适的待机位置,松开待机旋转限位开关紧固螺栓,旋转开关调节螺栓,使其触点接触到限位斜坡,并听到开关触点断开的声音,拧紧紧固螺栓。

(8)关闭限位开关箱,拧紧紧固螺栓;关闭液压控制箱。

(9)使用前检查限位开关是否好用。

2)设置紧扣扭矩

在执行不同管柱紧扣操作前,必须对紧扣扭矩进行设置。

(1)启动液压动力单元。

(2)打开液压控制箱门,按下对应扭矩调节旋钮并保持,逆时针转动调节旋钮直到转不动为止。

(3)左手将紧扣/松扣控制手柄推向"紧扣"一侧并保持住,右手按下扭矩调节旋钮并顺时针转动旋钮,同时观察扭矩表的显示,直到显示所需扭矩值,松开旋钮及控制手柄。

(4)再次将控制手柄推向"紧扣"一侧,观察扭矩表示值是否与要求的一至,如不一致,按(3)步骤重新设置扭矩值。

3)设置旋扣器上扣扭矩

在执行不同管柱紧扣操作前,必须对旋扣器上扣扭矩进行设置。

(1)启动液压动力单元,打开液压控制箱门,将目标管柱至于铁钻工钳口位置,夹紧背钳和旋扣器。

(2)按下对应扭矩调节旋钮并保持,逆时针转动调节旋钮直到转不动为止。

(3)左手将上扣/卸扣控制手柄推向"上扣"一侧并保持住,右手按下扭矩调节旋钮并顺时针转动旋钮,同时观察管柱是否预紧到位,在管柱预紧到位时观察预紧扭矩,调节旋钮至所需预紧扭矩,松开旋钮及控制手柄。

(4)再次将控制手柄推向"上扣"一侧,观察预紧扭矩表示值是否与要求的一至,如不一致,按(3)步骤重新设置扭矩值。

(5)张开背钳和旋扣器,预紧扭矩设置完成。

4)设置钳口夹紧力

在执行不同管柱操作前,必须对钳口夹紧力进行设置。

(1)启动液压动力单元,打开液压控制箱门。

(2)任选主钳或背钳阀块,将操作杆推向"夹紧"一侧并保持住。

(3)如果需要最大钳口压力,关闭安装在液压控制箱体上的截止阀。则钳口油缸使用系统最大压力 16MPa。

(4)如果需要调整钳口压力,打开球阀,调节远控阀块上的溢流阀。

(5)观察控制面板上钳口压力表的压力值,直到钳口压力表显示所需压力。

(6)松开控制手柄,完成压力调整。主钳和背钳夹紧油缸使用相同的钳口压力。

使用前选择旋扣器及 V 形钳夹正反扣工况,并保持一致。

2. 启动操作

(1)打开铁钻工 220VAC 开关,给铁钻工供电,启动液压动力单元。

(2)将远程控制台"动作切换"开关置于"手动"位置,"控制切换"开关置于"电控"位置,"工位转换"开关置于"井口"位置,"旋扣器动作"和"主钳动作"开关置于"停止"位置。

(3)按下"急停"按钮,按下"电源开关"给控制系统供电。

(4)确认铁钻工旋转包络内无干涉和危险,拔出"急停"按钮,铁钻工将依次进行初始化(主钳、背钳和旋扣器张开,主钳旋转至与背钳平齐位置)动作,未处于回收位置时进行钳头回收动作,然后进行工位旋转动作旋转至井口位置,如动作未正常进行,请检查液压系统。

(5)将远程控制台上的"钳体伸缩"开关置于"伸出"位置并保持住,钳头将伸出至井口后停止,松开"钳体伸缩"开关,观察铁钻工钳口是否与井口对正,如有需要,请参照3.1.1对应步骤调节井口伸缩与旋转限位开关,直至铁钻工钳口与井口对正。

(6)将远程控制台上的"钳体伸缩"开关置于"缩回"位置并保持住,钳头将回收至限位后停止,将"工位切换"开关置于"鼠洞"位置,重复3.2.5步骤将铁钻工钳口与鼠洞对正。

(7)将远程控制台上的"钳体伸缩"开关置于"缩回"位置并保持住,钳头将回收至限位后停止,将"工位切换"开关置于"待机"位置,观察铁钻工待机位置是否达到要求,如达不到要求,请参照"启动前设置—设置限位开关"对应步骤调节待机旋转限位开关,直至待机位置达到要求。

(8)设置旋扣器卸扣时间。

在执行不同管柱紧扣操作前,必须对旋扣器卸扣时间进行设置。

① 将远程控制台上的"工位转换"开关置于"井口"位置,铁钻工到达目标工位后将"钳体伸缩"开关置于"伸出"位置保持,钳头到达井口停止后松开"钳体伸缩"开关,将预紧完成的目标管柱至于铁钻工钳口位置。

② 将远程控制台上的卸扣时间调节旋钮旋至1/3圈位置(大约12s左右)。

③ 将远程控制台上的"旋扣器动作"开关置于"卸扣"位置,观察旋扣器是否完全卸开螺纹或卸开螺纹后是否存在空转,如为完全卸开螺纹,则顺时针调节卸扣时间调节旋钮旋,如有空转,则逆时针调节卸扣时间调节旋钮,直至旋扣器完全卸开螺纹而无空转伤扣情况为止。

④ 将远程控制台上的"旋扣器动作"开关置于"停止"位置,待停止动作完成后将"钳体伸缩"开关置于"缩回"位置保持,收回钳体,旋扣器卸扣时间设置完成。

(四)其他相关操作

1. 远程控制台手动上扣操作

在进行该项操作前,请务必确认铁钻工各项启动设置已进行,运行正常无异常,否则会造成不可预计的损失或伤害。

(1)确认液压动力单元已启动,铁钻工已正常启动,管柱外螺纹接头螺纹头部已与内螺纹接头底部完全接触。

(2)将远程控制台上的"动作切换"开关置于"手动","控制切换"开关置于"电控"。

(3)将"工位转换"开关置于目标工位("井口"或"鼠洞")。

(4)将"钳体伸缩"开关置于"伸出"位置并保持,直到伸缩臂在限位开关控制下停止移动时松开开关。

(5)如果需要,通过"钳体升降"开关调整铁钻工垂直高度,将管柱接头连接平面置于主钳、背钳结合面之间。

(6)将"旋扣器动作"开关置于"上扣"位置,铁钻工将自动快速上扣预紧至设定预紧扭矩。

(7)当预紧完成黄灯亮起时,将"旋扣器动作"开关置于"停止"位置,旋扣器停止旋转并与背钳一起张开,旋扣器预紧动作完成。

(8)将"主钳动作"开关置于"紧扣"位置,系统将自动紧扣。

(9)当完成紧扣绿灯亮起时,将"主钳动作"开关置于"停止"位置,主钳与背钳一起张开,主钳继续向与背钳平齐位置旋转,直至限位位置。

(10)当重复紧扣红灯亮起时,系统将自动再次进行紧扣动作,直至完成紧扣绿灯亮起,重复紧扣动作最多进行3次,如果在此过程中未达到紧扣扭矩,系统将自动结束紧扣动作。

(11)当紧扣动作结束时,将主钳动作开关置于"停止"位置,主钳与背钳同时张开,然后主钳旋转至限位位置,主钳紧扣动作结束。

(12)将"钳体伸缩"开关置于"缩回"位置保持,完全收回钳体,上扣操作完成。

2. 远程控制台自动动上扣操作

在进行该项操作前,请务必确认铁钻工各项启动设置已进行,运行正常无异常,否则会造成不可预计的损失或伤害。

(1)确认液压动力单元已启动,铁钻工已正常启动,管柱外螺纹接头螺纹头部已与内螺纹接头底部完全接触。

(2)将远程控制台上的"动作切换"开关置于"自动","控制切换"开关置于"电控"。

(3)将"工位转换"开关置于目标工位("井口"或"鼠洞")。

(4)将"钳体伸缩"开关置于"伸出"位置并保持住,直到伸缩臂在限位开关控制下停止移动时松开开关。

(5)如果需要,通过"钳体升降"开关调整铁钻工垂直高度,将管柱接头连接平面置于主钳、背钳结合面之间。

(6)将"自动操作"开关置于"上扣"位置保持2s,系统将自动上扣,自动上扣过程中,当预紧完成黄灯亮起,则旋扣器上扣动作结束,系统自动进入主钳紧扣程序,在自动紧扣过程中,如果重复紧扣红灯亮起,系统将自动重复紧扣3次,直至紧扣完成绿灯亮起或自动结束紧扣动作;主钳与背钳一起张开,主钳继续向紧扣方向旋转至限位位置,自动上扣动作完成;如果在此过程中需要结束该过程,只需将"自动操作"开关拨向"上扣"方向,自动上扣程序即时终止。

3. 遥控器手动上扣操作

在进行该项操作前,请务必确认铁钻工各项启动设置已进行,运行正常无异常,否则会造成不可预计的损失或伤害。

(1)确认液压动力单元已启动,铁钻工已正常启动,管柱外螺纹接头螺纹头部已与内螺纹接头底部完全接触。

(2)将远程控制台上的"控制切换"开关置于"遥控",遥控器上的"电源开关"置于"开"位置。

(3)其他操作顺序与"(一)远程控制台手动上扣操作"相同。

4. 远程控制台手动卸扣操作

(1)确认液压动力单元已启动,铁钻工已正常启动。

(2)将远程控制台上的"动作切换"开关置于"手动","控制切换"开关置于"电控"。

(3)将"工位转换"开关置于目标工位("井口"或"鼠洞")。

(4)将"钳体伸缩"开关置于"伸出"位置并保持住,直到伸缩臂在限位开关控制下停止移动时松开开关。

(5)将"主钳动作"开关置于"松扣"位置,系统将自动松扣。

(6)当主钳到达松扣动作结束,将"主钳动作"开关置于"停止"位置,主钳与背钳同时张开,主钳向紧扣方向旋转至极限位置。

(7)将"旋扣器动作"开关置于"卸扣"位置,系统将自动卸扣。

(8)如果发现旋扣器不能卸开管柱,则应将"旋扣器动作"开关置于"停止"位置,待主钳与旋扣器张开后,重复步骤(5)~(7);或根据需要调节旋扣扭矩直至旋扣器能卸开管柱连接扣。

(9)确认管柱连接扣已卸开时,将旋扣器动作开关置于"停止"位置,主钳与旋扣器同时张开,旋扣器旋转停止,手动卸扣过程结束。

5. 远程控制台自动动卸扣操作

(1)确认液压动力单元已启动,铁钻工已正常启动。

(2)将远程控制台上的"动作切换"开关置于"自动","控制切换"开关置于"电控"。

(3)将"工位转换"开关置于目标工位("井口"或"鼠洞")。

(4)将"钳体伸缩"开关置于"伸出"位置并保持住,直到伸缩臂在限位开关控制下停止移动时松开开关。

(5)如果需要,通过"钳体升降"开关调整铁钻工垂直高度,将管柱接头连接平面置于主钳、背钳结合面之间。

(6)将"自动操作"开关置于"卸扣"位置保持2s,系统将按设定程序自动卸扣;如果在此过程中需要结束该过程,只需将"自动操作"开关拨向"卸扣"方向,自动卸扣程序即时终止。

6. 遥控器手动卸扣操作

(1)确认液压动力单元已启动,铁钻工已正常启动。

(2)将远程控制台上的"控制切换"开关置于"遥控",遥控器上的"电源开关"置于"开"位置。

(3)其他操作顺序与"(四)远程控制台手动卸扣操作"相同。

7. 紧急停机后的重新启动

紧急关闭后,操作员应重新设置所有的控制系统为正常启动位置,并在拔出急停按钮、重新开始运行之前检查液压和电气系统。

(五) 设备维护

1. 液压大钳定期维护

液压大钳定期维护内容及周期见表 7-8。

表 7-8 液压大钳定期维护内容及周期

序号	维护内容	周期
1	鄂板目视检查	日常
2	冲洗钻井液,钻井液有可能堆积在鄂板周围或在钳口油缸下,以及在主钳和背钳钳口总成之间。若有必要使用钢丝刷清洁鄂板上的金属屑	日常
3	检查所有的管线和接头,看是否有液压油泄漏	日常
4	检查所有紧固件有无松动或缺失	每周一次
5	检查所有开口销有无损坏或丢失	每周一次
6	全面检查所有的管线、接头,看是否有擦伤或液压油泄漏。如有必要则进行更换	每月一次
7	检查液压缸是否有液压油泄漏或损伤,如有必要则进行维修或更换	6月一次

2. 鄂板更换

(1) 断开设备电源,启动液压动力单元。
(2) 打开液压控制阀箱,操作相应阀块(主钳或背钳)夹紧。
(3) 拆下插销和安全销,保持下压板于原位,将需更换的鄂板滑出。
(4) 安装新的鄂板,重新插上插销和安全销。
(5) 操作相应阀块(主钳或背钳)张开,鄂板更换完成。

鄂板更换如图 7-10 所示。

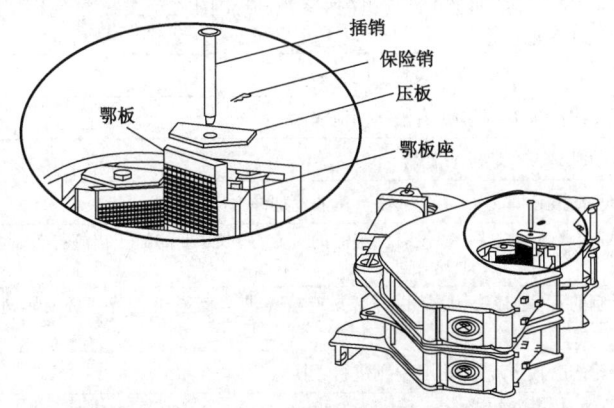

图 7-10 鄂板更换示意图

3. 导轨/导向器/伸缩臂定期维护

导轨/导向器/伸缩臂定期维护见表 7-9。

表 7-9 导轨/导向器/伸缩臂定期维护

序号	维护内容	周期
1	检查所有的管线和接头,看是否有液压油泄漏	日常
2	检查过滤器。如果更换指示器为红色,更换滤芯	日常
3	检查所有紧固件及锁紧装置有无松动或缺失	每周一次
4	检查所有开口销有无缺失	每周一次
5	全面检查所有管线、接头,看是否有擦伤或液压油泄漏,如有必要则进行更换	每月一次
6	更换联机高压过滤器滤芯。检查滤芯上的密封圈,如有必要则进行更换(用户自备液压站时)。通常来说,滤芯只有在必须时才更换,或者当正常操作速度明显减缓时才进行更换。首先,滤芯在首次40h的操作后更换;其次,每运行500h或每季进行一次更换	每季度一次
7	检查液压缸是否有液压油泄漏或损伤,如有必要则进行维修或更换	6月一次
8	检查销轴轴套的磨损情况	每年一次
9	检查侧导向块组件的磨损情况	每年一次

4. 旋扣器定期维护

旋扣器定期维护见表 7-10。

表 7-10 旋扣器定期维护

序号	维护内容	周期
1	目视检查驱动滚轮、电动机及轴承是否完好	日常
2	冲洗所有的钻井液。钻井液有可能堆积在驱动滚轴周围或在旋扣器焊接组件内侧和旋扣器液压缸下面之间	日常
3	若有必要,使用钢丝刷清洁驱动滚轮上的金属屑	日常
4	检查所有的管线和接头,看是否有液压油泄漏	日常
5	检查液压电动机是否有液压油泄漏	每周一次
6	润滑所有的驱动滚轮间接头(4个位置),黄油枪加注1~3次	每周一次
7	检查固定件是否有松动、缺失或没有固定好的对方,采取必要的校正措施拧紧、固定好这些部件	每月一次
8	全面检查所有的管线、接头,看是否有磨损或液压油泄漏发生。若有必要则进行更换	每月一次
9	检查驱动滚轮的磨损情况,如有必要则进行更换	每月一次
10	检查液压马达是否有液压油泄漏或损伤。维修或更换有故障的部件	6个月一次
11	全面检查液压缸,是否有液压油泄漏或损伤。如有必要,进行维修或更换	6个月一次

5. 远程控制台定期维护

远程控制台定期维护见表7-11。

表7-11 远程控制台定期维护

序号	维护内容	周期
1	检查面板上的按钮、指示灯和显示仪表是否完好	日常
2	当铁钻工电源关闭后,检查选择开关的操作是否顺畅	日常
3	检查控制电缆是否有磨损或损伤	每周一次
4	打开远程控制台面板,检查内部是否潮湿、清洁、是否有损伤	每月一次
5	检查所有的设备是否有异常情况,如因高温而变色,腐蚀损坏等	每月一次
6	检查并拧紧所有的开关固定件	每月一次
7	检查并拧紧所有的端子和插头以避免连接松动	6个月一次

6. 设备润滑部件及加油脂周期

液压大钳润滑周期见表7-12。

表7-12 液压大钳润滑周期

序号	润滑部位	润滑油	周期
1	扭矩油缸与主钳、背钳连接销轴	2号锂基脂	每周一次
2	在所有移动部件的表面涂上润滑脂	2号锂基脂	3个月一次

导轨/导向器/伸缩臂润滑周期见表7-13。

表7-13 导轨/导向器/伸缩臂润滑周期

序号	检查点润滑程序	润滑剂	周期
1	润滑导向器与伸缩臂连接销轴,使用手动润滑脂枪添加1~3冲程的润滑油	2号锂基脂	每周一次
2	润滑伸缩油缸与导向器、伸缩臂连接销轴,使用手动润滑脂枪添加1~3冲程的润滑油	2号锂基脂	每周一次
3	润滑导向器上凸轮轴承,使用手动润滑脂枪添加1~3冲程的润滑油	2号锂基脂	每周一次
4	导轨总成导轨面,在垂直行程范围内涂上润滑脂	2号锂基脂	三个月一次

旋扣器/回转轴承润滑周期见表 7 - 14。

表 7 - 14 旋扣器/回转轴承润滑周期

序号	润滑部位	润滑油	周期
1	旋扣器夹紧油缸接头销轴,黄油枪加注 1～3 次	2#锂基脂	每周一次
2	旋扣器滚轮,黄油枪加注 1～3 次	2#锂基脂	每周一次
3	回转轴承驱动马达,黄油枪加注 1～3 次	2#锂基脂	每月一次
4	回转轴承,黄油枪加注 1～3 次	2#锂基脂	每月一次

(六)故障排除

设备运行故障见表 7 - 15。

表 7 - 15 运行故障

故障	可能原因	纠正措施
远程控制台各控制开关功能丧失	铁钻工手动控制模式被激活	检查液压控制箱门是否完全关闭,确保限位开关处于断开状态
铁钻工运行缓慢	液压动力单元回油过滤器阻塞或变脏	更换滤芯
	高压过滤器阻塞或变脏	更换滤芯
	液压动力单元供液不足	检查动力单元的供液能力是否满足铁钻工的最低流量要求
	液压油黏度过大或环境温度过低	检查液压油,用适合的液压油替换;参考本说明书《推荐润滑油和液压油》
无压力	油泵无压力油输出	检查油泵是否启动或旋转方向反向
液压系统发热	环境温度太高	增加冷却系统或减少作业周期
	液位过低	添加液压油
支路压力过低	该支路溢流阀故障、失调或系统泄漏	重调溢流阀或更换
支路压力过高	溢流阀故障或失调	重调溢流阀或更换
	液压油黏度偏高或环境温度过低	检查,更换黏度合适的液压油。参考本说明书中《推荐润滑油和液压油》内容

水平移动故障见表7-16。

表7-16 水平移动故障

故障	可能原因	纠正措施
伸缩臂只能向一个方向移动或根本无法移动	伸缩臂上锁销未取下	检查锁销是否取下
	压力过低或无压力	检查系统压力
	阀块上的溢流阀卡死或调节不正确	清洗、维修或调节溢流阀
	多路换向阀电磁线圈故障或阀芯卡死	手动操控该电磁换向阀;如果动作正常则更换电磁线圈,否则清洗、维修或更换换向阀
	伸缩油缸损坏或泄漏	检查油缸;维修或更换
伸缩与旋转功能正常,但无法在井口定位	井口伸缩与旋转限位开关调节不正确或限位开关有缺陷	重新调整限位开关或更换
伸缩与旋转功能正常,但无法在鼠洞定位	鼠洞伸缩与旋转限位开关调节不正确或限位开关有缺陷	重新调整鼠洞限位开关或更换
伸缩臂无法完全收缩到停车位置	收缩限位开关调节不正确或限位开关有缺陷	定位限位开关接线箱并检查限位开关跳闸片调整。若有缺陷则及时更换

垂直定位故障见表7-17。

表7-17 垂直定位故障

故障	可能原因	纠正措施
导向器总成只能向一个方向移动或根本无法移动	障碍物阻止铁钻工的升降	检查铁钻工周围物体,排除障碍
	系统压力过低或系统无压力	检查液压系统输出和设置,按需要进行压力测试和调节
	升降阀块上的溢流阀有缺陷、液压油污染或调节不正确	清洗、维修或调节溢流阀
	升降阀块上的平衡阀有缺陷、液压油污染或调节不正确	清洗、维修或调节平衡阀
	电磁换向阀未工作或有缺陷	
	举升油缸损坏或泄漏	检查油缸;维修或更换
导向器总成无法保持垂直位置	升降阀块上的平衡阀有缺陷、液压油污染或调节不正确	清洗、维修或调节平衡阀
	举升油缸泄漏	检查油缸;维修或更换
	电磁换向控制阀未工作或有缺陷	手动操控该电磁换向阀,如果故障排除则检查该阀块的电气控制部分,否则清洗、维修或更换换向阀

液压大钳总成故障见表 7-18。

表 7-18 液压大钳总成故障

故障	可能原因	纠正措施
扭矩油缸无法执行上扣操作	系统液压过低或无压力	检查液压系统输出和设置,按需要进行压力测试和调节
	油缸损坏,密封泄漏	检查油缸,维修或更换
	扭矩设置阀设置值太低	按需要增加扭矩设置压力值
	扭矩设置阀阀芯闭合遇阻、变脏或有缺陷	检查扭矩设置阀,清洗或更换
扭矩缸无法执行卸扣操作	系统液压过低或系统无压力	检查液压系统输出和设置,按需要进行压力测试和调节
扭矩油缸在上扣方向漂移	电磁换向阀阀芯黏结或磨损	检查电磁换向阀阀芯是否污染或磨损;维修或更换
扭矩油缸在卸扣方向漂移	电磁换向阀阀芯黏结或磨损	检查电磁换向阀阀芯是否污染或磨损;维修或更换。若铁钻工长时间不用,但仍旧有液压的情况下也可发生这种故障。避免此类故障的发生,若铁钻工不用时,关闭液压动力单元
扭矩油缸无法移动或移动缓慢	液压动力单元内回油滤油器堵塞	更换滤芯
	密封泄漏	检查油缸;维修或更换
	扭矩设置阀阀芯闭合遇阻、变脏或有缺陷	检查扭矩设置阀,清洗或更换
背钳钳口无法夹紧	系统压力过低或系统无压力	检查液压系统输出和设置。按需要进行压力测试和调节
	油缸损坏;密封泄漏	检查油缸;维修或更换
主钳钳口无法松开	系统压力过低或系统无压力	检查液压系统输出和设置。按需要进行压力测试和调节
	油缸损坏;密封泄漏	检查油缸;维修或更换
	主钳阀块上的液控单向阀不工作	检查、清洗、维修;必要时更换
主钳钳口油缸在夹紧方向漂移	电磁换向阀阀芯黏结或磨损	检查电磁换向阀是否污染或磨损;维修或更换
主钳钳口油缸在松开方向漂移	电磁换向阀阀芯黏结或磨损	检查电磁换向阀是否污染或磨损;维修或更换

续表

故障	可能原因	纠正措施
主钳钳口油缸无法移动或移动缓慢	油缸损坏;密封泄漏	检查油缸;维修或更换
	液压动力单元内回油滤油器堵塞	更换滤芯
主钳钳口上钻具接头打滑	鄂板磨损或破裂	更换鄂板
	压力过低	检查压力设置值,按需增加。注意不将钳口压力值设置过高,以免损坏钻具接头

旋扣器总成故障见表7-19。

表7-19 旋扣器总成故障

故障	可能原因	纠正措施
动力或扭矩消失	误碰急停开关导致系统停机	解除急停开关锁定,恢复系统运转
	液压管线受阻	检查供液管线是否有刺穿、阻塞或由于其他原因受阻
旋扣器液压电动机停止转动	电动机供液压力偏低或消失	适当提高电动机旋转阀块溢流阀的设定压力或恢复供液压力
	液压电动机损坏	维修液压电动机或更换
	钻杆接头螺纹损伤或有异物	检查、清理接头螺纹
旋扣器紧扣轮不转动	电动机供液压力偏低或消失	适当提高电动机旋转阀块溢流阀的设定压力或恢复供液压力
	钻杆接头螺纹损伤或有异物	检查、清理接头螺纹
	旋扣器电磁换向阀不工作	检查液压控制箱门是否关好;检查手动工作方式是否正常;检查该阀块电磁线圈是否供电正常;检查、清洗、维修或更换该阀块
	液压电动机轴端连接键断裂	更换
	液压电动机故障	维修液压电动机或更换
旋扣器紧扣轮打滑	夹紧力不足	检查液压系统输出和设置。按需要进行压力测试和调节
	新钻杆表面涂层太光滑	清除涂层
	旋扣器紧扣轮变脏	清除脏物
	旋扣器紧扣轮磨损	更换旋扣器紧扣轮

续表

故障	可能原因	纠正措施
旋扣器夹紧油缸在夹紧或松开位置下漂移	电磁换向阀卡死或磨损	检查换向阀是否污染或磨损;维修或更换
	平衡阀关闭不严,或有脏物,或平衡阀需要调整	清理、调整或更换平衡阀
旋扣器无法夹紧或松开	系统压力过低或系统无压力	检查液压系统输出和设置,按需要进行压力测试和调节
	液压油流动受限	查找并排除遇阻液压管线
	油缸受损,密封泄漏	检查油缸;维修或更换
	旋扣器电磁换向阀不工作	检查液压控制箱门是否关好;检查手动工作方式是否正常;检查该阀块电磁线圈是否供电正常;检查、清洗、维修或更换该阀块
旋扣器动作缓慢	油缸受损,密封泄漏	检查油缸;维修或更换
	液压动力单元回油滤油器变脏	更换滤芯

液压控制箱故障见表7-20。

表7-20 液压控制箱故障

故障	可能原因	纠正措施
电磁换向阀无法实现换向操作	阀件无效	确认液压控制箱门已经完全关闭,否则远程控制方式无效
	无电信号	检查所有的线路,确认从控制器传出的信号到达了阀件,检查是否电源太低或线路损耗过大
	电磁阀损坏	检查线圈电阻,与完好的线圈进行比较,如果有大于5%的差异,更换
	阀芯卡死	试着手动操作换向阀看能否实现换向,否则维修、更换阀块
	过度的液压内部回路泄漏	检查故障回路阀块的溢流阀是否关闭不严或损坏,否则清理、维修、更换阀块
	油缸故障	试着确定油缸是否损坏。堵住通往油缸的管线,如果能够建立最大系统工作压力,则说明换向阀工作正常,油缸内部泄漏导致换向失败。检查、维修或更换油缸

液压控制面板总成故障见表 7-21。

表 7-21　液压控制面板总成故障

故障	可能原因	纠正措施
扭矩无法设置	扭矩设置溢流阀阀芯卡死	检查、维修或更换溢流阀
	回油油管线遇阻	检查并排除遇阻管线
扭矩表无法回零	扭矩表没有调到零	重新设置扭矩表,然后重新检查扭矩表设置
	扭矩表有缺陷	更换

三、高空自动排管系统操作与维护保养规程

(一)范围

本标准规定了 SPX 073 高空自动排管系统操作、维护保养、安全要求及故障与排除。

本标准适用于 SPX 073 高空自动排管系统的操作与维护保养,其他的排管系统可以参照执行。

(二)主要技术参数与适用范围

高空自动排管系统是针对钻修井作业中的起下钻排管作业而研制的自动化专用配套设备。它包括二层台、机械手、液压吊卡和气动卡盘,采用液路、电气相结合的控制方式,实现管柱输送、排放作业相关功能,可广泛应用于 3000m 以内较浅常规陆地修井机配套使用。

高空自动排管系统型号:SPX 073。

液压吊卡型号:YCKF5in-18°-150T。

最大操作力:450N。

滑道有效行程:1700mm。

臂架有效行程:700mm。

回转角度:±90°。

运动速度:0.2m/s。

工作温度:-25~50℃。

二层台容量:132 柱(2$\frac{7}{8}$in 钻杆)。

外形尺寸:4000mm×2700mm×1830mm。

二层台和机械手重量:1.6t。

液压吊卡重量:400kg。

电机功率:750W。

液压吊卡工作压力:14MPa。

(三)安装

1. 二层台机械手安装

二层台机械手包含了二层台和机械手,其安装方式与普通的二层台相同。二层台最前端的耳板与井架上的耳板通过销轴连接,二层台后围栏上滑轮通过钢丝绳与井架相连。二层台随井架起升而展开,随井架落下而收拢。

在井架起升或落下之前,必须将机械手收拢处于"运输状态",并在二层台上安装大钩钢丝绳挡杆组件。在井架起升或落下的过程中,必须让大钩与二层台的猴道至少保持2.5m距离,以避免大钩与二层台猴道碰撞。

2. 液压吊卡安装

液压吊卡运输至井场,卸掉吊卡吊耳处吊环挡块上螺栓销,左右箱体需要人工扶持,另外一人卸掉旋转箱体拉杆,再将左右旋转箱体上的螺栓销卸掉(旋转机构的液压管线,必要时卸掉连接管线,安装好吊环再连接),挂入吊环,此时将旋转箱体向上旋转,卡入吊环臂,插入锁销。连接吊卡开合两路油管,翻转机构两路油管。

3. 其他装置安装

(1)二层台随井架起升调整到位后,将二层台上的电缆与井架上的电缆一一对应连接。收井架之前,先拆开上述接电缆,并捆扎固定好。

(2)将操作台摆放在司钻房内合适位置,并将操作台的电缆与井架上的电缆一一对应连接。修井机搬运前,先拆开上述接电缆,并捆扎固定好。

(3)连接液压吊卡的进出油管路。目前液压吊卡与铁钻工共用油源。

(4)液压吊卡开合和翻转的油管布置于井架上。井架起升到位,液压吊卡安装好后,将井架上的油管与液压吊卡上油管一一对应连接。修井机搬运前,先拆开上述接油管,并将井架上的油管捆扎固定好。

(四)二层台机械手操作流程

二层台机械手操作主要包含:回零、手动、自动、参数设置四个部分的内容。

1. 安全性确认

启动高空排管机械系统前,请进行安全性确认。

请确认二层台连接稳固可靠,无异常;机械手位置区域无障碍;电气线路外观正常,无漏电、无接触不良等情况。

2. 操作步骤说明

打开二层台上的驱动柜电源,将控制柜电源开关拨至"ON"位置,确认急停开关未按下。

系统上电后,处于无零点的回零模式,此时机械手各部位电动机的活动范围不会受到限制,当机械手运行达到机械限位的调整位置时,机械手就会停下。无回零模式下的工作范围不能超出各部位电动机限位的极限位置,否则将极度危险。

1)回零

(1)电控系统上电后,系统坐标自动归零。为了能使系统重新建立坐标系,需要对系统进行回零操作。

(2)回零前请确认:① 监控摄像显示屏正常显示;② 电动机指示灯均为绿色;③ 工作模式显示文字正常;④ 抓手中无钻杆。抓手如抓有钻杆,请参照如下(4)手动操作手柄,结合摄像头显示信号,将钻杆放入就近的指梁中。

(3)根据操作提示,主界面中按下"F2"即可一键回零,回零指示灯全部为绿色,系统完成回零。

(4)机械手回零前手动动作见表7-22。

表 7-22 机械手回零前手动动作

滑车移动	使能键	左右摆动
手臂伸展	使能键	前后摆动
手臂转动	使能键 + 左 IO 键	左右摆动
抓手开合	使能键 + 右 IO 键	左右摆动

该模式下机械手处于无程序限位模式,操作时请注意安全。除异常模式(如当前上电后抓手中握有钻杆)外,用户应禁止在该模式下使用。

2)手动模式

手动模式下:用户操作手柄与旋钮开关对排管系统进行操控。

(1)手动模式切换:

① 将操作面板上的旋钮开关"手动/自动"旋转到"手动"位置。

② 显示屏上的工作模式显示为"手动"则切换成功。

模式切换必须在回零完成后才能切换成功!

(2)查看手动模式下的显示:

① 抓手与滑车在二层台面的相对位置。

② 抓手的状态。

③ 指梁内钻杆的数量及其图像显示。

④ 抓手指向的指梁序号,图中显示红色小方块,表示可以对该指梁锁进行开合,向该指梁送钻杆或取钻杆。无红色小方块显示时,表示没有对准指梁,不允许伸展手臂动作,指梁锁无法操作。

(3)手动模式下的操作见表7-23。

表 7–23 手动模式下的操作

序号	动作	操作	备注
1	机械手移动	使能键 + 左右摆动	详见如下①~④说明
2	手臂转动	使能键 + 左右摆动	
3	手臂伸展	使能键 + 前后摆动	
4	抓手开合	旋钮开关"抓手"	
5	指梁锁	旋钮开关"指梁"	抓手到指梁位置

① 按住操作手柄"使能键"左右摆动,控制机械手沿猴道移动。
② 当机械手到达井口中央处时自动停止。
③ 手臂自动转动 90°后机械手移动到猴道的另一侧再自动停止。
④ 按住操作手柄"使能键"左右摆动,机械手继续沿猴道反方向移动。
排管模式下,抓手在井口附近接近钻杆时将自动合拢。
送杆模式下,抓手在指梁内接近钻杆时将自动合拢。
注意:
① 只有在抓手对准井口 ±30°范围内或对准指梁附近处才允许手臂伸展。
② 只有在抓手对准指梁附近处才允许该指梁的安全锁进行开合。
③ 只有手臂收缩到极限时机械手方可沿猴道移动。

3)自动模式
(1)自动模式切换:
① 将操作面板上的旋钮开关"手动/自动"旋转到"自动"。
② 显示屏的工作模式显示为"自动"则切换成功。
模式切换必须在回零完成后才能切换成功!自动操作过程中如果发现异常请切换到手动模式。
(2)确定工作状态:排管/送杆。
(3)选择指梁位置:操作显示屏 F5、F6、F7,使指梁选择的红色箭头指向需要操作的指梁。
(4)按下操作面板上的机械手"启动/确认"按键。
(5)当抓手移动到井口附近时系统会提示进行手动操作。操作完成后继续按下"启动/确认"。

(五)液压吊卡操作流程

1. 启动

接通液压吊卡的油源。

2. 液压吊卡开合

将操作面板上的旋钮开关"吊卡开/合"旋转到"吊卡开",吊卡活门打开,显示屏的功能界面上的吊卡图标处于打开状态。

将操作面板上的旋钮开关"吊卡开/合"旋转到"吊卡合",吊卡活门关闭,显示屏的功能界面上的吊卡图标处于闭合状态。

3. 液压吊卡翻转

将操作面板上的旋钮开关"吊卡水平/垂直"旋转到"吊卡垂直",吊卡主体开始翻转(活门朝上),翻转至合适位置,松开旋钮,旋钮复位,动作停止。吊卡主体最大能翻转至90°。

将操作面板上的旋钮开关"吊卡水平/垂直"旋转到"吊卡水平",吊卡主体开始翻转(活门朝下)。

在实际操作过程中,请根据显示屏功能界面的提示来控制液压吊卡的开合,避免出现误操作。同时,可通过显示屏的监控界面实时观察液压吊卡,还能从显示屏的功能界面上吊卡的状态图标,了解吊卡的开合状态。

(六)维护与保养

1. 周期性维护

1)班维护

班维护作业项目包括例行检查、调试、润滑、紧固、清洁、防腐等常规作业内容以及下述各项规定的班维护作业项目。

班维护作业完全由操作人员独立完成,此项是操作人员的例行检查工作。

2)周维护

周维护的作业应包括班维护作业项目。

周维护作业的例行检查完全由操作人员独立完成,部分工作量(或难度)较大的项目(例如更换过滤器芯,绝缘性能的检查)可由相关人员配合。

3)月维护

月维护作业项目应包括周维护作业项目,在月维护检查中发现有较大的工作量或难度的项目,需要有相关人员及技术人员参与解决。

4)一年维护

经过半年或一年的使用,各运动部分的零件(铜螺母、轴承等)必然有磨损,其他非运动零件的性能也会有所变化,必须进行调整、维护、更换,这些工作需要在专业的站点(机修站)或机修厂由专业维修人员根据设备管理技术人员的建议对设备作全面的检修及维护。

2. 润滑与保养

1）润滑

各润滑点在使用前及工作期间应加注000#（冬用）或00#（夏用）锂基润滑脂（GB/T 7324—2010）。

高空自动排管系统一共包括36个润滑点，见表7-24。

表7-24 高空自动排管系统的36个润滑点

润滑点位置	数量	检查周期	更换周期
小车滚轮	4个	每班	每周
主臂轴	1个	每班	每周
拉杆轴	2个	每班	每周
辅臂轴	2个	每班	每周
爪手	1个	每班	每周
丝杆	1个	每班	每周
回转支承	1个	每班	每周
指梁锁	22个	每周	每月
蜗轮蜗杆减速机	2个	每周	每月

注：每次修井前，需对丝杆、螺母和小车运行的轨道进行清洁，并重新对丝杆和螺母加注润滑脂。

2）保养

保养内容见表7-25。

表7-25 保养内容

部件	保养项目	每天	50	100	300	备注
整机	检查各部件功能是否正常，连接是否可靠	●				
机械系统	检查平移机构动作是否顺畅，有无异响	●				
	检查机械臂动作是否顺畅，有无异响	●				
	检查爪手动作是否顺畅，有无卡阻	●				
	检查指梁锁动作是否顺畅，有无卡阻	●				
	丝杠、螺母、轴承座、回转支承、机械臂连接轴等润滑点加注润滑脂		●			
	清洁指梁锁		●			
	检查回转支承螺栓是否松动、断裂			●		
	检查爪手挡块是否磨损				●	
	检查丝杠、螺母是否磨损				●	
	清洁丝杠、螺母，并重新涂抹润滑脂				●	
	清洁拖链	●				

续表

部件	保养项目	每天	每运行,h			备注
			50	100	300	
电气系统	检查线路是否存在破损		●			
	检查线路是否被油污浸泡			●		
	检查电机是否在显示屏上显示工作正常					开机前
	检查各连接螺栓是否松动					开机前
液压系统	检查管路胶管是否有磨损或松动	●				开机前
	检查阀组、管接头、液压缸是否有渗漏	●				

注：当维护周期有多个限定时，以先到为准。

3）电缆、快速接头、液压管线

每天检查所有电缆、快速接头两次，确保连接良好。特别是在搬家、移动或意外碰到管线、电缆后，应严格检查液压管线、电缆是否损坏，快速接头是否虚接，确保液压管线无损伤、快速接头连接良好。

4）驱动柜、接线箱及线缆

每天检查驱动柜和接线箱电缆插头是否插好，雨后检查箱体是否进水。

5）液压吊卡

每班检查液压吊卡磨损情况，检查液压吊卡的螺栓是否松动。

(七) 常见故障及排除

高空排管机械系统出现故障时，可按照如下操作进行排放：

(1) 按下控制面板急停开关，同时断掉操作台电源。

(2) 观察机械手的状态位置，结合显示屏信息，判断故障原因。

(3) 排除机械手故障问题后，将操作台电源开关旋至"关""开"进行重启，系统进入无零点的回零模式。

(4) 按照操作步骤说明中的内容进行处理后使机械手回零。

(5) 摄像监视显示屏异常，检查线路，重点检查接头。

(6) 工作模式显示为"???"，请检查接头是否插紧或插错。

(7) 故障无法处理时，请联系售后服务人员。

(八) 注意事项

(1) 井架起升、落下过程中，注意观察大钩钢丝绳是否会与二层台机械手的各个部件及电缆干涉、刮蹭。

(2) 启动二层台机械手后，须先回零。回零前，先观察二层台机械手的状态及位置。如果爪手内有钻杆，先将钻杆放入就近的指梁内；如果机械手停在猴道最末端,先将机械手向猴道前端移动一段距离,以避免机械臂回零时与二层台干涉。

(3)操作液压吊卡开合以及爪手开合时,请先确定安全后方可操作,以避免发生安全事故。

(4)控制系统模块非专业人员严禁私自拆卸。

(5)电焊时,请先关闭操作台电源,以避免损坏电气系统。

第六节　循环设备基本知识

一、水龙头和动力水龙头

(一)水龙头的基本结构和工作原理

水龙头如图7-11所示,由提环、鹅颈管、支架、密封装置、壳体、中心管、接头等组成。

 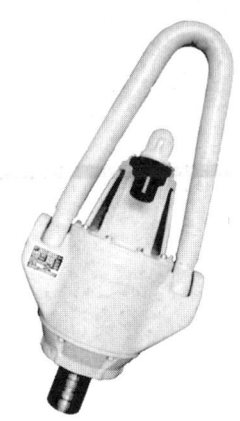

图7-11　水龙头

(1)提环由两个提环销与壳体连接在一起,它使水龙头悬挂在大钩上。壳体内装有承受全部钻柱重量的主轴承,在壳体的上下部位分别有装在支架内的防跳轴承和在壳体内的扶正轴承,在外侧还装有防碰装置,以免在钻井过程中吊环撞击壳体。

(2)支架内装有防跳轴承和两个油封,在上轴承盖上方装有钻井液伞,防止外部杂物及钻井液浸入,油尺安装在支架下法兰上,油尺上装有放气阀。当壳体内部产生气压时气体会自动从放气阀中排出。旋下油标可向水龙头壳体内加油。支架顶部法兰上固定鹅颈管,鹅颈管的顶部加工有一螺纹孔,它是专为测井而设置的。

(3)鹅颈管的一端与密封装置相连,另一端通过接头与水龙头连接。中心管是一中空零件,上端与盘根装置相连,下端与接头连接,中部支承台肩坐于主轴承之上,并依靠由支架和下轴承盖内的轴承上下扶正,增减支架与上轴承盖之间的调整垫数量,控制中心管的轴向窜动。

(4)密封装置安装在支架腔体内中心管和鹅颈管之间,上下分别用上、下压帽螺纹与它们相连,形成钻井液通道,密封装置是密封高压钻井液的重要部件,采用Y型自封式密封和快速装卸结构。当冲管和密封磨损而需要更换时,只需将上、下密封填料压帽旋开就可将整个装置从支架一侧取出,而无须拆卸其他零件,可在钻井过程中随时停钻更换。

旋转水龙头集水龙头和方钻杆旋扣器于一体,旋扣部分与水龙头中心管采用无键连接,风动或液压电动机驱动。

(二)动力水龙头基本结构和工作原理

液压动力水龙头集机械、液压、气动于一体,由水龙头本体、液压站和辅助控制系统三大部分组成,如图7-12所示。

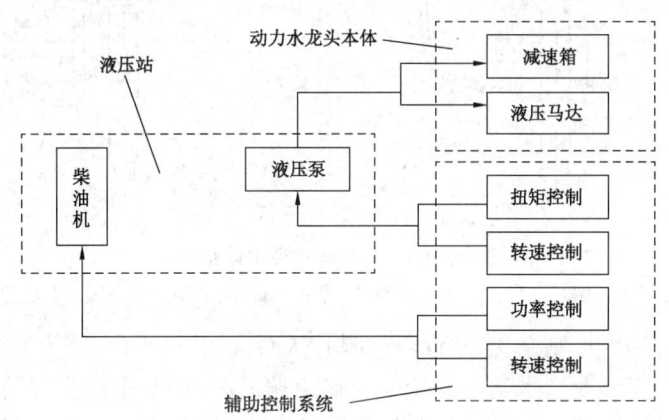

图7-12 动力水龙头系统组成

水龙头顶部安装冲管组件、鹅颈管,与主轴构成钻井液(修井液)循环通道。

水龙头本体为该装置的执行部分,由U形提环、鹅颈管、冲管总成、反扭矩臂、减速箱、液压电动机等组成,如图7-13所示。

液压站由液压泵、液压电动机等进行动力传递。辅助控制系统为液压和气动两种方式,分别控制发动机的转速和水龙头的转速、扭矩等,同时采用了远程控制方式,实现了安全操作。

动力水龙头装置由柴油机驱动,通过液压站的液压电动机驱动水龙头,实现动力传递,该装置整体采用车载橇装形式运移。

该装置的液压系统采用闭式循环回路,在使用过程中,液压泵的输出排量和系

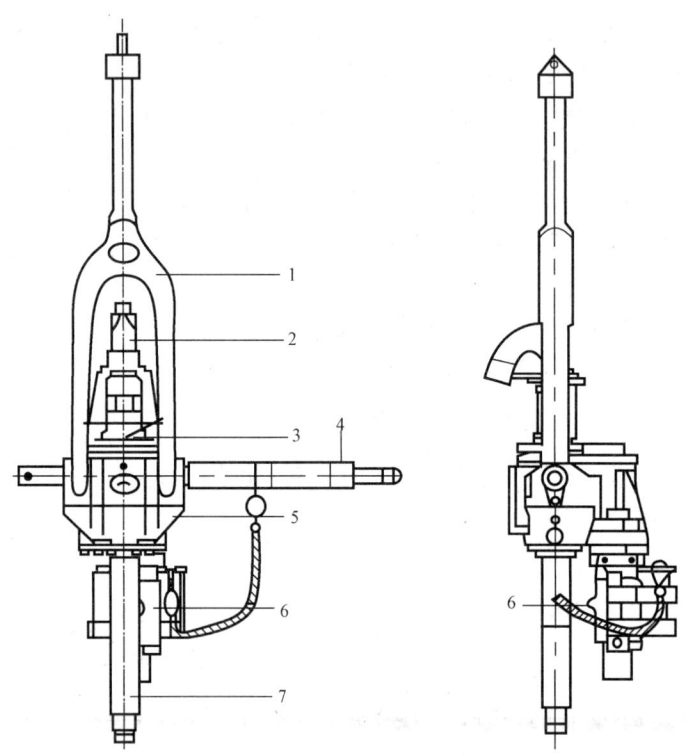

图 7-13 动力水龙头本体结构

1—U 形提环;2—鹅颈管;3—冲管密封填料;4—反扭矩臂;5—减速箱;6—液压电动机;7—主轴

统压力可通过辅助控制系统进行远程控制,从而实现对动力水龙头的转速、扭矩的无级调节。当需要改变水龙头的转速或扭矩输出时,可通过远程气动控制调节柴油发动机、液压泵的转速来实现,避免了机械传动中通过换挡或停车重新启动来实现转速和扭矩的改变。

(三)动力水龙头操作规程

(1)动力水龙头必须由专人操作,严禁他人串岗,设备操作人员必须严格按照操作规程平稳操作,禁止出现违章指挥、违章操作等现象。正常钻进施工时动力水龙头扭矩控制在 1000~1200tf·lbf(1ft·lbf=1.355818N·m),发现扭矩过大时应判断原因采取合理措施,禁止强行施工将钻具损坏发生事故。

(2)检查操作阀位置正确、灵敏可靠、气路畅通。

(3)检查各连接部位,确保完好紧固、动作灵活。

(4)循环系统出现问题需停泵处理时,应起出管柱 200m,并上下活动管柱。

(5)提升系统出现故障不能起下管柱时,必须保持正常循环将井中钻屑全部洗净。

(6)在上提下放动力水龙头过程中,应有专人拉送液压管线和水龙带,防止挤碰将液压管线和水龙带损坏;并有专人负责观察反扭矩杆,防止挂碰井架;若发生反扭矩杆拆断时,必须停止钻进,保持钻井液(修井液)正常循环将井中钻屑全部洗净后,重新更换反扭矩杆才可施工。

(7)动力水龙头下部接头与管柱连接处必须安装防褪扣装置,防止管柱从上部褪开造成事故。

(四)液压动力站基本结构和工作原理

液压动力站主要组成部分包括柴油机、液压泵、高压胶管等。

柴油机是液压站的动力源,液压泵将柴油机的机械能转化为液压能后,通过高压胶管将能量传递给动力水龙头。液压站由液压泵、液压电动机等进行动力传递。辅助控制系统为液压和气动两种方式,分别控制发动机的转速和水龙头的转速、扭矩等,同时采用了远程控制方式,实现了安全操作。

(五)液压动力管线的连接与防护

(1)每个月应对液压管线上的旋转接头加注润滑脂。

(2)在使用过程中,应避免液压管线扭曲、打结,在对管线进行收放时应避免对管线的过度拉伸。

(3)在使用过程中,不得在液压管线上放置任何物体,液压电动机处的管线在管柱下放时有可能与井口相摩擦,应对其进行保护。

(4)新机首次运行200h应更换油底润滑油及润滑油滤清器。

(六)水龙头和动力水龙头吊装安全注意事项

1. 水龙头吊装安全注意事项

(1)将油封、隔环装入上定位轴承挡圈并与上定位轴承一起装入外罩内。

(2)将主轴承下座圈、滚柱和保持架放入水龙头壳体内。

(3)将装有主轴承上座圈和调节轴承的芯轴装入水龙头壳体内,轻微旋转芯轴,以保证主轴承坐稳。

(4)将下定位轴承、油封装入水龙头壳体下端并盖上挡圈,拧紧螺栓。

(5)将外罩装上水龙头壳体,检查芯轴的轴向窜动量增减调整垫数量,使拧紧联结螺栓后芯轴的轴向窜动量控制在 $0.0254 \sim 0.102mm$ 范围内。

(6)装鹅颈管及冲管密封填料装置。

(7)用铅丝将同一平面上的各带孔螺栓联结,以防螺栓受震后松动脱落。

2. 动力水龙头吊装安全注意事项

(1)用猫头绳或吊绳从架子上把动力水龙头吊起来,将反扭矩总成装到水龙头销轴上,再吊到井台口。然后再用绳索一端固定在靠近滑轮的位置上,另一端固定在靠近钻机平台的位置,并旋转螺旋扣将它拉紧,拉索固定的位置确保反扭矩总成都可以够得到它。

(2)再将动力站的液压管线与水龙头上的管接头相连。

(3)检查所有部件、设备应处于可使用状态。如果时间允许,到工作现场前,操作人员应该运转动力水龙头一段时间以检查控制指示器、过滤器和响应控制等。

(4)确保燃料充足,液压油箱满。到现场后,动力装置应保持水平位置,处于侧风口或上风口,与井口和其他危害有一定的安全距离。橇装装置的各个角落都要有支撑。如是拖车式装置,轮子前后都要放防动器。

(5)安全缆索尽可能垂直(地锚距井口 1.5m 左右),确保水龙头在扭矩下可以上下自由移动。角度超过 5% 就会引起水龙头的偏负荷。

(6)将空气控制软管及压力表软管连接到各动力装置和控制面板上。

(7)将过渡支架吊放在井口旁,放置水龙头本体。注意:吊卡的型号与提环要一致。仔细检查升降装置是否磨损厉害。

(七)水龙头和动力水龙头运行注意事项

1. 水龙头运行注意事项

(1)新水龙头、长时间停用的水龙头启动时,应先慢速运转,待转动灵活后,再提高转速。

(2)低速启动水龙头后,应注意钻井液(修井液)通过水龙头水眼的情况,特别是在冬季启动,应采取措施防止冻结,确保水眼畅通。

(3)工作中,应随时检查冲管上、下密封填料是否刺漏,上、下密封填料座是否渗漏润滑油。

(4)检测水龙头壳体温度,正常工作温度不超过 75℃。

(5)工作中应随时检查鹅颈管连接法兰是否牢固,鹅颈管与水龙带连接活接头是否刺漏。

(6)工作中应随时检查水龙头的防扭保险绳、鹅颈管与水龙带之间的保险绳保持完好。

(7)水龙头与方钻杆对接时,必须涂抹螺纹油。

2. 动力水龙头运行注意事项

(1)工作前,先要检查齿轮润滑油。如果可能,最好使用 L - CKB220 齿轮润滑油。经常拧开油尺,如果在油尺刻度线以下,则要补充齿轮油。

(2)当开始工作100h后,需要更换润滑油。更换润滑油时,一定要清除磁性放油螺塞上面的屑末。

(3)当最初使用或长期闲置后运行,水龙头应在减速、减载工况下进行,除非获得正常的运行温度(与环境有关的正常运行温度在38~43℃之间),在非常炎热的天气,其运行温度可以稍高些(如果气温是逐步升高)。

(4)当动力水龙头需要存放时,为了防止氧化,装置应该完全充入齿轮润滑油。中心管接头螺纹需要用护丝保护,防止螺纹损坏。护丝安装前,在螺纹处要用掺杂质油脂涂覆。

(5)万一需要移动电动机或者打开齿轮箱,为了防止污垢和垃圾进入,开口部分要用干净的布隔离。需要运输的零件要用牛皮纸严密包好,而所有的开口运输前要密封好。

(6)如果有迹象显示密封装置处在使用中发生了渗漏即密封填料密封失效,必须对冲管和密封填料进行更换。

(7)密封填料要用钙基润滑脂每天润滑两次。

(八)水龙头和动力水龙头日常检查点

减速箱、冲管盘根总成、液压系统和液压油。

二、钻井泵

(一)钻井泵动力端基本结构和工作原理

钻井泵由动力端和液力端两大部分组成。动力端用来传递动力和转换运动方式及速度,为液力端提供合适的动力;液力端用来将机械能转变为液体内能,以输送钻井液(图7-14)。

图7-14 钻井泵

动力端由机架、小齿轮轴总成、曲轴总成和十字头总成等组成。

1. 机架

机架由钢板焊接而成,并经消除应力处理,刚性好、强度高。机架是钻井泵的基础,其他部件均安装在机架上,机架内设置了必要的油池和油路,供润滑冷却之用。另外,机架上装有小吊车,供吊装缸套之用,最大起重量为500kg。

2. 小齿轮轴总成

小齿轮轴为合金锻钢,在轴上加工有无退刀槽人字齿轮,采用中硬齿面,运转平稳,效率高,寿命长。在轴颈处装有内圈无挡边的单列向心圆柱滚子轴承,便于装拆检修。轴的两端外伸,任一端均可安装皮带轮或链轮。

3. 曲轴总成

曲轴为铸造合金钢偏心轴。曲轴上可分别安装大齿圈、连杆和轴承等。

大齿圈是与小齿轮轴上齿轮啮合的无退刀槽人字齿,大齿圈内孔与曲轴为过盈配合,并用螺栓和防松螺母紧固。

连杆大头轴承为单列短圆柱滚子轴承,分别安装在曲轴的三个偏心拐上,连杆小头通过双列长圆柱滚子轴承安装在十字头销上。

曲轴通过两副双列向心球面滚子轴承安装在机架上,轴承外圈装有一轴承套以保护机架轴承座孔。

4. 十字头总成

十字头和十字头导板均采用孕育铸铁,具有良好的耐磨性能,且使用寿命长。F-1600HL钻井泵采用上、下导板结构,可通过在下导板处加垫片来调整同心度,可通过上导板处加垫片调整间隙。

十字头与中间拉杆采用螺栓连接,在十字头与中间拉杆连接处有销孔配合,以保证十字头与中间拉杆在一条轴线上,其连接螺栓按规定的扭矩值上紧,涂乐泰胶243,并用铁丝防松。

十字头中部通过十字头销和连杆小头连接。为了便于装拆,十字头销与十字头采用锥度配合连接。在大端用压板将十字头销压紧,按规定将螺纹清洗干净并涂乐泰胶243,按规定扭矩值上紧螺栓并用铁丝防松。

(二)钻井泵液力端基本结构和工作原理

液力端分别由三个可以互换的吸入液缸和排出液缸组成,吸入液缸内装有吸入阀,排出液缸内装有排出阀。吸入阀和排出阀可以通过阀盖孔装拆。吸入液缸与排出液缸用螺栓连接。吸入液缸坐在吸入管汇上。排出液缸用螺栓与机架相连,在液缸的上方装有排出管汇,一端安装排出五通总成,其上装有排出滤网、压力表及排出空气包;另一端安装安全阀,吸入空气包装在吸入管上,缸套、活塞安装在液缸外部。

(1)液缸的结构为 L 形,用合金锻钢制成。每个液缸里液体流速一致,使阀总成不致受到从相邻液缸排出的正交流体的影响。阀腔尺寸符合 API 规范及国内有关标准。

(2)缸套、活塞、卡箍。

泵使用双金属优质缸套,内套用耐磨铸铁制造,硬度达 HRC60~65,耐磨、耐蚀,内孔表面光洁度高。缸套内孔直径有多种规格,在不同的钻井工况,应选用不同内径的缸套。缸套从机架上方、排出液缸后部装入并用缸套压盖压紧在排出液缸上。

活塞由活塞芯、皮碗、压板、卡簧组成,活塞与活塞杆由圆柱面配合和密封件密封,并用带有防松圈的锁紧螺母压紧,紧固该螺母后既能防止螺母松动又能起到密封的作用。

活塞杆与中间拉杆采用卡箍连接,其连接处有销孔配合,以保证活塞杆与中间拉杆在一条轴线上。这种卡箍装拆方便。

(3)柱塞、缸套。

柱塞缸套结构适用于高泵压时使用,共有 $\phi120mm$、$\phi130mm$、$\phi140mm$ 三种规格。

柱塞密封由 V 形密封和 YX 形密封组合而成,通过调节压盖压紧并调整密封松紧。柱塞润滑油由配油环上部进入,下部排出。柱塞与中间拉杆采用卡箍连接。

(4)阀盖。

阀盖与液缸之间用锯齿型螺纹连接,压紧阀盖密封圈。

(5)阀总成。

吸入和排出阀能通用互换。

(三)钻井泵空气包基本结构和工作原理

排出空气包安装在排出五通上。空气包由壳体、胶囊、压盖、压力表罩等组成(图 7-15)。

钻井泵上排出空气包的作用是利用空气包本身的容积,不断地储存和补偿给管线一部分泵的排出液体,以减少由于泵送液体的被动。当钻井泵的瞬时排量增加到大于其平均排量时,排出管线里,瞬时压力升高,空气包内的气体体积受到压缩,这样,在空气包内,就储存一部分钻井液;同样,当瞬时排量低于平均排量时,排出管线中瞬时压为降低,空气包内气体体积膨胀,把一部分钻井液排出,如此起到调节排量不均的作用。

(四)钻井泵安全阀基本结构和工作原理

剪销式安全阀由法兰、阀体、活塞杆、缓冲垫、锁簧、安全罩、剪销板、剪切销、销轴、挡圈、活塞总成、弹性圆柱销、钢丝挡圈、螺母、螺栓、螺钉、开口销组成(图7-16)。

图7-15 钻井泵空气包

图7-16 钻井泵安全阀

剪销式安全阀装于排出管汇的一侧,其作用是当泵的工作压力超过规定值时,活塞上的作用力顶起剪销板,迫使剪切销折断,液流迅速放空,以保证设备安全,在剪切板处刻有每级工作压力的标记,调节压力时,只需按所给压力把安全销钉插入相应的孔内,注意销钉板只能插一个销钉,或两个销钉,根据缸套级别确定。并应将该阀安装在任何截止阀之前,以免在截止阀未打开以前而启动泵的情况下损坏钻井泵。

第八章　井控业务知识

本章内容依据《大庆油田井下作业井控技术管理实施细则》,大庆油田所属各单位必须遵照执行。吉林探区执行《吉林油田公司石油与天然气井下作业井控管理规定》。文件内容见附录一、附录二。

第一节　井控各项管理制度

大庆油田井下作业井控工作细则中规定井控工作共有七项管理制度。

一、井控分级责任制度

(1)井控工作是井下作业安全工作的重要组成部分,油田公司主管开发领导是井下作业井控工作的第一责任人。

(2)油田公司成立井控领导小组,组长由井控工作第一责任人担任。领导小组下设办公室,办公室设在油田公司开发部。主要负责组织贯彻执行井控规定,制定和修订井控工作实施细则,组织开展井控工作。

(3)采油各厂、井下作业分公司、试油试采分公司以及下属作业大队、作业队、工具车间(站)应相应成立井控领导小组,负责本单位的井控工作。

(4)各单位作业大队必须配备有专(兼)职井控技术和管理人员。

(5)各级负责人要按"谁主管,谁负责"的原则,恪尽职守,做到职、权、责明确到位。

(6)油田公司每半年组织一次井控工作大检查。采油各厂、井下作业分公司、试油试采分公司对本单位下属作业队,每季度进行一次井控工作检查,作业队每天要进行井控安全检查,及时发现和解决问题,杜绝井喷事故发生。

二、井控操作证制度

应持证人员经培训考核取得井控操作合格证后方可上岗。

三、井控装置的安装、检修、现场服务制度

(1)负责井控装置的建档、配套、维修、试压、回收、检验、巡检服务。

(2)建立保养维修责任制、巡检回访制、定期回收检验制等各项管理制度。

(3)在监督、巡检中应及时发现和处理井控装备存在的问题,确保井控装备随

时处于正常工作状态。

(4)每月的井控装备使用动态、巡检报告等应及时逐级上报井下作业专业主管部门。

(5)作业队在施工过程中每个班对井控装置、工具检查一次，并认真填写运转和检查记录。

四、防喷演习制度

井下作业队必须根据作业内容每月进行一次不同工况下的防喷演习，并做好防喷演习讲评和记录工作。演习记录包括：班组、日期和时间、工况、演习速度、参加人员、存在问题、讲评等。

五、作业队干部值班制度

(1)作业队干部应坚持24h值班，并做好值班记录。

(2)值班干部应检查监督井控各岗位执行、落实制度情况，发现问题立即整改。

六、井喷事故逐级汇报制度

(1)井喷事故分级。

① 一级井喷事故（Ⅰ级）。

海上油(气)井发生井喷失控；陆上油(气)井发生井喷失控，造成超标有毒有害气体逸散，或窜入地下矿产采掘坑道；发生井喷并伴有油气爆炸、着火，严重危及现场作业人员和作业现场周边居民的生命财产安全。

② 二级井喷事故（Ⅱ级）。

海上油(气)井发生井喷；陆上油(气)井发生井喷失控；陆上含超标有毒有害气体的油(气)井发生井喷；井内大量喷出流体造成对江河、湖泊、海洋和环境造成灾难性污染。

③ 三级井喷事故（Ⅲ级）。

陆上油气井发生井喷，经过积极采取压井措施，在24h内仍未建立井筒压力平衡，中国石油天然气集团公司直属企业难以短时间内完成事故处理的井喷事故。

④ 四级井喷事故（Ⅳ级）。

发生一般性井喷，各单位能在24h内建立井筒压力平衡的井喷事故。

(2)一旦发生井喷或井喷失控应有专人收集资料，资料要齐全、准确。

(3)发生井喷后由下至上逐级上报，2h内要报告公司开发部，并立即报告油田公司主管领导。情况紧急时，发生险情的单位可越级直接向上级单位报告。发生

Ⅰ级、Ⅱ级井喷事故,公司开发部接到报警后要立即上报集团公司应急办公室(办公厅)和中国石油天然气股份有限公司勘探与生产分公司,同时向当地政府进行报告;发生Ⅲ级井喷事故,公司开发部接到报警后24h内上报集团公司应急办公室(办公厅)和股份公司勘探与生产分公司。

(4)发生井喷后,要随时保持各级通信联络畅通无阻,并有专人值班。

(5)各单位在每月上旬以书面形式向公司开发部汇报上一月度井喷事故处理情况及事故报告。汇报实行零报告制度,对汇报不及时或隐瞒井喷事故的,将追究责任。汇报格式见附录1、2。

七、井控例会制度

(1)作业队每周召开一次由队长主持的以井控工作为主要内容的安全会议,每天班前、班后会上,值班干部、班长必须布置井控工作任务,检查、讲评本班组井控工作。

(2)作业大队每月召开一次井控例会,检查、总结、布置井控工作。

(3)采油各厂、井下作业分公司、试油试采分公司每季度召开一次井控工作例会,总结、协调、布置井控工作。

(4)油田公司每半年召开一次井控工作例会,总结、布置、协调井控工作。

第二节　常用井控设备

井控设备是指实施油气井压力控制所需的一整套设备、仪器仪表和专用工具。

(1)以液压防喷器为主体防喷器组合。其主要包括:

① 液压防喷器。

② 套管头。

③ 四通。

④ 过渡法兰。

(2)液压防喷器控制系统。其主要包括:

① 司钻控制台。

② 远程控制台。

③ 辅助遥控控制台。

(3)以节流管汇为主的井控管汇。其主要包括:

① 节流管汇及液动节流阀控制箱。

② 放喷管线。

③ 压井管汇。

(4)压力级别的选择。

液压防喷器组合的工作压力取决于所用套管的抗内压强度、套管鞋处裸眼地层的破裂压力和预计所承受的最大井口压力。但主要是根据防喷器组合预计承受的最大井口压力来决定。

防喷器压力级别共有五种:14MPa、21MPa、35MPa、70MPa、105MPa、140MPa。

(5)通径的选择。

防喷器组合的通径取决于井身结构设计中的套管尺寸,即必须略大于所连套管的外径。

防喷器通径共有九种:180mm、230mm、280mm、346mm、426mm、476mm、528mm、540mm、680mm。其中现场常用的有230mm、280mm、346mm、540mm。

液压防喷器主要包括环形防喷器和闸板防喷器。

一、环形防喷器

(一)结构与原理

发生溢流关闭环型防喷器时,从控制系统来的高压油进入关闭腔,推动活塞上行,在顶盖的限制下,迫使胶芯向心运动,支撑筋相互靠拢,将其间的橡胶挤向井口中心,实现密封钻具,或全封井口。打开时,从控制系统来的高压油进入开启腔,推动活塞下行,胶芯在本身橡胶弹性力作用下复位,将井口打开。

(二)类型

现场常用环形防喷器的类型按其密封胶芯的形状可分为球型环形防喷器、锥型环形防喷器和组合型环形防喷器。

(三)功能

(1)在钻进、取心、测井等作业中发生溢流或井喷时,能封闭方钻杆、钻杆、取心工具、电缆、钢丝绳等工具与井筒所形成的环形空间。

(2)当井内无管具时能全封闭井口。

(3)在使用减压调压阀或缓冲储能器控制的情况下,能通过180台肩的对焊钻杆接头强行起下钻具,但起下速度要慢,过接头时要更慢(不大于0.2m/s),强行起下钻具时的关井压力可适当降低,允许胶芯与钻杆之间有少量泄漏。能否进行强行起下钻具作业还必须考虑井下情况和安全施工的条件。

二、闸板防喷器

(一)原理

当控制系统高压油进入闸板防喷器左右液压关闭腔时,推动活塞带动闸板轴及闸板总成沿着室内导向筋限定的轨道分别向井口中心移动,实现关井动作。当控制系统高压油进入闸板防喷器左右液压开启腔时,推动活塞带动闸板轴及闸板总成分别向离开井口中心方向移动,实现开井动作。闸板开关由控制系统三位四通换向阀控制,一般在 3～8s 内完成开井或关井动作。

1. 液压油流动路线

关闭时,液压油经壳体关闭油口→壳体油路→铰链座→侧门油路→液缸油路→缸盖油路+液缸关闭腔。

开启时,液压油经壳体开启油口→壳体油路→铰链座→侧门油路→液缸开启腔。

2. 密封原理

闸板防喷器要有四道密封起作用,才能有效地封闭井口,即:

前密封,闸板芯子前缘与钻具之间的密封。

顶密封,闸板芯子顶部与壳体内台阶之间的密封。

侧密封,壳体与侧门之间的密封。

轴密封,闸板轴与侧门之间的密封。

(二)类型

按闸板用途来分,闸板防喷器可分为全封、半封、变径、剪切和线缆闸板。

按闸板腔室来分,闸板防喷器可分为单闸板、双闸板、三闸板。

(三)功用

(1)当井内有钻杆、油管和套管而发生溢流或井喷时,能封闭相应管材与井筒形成的环形空间。

(2)井内无管具时,能全封闭井口。

(3)特殊情况下可通过壳体旁侧法兰出口进行钻井液循环和节流压井作业。

(4)在特殊情况下剪切闸板可切断钻具,达到封井的目的。

(5)必要时管子闸板还可以悬挂钻具。

三、液压防喷器控制系统

(一)结构

防喷器控制系统主要有远程控制台、司钻控制台或辅助控制台。远程控制台位于井口侧前方25m以外的安全处,主要有储能器组、油泵组、阀件及管汇、油箱及底座;司钻控制台位于钻台上司钻操作台后侧,主要有阀件、压力表及壳体;辅助控制台位于值班房内,作为应急备用。

(二)工作原理

控制系统预先用油泵给储能器打满和储备好足够压力、足够数量的压力油。一旦需要,可通过相应三位四通换向阀,迅速将高压油输送到防喷器或管汇阀件油缸中,从而实现对井口的控制。

四、节流压井管汇(节流管汇代号—JC,压井管汇代号—YG)

节流压井管汇是实施油气井压力控制技术必不可少的井控设备。在钻施工中,一旦发生溢流或井喷,可通过节流压井管汇循环出被浸污的钻井液或泵入加重钻井液压井,以便恢复井底压力平衡,同时可利用节流管汇控制一定的井口回压来维持稳定的井底压力。压井管汇也可用于反循环压井。现将节流压井管汇的功用分述如下:

(1)节流管汇的功用。

① 压井时实施节流循环,控制井内流体的流出井口,控制井口回压(立压和套压),维持井底压力、地层压力,并且保持不变,制止溢流。

② 起泄压作用,降低井口压力,实现"软关井"。

③ 起分流放喷作用,将溢流物引出井场以外,防止井场着火和人员中毒,确保钻井安全。

(2)压井管汇的功用。

① 当全封闸板关井时,通过压井管汇往井眼内强行泵入加重钻井液,实现反循环压井。

② 发生井喷时,通过压井管汇往井眼内强行泵入清水,以防燃烧起火。

③ 发生井喷着火时,过压井管汇往井眼内强行泵注灭火剂,以助灭火。

按其额定工作压力,节流管汇有三种配置形式、压井管汇有两种配置形式。节流压井管汇其额定工作压力应与所用防喷器组合的额定工作压力相一致。从经济上考虑,在开钻时,可安装一套此井将要配置的最高压力节流压井管汇,这就避免了经常随防喷器组合的压力级别的改变而更换节流压井管汇,由此可将节流压井管汇的备用量减到最少。

五、钻具内防喷工具及钻具旁通阀

钻井过程中,当地层压力超过井底压力时,钻井液被推动沿钻柱水眼向上喷出,为了保护水龙带不被高压憋坏,需要使用钻具内防喷工具。它的使用还可起到节约钻井液,保持钻台清洁,减少环境污染的作用。

(一)方钻杆上、下旋塞

方钻杆上、下旋塞一般采用球阀结构,其开启和关闭多半采用手动方式。上旋塞也有采用气动远程控制方式。联合使用上、下旋塞时，无论方钻杆处于任何位置，都有一个可使用，即当其中一个发生故障时，另一个可起作用。钻井作业时，方钻杆球阀的水眼畅通并不影响钻井液的正常循环。需要关井时，可关闭方钻杆上旋塞或下旋塞阻止井内流体沿钻具上窜，用于保护水龙带和立管。为防止起下钻铤过程中发生井喷，钻台上应备有短节或单根，它可连接方钻杆和钻铤。

方钻杆上、下旋塞的安全使用注意事项：

（1）坚持经常开关方钻杆上、下旋塞，如接单根时或定时使用活动方钻杆上、下旋塞，以免锈死，无法正常开关。

（2）在接单根后，应及时将关闭的旋塞阀打开，以免造成开泵时憋泵。

（3）旋塞阀内六方扳手应放在离井口较近的地方，并防止落井或丢失。

（二）钻具止回阀

按结构形式分，钻具止回阀有蝶形、浮球形、箭形、投入式等，它们的使用方法也不相同。有的被连接在钻柱中，有的在需要时才连接在钻柱上，而有的在需要时才投入钻具水眼内起封堵井内压力的作用。钻具止回阀装在钻柱上，允许钻井液自上而下流动，但不允许钻井液向上流动。根据现场使用经验，在正常钻井过程中通常并不装设钻具止回阀。因为把钻具止回阀（投入式除外）长期连接在钻柱上进行钻井作业，其零部件（尤其是密封件）会因钻井液的冲刷、腐蚀而损坏，当发生井喷时就能不封堵水眼。一般情况是将钻具止回阀放在钻台上备用，需要时再连接到钻柱上。

目前，现场大量使用的箭形止回阀性能优于弹簧式碟形回压阀。它受钻井液冲蚀作用小、表面有较高硬度，密封垫采用耐冲蚀、抗腐蚀的尼龙材料，其整体性能好。

投入式止回阀由止回阀组件和一个联顶接头组成。联顶接头事先装在靠近钻铤的钻柱部位上，当发生井涌或井喷和进行不压井起下钻作业时，投入钻具水眼的止回阀组件将自动锁紧在联顶接头处即可封堵水眼。需要时还可通过此阀循环出气侵钻井液。止回阀组件除有橡胶密封圈以增强其密封能力外，还有强有力的锁紧细齿使其可靠牢固地锁在联顶接头处。

（三）钻具旁通阀

钻开油气层前将钻具旁通阀接在靠近钻头的钻柱处，压井作业中钻头水眼被堵时，旁通阀可建立新的循环通道继续实施压井作业。使用方法是：一旦发现钻头水眼被堵而无法解堵时，卸掉方钻杆投球后再接方钻杆使球落至钻具旁通阀阀座处（若钻头水眼未堵死，可用小排量泵送），开泵后只要泵压升高到一定压力值就剪断固定销，使阀座下行直到排泄孔全部打开，泵压随即下降，从而建立新的循环通道。

旁通阀的安全使用注意事项:
(1)要保持入井钻井液的清洁,以防钻头水眼堵塞,提前打开旁通阀。
(2)旁通阀的钢球应在使用前准备放好,以便需要时能及时取用。

六、普修用手动闸板防喷器

(1)单闸板防喷器、手动双闸板防喷器、手动三闸板防喷器。
(2)放喷管线及压井管线。
(3)钻杆旋塞阀及油管旋塞阀。
(4)其他附属工用具。

第三节 井控安装操作规范

一、普修施工(手动防喷器)井控装备安装

带钻台手动双闸板防喷器的简易压井与放(防)喷管线示意图如图8-1所示。

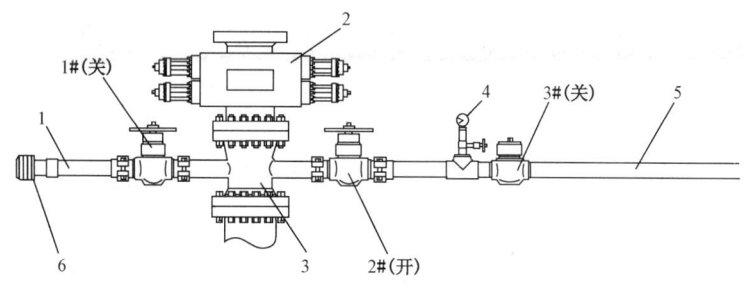

图8-1 带钻台手动双闸板防喷器的简易压井与放(防)喷管线示意图
1—压井管线;2—手动双闸板防喷器;3—套管四通;4—压力表;5—放喷管线;6—活接头
1#和2#闸阀为原井四通两侧阀门;3#闸阀为放喷阀门

(一)防喷器安装

(1)防喷器与套管四通的连接必须采用井控车间配发的专用螺栓,其规格为M30mm×3mm。

(2)安装前要保证防喷器下法兰钢圈槽、套管四通上法兰钢圈槽及钢圈均清洁干净,并涂抹密封脂。连接螺栓配备齐全并对称旋紧,螺栓两端余扣相同,一般以出露2~3扣为宜。连接后要保证法兰间隙均匀,确保连接部位密封性能满足试压要求。

(3)防喷器端面安装专用防护盖或其他防护装置。

(4)手动防喷器各闸板类型、规范及开关状态需挂牌标识。

(二)放(防)喷管线安装

(1)放喷管线安装在当地季节风下风方向的套管四通阀门上,接出井口30m以外,管线出口为油管外螺纹,不得连接接箍、弯头或未经固定的短节。放喷管线出口不得有障碍物,且与危险或易损害设施距离不小于30m。

(2)放喷管线如遇特殊情况需要转弯时,要用锻造钢弯头或钢质弯管,转弯夹角不小于90°。

(3)放喷管线每隔10~15m用基墩固定牢靠,一般情况下需要3个基墩:第1个基墩宜安装在放喷阀门外侧且靠近放喷阀门处;放喷管线距出口1m处用1个基墩固定;第1个基墩与出口基墩之间再用1个基墩固定。若放喷管线需要转弯时,转弯处前后均需固定。

(4)放喷管线一侧紧靠套管四通的阀门(2#)处于常开状态。

(5)放喷阀门(3#)距井口3m以外,压力表接在内控管线与放喷阀门之间,并使用截止阀垂直向上安装,表面朝向放喷阀门。

(6)放喷阀门(3#)可使用旋塞阀或球阀。

(7)放(防)喷管线上各闸阀需挂牌标识开关状态。

(8)放喷管线不允许埋入地下,车辆跨越处应有过桥保护措施,过桥盖板下的管线应无法兰、螺纹或活接头连接。

(三)压井管线安装

(1)压井管线安装在当地季节风上风方向的套管四通阀门上。

(2)压井管线入口连接活接头。

(3)压井管线入口附近宜用基墩固定牢固。

(4)压井管线一侧紧靠套管四通的阀门(1#)处于常关状态,并挂牌标识清楚。

二、取套、侧斜施工(14MPa 或 21MPa 液动防喷器)井控装备安装

14MPa 和 21MPa 井控装备安装示意图如图 8-2 所示。

(一)防喷器安装

(1)防喷器与套管四通的连接必须采用井控车间配发的专用螺栓,其中,14MPa 防喷器连接螺栓规格为 M33×30;21MPa 防喷器连接螺栓规格为 M36×30。

(2)安装前要保证防喷器下法兰钢圈槽、套管四通上法兰钢圈槽及钢圈均清洁干净,并涂抹密封脂。连接螺栓配备齐全并对称旋紧,螺栓两端余扣相同,一般以出露2~3扣为宜。连接后要保证法兰间隙均匀,确保连接部位密封性能满足试

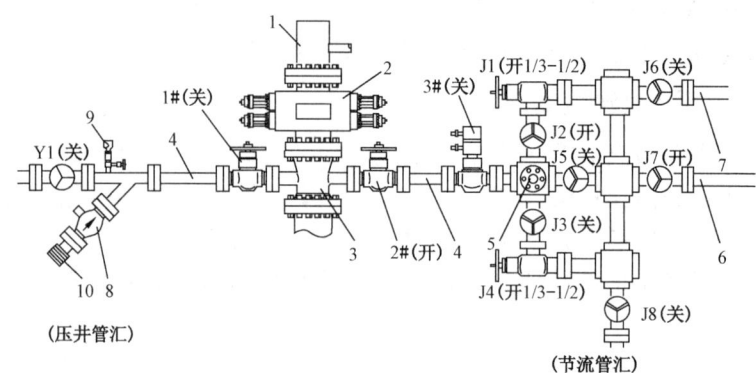

图 8-2 14MPa 和 21MPa 井控装备(浅气发育区以外取套、侧斜施工井)安装示意图
1—防溢管;2—液动双闸板防喷器;3—套管四通;4—防喷管线;5—节流管汇压力表;6—放喷管线
7—回收管线;8—单流阀;9—压井管汇压力表;10—活接头;3#闸阀为液动平板阀;J1、J4 为手动节流阀

压要求。

(3)防喷器上部安装挡泥伞。

(4)防喷器组用 16mm 钢丝绳和正反螺栓四角绷紧固定,绷绳以不得妨碍其他操作为宜。

(5)挂牌标识防喷器各闸板类型及开关状态。

(6)手动操作杆操作手轮安装在井架底座以外,靠近手轮端支撑牢固,其中心线与防喷器锁紧轴之间的夹角不大于 30°;挂牌标明手动操作杆的开关方向和到位的圈数。

(7)防喷器底法兰短节不允许现场焊接。

(8)套管四通的两侧应接专用的防喷管线(法兰连接),防喷管线不允许现场焊接,长度超过 7m 应固定。

(二)节流管汇和放喷管线安装

(1)节流管汇前安装液动平板阀(3#),并处于常关状态。

(2)节流管汇各闸阀需挂牌标识开关状态。注意浅气发育区施工井与非浅气发育区施工井放喷流程的差异。

(3)J1 和 J4 为手动节流阀,处于半开状态;J2、J3、J5、J6、J7 和 J8 为平板阀,必须处于全开或全关状态,不得置于半开状态用作节流放喷;若各平板阀采用双联阀,则上游的平板阀处于常开状态。

(4)节流管汇上的压力表使用截止阀垂直向上安装,表面朝向井口方向,压力表量程要与节流管汇的压力等级相匹配。

(5)放喷管线安装在当地季节风下风方向,非浅气区施工井放喷管线接出井口30m以外,浅气区施工井放喷管线接出井口50m以外,管线出口为油管外螺纹,不得连接接箍、弯头或未经固定的短节。放喷管线出口不得有障碍物,且距危险或易损害设施距离不小于30m。

(6)放喷管线如遇特殊情况需要转弯时,要用锻造钢弯头或钢质弯管,转弯夹角不小于90°。

(7)放喷管线每隔10~15m用基墩固定牢靠,一般情况下需要4个基墩:第1个基墩宜安装在放喷阀门外侧且靠近放喷阀门处;放喷管线出口2m内用双基墩固定;第1个基墩与出口双基墩之间再用1个基墩固定。放喷管线转弯处前后均需固定。

(8)放喷管线不允许埋入地下,车辆跨越处应有过桥保护措施,过桥盖板下的管线应无法兰、螺纹或活接头连接。

(9)回收管线每隔10~15m用基墩固定牢靠,长度不足10m的,在靠近出口处用单基墩固定。

(三)压井管汇安装

(1)压井管汇安装在当地季节风上风方向。压井管汇一侧紧靠套管四通的阀门(1#)处于常关状态,Y1平板阀处于关闭状态,各闸阀开关状态需挂牌标识。

(2)压井管汇上的压力表使用截止阀垂直向上安装,表面背向井口方向,压力表量程要与压井管汇的压力等级相匹配。

(3)压井管汇单流阀外端连接活接头。

(4)压井管汇平板阀(Y1)出口可连接副放喷管线。

取套、侧斜施工前期的普修作业井控装备安装执行《普修施工(手动防喷器)井控装备安装》要求。

三、油水井修井施工(35MPa液动防喷器)井控装备安装

35MPa井控装备安装示意图如图8-3所示。

(一)防喷器安装

(1)防喷器与套管四通的连接必须采用井控车间配发的专用螺栓,其规格为M36mm×3mm。

(2)安装前要保证防喷器下法兰钢圈槽、套管四通上法兰钢圈槽及钢圈均清洁干净,并涂抹密封脂。连接螺栓配备齐全并对称旋紧,螺栓两端余扣相同,一般以出露2~3扣为宜。连接后要保证法兰间隙均匀,确保连接部位密封性能满足试压要求。

(3)防喷器组用16mm钢丝绳和正反螺栓四角绷紧固定,绷绳以不得妨碍其他

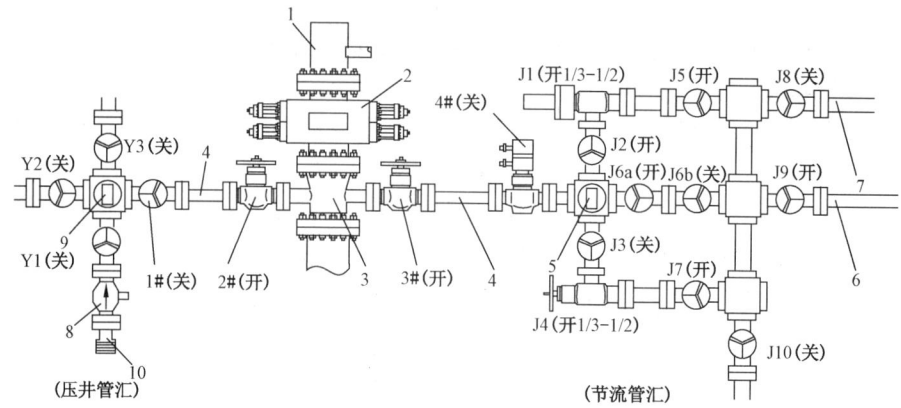

图 8-3　35MPa 井控装备(油水井施工)安装示意图
1—防溢管;2—液动双闸板防喷器;3—套管四通;4—防喷管线;5—节流管汇压力表;
6—放喷管线;7—回收管线;8—单流阀;9—压井管汇压力表;10—活接头
4#—液动平板阀;J1—液动节流阀;J4—手动节流阀

操作为宜。

(4)挂牌标识防喷器各闸板类型及开关状态。

(5)手动操作杆操作手轮安装在井架底座以外,靠近手轮端支撑牢固,其中心线与防喷器锁紧轴之间的夹角不大于30°。挂牌标明手动操作杆的开关方向和到位的圈数。

(6)防喷器底法兰短节不允许现场焊接。

(7)套管四通的两侧应接专用的防喷管线(法兰连接),防喷管线不允许现场焊接,长度超过7m应固定。每条防喷管线应各装2个闸阀,通常情况下紧靠套管四通的闸阀(2#、3#)应处于常开状态,防喷管线控制闸阀(1#、4#)处于常关状态,并接出井架底座以外。各闸阀的开关状态需挂牌标识。

(二)节流管汇和放喷管线安装

(1)节流管汇前安装液动平板阀(4#),并处于常关状态。

(2)节流管汇各闸阀的开关状态需挂牌标识。

(3)J1 为液动节流阀,J4 为手动节流阀,二者处于半开状态;J2、J3、J5、J6、J7、J8、J9、J10 为平板阀,必须处于全开或全关状态,不得置于半开状态用作节流放喷;若各平板阀采用双联阀,则上游的平板阀(J2b、J3a、J6a)处于常开状态。

(4)节流管汇上安装高、低量程压力表各1块,并使用截止阀垂直向上安装,表面朝向井口方向,其中,低量程压力表截止阀处于关闭状态;高量程压力表截止阀处于打开状态。

(5)放喷管线安装在当地季节风下风方向,接出井口 30m 以外,管线出口为油管外螺纹,不得连接接箍、弯头或未经固定的短节。放喷管线出口不得有障碍物,且距危险或易损害设施距离不小于 30m。

(6)放喷管线如遇特殊情况需要转弯时,要用锻造钢弯头或钢质弯管,转弯夹角不小于 90°。

(7)放喷管线每隔 10m 用基墩或地锚固定牢靠,放喷管线出口 2m 内用双基墩(或双地锚)固定,放喷管线转弯处前后均需固定。放喷管线不允许埋入地下,车辆跨越处应有过桥保护措施,过桥盖板下的管线应无法兰、螺纹或活接头连接。

(8)回收管线每隔 10~15m 用基墩(或地锚)固定牢靠,长度不足 10m 的,在靠近出口处用单基墩(或地锚)固定。

(三)压井管汇安装

(1)压井管汇安装在当地季节风上风方向,各闸阀的开关状态需挂牌标识。

(2)压井管汇上的压力表使用截止阀垂直向上安装,表面背向井口方向,压力表量程要与压井管汇的压力等级相匹配。

(3)压井管汇单流阀外端连接活接头。

(4)压井管汇平板阀(Y2、Y3)出口可连接副放喷管线。

四、气井施工井控装备安装

35MPa 井控装备安装示意图如图 8-4 所示,70MPa、105MPa 井控装备安装示意图如图 8-5 所示。

(一)防喷器安装

(1)防喷器与套管四通的连接必须采用井控车间配发的专用螺栓,其中,35MPa 防喷器连接螺栓规格为 M36mm×3mm;70MPa 或 105MPa 防喷器连接螺栓规格为 M39mm×3mm。

(2)安装前要保证防喷器下法兰钢圈槽、套管四通上法兰钢圈槽及钢圈均清洁干净,并涂抹密封脂。连接螺栓配备齐全并对称旋紧,螺栓两端余扣相同,一般以出露 2~3 扣为宜。连接后要保证法兰间隙均匀,确保连接部位密封性能满足试压要求。

(3)防喷器组用 16mm 钢丝绳和正反螺栓四角绷紧固定,绷绳以不得妨碍其他操作为宜。

(4)挂牌标识防喷器各闸板类型及开关状态。

(5)手动操作杆操作手轮安装在井架底座以外,靠近手轮端支撑牢固,其中

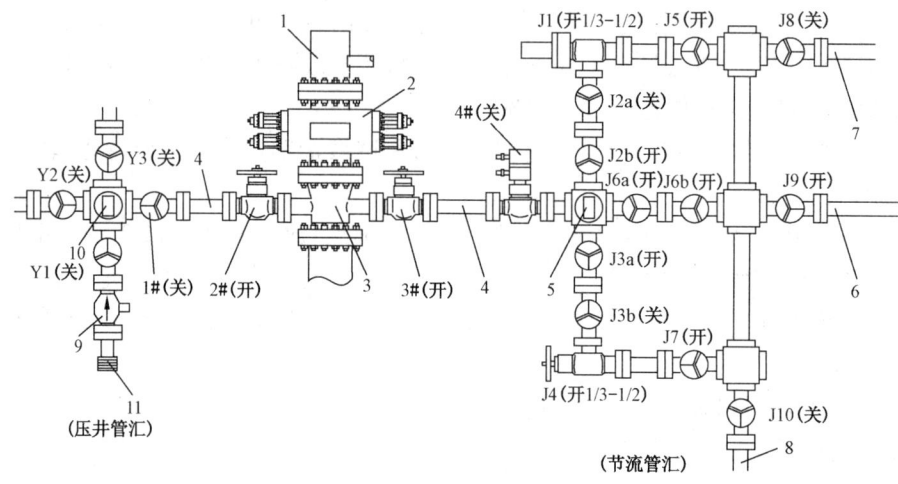

图8-4　35MPa井控装备(气井施工)安装示意图

1—防溢管；2—液动双闸板防喷器；3—套管四通；4—防喷管线；5—节流管汇压力表；6—放喷管线
7—泄压管线(出口安装点火装置)；8—接液气分离器；9—单流阀；10—压井管汇压力表；11—活接头
4#—液动平板阀；J1—液动节流阀；J4—手动节流阀

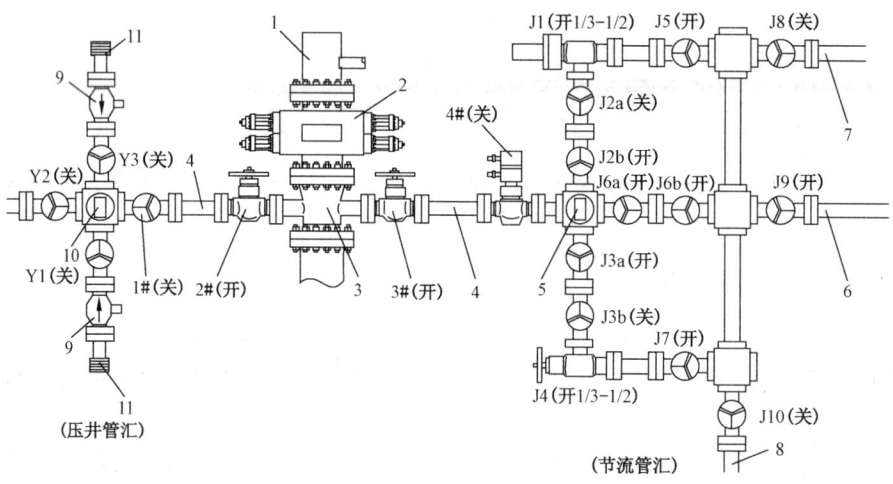

图8-5　70MPa、105MPa井控装备(气井施工)安装示意图

1—防溢管；2—液动双闸板防喷器；3—套管四通；4—防喷管线；5—节流管汇压力表；6—放喷管线
7—泄压管线(出口安装点火装置)；8—接液气分离器；9—单流阀；10—压井管汇压力表；11—活接头
4#—液动平板阀；J1—液动节流阀；J4—手动节流阀

线与防喷器锁紧轴之间的夹角不大于30°。挂牌标明手动操作杆的开关方向和到位的圈数。

(6)防喷器底法兰短节不允许现场焊接。

(7)套管四通的两侧应接专用的防喷管线(法兰连接),防喷管线不允许现场焊接,长度超过7m应固定。每条防喷管线应各装2个闸阀,一般情况下紧靠四通的闸阀(2#、3#)应处于常开状态,防喷管线控制闸阀(1#、4#)处于常关状态,并接出井架底座以外。各闸阀的开关状态需挂牌标识。

（二）节流管汇和放喷管线安装

(1)节流管汇前安装液动平板阀(4#),并处于常关状态。

(2)J1为液动节流阀,J4为手动节流阀,二者处于半开状态;J2、J3、J5、J6、J7、J8、J9、J10为平板阀,必须处于全开或全关状态,不得置于半开状态用作节流放喷。

(3)节流管汇各闸阀的开关状态需挂牌标识。打开液动平板阀后(4#),通过J6a、J6b和J9平板阀实现无阻放喷。当需要泄压点火或循环修井液时,关闭J6b和J9平板阀,打开J2a和J8平板阀,通过J1(液动节流阀)实现节流放喷;若需要实施气液分离,关闭J8平板阀,打开J10平板阀,使流体流向液气分离器。

(4)节流管汇上安装高、低量程压力表各1块,并使用截止阀垂直向上安装,表面朝向井口方向,其中,低量程压力表截止阀处于关闭状态;高量程压力表截止阀处于打开状态。

(5)放喷管线和泄压管线安装在当地季节风下风方向,接出井口50m以外,管线出口不得有障碍物,且距危险或易损害设施距离不小于50m。放喷管线出口为油管外螺纹,不得连接接箍、弯头或未经固定的短节。2条管线走向一致时,应保持大于0.3m的距离。泄压管线出口安装点火装置,距出口8~10m安装防回火装置。节流管汇与液气分离器之间采用专用的内控管线(法兰连接),在节流管汇的平板阀(J10)接出8~10m后可转向放喷管线出口方向,保证液气分离器与放喷管线和泄压管线之间留有安全距离。

(6)放喷管线、泄压管线及节流管汇与液气分离器之间管线如遇特殊情况需要转弯时,要用锻造钢弯头或钢质弯管,转弯夹角不小于90°。

(7)放喷管线、泄压管线及节流管汇与液气分离器之间管线每隔10m用基墩或地锚固定牢靠,放喷管线和泄压管线出口2m内用双基墩(或双地锚)固定,管线转弯处前后均需固定。管线不允许埋入地下,车辆跨越处应有过桥保护措施,过桥盖板下的管线应无法兰、螺纹或活接头连接。

（三）压井管汇安装

(1)压井管汇安装在当地季节风上风方向,各闸阀的开关状态需挂牌标识。

(2)压井管汇上的压力表使用截止阀垂直向上安装,表面背向井口方向,压力表量程要与压井管汇的压力等级相匹配。

(3)压井管汇单流阀外端连接活接头。

(4)压井管汇平板阀出口可连接副放喷管线。

(四)液气分离器安装

(1)分离器距井口的距离不小于30m。

(2)立式分离器应用直径不小于16mm的钢丝绳和直径不小于22mm的正反扣螺栓对角四方绷紧、固定,非橇装立式分离器应用水泥基墩加地脚螺栓固定。

(3)分离器排气管线通径不小于50mm,出口接至距井口50m以外的安全地带(高压油气井或高含硫化氢等有毒有害气体的井,其出口应接至距井口75m以外的安全地带),相距各种设施不小于50m,因特殊情况达不到以上要求时,应进行安全风险评估和制定针对性的安全措施,同时点火口应具备点火条件。

(4)分离器排污管线应接入废液池或废液罐,并固定牢靠。

(5)分离器筒安装量程0~4MPa的压力表,压力表通过截止阀垂直向上安装。

(6)分离器应配套安装安全阀,安全阀应铅直安装在分离器液面以上气相空间的本体上。安全阀与分离器之间不宜装设截止阀。安全阀与分离器连接管道的截面积不小于安全阀的进口端截面积(总和),连接管道应尽量短而直。

(7)安全阀出口方向指向排污坑或主放喷出口一侧。安全阀泄压管线不应存在缩径现象,应尽量平直引出,并单独接至井场外的安全地带,出口不应接弯头。

(8)分离器排气管线和安全阀泄压管线应按照放喷管线相关要求进行固定。

五、远程控制装置安装

(1)远程控制台原则上安装在季节风上风方向、距井口不少于25m、便于司钻(操作手)观察的位置,并保持不少于2m宽的人行通道;周围10m内不应堆放易燃、易爆、易腐蚀物品。

(2)远程控制台电源从配电板总开关处直接引出,并用单独设置控制开关。

(3)井控装备经现场试压合格并处于正常工作状态时,远程控制台油箱内储存的液压油不少于油箱总容积的1/3。环境温度在0℃以上时,使用L-HM32抗磨液压油或适宜的代用油;环境温度在0℃以下时,使用L-HV32低温液压油或适宜的代用油。

(4)远程控制台储能器压力在17.5~21.0MPa之间,并始终处于工作状态。汇流管压力为10.5MPa。

(5)远程控制台电控箱开关旋钮应处于自动位置,各控制手柄(三位四通换向阀)应置于工作位置,并有控制对象名称和开关标识。控制全封闸板的三位四通阀应安装防误操作的防护罩。

(6)液压控制管线与防喷管线、放喷管线的距离应不少于1m,在车辆跨越处应有过桥保护措施。

(7)液压控制管线上不应堆放杂物,在连接时应保持清洁干净、排放整齐、连接正确、密封良好,安装后应进行开、关试验检查,管线拆除后应采取防堵措施。

(8)司钻控制台安装在钻台便于司钻操作的位置。

(9)节流控制箱安装在钻台操作时能观察到液动节流阀的位置。

(10)司钻控制台和远程控制台气源应从气瓶排水分配器上专线连接。严禁强行弯曲和压折气管束。

第四节 井控安装流程

一、操作流程

(1)缓慢打开采油树套管阀门放压,没有压力后,按要求安装压井管汇和放喷管汇。

(2)打开防喷器全封和半封。检查防喷器各部件是否灵活好用,并确保防喷器规格与井口相匹配,否则更换井口。选用2SFZ18-14或2SFZ18-21手动双闸板防喷器,配备相应压力级别油管旋塞阀。针对井控高危区域施工井,选用2FZ18-35液动双闸板防喷器及液控系统,同时配备相应压力级别的压井管汇、节流管汇。

(3)吊防喷器。从油管接箍处套入钢圈,用吊装绳套(ϕ16mm钢丝绳,无压扁、松股、硬弯、接头)吊起防喷器坐在吊卡上。

(4)连接倒防喷器油管。吊起一根油管坐入防喷器内。打牢背钳,数准上扣圈数(10~11圈为宜),关闭半封。

(5)坐钢圈。上提油管摘掉下部吊卡,将钢圈放入槽内。钢圈及钢圈槽要清洁涂抹黄油。严禁用手直接触碰移动钢圈。

(6)坐防喷器。缓慢下放管柱,使防喷器螺栓全部进入法兰螺栓孔内,打开半封。

(7)紧防喷器螺栓。确认钢圈进槽后,两人同时将防喷器螺栓对角上紧、上平。

二、风险提示点及质量要求

(1)安装前确认防喷器各部件灵活好用。

(2)严禁用手直接触碰移动钢圈。

(3)现场安装前要认真保养防喷器,并检查闸板芯子尺寸是否与所使用管柱尺寸相吻合,检查配合三通的钢圈尺寸、螺孔尺寸是否与防喷器、套管四通尺寸相吻合。

(4)防喷器与套管四通的连接必须采用井控专用螺栓,其规格为 M30mm×3mm。

(5)连接螺栓配备齐全并对称旋紧,螺栓两端余扣一致,一般以出露 2~3 扣为宜。法兰间隙均匀,密封垫环槽、密封垫环清洁干净,并涂润滑脂安装,确保连接部位密封性能满足试压要求。

(6)防喷器各闸板需挂牌标识开关状态。

(7)防喷器安装必须平正,各控制阀门、压力表应灵活可靠,上齐上全连接螺栓。

(8)所有井控装备都要建档并出具检验合格证。运行半年或施工已达到 60 口井的井控装置及井控工具必须进行检测。

第五节　井控维护及保养

作业队制定井控设备定期保养制度,定岗定责,清洁保养。

防喷器系统由井架工负责,远程台及控制管线由副司钻负责,节流、压井管汇由内外钳工负责。

防喷器系统保养内容(每天):

(1)四角钢丝绳固定。

(2)各连接固定、无渗漏。

(3)闸板芯子完好情况。

(4)手动锁紧杆灵活且有明显开关标识。

(5)内防喷器灵活好用。

(6)防喷器活动情况。

控制系统保养内容(每天):

(1)油面是否到上观察窗。

(2)储能器压力 21MPa。

(3)管汇压力 10.5MPa。

(4)系统及管汇有无渗漏。

(5)电泵工作是否正常。

(6)每月清洗一次各滤芯。

(7)每周润滑一次控制阀。

(8)电泵传动链条每月润滑一次。

节流、压井管汇保养内容(每天):

(1)各阀门开关位置是否符合要求。

(2)阀门开关是否灵活。
(3)各压力表灵敏可靠。
(4)管线有无堵塞或冻结。
(5)各阀门每周注黄油一次。

每天白班相应岗位例行检查保养,并填写《井控装置检查保养记录》。

第六节　井控现场试压

一、手动防喷器现场试压标准

(一)试压目的

(1)检查及测试井口防喷器、井控管汇及地面循环系统的承压强度、连接质量和设备整体强度,以确保被试压设备在整个钻(修)井过程中好用不漏。

(2)检查及测试井口防喷器各个密封部件在溢流初期关井的情况下是否能产生有效地密封,做到早期封井,以尽快平衡地层压力,制止进一步溢流。

(二)试压介质

在无特殊要求情况下,防喷设备的试压介质为清水。

(三)试压设备

在井控车间试压,有专门的试压实施设备,如试压坑、电动高压泵、远程监测试压记录仪等。

目前现场井口试压,工具主要有:试压堵塞器、试压泵、试压三通等。

(四)试压程序

1. 环形防喷器的试压程序

(1)对于公称尺寸不大于 $\phi 230mm$ 的防喷器,应采用 $\phi 89mm$ 的钻杆试压;对于公称尺寸不小于 $\phi 280mm$ 的防喷器,应采用 $\phi 127mm$ 的钻杆试压。

(2)试压时井口介质压力在不超过套管抗内压强度80%的前提下,为防喷器额定工作压力的70%。

(3)试压时液控油压为 10.5MPa。

(4)稳压时间不少于 10min,密封部位无渗漏为合格。

2. 闸板防喷器的试压程序

1)低压试压

(1)当井内有钻具时,关半封试压(闸板开口尺寸应与所用钻具本体的外径一致);当井内无钻具时,关全封试压。

(2)试压时井口介质压力为 0.7MPa。

(3)试压时液控油压为 10.5MPa。

(4)稳压时间不少于 10min,密封部位无渗漏为合格。

2)高压试压

(1)当井内有钻具(管柱)时,关半封试压(闸板开口尺寸应与所用钻具本体的外径一致);当井内无钻具时,关全封试压。

(2)试压时井口介质压力为防喷器额定工作压力。

(3)试压时液控油压为 10.5MPa。

(4)稳压时间不少于 10min,密封部位无渗漏为合格。

3)剪切闸板试压

剪切闸板除进行高、低压试压外,还必须进行剪切钻杆试验。剪切钻杆 ϕ127mm,壁厚 9.19mm,钢级 G-105 级,液控油压应在 14~21MPa。

除对以上设备试压外,还应对压井、节流管汇试额定工作压力。节流阀后的部件按较其额定工作压力低一个压力等级试压,放喷管线试压不低于 10MPa。试压部分,因各种原因更换部件或密封件后,都要作相应的试压。

(五)试压方法

在射开油层之前,现场井控设备试压可采取提升皮碗试验器试压法和试压泵试压法。

1. 提升皮碗试验器试压法

(1)将皮碗试验器接在钻杆(油管)下部,下入套管内。

(2)用清水灌满井口。

(3)关闭环形防喷器(注意:绝不能关闭全封闸板)。

(4)用提升系统缓慢上提皮碗试验器,并观察套压表,提至所需试验压力,稳压 10min,检查各连接部位和密封部位是否有渗漏。

2. 试压泵试压法

(1)将塞型试验器接在钻杆(油管)下部,坐入套管头内。

(2)用清水灌满井口。

(3)关闭半封闸板防喷器或环形防喷器(当钻具退出后,可关闭全封闸板试压)。

(4)用试压泵缓慢向井内打压,并观察套压表,泵至所需试验压力,10min 后检查各连接部位和密封部位是否有渗漏。

(六)试压注意事项

(1)用皮碗试验器试压时,作用于试压防喷器组腔体内部的力,加上下部悬挂的钻柱重量,不得超过上部钻杆的安全负荷能力,否则会使钻杆断裂。

(2)用皮碗试验器试压前,应检查并保证试压钻具水眼是否畅通无堵塞,以防上提钻具试压时套管内拔活塞,挤扁套管。

二、液控防喷器现场试压标准

(一)试压前的准备工作

(1)试压前必须按标准安装井控设备。所有法兰螺栓紧扣均匀,放喷管线及回收管线紧扣到位,固定标准。所有管汇压力表量程符合要求。

(2)试压作业宜安排在白天视线良好的情况下进行,如确实需要在夜晚试压,要确保作业现场照明视线良好。

(3)明确现场负责人,由现场负责人组织召开井控设备试压协调会,明确相关人员职责和试压参数要求,开展工作前安全风险评估工作。

(4)按设计结合井控装置和套管规范落实试压数据。全套井控装置试验压力在不超过井内套管抗内压强度的80%的前提下,环形防喷器试压到额定工作压力的70%,闸板防喷器和压井管汇及节流阀前的部件和管线试压到额定工作压力,稳压时间不应少于10min,允许压降不大于0.7MPa,密封部位、连接部位无渗漏为合格。节流阀后的部件按上述标准低一个压力级别试压。

(二)试压注意事项

(1)试压前严禁钻穿水泥塞。

(2)试压前应对试压塞或堵塞器进行丈量、检查,确保顺利通过导管。

(3)稳压期间,检查受压设备和管道的法兰、盲板、压力表时,禁止站在法兰、盲板的对面。读表时视试验压力确定站位安全距离,一般不少于2m。

(4)试压过程中,如发现法兰或焊缝有渗漏现象,严禁带压拧紧螺栓和补焊,应先泄压至零,再进行修复紧固。

(5)试压前,应向井筒和管汇灌满试压液体,排尽管道内部的空气。

(6)泄压要求。采用钻井泵试压的,从钻井泵的回水处泄压;采用试压泵试压的,从试压设备泄压阀处泄压;压井管汇试压前应先拆掉单流阀的芯子,便于泄压;禁止从压力表座处或打开平板阀泄压。严禁用开防喷器的方法泄压。

(7)试压结束后,应确认试压管线的内部压力彻底释放干净。冬季试压为防止管线冻堵,试压完毕应放净管线内的液体介质,使用气泵吹扫管线后灌注防冻液。

(三)试压步骤

(1)井控装置图(该图为70MPa高级配置示意图,见图8-6)

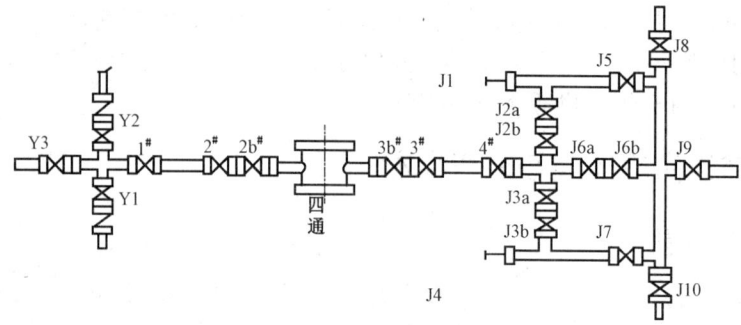

图 8-6 井控装置图

(2)正确连接所有控制管线,确认各阀门、开关处于试压要求的状态,试压通道保持畅通。

(3)试压流程:第一步试压全封闸板,第二步试压环形防喷器,第三步试压半封闸板,最后试压放喷管线。

第七节 井控防喷演习及演习记录

防喷演习制度规定,井下作业队必须根据作业内容每月进行一次不同工况下的防喷演习,并做好防喷演习讲评和记录工作。演习记录包括:班组、日期和时间、工况、演习速度、参加人员、存在问题、讲评等。

一、防喷演习步骤

(一)起下作业防喷演习

(1)发出信号,停止起下作业。
(2)抢装旋塞阀或防喷单根。
(3)打开放喷阀门。
(4)先关闭防喷器,再关闭旋塞阀。
(5)试关闭放喷阀门(或节流阀)。
(6)观察并记录套管压力值的变化。
(7)向值班干部汇报。

(二)空井筒防喷演习

(1)发出信号。
(2)抢下管柱后装旋塞阀或防喷单根。
(3)打开放喷阀门。

(4)先关闭防喷器,再关闭旋塞阀。
(5)试关闭放喷阀门(或节流阀)。
(6)观察并记录套管压力值的变化。
(7)向值班干部汇报。

(三)起下大直径工具防喷演习

(1)发出信号、停止起下作业。
(2)抢下管柱后装旋塞阀或防喷单根。
(3)打开放喷阀门。
(4)先关闭防喷器,再关闭旋塞阀。
(5)试关闭放喷阀门(或节流阀)。
(6)观察并记录套管压力值的变化。
(7)向值班干部汇报。

二、岗位操作规范

(一)班长

班长是现场最高指挥者,随时掌握现场动态,判断井控等级,指挥班组做好关井准备。
(1)打出手势通知四岗位打开放喷阀门。
(2)打出手势通知司机发现溢流停止施工,司机发出溢流警报信号。
(3)打出手势通知一岗位和二岗位抢装井口旋塞阀。
(4)打出手势通知司机关井。司机发出关井信号。
(5)打出手势通知四岗位关闭放喷阀门。
(6)打出手势通知司机成功关井,司机发出警报解除信号。
(7)清点现场人数,汇报。

(二)一岗位

(1)听到司机发出关井信号,与二岗位将带有提升短节的(内防喷器)旋塞阀,扣好吊卡迅速吊装到井口上并连接好。
(2)与二岗位立即关闭防喷器,再关闭(内防喷器)旋塞阀。
(3)关闭旋塞阀后,用手势通知班长关井成功。

(三)二岗位

(1)听到司机发出关井信号,与一岗位将带有提升短节的(内防喷器)旋塞阀,扣好吊卡迅速吊装到井口上并连接好。

(2)与一岗位立即关闭防喷器。
(3)将使用后的工具交给三岗,便于工具存放。
(4)检查井口旋塞阀灵活好用,扳手存放固定位置。

(四)三岗位

(1)听到司机发出关井信号,将带提升短节的(内防喷器)旋塞阀传递至井口。
(2)将防喷器扳手、旋塞阀扳手依次传递给一岗位、二岗位。

(五)四岗位

(1)观察套管压力表,当套压达到3MPa时,立即向班长报告溢流、套压情况。
(2)关井成功后,观察套管压力表,看到班长打出关闭放喷阀门手势,在允许的最大关井套管压力内关闭放喷阀门,打出成功关闭手势把信息传递给班长。
(3)继续观察套压表,有情况随时报告班长。

(六)司机岗位

(1)看到班长停止作业手势,立即发出警报信号(溢流报警信号:不少于15s的气(电)喇叭声)。
(2)下放游动滑车吊起带有提升短节的(内防喷器)旋塞阀,抢装旋塞阀。
(3)看到班长关井手势,发出关井信号(关井信号:两声短促(每次2~3s)的气(电)喇叭声)。
(4)看到班长解除手势,发出警报解除信号(解除信号:三声短促(每次2~3s)的气(电)喇叭声)。
(5)平时检查保养电气路,保证汽笛完好。

(七)带班干部

(1)检查班组成员是否穿戴齐全劳保用品。
(2)查找火种。
(3)观察好逃生路线。
(4)向大队调度汇报。
(5)对班组下达做压井准备的命令。

三、井控中的各种手势

(1)双臂微张上举表示"发现溢流"(图8-7)。
(2)右手食指垂直指向左手手心表示"停"(图8-8)。
(3)两小臂交叉表示"关"(图8-9)。
(4)两手水平相对表示"开"(图8-10)。

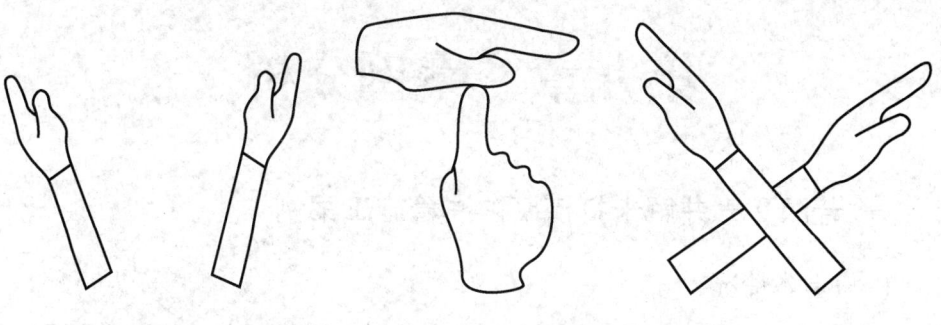

图8-7 "发现溢流"手势　　图8-8 "停"手势　　图8-9 "关"手势

(5)双臂展开,双手手心向下表示警报解除"结束"(图8-11)。

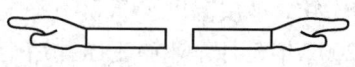

图8-10 "开"手势　　　　　　图8-11 "结束"手势

第九章　案例分析

一、芳深9气井解卡打捞腐蚀油管施工案例

(一) 基本情况

芳深9井是1996年完钻的一口气井,完钻深度3901m,井口装置为KQ70/65型采气树,井内为射孔试气联作管柱。1999年试气时日产气量50938m³,日产水3.0m³,气体密度1.4655,无阻流量76988m³。套压19.2MPa,3610m地层压力38.763MPa,地层温度142.2℃。

2002年5月作业施工压井后,上提管柱负荷136kN,之后下加深管柱探桥塞,下第一根油管时遇阻(下入2.89m),拉力表悬重下降40kN,正转油管数圈下入,共下入φ73mm油管7根,未在3669.05m处探到桥塞(每根油管下入2.89m时拉力表显示悬重都下降)。起出井内油管137根(包括加深7根),上提1.49m时拉力表悬重增至200kN,正转数圈后起出(起出62根时悬重增加现象消失),原井油管第167根上外螺纹断,211根加厚油管、定位短节、筛管、起爆器、YD-102射孔枪、电缆桥塞断脱在井内,深度不详。2002年5月30日下铅模至1115.35m遇阻,最小通径为φ70mm。

(二) 情况分析

(1)根据在3669.05m未探到桥塞和原井第167根油管上外螺纹断脱的情况,分析认为油管串在施工前已经腐蚀断脱,211根加厚油管、定位短节、筛管、起爆器、YD-102射孔枪断脱在井内,深度不详,电缆桥塞在断脱管柱自由下落冲击下是否移动情况不明。

(2)根据起下油管时悬重的变化及铅模印痕、深度分析,可判断出套管已经腐蚀断脱,纵向位移44.63m,横向位移54mm。

(3)套管断脱后,油层套管和技术套管之间的环形空间内,一定已经充满了气体。由于没有放气阀,压井时气体排不出来,将会在井口形成高压区。施工时首先要采取措施将气体排出以保证施工的安全。

(4)如果断脱的管柱腐蚀严重,在自由下落的过程中,极有可能断为许多碎段,堆积在下部或形成S状弯曲,埋在沉淀物内。解卡打捞作业将会非常困难。

(5)气井井内压力较高,在施工过程中应采取相应的井控措施保证生产的安全。

(6)压井液应以既可达到压井的目的又能减小对气层的损害为原则。

(三)采取的措施及施工过程

1. 采用无固相低伤害压井液反循环压井

因为水基钻井液压井易气侵,并且钻井液中固相颗粒侵入地层堵塞气流通道,可对气层造成无法弥补的损害;而油基钻井液可使气层润湿反转,降低地层渗透率。二者都不适合用作气井压井液。为满足该井压井的需要,特研配了无固相低伤害钻井液。无固相低伤害钻井液由主剂、降滤失剂、密度调节剂、小阳离子、防腐剂、消泡剂、盐结晶抑制剂等组成。主剂是一种特殊的聚合物,能够很好地抑制黏土的水化膨胀,密度调节剂为各种无机盐,防腐剂、消泡剂,对套管具有保护作用,盐结晶抑制剂对无机盐中的金属离子具有络合作用,使压井液密度可调幅度大幅度提高。解决了固相堵塞气层通道和气层润湿反转的问题,并且密度可调幅度大,在 $1.0 \sim 2.5 g/cm^3$ 之间,适合于高中低压气井。

该井选用反循环方式压井,因为反循环压井时,修井液流向是从截面积大、流速低的套管环形空间流向截面积小、流速高的油管。根据水利学原理,在排量一定的条件下,当压井液从油套管环形空间泵入时,压井液的下行流速低,沿程摩阻损失小,压降也小,而对井底产生的回压相对较大。可见,反循环压井从一开始就产生较大的回压。所以,对于高压力、产量大的井,采用反循环压井法不仅易成功,而且压井后即使气层有轻微损害,也可借助投产时井本身高压、大产量来解除。

施工中用钻井液 $183m^3$ 压井,取得了良好的效果。

2. 环空放气

该井为解决井口高压问题采用了环空放气的措施。具体做法是用内割刀把油层套管分段割开,让环空中的气体释放到套管内,随压井液安全排出。施工中分别在 901.8m、709.7m、507.6m、305m、149.45m、49.61m、5m 处将套管割成 7 段,每次切割后都有大量气体随压井液涌出。最后无明显井涌现象时,切割环铁,井口无任何不良反应。

3. 制作井口防喷装置

由于没有套管串控制器和变径法兰,不能装封井器,取换套施工中需要采取有效的井控措施。为此设计研制了井口防喷装置,具体情况是在技术套管上焊 0.5m 长的 8⅝″套铣筒短节,留出循环口。在 2⅞″短节上部接炮弹阀门,下部套焊 5½″套管短节和 8⅝″套铣筒短节,留出三种扣型的外螺纹,间隔的距离可同时上扣,一旦井下出现井喷预兆,可立即进行对接,控制环空和管内,也可进行正反循环压井。

4. 打捞

下入捞矛、捞筒等常规打捞工具根本抓获不住落物。这说明油管腐蚀严重,不能承受扭矩和钻压,已没有固定的形状。脱落在井底的油管已不是一段,很有可能是几段、十几段甚至是几十段。断脱的油管堆积在一起,塞满套管空间,被铁锈和沉淀物掩埋卡死,捞矛等常规的打捞工具根本无法打捞。要想实现打捞作业,打捞工具必须满足两个条件。一是能套铣,可以清理环空中腐蚀的油管体、铁锈以及其他沉淀物。二是工具应该具有收集筒,能够使落物进入收集筒,而且收集筒能堆积捞获腐蚀的油管皮子。根据以上两点现场设计加工了套铣母锥和套铣闭窗捞筒。

套铣母锥由套铣头、母锥体、接头组成。套铣头用 YD 合金铺焊而成。母锥体长 1m,打捞范围为 ϕ62~76mm。工作原理是套铣头套铣清理环空腐蚀的油管体、铁锈及沉淀物并使落物进入母锥体内,当母锥体堆积的油管碎片满足打捞尺寸时,开始造扣抓获。继续套铣时,或者把下部管柱倒开,或者把下部腐蚀的管柱扭断,把母锥体内的落物捞出。

套铣闭窗捞筒由套铣头、闭窗筒体、接头组成。套铣头用 YD 合金铺焊而成。闭窗筒体内有壁钩,打捞尺寸为 ϕ62mm 和 ϕ76mm 两种。工作原理是套铣头套铣清理环空腐蚀的油管体、铁锈及沉淀物并使落物进入闭窗筒体内,当筒体内油管碎片满足打捞尺寸时,将被壁钩夹住,起钻将这段落物捞获。

考虑到气井易喷,打捞管柱必须能够随时进行正循环压井,我们在组配打捞管柱时选用了压井循环阀。压井循环阀由上接头、循环孔、筒体、滑套、球座、密封圈、销钉组成。打捞过程中可通过压井循环阀循环压井。捞获落物,主循环通道堵塞时可投球憋压剪断销钉,滑套下移,露出循环孔进行循环压井。

施工中下入套铣母锥(套铣闭窗捞筒)+循环阀+反扣钻杆管柱进行套铣、倒扣 15 次,成功捞出 ϕ73mm 加厚油管 211 根、ϕ102mm 射孔枪 1 个。捞出的油管腐蚀严重,管内充满铁锈和死钻井液,散发出难闻的臭味。

完井下入 ϕ73mm 外加厚油管 1 根+挡球短节+ϕ73mm 外加厚油管,完井深度 3636m,卸防喷器,装 KQ70/65 采气树,试压 35MPa 合格,用液氮气举,压力 40MPa,排量 1.2m^3,气举深度 3623.02m,出口见气体。

(四)结果

通过实施以上措施,该井成功地完成了预期目标。无固相低伤害压井液反循环压井既达到了压井的目的,又减小了对气层的伤害。完井气举,出口见气体。环空放气及自制防喷器保证了施工的安全。研制的打捞工具非常适用于井下严重腐蚀,落鱼呈碎片的复杂情况,为以后该情况的处理提供了有效的措施。

二、升扶 42-54 井打捞油管、小件落物、抽油杆施工案例

(一)基本情况

升扶 42-54 油井,2002 年 2 月 22 日,采油厂作业队施工起下打捞数次,共捞

出普通油管55根,之后下φ73mm捞筒一个,φ73mm钻杆60根,下入管柱长度为574.80m,上下反复活动三次打捞不成功,鱼头破损,终止施工。

目前井下情况:φ62mm油管1290m,φ32mm管式泵一台,φ62mm筛管、导锥各一个。

(二)情况分析

基本情况中没有反应出井下技术状况,施工中首先要检测井下技术状况。然后根据具体情况,采取具体措施。

(三)施工过程

(1)下φ114mm铅模打印,证实鱼头为完好的油管外螺纹。

(2)采用下捞矛、捞筒均不能抓住落物。分析原因认为可能有小件掉入井内,卡在鱼顶处。决定采用φ118mm平底磨鞋磨铣落物修整鱼头。

(3)下入φ118mm平底磨鞋,用清水正循环磨铣鱼头,进尺40cm。之后下入捞矛、母锥、公锥、螺纹抓等工具打捞,共捞出φ62mm油管短节一根及油管接箍一个。

(4)下φ114mm铅模打印,证实套管无变形、错断,井内还有落物,印痕判断不清。

(5)下入开口为φ107mm的大母锥造扣打捞,捞出一个捞筒及φ62mm油管尾部外螺纹,捞筒上接一油管变钻杆的变扣头,内无通道。

(6)下φ114mm铅模打印,印痕为油管内螺纹。

(7)下油管捞矛经多次打捞,捞出油管126根。

(8)下φ114mm铅模打印,印痕为不规则的抽油杆印。通过印痕分析,抽油杆是弯曲不规则的,只能选择活齿外钩。

(9)下入前为防止活齿外钩不好使,在活齿外钩第一个钩子的对面用铁板焊上一个死钩。下入井内捞住,负荷放至悬重,旋转几圈,上提,捞出φ19mm的抽油杆2根。尾部为抽油杆接箍,发现抽油杆的两个接箍都被磨去了一半。分析认为抽油杆断脱后没有停机,而造成严重抽油杆接箍磨损脱节。

(10)下铅模打印,印痕为抽油杆并列印。分析为油管捞出后抽油杆从油管中掉下来,造成抽油杆并列插在一起。

(11)下活页捞筒,反复打捞三次,捞出抽油杆19根及活塞一个,其中在活页捞筒内并排夹着两根抽油杆。至此捞出井内全部落物。

三、升深2井震击解卡施工案例

(一)基础数据

该井于1995年5月2日完钻,完钻井深2953m,人工井底2949.42m,水泥返高

1684.4m,油层套管下深 ϕ139.7mm × 7.72mm × 2949.42m,表层套管下深 ϕ339.7mm × 10.92mm × 347.08m,射孔井段 2681.0~2904.2m。

(二) 井下情况

该井于 1996 年 12 月投产,测试地层压力(井深 2879.8m)32.25MPa,套压 26.5~27MPa,日产气 $31 \times 10^4 m^3$。至今已累计产气 $1 \times 10^8 m^3$。1996 年 6 月井下修井大队对该井进行处理井口刺漏施工,换新的 KQ60/65 采气树。1999 年测试油压 23.6MPa,套压 22.82MPa,日产气 $18.9 \times 10^4 m^3$。1998 年 12 月份发现油层套管与表层套管之间漏气,且漏失量越来越大,至 1999 年 3 月环形铁板焊口处有 6 处刺坏漏气,并伴随响声,不仅影响正常生产,而且存在火灾和爆炸的隐患。井内生产管柱为 ϕ73mm 外加厚油管 265 根,底部为 ϕ114mm 通径规,深度为 2553.78m。

本次施工目的是要寻找漏失点,修复漏失点,恢复正常生产。

(三) 施工过程

1. 压井

该井为气井,采用 PTA 完井液和重钻井液组合压井。PTA 为聚合物类清洁盐水压井液,由大阳离子聚合物类黏土稳定剂及各种化学添加剂配制而成,能起到保护气层,减轻污染的作用。

施工中井场除配备了常用的防火工具外,还备了一台消防车和 $100 m^3$ 重钻井液。连接压井进出口管线时使用铜制扳手和大锤并在其上包裹棉纱,防止产生火星发生爆炸。出口管线用地锚锚定并安装消音器。压裂车反循环 0.1% KCl 溶液 $3 m^3$ 时,出口由清水随气返出,说明井下生产管柱在井口附近已断脱,循环压井失败。

然后采取挤注法压井。关闭油管阀门,挤注 1.4 的 PTA 压井液 $30 m^3$ 至气层顶部。平衡地层压力后,试开阀门,有 PTA 压井液带压返出,说明 PTA 压井液不能压稳。挤注相对密度 1.9 的钻井液 $28 m^3$ 至气层顶部。保证 PTA 在气层内,重钻井液在气层以上,重钻井液不污染气层。打开油套阀门,有溢流但逐渐减小直至无溢流返出,说明井以被压住。

2. 安装防喷器

确认井已压住的情况下,钻机就位,卸掉采油树,安装单闸板防喷器,试压合格。该防喷器额定工作压力为 35MPa,通径为 ϕ180mm,能保证压力控制和各种井下工具顺利通过。

3. 打捞落物

倒出油管挂,起出井内油管 3 根,发现最后 1 根油管尾部 3m 均腐蚀穿孔,打印鱼顶深度为341.37m。打捞19次,共捞出油管260根。最后一次打捞反复活动管柱没能解卡,上提700kN拔脱,捞出147根油管,剩余2根油管及ϕ114mm通径规卡在井内。

4. 打印

打印证实在2845.18m处为砂印。

5. 冲砂

下入笔尖用钻井液循环冲砂,进尺1m。

6. 解卡

下入震击解卡管柱2次,解除了砂卡,捞出2根油管,气层全部露出,但ϕ114mm通径规没有捞出。为防止下井管柱循环通道被堵塞而无法压井,在解卡打捞管柱中连接一个压井循环阀。此阀平时关闭,当需要压井而又没有循环通道时,可打开此阀进行循环压井。在起下钻时过快由于抽吸作用易诱发井喷。因此限速为2m/min。

四、高145—斜46井套铣解卡施工案例

(一)基本情况

该井于1991年6月28日完钻,完钻井深1196m,套管规范139.7mm,壁厚7.72mm,下深1194m,人工井底1181.8m,水泥返高651.5m,射孔井段1015.7~1112.5m。

(二)井下情况

2003年2月16日一厂检电泵施工,起ϕ62mm油管99根,发现泵头法兰盘折断,下电泵打捞筒,打捞未成功,终止施工。鱼顶为电缆小扁及护罩,深度1063.52m。井内有250m^3/d电泵,分离器,电机各一件,电缆小扁20m及相应护罩。

(三)施工过程

1. 压井

该井2003年开始施工。压井选用密度1.7g/cm^3,黏度45s的压井液。泵压4MPa,排量0.2m^3/min,共用20m^3压井液。

2. 刮蜡

下刮蜡管柱:ϕ120mm刮蜡器,+ϕ73mm反扣钻杆,刮蜡至井深746.2m。用密度1.7g/cm^3,黏度45s钻井液反循环洗井,泵压4MPa,排量0.3m^3/min,钻井液用量10m^3。

3. 打印

下 φ120mm 铅模 + φ73mm 反扣钻杆 × 112 根,管柱总长 1063.76m 打印,遇阻深度 1057.17m,钻压 20kN,印痕为电缆卡子及碎电缆。

4. 打捞

先后用 φ101mm、φ102mm、φ103mm 的母锥打捞碎电缆及电缆卡子,共打捞 21 次。用 φ58mm×1.5m 滑块捞矛、φ90mm 三滑块捞矛打捞泵筒、护罩及电机,共打捞 3 次,φ58mm×1.5m 滑块捞矛打捞 2 次,φ90mm 三滑块捞矛打捞 1 次。其间使用 φ102mm 套铣筒套铣 15 次。

5. 套铣

打捞期间,为了解卡用 φ102mm 套铣筒套铣 15 次。套铣深度分别为:1059.17m、1063.07m、1068.12m、1072.37m、1076.3m、1078.39m、1078.74m、1081.16m、1081.65m、1088.41m、1088.92m、1091.0m、1097.95m、1098.10m、1101.6m。钻井液总用量 110m^3。

6. 铅模通井

下 φ120mm 铅模,φ73mm 反扣钻杆 117 根,钻具总长 1111.21m,遇阻深度 1104.25m,钻压 20kN,印痕为砂印。

7. 冲砂

下 φ73mm×1.5m 笔尖,钻具总长 1111.83m,下入深度 1104.25m。上提 1m,用密度 1.7g/cm^3,黏度 45s 钻井液冲砂,泵压 4MPa,排量 0.3m^3/min,钻井液用量 10m^3,进尺 77.55m,冲至人工井底。

8. 试压

下接丝堵尾管各一个,K344-114 封隔器 2 级,喷砂器 1 级,φ62mm 油管 104 根,总长 1011.46m,坐锥体 0.22m,下封隔器下入深度 1015.50m,试压井段 1015.50m 至井口。清水试压 15MPa,稳压 30min,压力未降,试压合格,说明无外漏。

9. 模拟通井

下 φ118mm×6.3m 通径规,φ73mm 反扣钻杆 124 根,总长 1183.06m,通井深度 1181.8m,通至人工井底无夹持力,说明套管无损害。

10. 替喷

下 φ100mm×170mm 喇叭口,φ54mm×500mm 工作筒,φ62mm 油管 100 根,变扣头 1 个,φ73mm 反扣钻杆 22 根,钻具总长 1178.4m,下入深度 118.1m。清水正循环替喷,泵压 5MPa,排量 0.3m^3/min,清水用量 30m^3,出口见清水。

11. 完井

完井下入 ϕ100mm×170mm 喇叭口，ϕ54mm×500mm 工作筒，ϕ62mm 油管 100 根，管柱长 970.67m。完井深度 973.81m。

五、朝 152－56 井燃爆整形施工案例

(一) 井下情况

该井于 1985 年 10 月 25 日完钻，完钻井深 1120.96m，套管规范 139.7mm，壁厚 6.20~7.72mm，水泥返高 679.8m，人工井底 1108.93m。

2003 年 3 月作业施工，上提 400kN 将原井油管拔脱鱼头为油管外螺纹，鱼顶深度 451.70m。

目前井下落物为 ϕ62mm 普通油管 52 根，ϕ38mm 管式泵一台，筛管、丝堵各一个。

(二) 井况分析

由以上基本情况可知该井为套损卡钻，451.70m 以下井段应该有变形或错断处，需先捞出变点以上管柱，再打印落实套损情况，对变形点选择合适的整形工具整形。

(三) 施工过程

(1) ϕ114mm 铅模打印，深度 451.70m，印痕为油管印。

(2) 倒扣打捞，捞出油管 50 根。

(3) 铅模打印，921.70m 套管错断，最小通径 ϕ90mm。套损点通径为 ϕ90mm，符合整形弹整形的要求范围，选用整形弹整形。

(4) 用梨形胀管器对套损井段的变形错断口进行初步修整，使整形弹能顺利通过。

(5) 下燃爆整形工具，使整形弹中部位于 921.70m。

(6) 地面引爆。

(7) 起出管柱。

(8) ϕ118mm 铅模通井，在 1088.95m 遇阻铅模印痕为油管印，下打捞管柱捞出 ϕ38mm 管式泵一台，油管 2 根，筛管、丝堵各一个，井内落物全部捞出。

六、F138－76 井燃爆加固案例

(一) 井下情况

该井于 1995 年 7 月 19 日完钻，完钻井深 1213.1m，套管规范 139.7mm，壁厚

6.20~7.72mm,水泥返高859.1m,人工井底1103.1m,射孔井段1006.4~1201.60m。

2003年3月12日堵水,下丢手管柱在899.71m遇阻,起出丢手管柱,下铅模证实:898.94m套管变形,变径为ϕ106mm,堵水未成下完井管柱。

(二)情况分析

根据以上情况分析,井内无落物,898.94m最小通径ϕ106mm,为典型的套变井。

(三)采取措施

X-Y测井显示在899.10m,套管错断破裂严重。根据测井情况,决定在899.10m变形处实施燃爆加固,管柱结构如下:ϕ118加固管(内径108mm)+燃爆式密封加固器+ϕ73mm。

(四)施工过程

(1)铅模打印证实899.10m变形,最小通径ϕ107mm。

(2)用梨形整形器、长锥面整形器、笔尖铣锥等工具,多次整形各变点通径均达到ϕ120mm。

(3)ϕ118mm×5000mm模拟筒通井至1204.54m,无加持力。

(4)测X-Y井径确定加固井管长度4100mm。

(5)下入ϕ118mm×4100mm加固管,并使加固管中点位于899.10m。

(6)投棒加固,井口有燃爆显示。

(7)起出加固管柱,测X-Y井径,加固段为897.05~901.15m,封固完好,加固成功。

七、杏1-3-F38井磨铣放气管简况

(一)井下情况

该井于1980年10月25日完钻,完钻井深1120.96m,套管规范139.7mm,壁厚6.20~7.72mm,水泥返高679.8m,人工井底1108.93m。780.50m套管变形,最小通径ϕ90mm,井口有放气管80m。

(二)井况分析

该井要求取套,变点深度在780.50m,井口有放气管80m。放气管的套铣是关键,如处理不好容易丢鱼头。

(三)施工过程

(1)用ϕ290×ϕ160mm磨铣钻头,磨铣至井深12.47m,打导管,固井,候凝。

(2)下磨铣钻头,磨铣至井深81.05m,发现有蹩钻及异常情况,套铣无进尺。根据这种情况分析可能是放气管偏离正常位置,进入套铣筒与井壁之间。套铣筒同样偏离正常位置,骑在了套管上,甚至将套管磨断,鱼头丢失。

(3)下可退捞矛试捞鱼头,共捞出7根套管及1.47m套管短节,证实第八根套管1.47m处被切断。

(4)用笔尖找鱼头无效,起出套铣钻具。将磨铣钻头底面铺成喇叭口,重新下钻收鱼头,套铣至82m时又发生蹩钻及异常现象,无进尺。

(5)下ϕ140mm铅模打印,打印深度在57.08m,铅模印痕为2in气管。根据这种情况,分析认为:在重新下钻收鱼头过程中,放气管又进入套铣筒内;从81.05m套铣至82m过程中,放气管下部已经盘在套管上或者鱼头上面。决定采取措施先处理放气管。

(6)用捞矛杆接头,在其底面铺成凹形磨鞋,外焊ϕ140mm套管筒子扶正,前部焊接ϕ175mm引鞋。磨铣进尺1m。下卡瓦捞筒打捞无效,将ϕ35×ϕ100mm×800mm公锥,尖部割成倒角,外焊扶正筒子,造扣打捞,捞出放气管3根。

(7)继续收鱼头无效,用ϕ290mm平底磨鞋磨铣,进尺1m。深度83m。起出后再下喇叭口大套铣头收鱼头,套铣至井深84m,打印证实已将鱼头收进套铣筒内。

(四)结论与认识

根据本井和以往历次施工中处理放气管的经验,在磨铣放气管过程中,钻压应控制在20~30kN,转速控制在100~120r/min,操作平稳;钻井液性能:密度为1.3g/cm^3,黏度为30s。在磨铣时应勤提勤放,注意观察,如发现异常情况,要及时用可退捞矛或其他适当工具探鱼头,分析判断鱼头是否正常。换单根时要注意划眼,扫净放气管碎片,保证不憋不卡。

八、杏5-1-侧斜16井侧斜施工案例

(一)基本情况

该井于1975年8月21日完钻,套管规范ϕ139.7mm,壁厚6.20~7.72mm,水泥返高743m,人工井底1209.1m,射孔井段987.9~1164.8m。

(二)历次施工简况

2001年3月,井下修井6队大修,捞出井下全部落物,共发现5处套损,857.3m套管变形,最小通径ϕ105mm;867.32m套管错断,最小通径ϕ64mm;917.6m套管变形,最小通径ϕ103mm;953.94m套管错断,最小通径ϕ72mm;1110.55m套管错断,最小通径ϕ95mm。全部整形至ϕ120mm后对863.0~871.28m井段和953.00~958.23m井段实施密封加固,加固管规范ϕ114mm(外径)×ϕ100mm(内径)。

2001年4月作业,完井下φ38mm管式泵一台,φ62mm油管88根,φ16mm抽油杆1根,φ22mm抽油杆103根。

(三)情况分析

井下多处套损,并有两处加固,需打印检测套管技术状况,根据具体情况处理井筒。然后取套侧斜。

(四)施工过程

1. 起原井

起出原井φ22mm抽油杆103根,φ16mm抽油杆1根,φ38mm管式泵1台,φ62mm油管88根,φ62mm筛管一根,丝堵一个,管柱总长856.18m。井内无落物。

2. 压井

用相对密度1.70g/cm³、黏度55s的钻井液压井,泵压3MPa。排量0.6m³/min。压井深度1000m,出口密度1.55g/cm³,泥浆用量20m³。

3. 打印

下入φ118mm铅模打印,遇阻深度1110.05m,打印钻压20kN,起出打印钻具,铅模印痕为套管错断,最小通径φ96mm。

4. 整形

用φ98~120mm梨形胀管器逐级整形,共计整形12次,冲程1.2m,整形深度1110.05m,夹持力由30kN下降到0,均通过变点。

5. 水泥报废

下报废管柱至井深1200m,打入密度1.94g/cm³的微膨水泥浆9.2m³,上提管柱550m,候凝36h。下φ118mm牙轮探塞,遇阻深度755.70m,连探3次,深度不变。下试压管柱试压,试压井段12.00~755.70m。试压15MPa,稳压30min,压力未降。

6. 套铣取套

下入φ265mm复合片式铣头套铣,总进尺397.80m套铣至井深400.80m。下ND140mm机械式内型割刀和LM-T140mm可退型捞矛分2次切割打捞,捞出φ139.7mm套管42根,总长397.60m,鱼顶深度400.30m。

7. 打侧斜水泥塞

下φ127mm钻杆41根,注入密度1.93g/cm³水泥浆4.0m³,替入密度1.35g/cm³、黏度55s的钻井液2.5m³,泵压5MPa,排量1.8m³/min,预计塞面290m。候凝36h后,下φ215mm牙轮探塞,至292.00m。

8. 造斜钻进

下入 φ215mm 牙轮 + φ165mm 螺杆 + 2.0 弯接头 + φ159mm 无磁钻铤×1 + φ159mm 钻铤×3 + φ127mm 钻杆定向侧斜,钻具总长 303m,方余 4m,下至井深 299m。造斜进尺 36.37m。侧斜 3 次,井深 307m,方位 350°,井斜 2.0°,井深 318m,方位 352°,井斜 3.0°,井深 328m,方位 355°,井斜 3.5°。

9. 稳斜钻进

下入稳斜钻具,钻具结构为:φ215mmPDC + φ198mm 螺旋扶正器 + φ159mm 无磁钻铤×1 + φ159mm 钻铤×1 + φ198mm 螺旋扶正器 + φ159mm 钻铤×1 + φ198mm 螺旋扶正器 + φ159mm 钻铤×9 + φ127mm 钻杆 + 133mm 方钻杆。稳斜钻进至完钻。

10. 下套管固井

下入 φ139.7mm 套管 114 根,联顶节长度为 2.5m,管柱总长 1201.50m,下入深度 1204.30m。阻流环 1193.55m。泵入水泥浆 8.5m³,泵压 5MPa,排量 1.8m³/min。替清水 10.0m³,钻井液 50m³,泵压 5MPa,排量 1.8m³/min,碰压 15MPa,稳压 30min,压力不降。

九、北 1 - 丁 2 - 61 井电泵打捞施工简况

(一)历次施工简况

该井于 1984 年 2 月 21 日完钻,完钻井深 1245.0m。2001 年 12 月 7 日由采油一厂 1601 作业队施工,热洗不通,上提负荷 240kN,油管伸长 0.3m,拔脱而终止施工。

(二)井下状况分析

压井时内外不通,通过调查,该井落物为 φ62mm 油管 108 根,200m/d 电泵机组一套,通杆、扶正器、活门、253 - 4 封隔器、尾管、丝堵及电缆等。经分析认为该井为蜡卡和电缆堆积卡。

(三)施工过程

1. 打捞上部油管

抬井口后,采用倒扣法,倒出部分油管。用外钩捞出电缆,然后进行刮蜡。之所以不采用活动管柱大力上提的方式,是为了避免电缆在蜡阻的情况下产生堆积,使落物再度受卡。经重复使用倒扣、打捞、刮蜡的组合工序,顺利达到了压井深度。

2. 打捞电机

在处理电机时,由于电机的本体最大外径为 118mm,在前期打捞过程中,有碎

电缆和电缆卡子等小件落物卡阻,加之套管有变形,使电机受力很大。因此采用抽心打捞,即用定位套铣筒打开电机上部环行空间,捞出电机头及电机转子,使电机本体内有空间,受力减弱,再用捞矛捞出电机的定子和外壳。经整形后进行下部的打捞工序。

3. 打捞封隔器

电泵井内的253封隔器,由于经过前期的打捞,电缆卡子及电缆已成小件落物堆积在打捞头上,正常的打捞工具不能达到打捞的目的,因此采用楔入式公锥,倒出打捞头及封隔器的上部和中心管,使253封隔器解封,再打捞下部。两道工序即可达到目的,避免了磨套方式,解决了卡瓦牙脱落造成复杂的落物卡。

蜡卡的电泵井一定要坚持打捞原则,根据现场实际采用相应的打捞措施,避免多重落物卡所造成更大的施工难度。

第三部分

综合业务知识

第十章 大庆油田地质及开发知识

第一节 油田地质知识

一、区域地质背景

大庆油田位于松辽盆地中央坳陷长垣背斜构造带上(图10-1),处于盆地生油和储油最有利的地带。该盆地是一个大型的中、新生代沉积盆地,面积约 $26 \times 10^4 km^2$,沉积地层厚度 5000~6000m,全盆地分为 7 个一级构造单元:中央坳陷区、西部斜坡区、东南隆起区、东北隆起区、北部倾没区、西南隆起区和开鲁坳陷区。

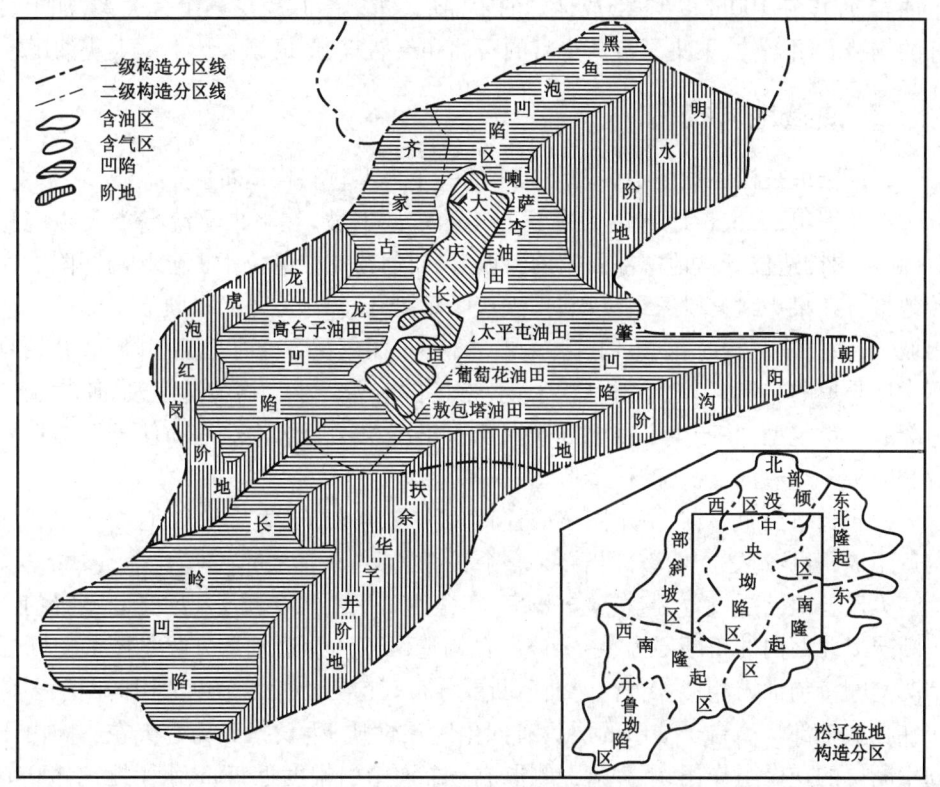

图 10-1 大庆油田区域位置图

盆地基底分别由大兴安岭华里西晚期褶皱带和吉黑华里西晚期褶皱带汇合而成。经历三叠纪和侏罗纪早期提升剥蚀后，侏罗纪晚期在以断裂为主的构造运动作用下，产生了众多的断陷、地垒和断阶带。进入早白垩世松辽盆地沉降作用不断增强，使早期出现的分割性小断陷扩大沟通，形成统一的松辽盆地大型沉积坳陷。至晚白垩世和第三纪，由于淤积充填而使盆地沉降速度明显减缓，坳陷渐趋萎缩。

下白垩统泉头组至嫩江组沉积时期，松辽盆地沉降发育鼎盛，沿着盆地长轴方向发育的中央坳是湖盆持续沉降的中心，沉积厚度可达4000m左右。湖区周围发育了5个河流—三角洲沉积体系，其中以北部沉积体系规模最大，由北而南插入中央坳陷带，其前端直达湖盆中央，分布面积近20000km^2。在平面上北部沉积体系的前缘东西两侧均为生油坳陷，其中西侧齐家—古龙凹陷是长期发育的深坳陷，是青山口组至嫩江组的沉降中心，生油岩层厚度达500~700m，其中有机碳含量小于2%，总烃含量大于0.15%，属优质生油岩。垂向上在青二、青三段和姚家组储集层的上下均为生油岩，上部为嫩一、嫩二段生油岩，厚度200~300m，下部为青山口组生油岩，厚度在100m以上，形成良好的生油层、储集层和盖层的组合关系，加上良好的构造圈闭条件，聚集了极其丰富的石油和天然气，形成了长垣上的大庆油田。

二、油藏地质构造

大庆长垣是松辽盆地中央坳陷区中的一个大型背斜构造带。

在侏罗纪，大庆长垣部位为古龙凹陷的东部斜坡，在下白垩统登娄库组沉积时，萨尔图构造位于盆地中部西倾的斜坡上，而葡萄花构造位于古隆起与凹陷的交接地带。在泉头组—姚家组沉积时，大庆长垣处于盆地大型沉积坳陷东侧的平缓斜坡上，嫩江组沉积时，喇嘛甸、萨尔图、杏树岗、葡萄花等处有局部小隆起，开始具有大庆长垣的雏形，到嫩江组沉积末期，松辽盆地经历了一次构造运动，使大庆长垣隆起基本定型，并产生了很多断裂。明水组沉积末期的构造运动使长垣更加发育和完善，形成近似现在的构造形态。

大庆长垣由喇嘛甸、萨尔图、杏树岗、太平屯、高台子、葡萄花、敖包塔7个背斜构造组成，各构造之间以鞍部相接。整个长垣呈反"S"形展布。

大庆长垣断层发育，遍布整个长垣，在含油面积内共有断层493条。喇嘛甸油田断层以北西向的正断层为主，多分布在构造西部和构造轴部。萨尔图油田断层情况与喇嘛甸油田相似。杏树岗油田断层分布较均匀。而太平屯油田的断层多分布在构造轴部。高台子油田的层具有同生断层性质，生长指数为1.1左右。由于同生断层的逆牵引作用，下降盘一侧形成一个逆牵引幅度近20m、水平距离400m、以-985m构造线圈闭的滚动背斜。葡萄花油断层呈带状分布，形成许多地堑与地垒相间的断块，并成阶梯状降低，构造翼部也有同生层存在，下降盘形成滚动背斜。

敖包塔油田断层情况与葡萄花油田相似。

大庆长垣断层的产生与构造运动密切相关。嫩江组沉积末期,在南北向直扭应力的作用下,与北北东向局部构造形成的同时,产生了北北西和北西向的张性或扭性正断层。后来扭应力增大,同时大庆长垣又受逆时针旋扭应力作用,因而形成了一些走向与构造轴向偏移相吻合的断层。这种成因形成的断层具有明显的方向性和分带性。

大庆油田的断层概括起来有以下特点:

(1)大庆长垣的断层均为正断层,长垣南部出现同生断层。

(2)萨尔图构造以北地区断层多分布在构造轴部及陡翼,杏树岗构造以南地区断层分布较均匀。

(3)断层走向以北西、北西西、北北西为主,近东西向次之,偶见北东向及其他方向。

(4)断层倾向主要分为两组,一组为北东,另一组为南西,但也有南东、北西、东、西倾向的情况。

(5)断层倾角不大,一般在40~60°之间,断层面形态较规则,断面呈直线形、弧形、座椅形等。

(6)断距变化较大,从几米到100m,一般为20~40m。断距中间大、两端小。

(7)断层在平面上延伸不大,一般为1~3km,最大10km。分布规则,多呈带状。但葡萄花构造,尤其是葡南、敖包塔构造,断层纵横交错,多呈人、Y、X形组合,把构造切割成很多断块。

(8)从油田开发实践中可以看出,断距在20m以上的断层,在注水开发中一般起封闭作用。

萨尔图、葡萄花、高台子油层都存在构造裂缝,尤其是在长垣南部较发育。一般可分为张性裂缝和剪切裂缝两种。张性裂缝的特点是垂直岩层面,上宽下窄,呈楔状消失,裂面不平滑,无擦痕。剪切裂缝的特点是与岩层面斜交,裂缝间多数有次生充填物,主要为上覆岩石,亦有方解石、菱铁矿等。有些裂缝无充填物,可见氧化油迹,说明这些裂缝曾经是油气运移的通道。另外,还存在着微裂缝,在正常注水压力下,这些裂缝无明显影响,但随着注水压力的提高,微裂缝的作用越来越明显,油层吸水能力可成倍增长,极少数井可引起爆性水淹。

黑帝庙油层构造属短轴背斜,长轴约44.6km,短轴约19.8km,闭合面积672.2km^2,闭合高度309.5m。断层将构造分成南、北两大块,并使构造复杂化,形成许多构造断块。葡浅12区块位于背斜南部,为一窄条状地垒构造。构造上有30多条正断层,断层走向多为北、北西向,延伸长度一般为3~5km,断距一般约30~70m,倾角45°~55°左右。

三、油藏类型及驱动能量

(一)油藏类型

油田控制油气聚集的主要因素是构造圈闭,油田南部岩性、断层等因素对油气聚集有一定的作用,从而形成了构造油气藏和各种复合油气藏。大庆油田油藏特征如下:

(1)大庆油田为一完整的二级构造带,有统一的构造圈闭线。大庆长垣北部三个油田的含油高度超过了局部构造的闭合高度,因此各构造之间的鞍部也含油。长垣南部各油田油水界面高低不一,但最低不超过 -1050m。这些特点主要反映出二级构造控制了油气聚集。

(2)大庆长垣北部喇嘛甸、萨尔图、杏树岗三个油田处于大型复合三角洲部位,砂岩发育,加上大面积大幅度的背斜构造,这两方面相互配合而形成了构造控制的块状油气藏。这种油气藏具有如下特点:一是在构造圈闭内含油气程度受构造高度控制,具有统一的油气界面和油水界面,自上而下依次分布纯气段、纯油段、稠油段、油水过渡段、纯水段;二是有统一的压力系统,折算到同一基准面(-1000m),油层原始压力约为12MPa;三是含油高度大,三个油田含油高度都大于200m,油层厚度大,单储系数大,是大庆油田储量最丰富的部分。

(3)大庆长垣南部太平屯、葡萄花、高台子、敖包塔四个油田控制油气聚集的因素比长垣北部复杂,同生断层下降盘形成的滚动背斜,断层形成的地垒、地堑,岩性遮挡等都可使油气聚集,但含油程度主要受背斜控制,高部位含油较富集。断层使油水分布复杂化,高断块的低部位可出现水区,低断块的高部位可出现油区,各断块之间油水界面高低不一;在剖面上常常出现水夹层或油夹层,属于被断层复杂化的层状背斜油藏。

(4)大庆油田原油具有含蜡量较高、含硫量较低、碳同位素 $\delta^{13}C$ 值较小(-26.8‰~-28.3‰)的陆相原油特征。在纵向上接近油水界面处,原油相对密度、黏度增高;在平面上接近过渡带,原油相对密度、黏度相对增高,反映了构造油藏的特点。从油田南部到北部,原油相对密度、黏度、含蜡量、非烃与沥青质增高,而含胶量、饱和烃含量减少,一定程度上反映出曾发生过油气由南向北的运移。这种运移可能与油水界面向北倾斜有关。

(二)驱动能量

大庆油田萨、葡、高油层驱动能量有气顶气、边水、弹性、溶解气等,这些能量都不大。

(1)喇嘛甸油田为过饱和油田,存在气顶,气顶面积为34.5km²,是一种明显的驱动能量。

（2）大庆油田萨、葡、高油层存在边水,含水区域较广阔,但没有明显的供水区,边水不活跃,比采水指数小,约为 $5m^3/(d·m·MPa)$。

（3）大庆油田萨、葡、高油层弹性能量小。

（4）大庆油田萨、葡、高油层原始气油比约为 $45m^3/t$ 左右,根据计算,溶解气大约可采出地质储量的 10%～15%。

上述情况说明,大庆油田油层各种驱动能量都存在,各油田的主要驱动能量不尽相同。喇嘛甸油田以气顶能量驱为主,其他油层以弹性水压和溶解气驱为主;萨尔图、杏树岗、太平屯油田以溶解气驱为主;高台子、葡萄花油层以弹性和溶解气驱为主。

第二节　油田开发知识

大庆油田经过 50 多年的开发历程,不但建成了我国最大的石油生产基地,还创造了巨大的经济效益和精神财富。从 1976 年起实现了年产原油 $5000×10^4t$ 以上连续 27 年稳产,长垣内部采收率达到 50% 左右,在世界同类型油田开发中处于领先水平,并发展形成了陆相大型砂岩油田开发技术系列。

开发水平领先和持续稳产时间长主要是得益于开发程序的科学,大庆油田始终在一个有次序的开发程序下发挥着各类油层的作用,其主要做法,一是开采对象"先肥后瘦",即先开采储量丰度高、储层渗透率高、单井产能高的主力(肥)油层,随着油田开发深入,对差油层认识的加深,再开发薄、差(瘦)油层,形成开发程序始终有条不紊;二是井网、层系"先粗后细",即随着开发程度的不断加深,井网部署和层系划分由相对较粗疏,逐步演变到相对细密,这主要是认识油层有一个由表及里、由粗到细的过程,大庆萨、喇、杏油田小层数多达上百个,开发初期对各小层认识程度是不一致的,通过开发好油层,研究差油层,不断加深各类油层的认识,再通过打加密调整井的做法,使层系由粗到细,井由稀到密,最终达到较高采收率相匹配的合理的井网密度;三是"储量分批动用",大庆按照不同开发阶段目标和技术发展水平,对油田储量资源实行分类分批有序动用,在中含水开采阶段主要动用喇、萨、杏油田萨、葡主力油层,快速实现了年产油 $5000×10^4t$。在高含水初、中期开采阶段,动用了长垣北部萨、葡油层中的低渗透率油层和高台子油层,以及长垣南部和部分外围中低渗透率油田,不但弥补了油田产量的速减,还有效地提高了各类油层的采收率。在高含水后期开采阶段,长垣北部在逐步动用薄、差油层和表外油层的同时,加快推行聚合物驱工业化应用,进一步提高主力油层和薄、差油层的采收率。

50多年的开发实践表明,开发要保持井网层系的清晰,才会获得开发调整好效果,才会有高的采收率。

一、大庆油田的主要开发阶段

大庆油田的开发历程,大体可划分为五个开发阶段。

(一)油田开发准备阶段(1960—1964年)

大庆油田是1960年6月投入开发的大型陆相砂岩油藏。当时针对国外一些大油田层压力大幅度下降、产量递减、油井停喷的教训,制定了"早期内部注水,保持在一个较长的时间内实现稳定高产,争取达到较高的最终采收率"的油田开发方针,在开发前进行了充分的技术准备,首先对油田开发提出了明确的要求:

(1)取全取准第一性资料,认真研究地下油层的分布及其地质特征,详细进行油层分层对比,搞清楚油田地下情况,为油田开发工作提供可靠的地质依据。

(2)根据油田实际情况和地质特征,必须采取人工补充能量的开采方式,保持注采平衡,并决定在全油田内采用早期内部注水方法。

(3)由于陆相沉积油层多,非均质比较严重,因此,在搞清不同油层基本地质特点的基础上,根据油层的差异,要合理划分开发层系,尽量减少层间差异所造成的层间矛盾,争取达到较高的采收率。

(4)为使开发工作做得稳妥,必须要制定一个合理的开发程序,使油田开发设计工作符合地下油层的实际情况,要把认识油田和开发油田很好地统一起来,分阶段、有步骤地开发油田。

(5)整个开发过程,要以提高采收率为中心。

根据上述要求,在开发的各个阶段,根据出现的矛盾和需要解决的问题,提出了不同的任务和具体要求,力求把油田开发方针的实施,有步骤地落实到每个开发阶段,有计划地组织和进行不同开发阶段的工作,并搞好衔接和平衡,以保证油田开发方针的顺利实施。

(二)高速上产阶段(1965—1975年)

这一阶段大庆长垣萨尔图、杏树岗和喇嘛甸三大主力油田相继投入全面开发,原油产量以平均每年增加 $400 \times 10^4 t$ 的速度持续递增,到1975年达到 $4625.96 \times 10^4 t$ 的生产水平。

该阶段开发中暴露出油层多,非均质比较严重,层间矛盾、平面较突出,由此出现注入层突进较严重,油田含水上升较快,无水采收率和低含水采收率较低。为使各类油层得到较好的动用,从1964年开始先后组织了"101.444"和"115.426"两次大规模的分层配作业会战,使注水井基本上实现了同井分层段注水。1965年又开展开了百口油井分层战,解决了分层开采工艺技术,并正式确立以分层注水、分层采油、分层测试、分层管理、分层研究为主的"六分四清"采油工艺技术为大庆油田的主体开发技术和与之相适应的开发分析技术。到1972年,最早开发的萨中开发区分层注水井占注水井总数的87%,油井下分层管柱占油井总数的68.9%,比较好地发挥了主力油层的作用,控制了油井含水上升速度。

在搞好分层注水的基础上提高主力油层的注水强度,在油井受效的条件下放大生产压差,并对高含水层堵水以减少层间干扰,在不到三年时间内,基本扭转了"两降一升"的局面。通过分层注水、分层采油,采收率提高了近6个百分点。

在此阶段开发中还暴露出由于基础井网的开发层系划分较粗,致使各类油层的水驱动用状况有很大差别。分层测试资料统计分析显示,射开油层厚度有三分之一动用较好,有三分之一动用一般,还有三分之一没有动用或动用很差。为此,1972年在萨尔图油田选择有代表性的五个区块,首次进行以层系细分为目标的加密调整试验。调整对象为萨、葡油层的中、低渗透率油层,注水方式采用反九点法面积注水,井网调整采取在排间以250～300m井距均匀加密。试验前后对比,调整层水驱控制程度由62.5%提高到84.5%;综合含水率由42.4%下降到34.4%;采油速度提高一倍左右,采收率提高8%左右。这不仅改善了萨尔图油田加密调整试验区的开发效果,更为下一阶段喇、萨、杏油田全面进行一次开发调整提供了实践依据。

(三)一次开发调整阶段(1976—1990年)

1975年,按照石油工业部修订后的全国石油发展规划要求,大庆油田提出并编制了高产五千万(吨)稳产(再)十年"的规划方案。为实现规划方案,研究了基础井网经过16年的开发,虽然年产量逐年提高,但暴露出一些问题:

(1)在行列井网注水开发中,中间井排受效差,油层压力低。

(2)层系划分较粗地区纵向油层动用状况差异很大。

由于基础井网层系粗,层间矛盾十分突出。分层测试资料表明,这种层系组合油层只有三分之一厚度动用较好,三分之一厚度动用差,三分之一厚度不动用。水驱动用储量只有66.7%。

(3)过渡带地区基础井网注采井距偏大,不适应过渡带地区油层特点。

过渡带地区油层物性和流体性质都比纯油区差。资料表明,过渡带的钻遇有效厚度比纯油区少47.8%,有效孔隙度低8.8%,空气渗透率比纯油区低40.2%。但基础井网不仅采取了与纯油区相同的500m井网,而且只布一套层系,因此造成水驱控制程度不足60%。

(4)分层开采工艺不能根本解决非均质带来的"三大矛盾"。

由于油层非均质严重,在层系划分太粗的条件下,靠机械分层开采不能从根本上解决层间矛盾、平面矛盾和层内矛盾,因此,油田开发仍然存在明显的不均衡性。

1976年至1980年期间,通过投产中间井排和完善过渡带开发井网,五年共投产油、水井1398口,增加生产能力584×10^4t。通过加强注水提高地层压力,不仅保持了油井自喷开采,而且使生产压差由1.8MPa放大到2.3MPa,平均年增油达100×10^4t。通过强化油井增产措施,每年压裂油井400~500口,年增油100×10^4t左右。采取上述三项措施后,在油田综合含水率由30.56%升至60.40%的条件下,五年生产原油2.5324×10^8t,实现了年产原油五千万吨以上第一个五年稳产,同时措施的实施还改善了油层的动用状况,对提高采收率有着明显的作用。分层资料表明,油层动用程度达到60%以上。

1981—1990年期间,针对高含水期持续稳产需要,油田开发采取了四项措施:一是在全面开发高台子油层的同时,新钻以层系细分为目标的加密调整井,提高非主力油层储量动用程度。十年共钻萨、葡油层层系细分加密调整井和高台子油层开发井10480口,建成产能3189.88×10^4t,年均新增产能319×10^4t。二是将自喷开采全面转为机械采油,以进一步放大生产压差,提高油井产液量。十年共转抽自喷井4020口,总计增油3307.6×10^4t,年均增330×10^4t。三是加大增油措施力度,十年共压裂油井7960口,年均压裂796口、增油111×10^4t。四是加快长垣南部和外围油田的开发建设,提高低和特低渗透率油层储量的动用程度,先后有葡萄花、太平屯、宋芳屯、龙虎泡、朝阳沟等十多个油田投入开发,1990年年产油达到231.6×10^4t。通过上述措施,大庆油田十年共产油5.4119×10^8t,不仅实现了五千万吨以上稳产,而且年产油量还由1981年的5175.27×10^4t上升到1990年的5562×10^4t。此时采收率接近40%。

(四)二次开发调整阶段(1991—1997年)

随着油田综合含水率超过80%进入高含水后期开发,油田面临的问题:一是如不能有效控制含水上升速度,则势必采取大幅度提液措施才能保持油田稳产,这样会造成地面建设工程量过大和能耗猛增而导致经济效益骤减;二是油田可采储量明显下降,新增可采储量明显减少,在1991年以前,年度储采平衡系数都大于1,1992年以后,逐年下降,到1995年以后,年度储采系数不到0.65。为继续实现油田持续稳产,主要采取了以下三项措施:

一是实施稳油控水结构调整。在对喇、萨、杏油田开发状况进行分析论证后,认为可以充分利用非均质油层注水开发的不均衡性进行稳油控水结构调整,即在保持注采平衡的情况下,通过控制特高含水井层的注采量,提高低含水井层的注采量,稳定中、高含水井层的注采量,对不同井网和区块进行注水、产液和储采结构调整,在总体上实现稳油控水。通过稳油控水结构调整,1991—1997年累计措施增

油 $2399.68×10^4t$,而同期措施增水只有 $2099.5×10^4m^3$,相当于使油田含水率少上升 3.15 个百分点,不仅弥补了原油产量速减,而且控制了含水上升速度。

二是调整油田驱替方式。油田进入高含水期开采,剩余储量依据地质成因分析看出,主要在厚油层顶部。这部分储量在高含水期后单靠注水很难再扩大波及体积,如何提高厚油层顶部的采收率,是全区提高采收率的重点,为此在三次采油研究和试验区的基础上,1993 年开展了聚合物驱工业化试验。到 1997 年 4 月,试验区聚合物用量达到 $592mg/(L·PV)$,整体聚合物驱替段塞完成。从工业性试验可以看出:试验区采出井含水大幅度下降,增油降水显著。注聚合物 $54.5mg/(L·PV)$ 时,试验区油井陆续见效,注入聚合物 $380mg/(L·PV)$ 时达到最佳受效期,此时日产油增加了 2.08 倍,含水由 90.7% 下降为 73.9%,平均单井日增油 18.6t,含水下降了 16.8%。最终取得吨聚合物增油 123t,提高采收率 12.89% 的好效果。

工业性试验的成功和开发规律的总结,为全面推广应用聚合物驱奠定了基础。1996 年开始,在油田北部进行聚合物驱工业性推广,用聚合物驱的方式增加可采储量,弥补产油量的递减,在推广中逐步完善注入、采出、处理、计量、控制等一整套技术。到 2000 年底,全油田已有 6 个区块投入聚合物驱开发,面积达到 $157.24km^2$,地质储量 $2.8625×10^8t$,当年注聚合物干粉 54598t,日产油水平 24785t,年产油 $936.45×10^4t$,占全油田年产油量 19.2%,油田驱替方式开始由单一水驱转变为水驱和聚合物驱并存的新格局。聚合物驱油的工业性应用,使聚合物驱油层采收率提高 10% 左右。

三是进一步加快长垣南部和外围油田开发。到 1997 年底,长垣南部和外围油田共计动用含油面积 $938.77km^2$,地质储量 $5.3×10^8t$,共有油、水井 9028 口,当年产油 $602.88×10^4t$,,在大庆油田实现年产油 $5500×10^4t$ 以上稳产中发挥了重要作用。

(五)三次开发调整阶段(1998 年至今)

大庆油田经几十年的高速高效开发,总体形势已发生了巨大变化。储采失衡的矛盾日益突出,油田呈现出含水上升速度加快、产量递减速度加快和油、水井套管损坏速度加快的形势,继续保持稳产的难度越来越大。1998 年提出实施"高水平、高效益、可持续发展"开发战略方针,这标志着大庆油田开发工作将从以原油生产为中心进一步转到以经济效益为中心,以高产稳产为总目标转到以可持续发展为总目标。

1998—2000 年期间油田开发的主要措施是:一是继续完善油田的二次加密调整,开展三次加密调整的研究与试验,三年共钻调整井 4911 口,建成产能 $579.94×10^4t$,其中三次加密调整研究与实践表明,提高采收率 3% 左右。二是扩大聚合物驱油应用规模,三年聚合物驱应用面积净增108.97km², 净增地质储量1.078×10^8t, 使聚合物驱面积达到176.58km², 地质储量达到3.171×10^8t。2000年注聚合物干粉5.95×10^4t, 聚合物驱年产油达到939.65×10^4t, 占油田当年产油的17.72%。三是继续加大外围"三低"油藏的开发力度,三年共投入开发237km², 动用石油地质储量8669×10^4t, 钻井2673口, 建成产能203.26×10^4t。

经过三年的战略调整,虽然大庆油田的年产油稳中有降,但为21世纪油田的可持续发展奠定了坚实的基础。

二、油田开发层系、井网的演变

喇、萨、杏油田主要特点是多油层非均质严重,这就决定了油田开发必然要经历不断实践、不断认识、多次布井的过程。层系井网加密调整大体经历了三个阶段,即基础井网开发阶段,以层系细分为主的一次加密调整阶段,以井网加密为主的二次加密调整和以聚合物驱油为主的主力油层加密阶段。层系井网随着加密调整不断发生变化。井排距从开发初期的500~1100m逐步加密到目前的150m左右,开发层系从1~2套加密到4~7套,井网密度从4口/km²增加到40~60口/km²。

(一)油田开发初期以主力油层为主的基础井网开发层系

基础井网是油田开发的第一套正式开发井网,它的部署将对开发区整个开发部署产生很大的影响。在全面部署各层系开发井网之初,先选定一个分布稳定、具有一定储量且产量高,已有详探井基本控制住,并且具有独立开发条件(上下具有良好隔层)的主力油层,以此作为主要开发对象,部署它的正规开发井网,这样既能保证这套生产井网具有较高产能,同时兼起本开发区内其他油层的研究任务。主力油层可以按照该井网进行开发,而其他油层可以根据基础井网所获取的地质资料进行进一步深入研究和开发设计。

针对大庆油田不同开发区的油层的发育状况和油层物性特征,不同开发区基础井网采用了不同层系组合方式,并选择与之相适应的井网和注水方式。

(二)以中、低渗透率薄、差油层为主的细分层系加密井网

油田开发初期的基础井网主要是针对分布面积大的主力油层和非主力油层中偏好的部分部署的,在开发初期发挥了重要作用。但基础井网对差油层的适应性较差,针对未动用和动用差的油层进行层系细分和井网加密调整是非常必要的,在油田的高产稳产和提高采收率方面发挥了重要作用。

分析大庆油田差油层动用不好和开发效果差的原因,主要包括:一是基础井网层系划分较粗,差油层和高渗透主力油层合采,层间干扰严重;二是大部分地区基

础井网井距偏大,井网对差油层的控制程度不高;三是差油层渗透率低,井网不适应,井间渗流阻力大,动用差,采油速度低。

针对大庆油田差油层开发效果差的不同原因,采取了不同的调整方法。对于井距适应而层间矛盾为主的地区,主要是进行层系的细分;对于井网控制不住和低渗透率层厚度比例较大地区,在进行层系细分的同时进行井网加密。

(三)主力油层的聚合物驱油开发井网

大庆油田不仅油层多,层间渗透率差别大,而且主力油层层内非均质也非常严重,厚油层层内渗透率变异系数在 0.5 ~ 0.7 之间,油层温度为 45℃ 左右,地层水矿化度只有 7000mg/L 左右,具有进行聚合物驱油提高油田采收率的有利条件。

从 20 世纪 70 年代开始,喇、萨、杏油田开展了室内提高采收率研究和聚合物驱油先导试验,以及矿场试验,证实了聚合物驱油的可行性,为进行大规模聚合物驱油提供了实践资料。

三、大庆油田修井发展史

大庆油田修井自油田成立以来,分为四个发展阶段,即维护型修井阶段、治理型修井阶段、综合修井阶段、区块整体治理阶段。

(一)维护型修井阶段

1985 年以前,套损形式以卡阻、落物为主,发展了解卡、打捞修井技术,常规井一次打捞落物成功率 98% 以上、电泵井打捞国际领先。

以解卡、打捞为主,代表性下井工具主要有:

图 10 - 2 外钩

外钩(图 10 - 2):1500mm × 120mm,解决了电缆或绳类落物问题。

(二)治理型修井阶段

1986—1994 年,套损形式以轻微套变、外漏井为主,发展了整形、第一代加固技术,整形成功率达到 95% 以上、加固成功率 98% 以上,通径达到 101mm。

以整形、加固为主,代表性下井工具主要有:可退式捞矛 850mm × 105mm,如图 10 - 3 所示,解决了卡阻落物的解卡打捞问题。

波纹管 1500mm × 120mm,如图 10 - 4 所示,解决了套损井段加固问题。

图10-3 可退式捞矛

图10-4 波纹管

(三)综合修井阶段

1995—2010年,套损形式以50mm以上严重变形、错断为主,发展形成了打通道修复、利用原井眼取换套、测斜、套内侧钻水平井等修井技术,50~70mm错断井打通道成功率达到75%,取套最大深度1100m。

以深取、测斜、打通道为主,代表性下井工具主要有:

笔尖铣锥:1400mm×106mm,如图10-5所示,解决了50mm以上严重变形、错短套损井磨铣整形问题。

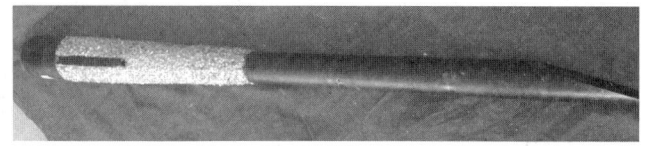

图10-5 笔尖铣锥

八齿套铣头(取套):290mm×600mm,如图10-6所示,解决了套损井深部去换套管问题。

(四)区块整体治理阶段

2011年至今,套损形势以50mm以下及无通道为主,区块整体套损严重、敏感区高危井治理难度大,基以上发展形成了利用小通径及无通道套损井打通道、小修井机配顶驱修井等技术,50mm以下及无通道打通道成功率达到80%,敏感区修井综合治理技术达到大修领域领先水平。

图10-6 八齿套铣头

以小通径及无通道套损井大修、水平井大修、气井大修、吐砂井治理、敏感区治理为主。

逆向锻铣刀:1000mm×120mm,如图10-7所示,解决了小通径及无通道套损井打通道问题。

多级冲胀头:1600mm×100mm,如图10-8所示,解决了小通径套损井逐级扩径打通道整形问题。

图10-7 逆向锻铣刀

图10-8 多级冲胀头

第十一章 采油工程知识

油田开发是分层系进行开采的,这是油田在整体上对各大油层进行了性质的划分;对于多数油层较厚、非均质多油层油田的单井来说就不行了。即在每口井井底同一流压下,各油层之间的吸水量或出油量,会因层间的差异而发生相互干扰,对这样的油田开采还需要更细的层间或层内的划分,减少层间、层内矛盾;这就是分层开采:就是根据生产井的油层开采情况,通过井下工艺管柱把各个目的层分开,进而实现分层注水、分层采油的目的。

第一节 分层注水

一、分层注水原理

分层注水原理是在同一注水压力下,通过各层配水器内不同水嘴的调节,实现各层不同的注水量,就是不同的压差和不同的水量。

二、分层注水工艺

分层注水是根据油田开发制定的配产配注方案,对注水井各个注水层位进行分段注水,达到各层均匀注水,提高各个油层的动用程度,控制高含水层产水量,增加低含水层产量的目的;这里所说的分层注水与笼统注水的区别是,注水井只要超过一个层注水就叫分层注水。如某井分为两个层段注水,其中有一个层是停注层,也称为分层注水。

三、分层注水管柱

分层注水是靠井下工艺管柱来实现的,(图 11-1)就是目前各油田普遍采用的二种分层注水管柱。其中图 11-1(a)为 Y341-114H—偏心式可洗井分层注水井管柱,主要由油管 + Y341-114H 封隔器(ϕ52mm) + 665-2 偏心配水器(ϕ46mm) + Y344-114 封隔器 + 撞击筒 + 底球组成。该管柱主要是对多数油田回注污水增大、油层堵塞、管柱结垢腐蚀等问题日益严重的情况而设计的可洗井管柱结构,主要采用了可洗封隔器 Y341-114H,它能实现分层井的定期洗井,在较大程度上减轻了上述问题带来的不利影响,保证了分层注水质量,同时该管柱还可以悬挂应用。本井实际注水层段数 2 个,封隔器数 3 级,即通常称为 3 级

2 段偏心注水管柱。图 11-1(b) 为 Y141-114 偏心式分层注水井管柱,主要由油管 + Y141-114 封隔器(ϕ62mm) + 665-2 偏心配水器(ϕ46mm) + Y141-114 封隔器 +……+ 中球 + 筛管 + 丝堵组成。该类管柱直接坐在井底,封隔器密封性好,它适用于大多数分层注水井,特别是注水层段较多的注水井,各项性能比较稳定,对作业施工(除坐井口时外)和日常管理要求少,但不可以洗井。本井实际注水层段数 3 个,其中第二层段是停注层,即对应层位没有下偏心配水器,封隔器数 4 级,即通常称为 4 级 3 段偏心注水管柱。

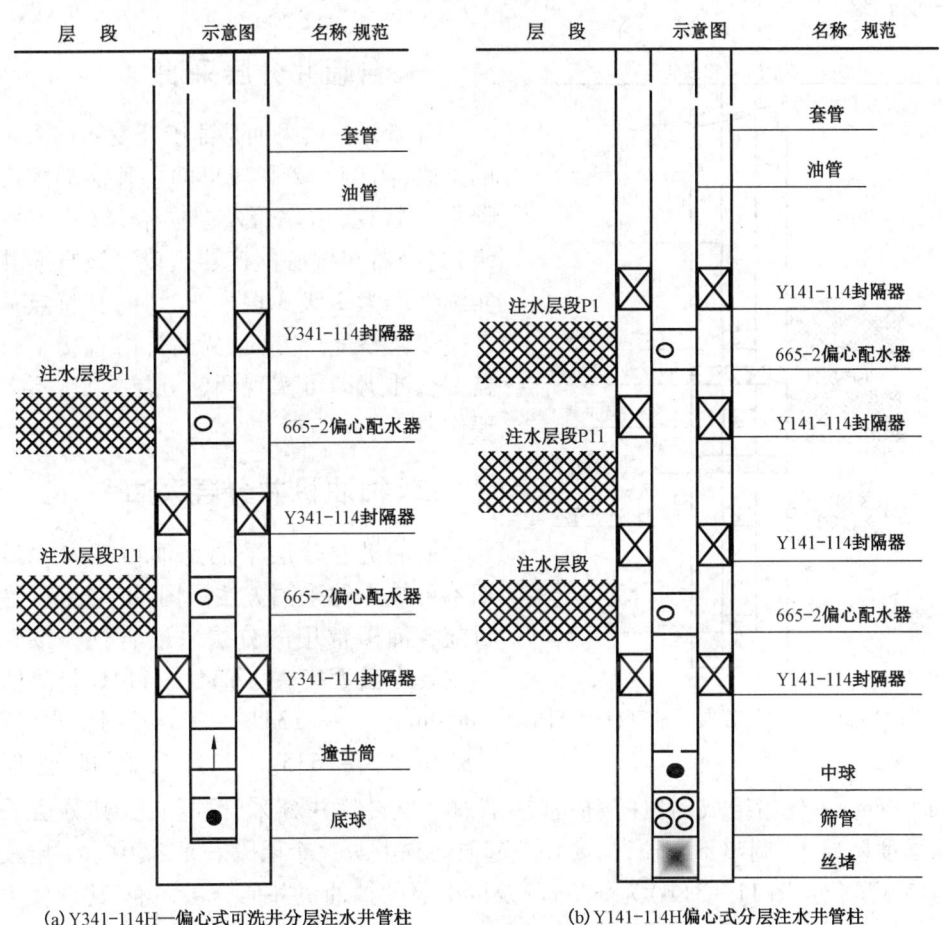

(a) Y341-114H—偏心式可洗井分层注水井管柱　　(b) Y141-114H 偏心式分层注水井管柱

图 11-1　分层注水井管柱示意图

空心配水器以及其他特殊(套管变形、井径过大或较小等)要求的分层配水管柱,除了一些特殊技术要求外,基本与图 11-1 的分层注水井一样。

第二节 分层采油

分层采油也是依据生产层位的不同特点及相互之间的差异,结合配产方案确定的,通过井下分层配产工艺管柱来实现;分层采油所含的内容很多,它不仅仅是把生产层分为几段来生产,特别是在油田开发中后时期的堵水、封堵等均是分层采油的范围;下面就自喷井分层采油、抽油机井分层采油、电动潜油泵井分层采油来分别介绍。

一、自喷井分层采油

自喷井分层采油是油田开发初期采用的手段,图11-2是较早的一种活动配产器生产管柱,由尾管及单向卡瓦(最下一级)封隔器与偏心配产器组成。该自喷井实际生产为2级3段配产管柱,其特点是各层段调整配产方便,从油管内直接下仪器调整油嘴即可实现调整分层产量,不需要作业。

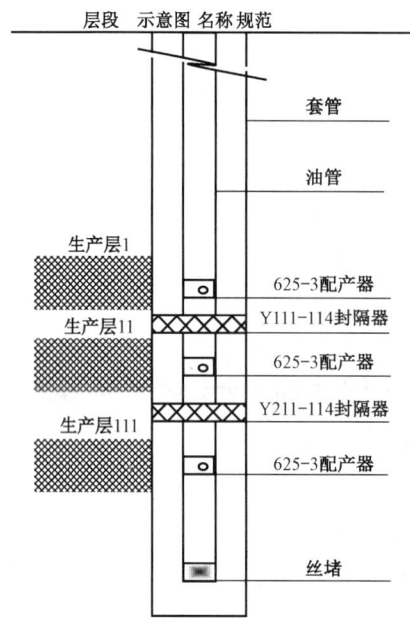

图11-2 自喷井分层采油管柱示意图

二、抽油机井分层采油

抽油机井分层采油是油田开发中后期不可缺少的采油方法。图11-3(a)是目前各油田常用的分层采油管柱。该管柱主要由丢手接头+Y341-114C封隔器(ϕ50mm)+Y341-114C封隔器(ϕ50mm)+635-111三孔排液器(ϕ46mm)+丝堵组成,管柱整体直层采油。与自喷井分采管柱相比,其分层采油强度差异大,调整不方便,需要作业起泵。该井分三个层段采油,其中第二层段为堵水层位。图11-3(b)为ϕ70mm及以上泵的抽油机井的分层采油,其管柱主要由捅杆+丢手接头+拉簧活门+Y341-114C封隔器(ϕ50mm)+Y341-114C封隔器(ϕ50mm)+635-111三孔排液器(ϕ46mm)+丝堵组成,该管柱用于产液量较高的分层采油井,且最突出的特点是可实现不压井作业,即有拉簧活门与捅杆配合,对带有堵水层位的分层采油井更适合,如本井就是第二生产层位是堵水层段。

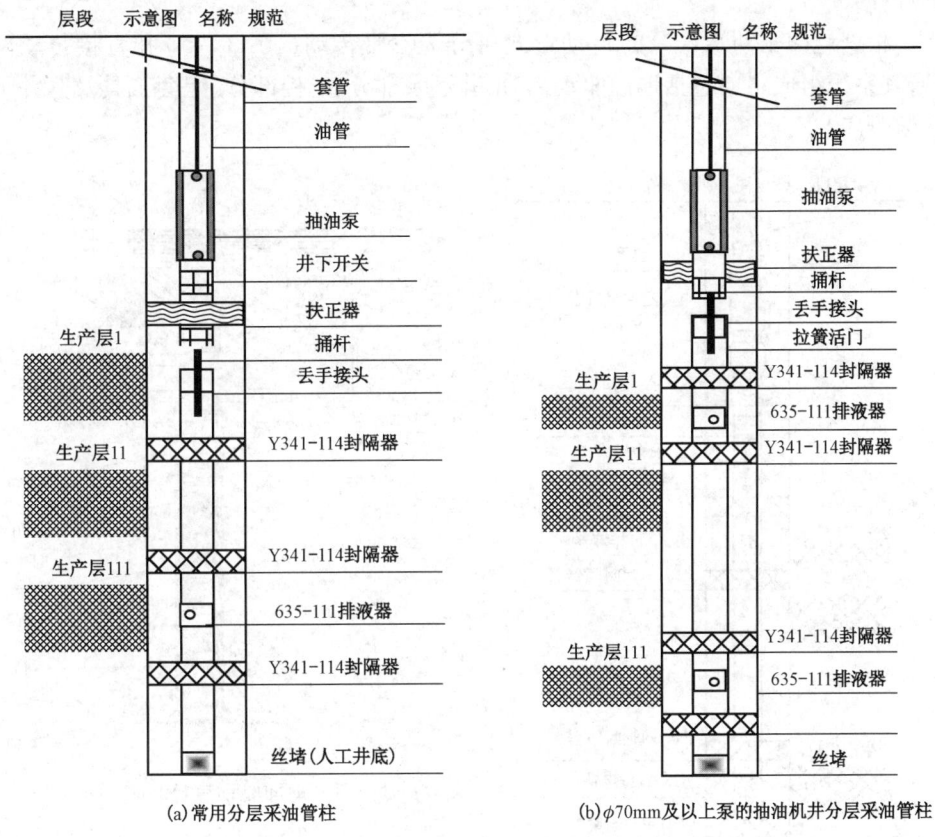

图 11-3　抽油机井分层采油管柱示意图

三、电动潜油泵井分层采油

电动潜油泵井分层采油也是油田开发中后期不可缺少的采油手段,特别是油层厚度较大,层间差异也较大,以及需要堵水调剖时的采油就更突出了。图 11-4 是较常用的电动潜油泵井分层采油管柱,它是由捅杆+丢手接头+拉簧活门+Y341-114C 封隔器(ϕ50mm)+ Y341-114C 封隔器(ϕ50mm)+635-111 三孔排液器(ϕ46mm)+丝堵组成,该管柱是无卡瓦丢手平衡管柱,特点是管柱直接坐到人工井底且可实现不压井作业。

四、螺杆泵采油工艺技术

目前电动螺杆泵正在各油田被逐步推广使用到采油行列中来,电动螺杆泵采油系统按不同驱动形式分为地面驱动和井下驱动两大类;这里只介绍地面驱动井下螺杆泵。

根据地面驱动螺杆泵的传动形式可分为皮带传动（图 11－5）和直接传动两种，其系统组成主要包括地面驱动部分、井下泵部分、电控部分、配套工具及其井下管柱等。

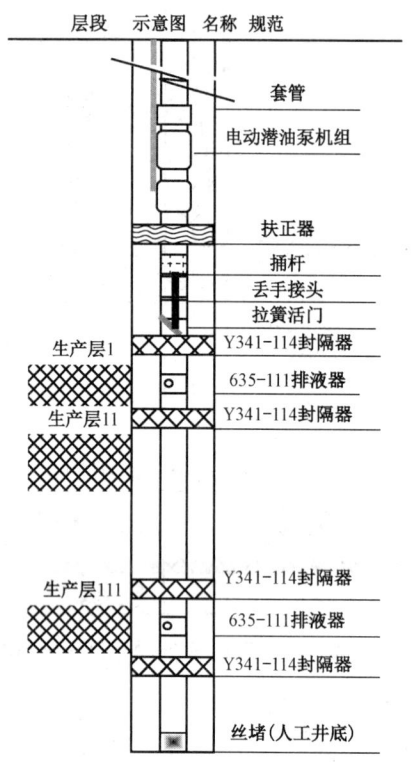

图 11－4　电动潜油泵井分层采油管

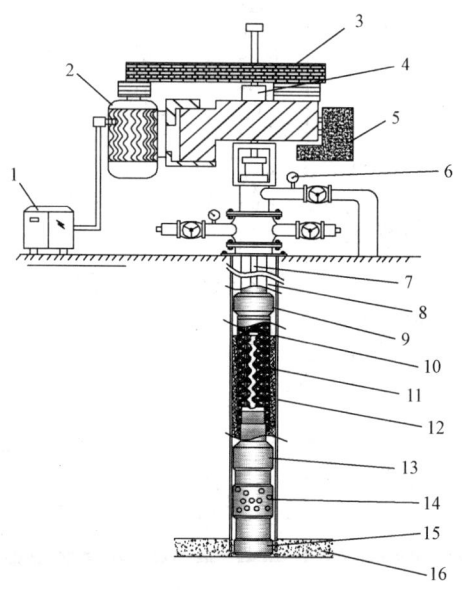

图 11－5　地面驱动螺杆泵采油示意图
1—启动柜；2—电机；3—皮带；4—方卡子；
5—平衡重；6—压力表；7—抽油杆；8—油管；
9—扶正器；10—动液面；11—螺杆泵；12—套管；
13—防转锚；14—筛管；15—丝堵

地面电源由配电箱供给电动机电能，电动机把电能转换为机械能并通过皮带带动减速装置来启动光杆，进而把动力再通过光杆传递给井下螺杆泵转子，使其旋转给井筒液加压举升到地面；与此同时井底压力（流压）降低。

螺杆泵是一种容积式泵，运动部件少，没有阀件和复杂的流道，排量均匀。缸体转子在定子橡胶衬套内表面运动，带有滑动和滚动的性质，使油液中砂粒不宜沉积，同时转子—定子间容积均匀变化而产生的抽吸、推挤作用使油气混输效果好，在开采高黏度、高含砂和含气量较大的原油时应用效果较好。螺杆泵可应用于黏度范围在 $0 \sim 2000 \mathrm{mPa \cdot s}$，含砂小于 5%，下入深度 $1400 \sim 1600 \mathrm{m}$，适应环境温度低于 $120 {}^\circ\!C$ 的高黏度原油开采。

第三节　油水井井口装置

一、井口装置的组成

井口装置的作用是悬挂油管和密封油套环形空间。最基本部分是油管头、油管四通和密封盒。另外还由生产阀门、回压阀门、放空取样阀门、油套连通阀门等组成，并装有油管和套管压力表，以观察油套管压力。

(一)采油树的作用

井口装置俗称"采油树"，是油、气、水井的一种最重要、最常见的设备，是控制和调节油井生产的主要设备。它的主要作用是：

(1)悬挂油管、承托井内全部油管柱重量。
(2)密封油、套管之间的环形空间，控制套管气。
(3)控制和调节油井的生产。
(4)录取油、套压力资料、测试、清蜡等日常管理。
(5)保证洗井、冲砂、酸化、压裂等井下作业施工的顺利进行。

(二)采油树的类型

指我国自己设计制造的大庆150、大庆160微型、CY–250、CYb–360、胜251、胜Ⅱ型等采油树。

(三)采油树的结构

以国产CY–250采油树为例(图11–6)，各零部件有：采油树套管四通、左右套管阀门、油管头、油管四通、总阀门、左右生产阀门、测试阀门或清蜡阀门(封井器)、油管挂顶丝、卡箍、钢圈及其他附件。

(四)采油树的连接方式

采油树连接方式主要有以下五种：

(1)卡箍连接：采油树各组成部件之间的连接均是以卡箍为主；如大庆150Ⅱ、胜261微型、胜254、CY–3–250等采油树。

(2)螺纹连接：采油树各组成部件之间的连接均是以螺纹为主；如大庆150、胜251等采油树。

(3)铁箍连接：采油树各组成部件之间的连接均是以铁箍为主；如胜Ⅰ型、胜Ⅱ型等采油树。

(4)法兰连接：采油树各组成部件之间的连接均是以法兰为主；如上海大隆、

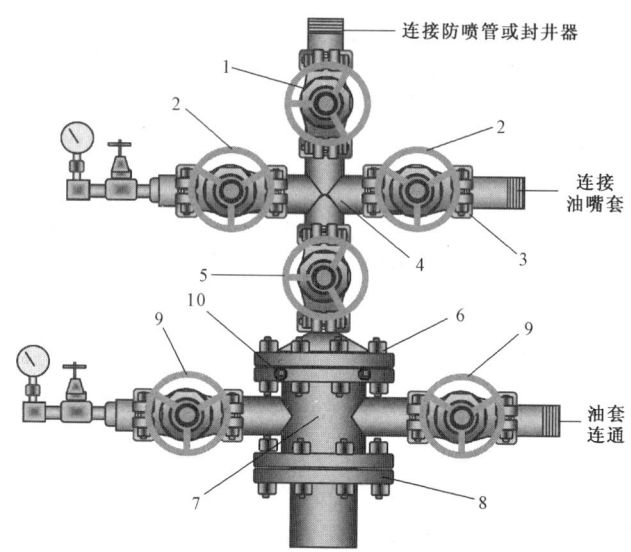

图 11-6 井口 CY-250 型采油树组成

1—测试阀门;2—左右生产阀门;3—卡箍;4—油管四通;5—总阀门;
6—上法兰;7—套管四通;8—下法兰;9—左右套管;10—油管挂顶丝

荣丰、良工等采油树。

（5）卡箍法兰连接：采油树各组成部件之间的连接均是以卡箍与法兰为主；如 CY-250 等采油树。

（五）各部件的作用

1. 防喷管的作用

防喷管是用 $\phi 73 mm(2\frac{1}{2} in)$ 油管制成，外部套 $\phi 89 mm(3\frac{1}{2} in)$ 管环空内循环蒸气或热水（油）保温（也可采用不保温循环的就不用外套），在自喷井中有二个作用：一是在清蜡前后起下清蜡工具及溶化刮蜡片带上来的蜡；二是各种测试、试井时的工具起下。在电动潜油泵井中也有二个作用：一是在电动潜油泵井测流、静压时便于起下工具用；二是在给电动潜油泵井清蜡时起下工具、放空用。

2. 胶皮阀门的作用（带封井器）

（1）当刮蜡测试工具上升到防喷管时切断井下的压力。

（2）试关胶皮阀门可以判断下井工具是否已升到防喷管，防止下井工具掉落井中。

（3）在抽油井中，关闭此胶皮阀门方可加光杆密封填料。

3. 测试阀门(250阀)的作用

用以连接胶皮阀门,便于测压、试井等。

4. 油管四通的作用

用以连接测试阀门与总阀门及左右生产阀门。是油井出油、水井测试等的必经通道。

5. 总阀门的作用

开关井以及总阀门以外设备的维修时切断井底压力。

6. 套管四通的作用

大四通的作用(图11-7),它是油管套管汇集分流的主要部件。通过它密封油套环空、油套分流。外部是套管压力,内部是油管压力。下部连接套管短节。

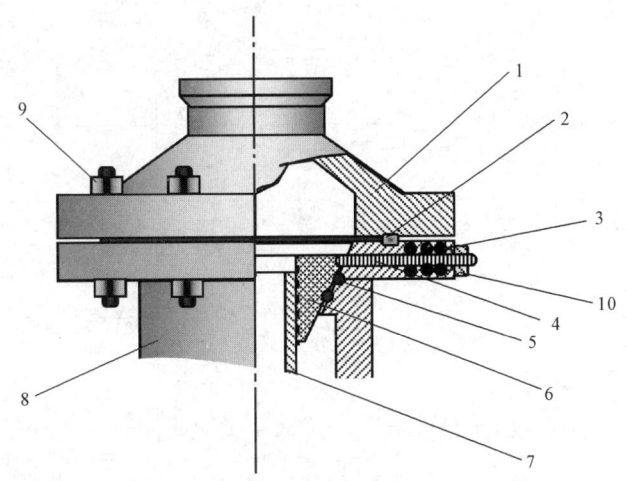

图11-7 250型采油树大法兰组成示意图

1—法兰上压盖;2—大钢圈;3—顶丝压帽;4—密封胶圈;5—油管挂密封圈;
6—油管柱;7—油管;8—套管;9—法兰连接螺丝;10—油管挂顶丝

7. 套管短节的作用

上部与四通下法兰螺纹连接,下部与套管连接,并可根据井场的高低、作业施工时调整套管短节来达到提高或降低的要求。

8. 表层套管与生产套管的钢板支撑作用

连接生产套管及表层套管,使采油树不产生震动。

二、采油树的性能参数和技术规范

采油树的性能和技术参数见表11-1。

表 11-1 采油树的性能和技术规范

型号	制造厂家	试验压力 强度 MPa	试验压力 气密 MPa	工作压力 MPa	连接形式	顶丝法兰尺寸 外径	顶丝法兰尺寸 螺孔中心距	顶丝法兰尺寸 螺孔直径×个数 mm	阀门 形式	阀门 个数	钢圈尺寸 阀门 mm	钢圈尺寸 四通 mm	外形尺寸 高 mm	外形尺寸 长 mm	通径 mm	油管挂最大直径 mm	使用范围 油管尺寸 in	使用范围 套管尺寸 in
大庆150 Ⅱ井口闸	大庆总机厂	30.0	15.0	15.0	卡箍				球阀	3	73（方形）	190	990	800	62	152	2½	5
大庆150	大庆总机厂	30.0	15.0	15.0	平式丝扣				球阀	3	73（方形）	190	820	900	65	156	2½	5
大庆160微型	大庆总机厂	30.0	15.0	16.0	卡箍				针球阀	3	73（方形）	190	1050	700	65	152	2½	5
CY-3-250	大庆	500		250	卡箍	380	318	φ30×12	球阀	6		211	1150	1320	3″	169	3	5¾、6⅝
CYD-350	大庆	（水压）35.0	8.0	35.0	卡箍	380	318	φ30×12	闸板	6		211	1545	1344	65	169	2½	5、4½
CYD-150	大庆	300	8.0	15.0	卡箍	380	318	φ30×12	闸板	6	外径100	211	1472	1262	65	168	2½	5⅝、5¾
CT-5B（大罗马）	上海大隆	42.0		21.0	法兰	380	318	φ33×12	闸板	6	101.6	211	2142	2246	68		2½	

续表

型号	制造厂家	试验压力		工作压力 MPa	连接形式	顶丝法兰尺寸 mm			阀门		钢圈尺寸		外形尺寸		通径 mm	油管挂最大直径 mm	使用范围	
		强度 MPa	气密 MPa			外径	螺孔中心距	螺孔直径×个数	形式	个数	阀门 mm	四通 mm	高 mm	长 mm			油管尺寸 in	套管尺寸 in
CYD-80	牡丹江红利	(水压)16.0		8.0	卡箍	380	318	φ30×12	闸板	4	88.7	211	1100	1240	65	168~148	$2\tfrac{1}{2}$	$6\tfrac{5}{8}$、$5\tfrac{3}{4}$
CYD-50	上海荣丰	50.0		35.0	卡箍	380	318	φ30×12	闸板	6	88.7	211	1750	1456	65	162	$2\tfrac{1}{2}$	$5\tfrac{3}{4}$
胜261	上海荣丰	30.0	16.0	15.0	卡箍	380	318	φ32×12	闸板	3	92 (73)	211	770	1220	65	170	$2\tfrac{1}{2}$	$5\tfrac{3}{4}$
胜251	东营总机厂	25.0		15.0	螺纹	380	275	φ35×8	闸板	4		205	620	950	65	150	$2\tfrac{1}{2}$	$5\tfrac{3}{4}$
胜254	上海荣丰	45.0		25.0	卡箍	380	318	φ30×12	闸板	3	92	211	755	1290	65	162+6.5	$2\tfrac{1}{2}$	$5\tfrac{3}{4}$
胜Ⅰ型	东营总机厂	45.0		25.0	铁箍	380	318	φ30×12	球阀	3		211	385	800	65	158+5	$2\tfrac{1}{2}$	$5\tfrac{1}{4}$
胜Ⅱ型	东营总机厂	30.0		15.0	铁箍	380			球阀			190	475	825	65	150	$2\tfrac{1}{2}$	5
CY-250	大庆	50.0	8.0	25.0	卡法	380	318	φ30×12	闸板	6	101	211	1625	1495	65	168	$2\tfrac{1}{2}$	$5\tfrac{3}{4}$

第四节　采油工程基本概念

一、勘探开发名词

（1）油气显示：石油、天然气及其与成因相联系的各种石油衍生物的天然和人工露头均称为油气显示，油气显示又可分为地面油气显示和井下油气显示两种。

① 地面油气显示：石油和天然气沿着地下岩石的孔隙和裂缝运移到地面所形成的各种露头，称为地面油气显示。

② 井下油气显示：由于钻井、取岩心和随同钻井液（或清水）循环而把石油和天然气携带到地面者，称为井下油气显示。

（2）含油层：含有油气的储集层。如果储集层中只含有天然气称为含气层。

（3）储油层（储集层）：凡能使石油、天然气在其孔隙、孔洞和裂缝中流通、聚集和储存的岩层（岩石）均称为储油层。

（4）岩石孔隙度：岩石中未被矿物颗粒、胶结物或其他固体物质填集的空间称为岩石的孔隙空间。储油岩的孔隙空间由相当复杂的孔隙、溶孔、裂缝组成，对油、气运移、聚集关系十分密切。用孔隙度衡量储油岩石孔隙性的好坏以及孔隙的发育程度。孔隙度可以用来计算地质储量及评价油、气层的好坏，可按有效孔隙度值来划分或评价储油层。

① 孔隙度：是岩石的总孔隙体积（V_p）与岩石的总体积（V_a）之比。

$$\phi = V_p/V_a \times 100\% \qquad (11-1)$$

式中　ϕ——孔隙度，%；

V_p——岩石的总孔隙体积，m^3；

V_a——岩石的总体积，m^3。

② 有效孔隙度：岩石有效孔隙体积（即液体能在其中流动的孔隙体积 V_{lia}）与岩石总体积（V_a）之比，称为岩石的有效孔隙度 ϕ_{lia}。

$$\phi_{lia} = V_{lia}/V_a \times 100\% \qquad (11-2)$$

式中　ϕ_{lia}——有效孔隙度，%；

V_{lia}——岩石有效孔隙体积，m^3。

（5）含油饱和度：流体饱和度是用来表示孔隙空间为某种流体所占据的程度，它在油田的勘探与开发中具有十分重要的作用。含油饱和度在油田的储量计算、油田动态分析、注水驱油效率的研究、油田剩余储量的利用以及提高最终石油采收率方面，均具有不容忽视的实际价值。油层孔隙中，含油的体积（V_m）与有效孔隙

体积(V_{lia})之比,称含油饱和度 S_m。即:

$$S_m = V_m/V_{lia} \times 100\% \qquad (11-3)$$

式中　S_m——含油饱和度,%;

　　　V_m——油层孔隙中油的体积,m^3。

(6)渗透率:在一定压差下,岩石让流体通过的能力叫渗透率。渗透率的数值是根据达西定律确定的。即流体通过岩石的流量(Q)与渗透率(K)、横截面积(A)、压差(Δp)成正比;而与流体的黏度(μ)和流体所经过的距离(L)成反比。其公式为:

$$K = \frac{Q\mu L}{10A\Delta p} \qquad (11-4)$$

式中　K——渗透率,μm^2;

　　　Q——在压差 Δp 通过岩心的流量,cm^3/s;

　　　A——岩心横截面积,cm^2;

　　　μ——通过岩心的流体黏度,mPa·s;

　　　L——岩心长度,cm;

　　　Δp——流体通过岩心前、后的压力差,MPa。

国外普遍采用的渗透率单位是"达西"。一个达西(D)的物理意义是:当黏度为 1mPa·s 的流体,在压差为 0.1MPa 作用下,通过横截面积为 $1cm^2$、长度为 1cm 的多孔介质,其流量为 $1cm^3/s$。此时,该多孔介质的渗透率就称为 1 达西,1D = $1\mu m^2$。

① 绝对渗透率:单相液体或气体完全充满岩石的孔隙,且这种液体或气体不与岩石起任何物理、化学反应,流体的流动符合直线渗透定律,这时测得的岩石渗透率为岩石绝对渗透率。岩石的渗透率表示岩石本身的特性,岩石的绝对渗透率一般用空气测定。

② 有效渗透率:当两种以上的流体通过岩石时,岩石让某一项流体通过的能力,也称相渗透率。

③ 相对渗透率:有效渗透率与绝对渗透率的比值。

(7)与压力相关名词。

① 静水柱压力:井口到油层中部的水柱压力。

② 原始地层压力:油层在未开采前,从探井中测得的油层中部压力。

③ 目前地层压力:油层投入开发以后,某一时期测得的油层中部压力。

④ 静止压力:采油(气)井关井后,井底压力回升到稳定状态时,所测得的油层中部压力,简称静压。

⑤ 压力系数:原始地层压力与静水柱压力之比。

⑥流动压力:油井正常生产时,所测得的油层中部压力,简称流压。

⑦饱和压力:天然气开始从原油中分离出来时的压力。

⑧油管压力、套管压力:油、气从井底流到井口后的剩余压力叫油管压力,简称油压。油套管环形空间内,油和气在井口的压力称为套管压力,简称套压。

⑨总压差:原始地层压力与目前地层压力的差值。

⑩采油压差:油井生产时,地层静压与流动压力之差,又称为生产压差。

(8)含水率:生产油井日产水量与日产液量(油和水)之比,也称含水百分数。

(9)气油比:气油比分为原始气油比和生产气油比。油田未开发时,在油层条件下,一吨原油中所含溶解的天然气量称为原始气油比;在油田开发过程中,每采出一吨原油所伴随着采出的天然气量称为生产气油比。

(10)采收率:油田采出来的油量与地质储量的比值称为采收率。无水采油阶段的采收率称为无水采收率。油田开发结束时达到的采收率称为最终采收率。

二、井身结构名词

井身结构主要由导管、表层套管、技术套管、油层套管和各层套管外的水泥环等组成。

(1)导管:井身结构中下入的第一层套管称为导管,其作用是保持井口附近的地表层不坍塌。

(2)表层套管:井身结构中第二层套管称为表层套管,一般为几十米至几百米。下入后,用水泥浆固井并返至地面。其作用是封隔上部不稳定的松软地层和水层。

(3)技术套管:表层套管与油层套管之间的套管称为技术套管,是钻井中途遇到高压油、气、水层,漏失层和坍塌层等复杂地层时下的套管。其层次由复杂地层的多少而定,作用是封隔难以控制的复杂地层,保持钻井工作顺利进行。

(4)油层套管:井身结构中最里面的一层套管称为油层套管。油层套管的下入深度取决于油井的完钻深度和完井方法。一般要求固井水泥返至最上部油气层顶部100~150m,特殊情况要求返至地面。其作用是封隔油、气、水层,建立一条供长期开采油、气的通道。

(5)水泥返高:固井时套管外的水泥面到井深原点的长度称为水泥返深。

三、采油工程名词

(1)油田开发:依据详探成果和必要的生产试验资料,在综合研究的基础上对具有工业价值的油田,按石油市场的需求,从油田的实际情况和生产规律出发,以提高最终采收率为目的,制定合理的开发方案,并对油田进行建设和投产,使油田按方案规划的生产能力和经济效益进行生产,直到油田开发结束的全过程。

(2)地层:是地壳发展过程中所形成的层状岩石的总称。

(3)水压驱动:当油藏存在边水或底水时,依靠水压可以将原油驱动到井底,这种驱动方式称为水压驱动。水压驱动有刚性水驱和弹性水驱两种类型。

(4)气压驱动:当油藏存在气顶时,气顶中的压缩气为驱油的主要能量,该驱动方式称为气压驱动。气压驱动可分为刚性气压驱动和弹性气压驱动两种类型。

(5)重力驱动:靠原油自身的重力将油驱向井底的驱动方式,称为重力驱动。

(6)注水方式:就是油水井在油藏中所处的部位和它们之间的排列关系。

(7)面积注水方式:是将注水井按一定几何形状和密度均匀地布置在整个开发区上。

(8)井网:油气田开发过程中,油、气、水井的分布方式,是油气藏开发方案中的重要环节,关系油气田开发效率、最终采收率以及油气田开发经济效益。

(9)井网密度:井网密度有两种表示方法,一种是平均单井所控制的开发面积;另一种是单位开发面积上的井数。

(10)普通定向井:在一个井场内仅有一口最大井斜角小于60°的定向井。

(11)大斜度井:在一个井场内仅有一口最大井斜角在60°~80°之间的定向井。

(12)水平井:在一个井场内仅有一口最大井斜角不小于86°,并保持这种角度钻完一定长度的水平段的定向井。

(13)丛式井:在一个井场内有计划地钻出两口或两口以上的定向井组,其中可含一口直井。

(14)多底井:一个井口下面有两个或两个以上的井底的定向井。

(15)斜直井:用倾斜钻机或倾斜井架完成的,自井口开始井眼轨道一直是一段斜直井段的定向井。

(16)流压:油层中的流体流入井筒中,对于油层中部深度处的压力为流动压力,简称流压。

(17)生产压差:平均地层压力与井底流压之差,它是油层渗流过程中的压力损失。

(18)采油指数:单井采油指数定义为单位采油压差下的日产油量。广义采油指数定义为原油产量随井底流压的变化率。

(19)自喷采油:完全依靠地层的天然能量将原油采出地面的方法。

(20)机械采油:需要进行人工补充能量才能将原油采出地面的方法。

(21)平衡方式:为了使抽油机工作达到平衡状态,在下冲程把抽油杆自重做的功和电机输出的能量储存起来所采取的形式,称之为平衡方式。

(22)泵效:抽油泵的实际排量与理论排量之比。

(23)示功图:反映悬点载荷与悬点位移之间关系的曲线图。

(24)沉没度:动液面距泵吸入口的高度。

(25)静液面:抽油井停产后,油、套环形空间中的液面开始恢复。当液面静止不动时,称之为静液面。

(26)动液面:抽油井正常生产时,油、套环形空间中的液面称为动液面。

(27)注水指示曲线:表示注水井在稳定流条件下,注入压力与注入量之间的关系曲线。

(28)吸水指数:单位注水压差下的日注水量。

(29)比吸水指数:吸水指数与油层有效厚度之比。

(30)视吸水指数:日注水量与井口注水压力之比。

(31)相对吸水量:在同一注入压力下,某分层吸水量占全井吸水量的百分数。

(32)吸水剖面:在一定注入压力下沿井筒各个射开层段吸水量的多少。

(33)酸液有效作用距离:酸液在变成残酸之前所流经裂缝的距离。

(34)选择性堵水:利用化学堵剂大幅度降低水相渗透率,少降或不降低油(气)相渗透率的化学堵水措施称为选择性堵水。

四、提高采收率名词

(1)一次采油:依靠天然能量开采原油的方法。

(2)二次采油:继一次采油之后,向地层中注入液体或气体补充能量采油的方法。

(3)三次采油:采用向地层注入其他工作剂或引入其他能量的方法。

(4)原油采收率:采出地下原油原始储量的百分数,即采出原油量与地下原始储量的比值。

(5)注水采收率:从开始注水到达到经济极限时期所获得的累计采油量与注水前原始储量之比。

(6)舌进:是指油水前缘沿高渗透层凸进的现象。

(7)碱聚合物驱油:就是在碱驱的基础上,用聚合物进行流度控制,来达到提高采收率的目的。

(8)热驱:将流体(蒸汽驱注蒸汽;火烧油层注空气)连续地从一些注入油层驱替原油,从而另外一些井产油。

第十二章 井下作业及压裂工艺简介

第一节 作业工艺简介

在油田开发过程中,根据油田调整、改造、完善、挖潜的需要,按照工艺设计要求,利用一套地面和井下设备、工具,对油、水井采取各种井下技术措施,达到提高注采量,改善油层渗流条件及油、水井技术状况,提高采油速度和最终采收率的目的。这一系列井下施工工艺技术统称为井下作业。

一、井下作业项目分类

(1)生产维护作业。包括:抽油机井检泵作业施工;电泵井的检电泵施工;螺杆泵检泵、注水井的重配施工,同时油水井井下调查、处理、小修等施工项目均属于维护性作业施工。

(2)修井作业。包括:套管检测、打捞、刮削等。主要对象是套损井。

(3)增产增注作业。包括:油水井压裂作业施工、油水井酸化作业施工。

(4)特种作业。包括:带压作业、连续油管作业、高危气井作业。其施工风险、施工难度较常规工艺更大。

(5)辅助类作业。包括:堵水作业、注水井调剖作业。

井下作业施工是多工种、多设备、多工序互相衔接联合作业的大型施工。井下作业施工的特殊性决定了它具有复杂性、连续性、现时性、隐蔽性等特点,从而导致井下作业质量控制的不确定性增加。

二、井下作业特点

(一)复杂性

井下作业的复杂性主要表现在施工工艺上。井下作业施工工艺繁杂,有一般的油水井常规措施作业工艺,如油井检泵清蜡、清防垢、冲砂、油水井堵水调剖、分层配产配注等施工工艺;还有处理井下事故的大修工艺如打捞、解卡、封窜、套管处理等较为复杂的施工工艺;更有诸如压裂、酸化、解堵等储层改造工艺。每一种井下作业施工工艺并不是单独存在的,在具体实施过程中,它和其他的施工工艺相互关联、交互使用,从而达到最终的施工目的。

(二)连续性

每一种井下作业施工工艺是由多个施工工序连续组成的,越是复杂的施工工艺,施工工序就越多。如压裂施工工艺整个施工过程,就包含了检泵、通井、冲砂、下施工用具等大的施工工序。在实施具体的压裂施工时,就包含了循环、试压、试挤、压裂、加砂、替挤、扩散压力七个相互关联的施工工序,这些施工工序连续进行,缺一不可,才能保证压裂施工的成功率。

(三)现时性

由于井下作业是多个工序连续进行的施工过程,每一个工序花费的时间相对比较短,往往只有几个小时,甚至几十分钟,整个施工完成花费时间最少的还不到半天。每一个工序的完毕,就意味着下一个工序的开始。全部工序的完成,就意味着整个井下施工过程的结束。从这个角度上说,井下作业质量控制具有现时性,即只有正在进行的工序质量达到了要求,才能进行下一道工序,所有工序质量达到了要求,才能保证整个井下作业施工质量,如果某一个工序质量达不到要求,就有可能影响整个井下作业施工质量。因此,井下作业质量控制更要注重过程控制,把握好现时工序质量关,就成为井下作业质量控制的关键所在。

(四)隐蔽性

井下作业隐蔽性主要表现在时间上和空间上。时间上,由于工序时间较短,结束的工序就会立即成为"历史",事后无法对某些结束的工序质量进行检验,使这些工序质量隐蔽起来。空间上,由于野外地理环境影响和限制,不可能每一种施工作业的每一个细小工序质量都始终处于监督和控制之下;加之井下作业施工过程及施工完毕后的"工程"都在井下,有的在地面上无法进行控制和验证,使之成为"隐蔽工程"。

三、井下作业指标

(一)主要技术指标要求

(1)作业生产任务完成率100%。

(2)施工井一次合格率达到90%。

(3)施工井全优率达到85%。

(4)平均生产时效达到75%以上。

(5)资料全准率达到95%。

(6)设备完好率达到90%。

(7)作业无污染率达到100%,施工过程中天然气无放空。

(8)安全生产无上报事故。

(二)指标计算方法

(1)作业生产任务完成率 = $\frac{完成施工井数}{计划施工井数} \times 100\%$。

(2)施工井一次合格率 = $\frac{施工总井数 - 不合格井数}{施工总井数} \times 100\%$。

(3)施工井全优率 = $\frac{施工全优井数}{施工总井数} \times 100\%$。

(4)平均生产时效 = $\frac{总施工生产时间}{日历时间} \times 100\%$。

总施工生产时间是指作业队生产时间和辅助工作时间。设备检修、返工、处理事故以及组织停工等影响正常施工进度的时间均为非生产时间。本队员工之内进行两口井交叉作业施工所完成的定额工时可计入生产小时内;日历时间是指配备四个班实行三班倒的作业队每天按24h计算,只有两班的每天按16h计算,一班的每天按8h计算,而且一年中扣除法定节日。

(5)资料全准率 = $\frac{取准取全资料项数}{应取资料项数} \times 100\%$。

(6)设备完好率 = $\frac{设备完好台日}{日历台日 - 设备计划保修台日} \times 100\%$。

设备完好台日是指作业机在各部件保持完好状态下运转和待用的台日数;计划修保台日是指作业机纳入计划的修保台日。

第二节　压裂用新工具介绍

一、防喷桥塞工具

随着油田开发不断深入,水力压裂技术已由单井增产、增注措施,逐渐成为低渗透储层勘探、开发的主体技术。随着新《环保法》提出了"对控制污染物排放总量"的相关规定,环境保护成为油水井作业施工的严峻考验。油管内防喷是环保施工的首要问题,在压裂过程中,起下管柱、压后起下管柱、井口操作等各环节都要实施防喷。

外围直井缝网多段压裂管柱采用扩张式封隔器进行分层,采用内返排喷砂器进行不动管柱压裂。压后喷砂器可返排,但返排口不能再次封闭,因而卡具段不防喷。

对此,应用工作筒堵塞器 + 底部丢手封隔器的防喷工具,如图12 - 1所示。

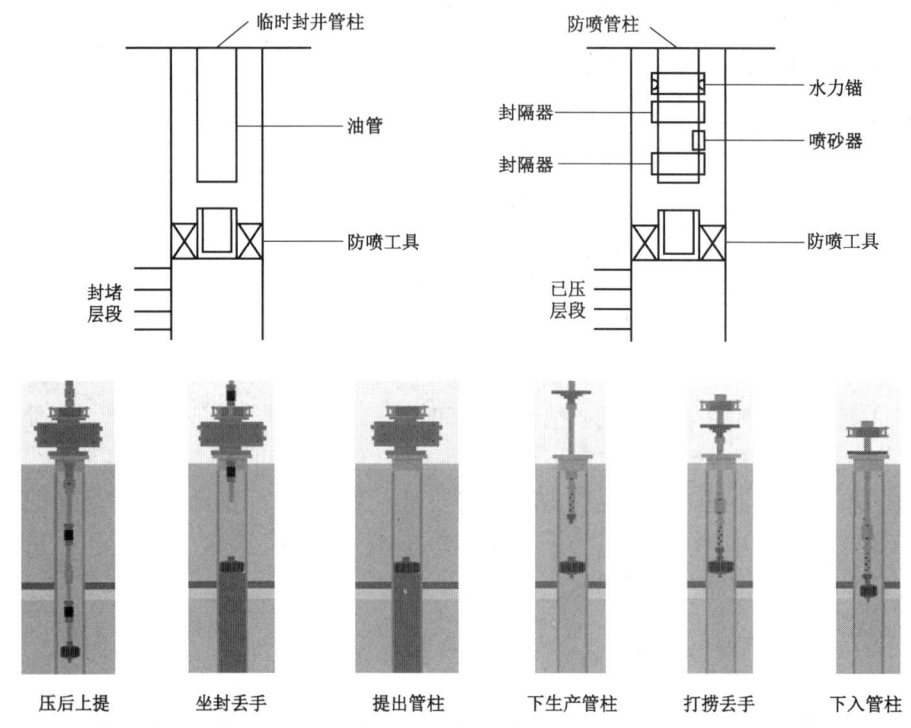

图12-1 丢手封隔器防喷过程

工作筒堵塞器位于卡具段上部,投堵后实现卡具段以上起管柱时防喷;丢手封隔器封位于管柱最下端,待全井压裂施工结束后活动开管柱,当卡具段上提到油层段以上时,旋转油管4~5圈,丢手封隔器坐封,上提管柱6~8t(不包含管柱重量)丢手,此时封隔器封堵措施层,油管及环空实现防喷。待压裂管柱起出,下生产管柱实现丢手封隔器打捞和解封。在此过程中,将管柱上提到射孔井段以前时,必须配合投堵保证油管内防喷。

表12-1 底部丢手封隔器参数

最大刚体外径,mm	114
工作套管内径,mm	121~124
坐卡扭矩,N·m	700
下压差,MPa	25
工作温度,℃	≤120
连接扣型	$2\frac{7}{8}$in UP TBG
丢开力,t	6~8
解封力,t	3~5

底部丢手封隔器，其结构见图 12-2，参数见表 12-1，用于 $5\frac{1}{2}$in 井，接于酸化、压裂、补孔等管柱的下端，起管柱时防喷，或临时封井等。封隔器特点是：

(1) 可达到下压差 25MPa。
(2) 设有抗阻机构，遇阻不坐封。
(3) 设有步进锁定机构，坐封牢固可靠。
(4) 解封时可以先释放工具下面压力。
(5) 允许探井深。

图 12-2　底部丢手封隔器

二、等通径压裂工具

外围采用常规压裂工艺储层动用程度、开发效果差，近两年缝网试验见到较好效果。但由于现使用阶梯式多层压裂管柱内通径小，节流损失大，施工排量和施工层数受限，限制体积裂缝形成，影响压裂效果；而国内外没有成熟管柱工具可借鉴，自主研制适用于大排量、多层、全通径的工艺管柱，实现高效、低成本致密油开发。

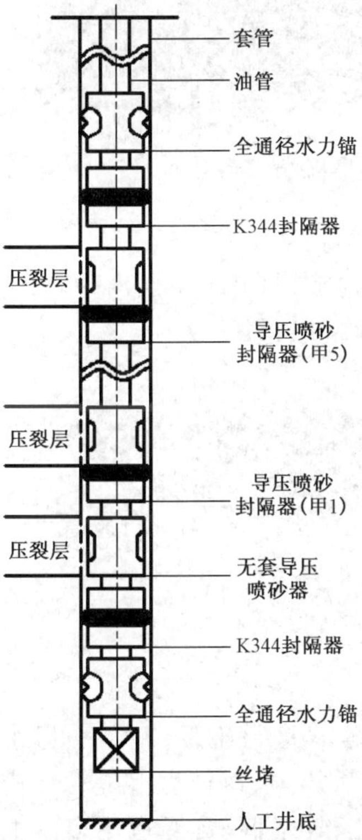

(一) 工作原理

桥式喷砂封隔器总长 2005mm。油管内加压，通过喷嘴产生节流压差，高压液体通过桥式喷砂器导压通道进入胶筒，使胶筒膨胀，封隔器坐封。放掉油管内的压力，胶筒回收，封隔器解封。第一层直接进行压裂施工，压裂结束后，投甲 1 滑套喷嘴总成，打开第二层喷砂器出砂口，封堵第一层压裂通道，进行第二层压裂施工；依次类推进行多层压裂施工。

(二) 适用条件

(1) 不动管柱施工六层。
(2) 工作温度 120℃，工作压力 70MPa。
(3) 适用于外围地层。

(三) 结构原理

如图 12-3 所示，管柱结构主要由 K344 封隔器(2~7级)、无套导压喷砂器(1级)、导压喷砂封隔器(1~5级)和水力锚等组成。油管打

图 12-3　全通径压裂管柱

压,所有封隔器坐封,进行第一层压裂,压裂结束后,投滑套喷嘴总成,打开第二层出砂口,封堵第一层压裂通道;依次类推进行多层压裂施工。压后可同时返排。

1. 桥式喷砂封隔器(封隔器部分)

如图12-4所示,该工具与桥式喷砂直接连接,构成一体式喷砂封隔器。封隔器部分主要由胶筒、中心管、上胶筒座和下胶筒座等部件组成。

图12-4　桥式喷砂封隔器(封隔器部分)

2. 桥式喷砂封隔器(喷砂器部分)

如图12-5所示,该工具与桥式封隔器直接连接,构成一体式喷砂封隔器。喷砂器部分主要由上接头、导压主体、伞槽滑套、滤网和滑套等部件组成。

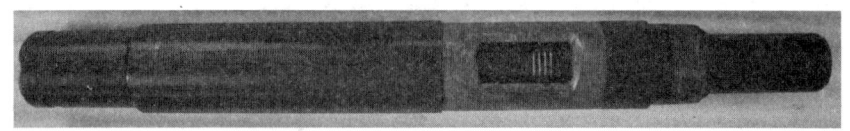

图12-5　桥式喷砂封隔器(喷砂器部分)

3. 喷嘴总成

如图12-6所示,本层压裂结束后,投滑套喷嘴总成,打开上一层出砂口,封堵本层压裂通道;依次类推进行多层压裂施工。压后可同时返排。

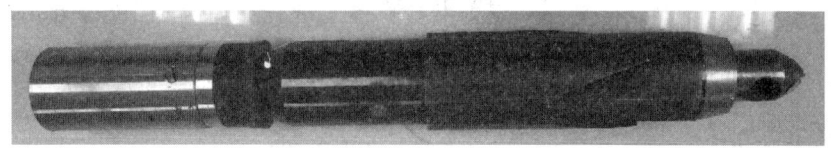

图12-6　喷嘴总成

三、水平井坐压多段工具

水平井多段压裂常采用双封单卡层层上提的方式进行施工,施工一口水平井通常需2~3天,单段压裂施工结束后,需进行扩散压力、返排后上提管柱进行下一段压裂,造成设备、人员、压裂车组等停工,施工效率低、资源占用多。上提管柱过程中没有防喷措施,施工环境恶劣。在地层压力高区块施工时,若压后返排压力高则不能立即上提压裂下一段,需考虑防喷问题,延长返排时间或关井终止压裂施工,其余段需第二次压裂施工或弃层,致使费用增加,影响增产效果。因此水平井多段坐压管柱,可提高施工时效和压裂效果,满足油田开发压裂需求。

(一)适用条件

(1)不动管柱压裂8段。

(2)工作温度120℃,工作压力70MPa。

(3)适用于水平井压裂。

(二)结构原理

管柱结构如图12-7所示,管柱主要由安全接头、水力锚、水平井K344封隔器(2~7级)、侧壁节流喷砂器(1~6级)和螺旋扶正器等组成。通过油管打压,所有封隔器坐封,进行第一层压裂;然后,通过逐级投球打滑套进行以后层段的压裂。

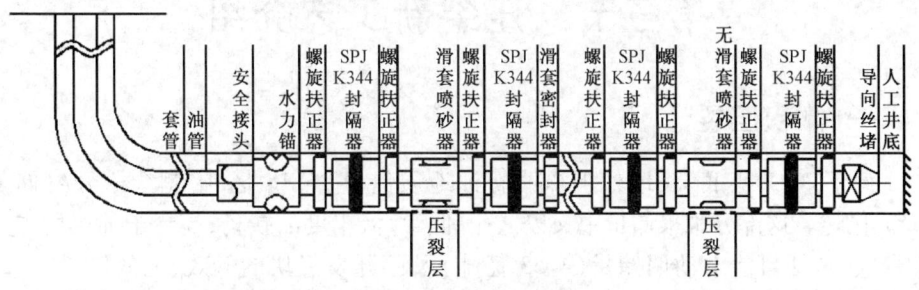

图12-7 管柱结构示意图

1. SPJK344-115封隔器

如图12-8所示,封隔器由胶筒、中心管、胶筒座、接头等部件组成。油管内打压,胶筒膨胀,封隔器坐封,放掉油管内的压力,胶筒回收,封隔器解封。

图12-8 SPJK344-115封隔器

2. 侧壁节流喷砂器

如图12-9所示,由主体、滑套、下接头、喷嘴等部件组成。

最下级不带滑套的喷砂器通过喷嘴直接压裂;上面各级先投球打套再进行压裂,滑套坐于滑套密封器内。

3. 螺旋扶正器

如图 12-10 所示,螺旋扶正器的螺旋冲砂通道采用右旋方向设计,反洗能够提供较大的离心力,冲砂效果好。

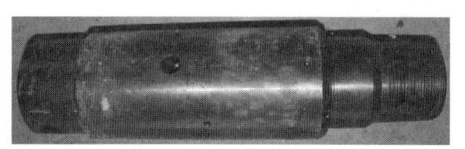

图 12-9 侧壁节流喷砂器

图 12-10 螺旋扶正器

第三节 压裂新工艺介绍

一、体积压裂

截止 2011 年底,长垣外围探明石油地质储量 16.18 亿吨,剩余未开发储量 7.87 亿吨。这部分难采储量中又以低孔、低渗、低丰度的扶杨、高台子油层所占比例最大,包括目前未动用储量(4.53 亿吨)及已开发区块的低效、无效储量(1.25 亿吨)两个方面,为大庆油田特低渗透致密油储层有效动用重点区域。

自从 Bakken 油田突破常规理念,采用水平井体积压裂获得致密油储层产能突破,到 2011 年美国致密油产量已达 2700 万吨。但是与大庆致密储层相比,天然裂缝发育程度不同,增产改造理念可以借鉴,但工艺方法不能直接应用。

体积压裂(Stimulated reservoir volume,SRV)的基本原理如下:

超低渗透致密储层物性差,孔隙结构复杂、面孔率低、喉道细小,常规压裂技术很难达到预期的增产效果。压裂施工中可以通过优化排量、低液体黏度等技术达到缝内净压力裂缝开启条件,使得沿主裂缝壁面延伸并沟通多条次生裂缝与微裂缝,最终在地层中形成复杂裂缝网络,从而大幅度提高压后单井产能,该技术即为体积压裂技术,如图 12-11 所示。

通过实验发现,净压力越大,应力差越小,越易形成体积裂缝。内摩擦角越大,内聚力越低,越易形成体积裂缝;应力差越小,内聚力越低,越易形成体积裂缝,如图 12-12 所示。

图 12-11 体积压裂示意图

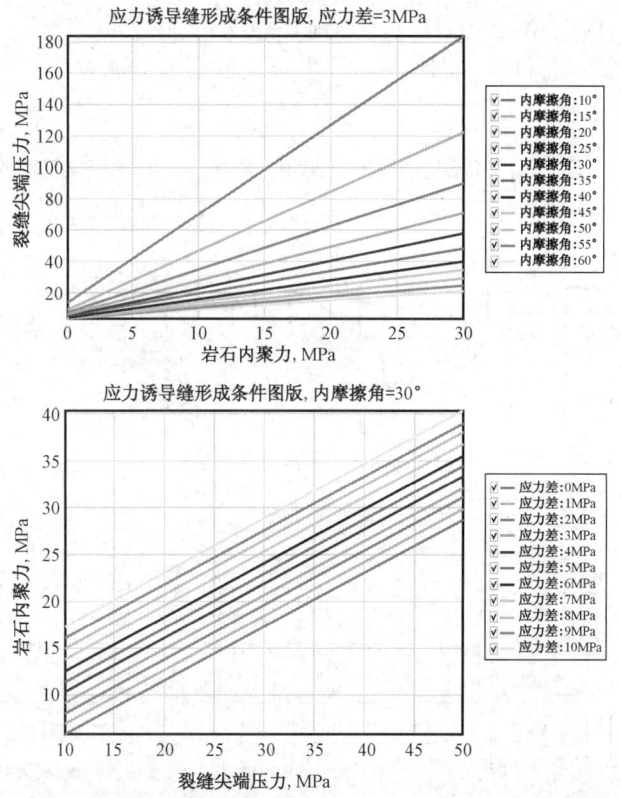

图 12-12 内摩擦角与应力差对形成体积裂缝的关系

通过体积缝起裂机理可以看出,尖端应力集中,塑性区内剪应力超过岩石抗剪切强度,在尖端形成应力释放缝。提高缝内净压力,降低应力差,有利于体积缝延伸。分段多簇、大排量、大液量、低黏滑溜水+清水变液性为主要控制方法。利用应力叠加理论,建立了水平井多缝延伸应力场变化模拟方法,能够实现不同物性条件下的多缝延伸的应力场干扰分析。

通过综合流体渗流规律和应力干扰分析,建立体积压裂工艺优选和压裂设计优化方法。

切割压裂:渗流方式为基质—主缝—井筒,启动压力越大,流度越低,连续有效渗流距离越小。

缝网压裂:改变渗流方式为基质—缝网—主缝—井筒,缝网横向波及范围大,相当于增大连续有效渗流距离。

二、水平缝单砂体压裂

长垣二、三次加密井动用程度低,水井43.4%小层不吸水,油井44.6%的小层不产液。精细分层注水后,仍有35.7%小层不吸水。主要原因为:

(1)层间物性差异大导致注水不均衡,部分小层不吸水。

(2)储层物性差,目前井网条件油水井不能建立有效驱替。

(一)技术路线

如图12-13所示,注入端相当于并联电路,储层物性越差,电阻越大;通过压裂消掉压降,减小电阻,提高储层动用率。压裂方案设计如图12-14所示。

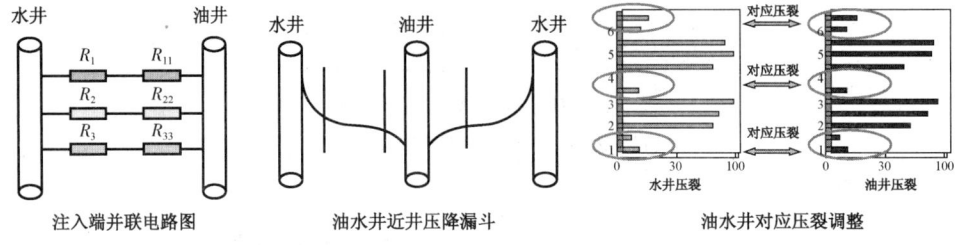

图12-13 原理对比

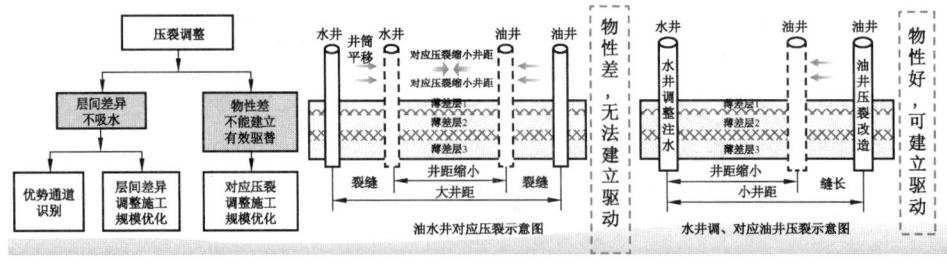

图12-14 压裂方案设计

(二)技术目标

水井:减小层间渗透率引起的注水差异,改善吸水剖面。

油井:完善注采关系,提高储层动用程度。

解决大庆油田薄差储层由于层间矛盾、平面非均质,导致整体注水开发效果差的难题。

(三)应用条件及范围

应用条件:① 层间差异导致小层吸水差异的储层;② 物性差,目前井距建立不起驱替的储层。

应用范围:长垣油田二、三类薄差储层。

(四)技术内容

(1)形成了对应精细压裂控制的设计方法。如图 12-15 所示。

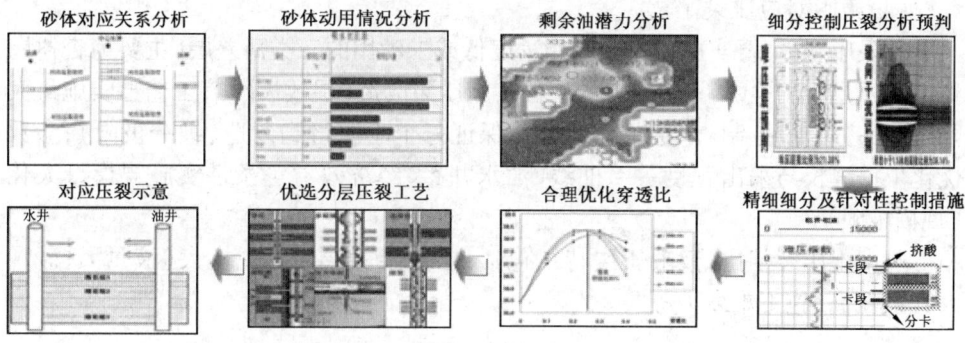

图 12-15 设计方法

(2)建立了注水井调整层间差异的施工规模优化方法,如图 12-16 所示。

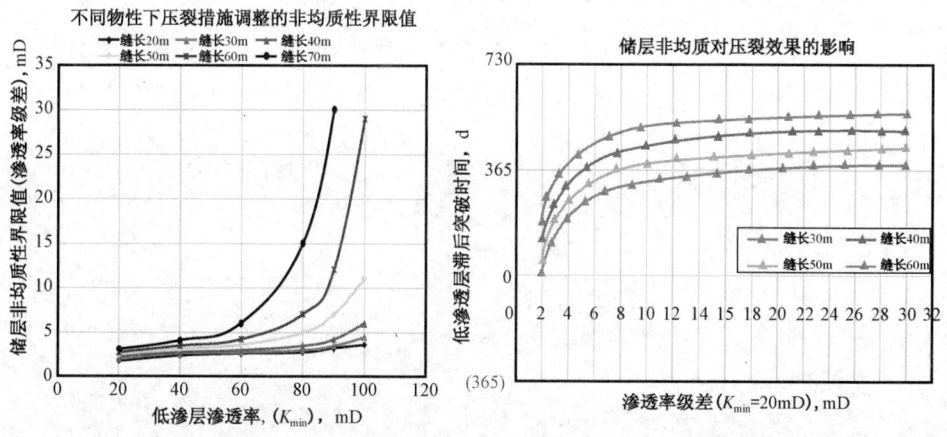

图 12-16 规模优化方法

目前分层注水同卡段内渗透率级差一般为6~8倍,当被改造的储层最小渗透率为20mD时,6~8的渗透率级差,30m的改造规模就能控制不形成优势通道。

(3)对无法建立有效驱替的储层,形成与油藏井网相结合的压裂调整工艺,见表12-1。

表12-1 压裂调整工艺

井距,m	调整距离,m	工艺控制
250	125	大规模对应调整
225	100	油水井对调
175	50	油水井对调
140	15	水井单压或对应调整
125	有效驱替井距	

(4)极限对应压裂工艺。

极限压裂:主要实施对象为动用程度低或未动用的三类薄差层(主要为杏树岗油田);选层上对全井80%以上的层位实施压裂改造(层数极限);工艺上实施最大限度的细分卡段控制(单层单孔单压),保证每个小层得到改造(细分极限);参数优化依据缝长与采出程度关系曲线、油水井距、经济效益等条件实施规模最大化(规模极限)。

与常规压裂相比,极限压裂特征包括:层数多、分卡细、规模大(液量大、砂量大)、破压高、施工难度大等。

第十三章 标准化及创新工作

第一节 标准化基本知识

一、标准

标准为在一定范围内获得最佳秩序,对活动或其结果规定共同的和重复使用的规则、导则或特性的文件。该文件经协商一致,制定并经一个公认机构批准。

标准应以科学、技术和经验的综合成果为基础,以促进最佳社会效益为目的。

二、标准化

标准化是指,为在一定的范围内获得最佳秩序,对实际的或潜在的问题制定共同的和重复使用的规则的活动。

标准化活动主要包括制定、修订、发布及实施标准的过程。标准化的重要意义是改进产品、过程和服务的适用性,防止贸易壁垒,并促进经济技术合作。

三、基础标准

基础标准是具有广泛的普及范围或包含一个特定领域的通用规定的标准。基础标准可作为直接应用的标准或作为其他标准的基础。

四、技术规范

技术规范是规定产品、过程或服务应满足的技术要求的文件。

必要时,技术规范应给出能够确定要求是否达到的方法。技术规范可以是标准、标准部分或与标准无关的独立文件。

五、规程

规程是为设备、结构或产品的设计、制造、安装、维修或使用而规定的操作或方法文件。

规程可以是标准、标准的一部分或与标准无关的独立文件。

六、认证

认证是由第三方对产品、过程或服务满足规定要求给出书面证明的程序。

七、认可

认可是由权威机构对有能力执行特定任务的机构或个人给予正式承认的程序。

八、采标方法与程度

(一)等同采用

指我国标准与国际标准的技术内容相同,没有或仅有编辑性修改,编写方法完全相对应。

(二)等效采用

指与国际标准的主要技术内容相同,技术上只有较小差异,编写方法可以不完全相对应。

九、世界标准日

1969年9月,国际标准化组织(ISO)理事会发布1969/59号决议,决定把每年的10月14日定为世界标准日,作为全世界标准化工作者庆典标准的节日。当前国际上统称为"世界标准日"。

第二节 质量管理体系运行

一、全面质量管理概述

质量有狭义和广义之分,狭义的质量就是产品的质量;广义的质量则除了产品质量外,还包括工作质量。

质量管理是为经济的提供用户满意的产品或服务所进行的组织、协调、控制、监察等工作的总称。它既有着自己的一般发展过程,又随着生产技术的发展而发展。质量管理的发展一般经历了三个阶段,即传统的质量管理阶段(又称检验质量管理阶段)、统计质量管理阶段和全面质量管理阶段。

全面质量管理(Total Quality Control,TQC),就是企业全体职工及有关部门同心协力,综合运用管理技术和科学方法,经济地开发、研制、生产和销售用户满意产品的管理活动。

全面质量管理的核心是提高人的素质,调动人的积极性,人人做好本职工作,通过抓好工作质量来保证和提高产品质量或服务质量。

(一)推行TQC的真正目的在于养成如下素质

(1)养成善于发现问题的素质。
(2)养成重视计划的素质。
(3)养成重视过程的素质。
(4)养成善于抓关键的素质。
(5)养成动员全员参加的素质。

养成这些素质来期待完成企业的社会责任和经营的发展目标。

(二)全面质量管理的基础工作

(1)全面质量管理的基础工作包括：
① 标准化工作。
② 计量工作。
③ 质量教育工作。
④ 质量责任制。

(2)推行全面质量管理的工作就要做到：
① 认真贯彻"质量第一"的方针。
② 充分调动企业各部门和全体职工关心产品质量的积极性。
③ 有效地运用现代科学技术和管理技术,做好设计、制造、售后服务、市场调查等方面的工作,以预防为主,控制影响产品质量的各方面因素。同时要做到"三全",即全面、全过程、全企业的质量管理;"一多样",即所运用的方法必须多种多样。

(三)全面质量管理模式

1. 戴明模式

戴明模式是全面质量管理依据的管理模式。该模式由"计划(Plan)、实施(Do)、检查(Check)和改进(Action)"四个阶段组成,简称为PDCA循环模式(图13-1)。它反映了质量改进和做各项工作必须经过的四个阶段。这四个阶段不断循环,故称为PDCA循环。它是提高产品质量的一种科学管理的工作方法。

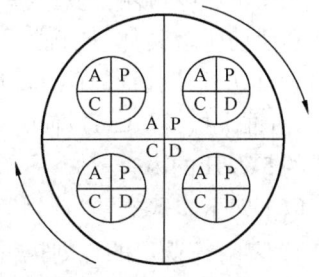

图13-1 PDCA循环模式

2. 戴明模式的基本指导思想

(1)一切为了用户。
(2)体系化综合管理。

(3)一切用数据说话。

3. 全面质量管理的工作方法

PDCA 反映出四个阶段的基本工作内容:

(1)P 阶段。以提高质量、降低消耗为目标,通过分析诊断,制定改进目标,确定达到这些目标的具体措施和方法,即计划阶段。

(2)D 阶段。按照已制订的计划内容,克服各种阻力,扎扎实实地去做,以实现质量改进的目标,即执行阶段。

(3)C 阶段。对照计划要求,检查、验证执行的效果,及时发现计划过程中的经验及问题,即检查阶段。

(4)A 阶段。把成功的经验加以肯定,制订标准、规程、制度,巩固成绩,总结教训,克服缺点,即总结阶段。

这种 PDCA 的工作程序,一般情况下还可以具体分为以下八个步骤进行:

第一步:分析现状,找出存在的主要质量问题。对于存在的质量问题,要尽可能用数据加以说明。在分析现状时要坚决克服"没问题""质量很好"等自满情绪。

第二步:诊断分析产生质量问题的各种影响因素。这就要逐个问题、逐个因素详加分析,切忌主观、笼统、粗枝大叶。

第三步:找出影响质量的主要因素。影响质量的因素往往是多方面的,从大的方面来看,可以有操作者、机器设备、检测工具、原材料、工艺方法以及环境条件等方面的影响因素。每项大的影响因素中又包含许多小的影响因素。要想解决质量问题,就要在许多因素中,全力找出主要的直接影响因素,以便从主要影响因素入手,解决质量问题。

第四步:针对影响质量的主要因素,制订措施,提出改进计划,并预计其效果。措施和活动应该具体、明确。一般应明确:为什么(Why)要制订这一措施(或计划);预计达到什么目标(What);在哪里(Where)执行这一措施(或计划);由哪个单位、由谁来执行(Who);何时开始,何时完成(When);如何执行(How)等,即通常所说的 5W1H 的内容。

以上四个步骤就是"计划"(P)阶段的具体化。

第五步:按既定的计划执行措施,即"执行"(D)阶段。

第六步:根据改进计划的要求,检查、验证实际执行的结果,看是否达到了预期效果。即"检查"(C)阶段。

第七步:根据检查的结果进行总结,把成功的经验和失败的教训都纳入有关的标准、制度和规定之中,巩固已经取得的成绩,同时防止重蹈覆辙。

第八步:提出这一循环还未解决的问题,把它们转到下一次 PDCA 循环的第一步去。

第七、八两步是"总结"(A)阶段的具体化。

二、全面质量管理的方法与图表

全面质量管理方法比较多,有排列图法与分层法、调查表与因果图法、散布图法、直方图法、控制图法、关联图法、KT法、系统图法、矩阵图法、矩阵数据解析法、过程决策程序图法(PDPC)及箭头图法。

(一)排列图

排列图是为寻找主要质量问题或影响质量的主要原因问题使用的图。排列图是由两个纵坐标,一个横坐标,几个按高低顺序依次排列的长方形和一条累积百分比曲线组成的图。

排列图就是用来找出产品主要问题或影响产品质量主要因素的一种有效方法,它应用了关键的少数和次要的多数的原理。

(二)因果图

因果图是表示质量特性与原因关系的图。产品质量在形成的过程中,一旦发现了问题就要进一步寻找原因。采用开"诸葛亮"会的办法,集思广益,再把群众分析的意见按相互间的关系,用特定的形式反映在一张图上,就是因果图。因果图又叫特性要因图、石川图、树枝图、鱼刺图等。

第三节　QC小组操作指南

QC小组是企业实现全员参与质量改进的有效形式。组织开展好QC质量小组活动是技术人员参与本单位生产管理、提高效率的分内职责。

一、QC小组的含义

QC小组概念:是在生产或工作岗位上从事各种劳动的职工,围绕企业的经营战略方针目标和现场存在问题,以改进质量、降低消耗、提高人的素质和经济效益为目的组织起来,运用质量管理的理论和方法开展活动的小组。

二、QC小组活动的程序

(1)确定课题名称。

(2)小组概况。

(3)确定选题理由。

(4)质量因素现状调查。

(5)主要原因分析。

(6)制定对策。

(7)实施情况。

(8)效果分析。

(9)巩固措施。

(10)体会与打算。

三、用全面质量管理知识指导 QC 小组活动

(一)准备工作

(1)本单位 QC 小组状况表。

(2)目前确定的活动课题(目标)。

(二)操作步骤

(1)对已组建的 QC 小组基本情况进行摸底了解:对其成员情况、基本条件、已往活动简历、曾达到的水平和保持的现有成果等进行了解掌握。

(2)对已确定的课题内容和性质进行分析。

① 课题是上级业务部门指定的还是小组从现场生产实际存在的问题中选定的。

② 选定的课题本身是否符合质量管理标准:即一目了然、具体准确。

③ 依据所掌握的知识,初步评定课题的可行性、价值等。

(3)积极组织、参与小组活动进行现状调查。

① 对收集调查的数据进行整理、分析,用数据说明问题存在的原因。

② 调查的方法要科学合理,常用的方法有:调查法、列图表、排列图、直方图、控制图等。

(4)组织成员对调查的结果进行讨论分析,设定小组活动目标。

即小组活动要把问题解决到什么程度(为以后检查活动的效果提供依据),并确定其量化值以及对制定目标理由作必要的陈述,使所有成员都能从中得到启发和坚定信心,最后用柱状图或折线图等形象地描绘出来。

(5)在问题调查目标明确后,广泛发动小组成员开动脑筋(思路)分析原因。

找究竟是什么原因造成的这个问题,可把所设想的全部要素(认为是可能产生问题的原因)一个一个地分析、判断,再逐个排除,确定出真正的原因。然后经过反复的、恰当的方法(因果图,单位图及关联图)分析,在最后确定原因中,分头组织成员到生产现场去逐一验证、测试、测量,根据哪一个对问题影响程度大从而确定

主要原因是什么。

(6)针对主要原因制定对策。

① 首先让小组成员提对策,集思广益。

② 把所有提出的对策针对每一个原因加以分析确定。

③ 把选出的对策列表,为下一步实施对策提供依据。

(7)实施对策。

即在对策制定后,组织成员按照对策表所指严肃、细致、认真、负责任地去实施,并对其过程和有关数据详细地记录。对实施过程如遇到困难进行不了的,可组织成员讨论并制定新的对策。

(8)检查效率。

在对策表项目都实施后,把每个过程的记录数据和结果进行计算对比分析,对达到的程度是否需要再进行 PDCA 的值进行确定,经济效益是多少。

(9)制定巩固措施。

即认真组织小组把措施中有效的措施内容如何巩固下去等。

(10)总结及下步打算。

(三)组织成员一起进行分析

(1)解决和没有解决的。

(2)成功和不足的地方。

(3)编写本次小组活动报告(成果报告)。

第四节　技术革新操作指南

一、指导思想

以科学发展观为统领,深入贯彻油田公司"自主创新、重点跨越、支撑发展、引领未来"的科技指导方针,以科技创新为核心,以解决制约油田发展的技术难题为着力点,遵循安全环保、节约成本和提高工作效率的总原则,注重技术改进、强调技术应用、突出技术创效,不断提升全员创新能力,为保障油田稳产,推进跨越发展,打造国际水平提供强力支撑。

二、工作目标

打造企业技术革新、科技创新新局面,形成技术革新成果的系列化、有形化、产品化、产业化,促使技术革新成为推动企业发展的动力;探索高技能人才培养的新模式,培养压裂、机加等专业的技能专家,建立师徒技能传承制度,形成覆盖井下作业领域的技能传承与推广体系。

三、革新进程

（1）提出革新目的，讨论革新成功率，建立初步图纸，讨论革新实体的具体结构与革新过程。

（2）在简易图纸的情况下讨论革新实体的结构及形状，确定革新实体的设计方案，汇报原件

购买情况。

（3）讨论革新实体的安全性，对革新实体的测试体进行测试，发现的问题及需要改善的地方做详细记录。

（4）在施工现场进行使用，对雏形成品的试用效果评估。

（5）申报推广试验使用。

四、日常管理

（1）革新计划管理。年初在大队范围内征集技术革新课题，技术革新工作室向技术发展部申报技术革新项目。

（2）革新经费保障。技术革新工作室可根据工作需要提出物料采购或加工制作申请，由技术发展部审批、实施。

（3）革新技术支持。定期为技术革新工作室配备相关专业图书资料，组织技术革新人员参观学习、技术交流；工程地质技术大队、信息中心等相关技术人员对技术革新工作室开展理论指导及技术指导；技术革新专家组组织人员论证，推进技术革新成果定型。

（4）试用推广保障。技术革新工作室及基层小队技术革新成果大队范围内共享，同一类型、同一功用的技术革新成果经专家论证定型后执行统一标准。

（5）革新成果固化。大队推荐优秀技术革新成果参评分公司、油田公司技术革新成果奖，申报国家发明专利或实用新型专利。

五、申报材料要求

（1）申报革新成果需填报《油田公司重大技术革新成果评审报告》一式一份，要求内容真实、表达准确；数据齐全、格式规范；图片对照、原理有形；效益可信、分析合理。报告须单位领导审核签字、加盖单位公章（或单位科技管理部门公章），此报告纸件报至油田公司技术发展部。

（2）申报单位需上报本单位纸件和电子邮件（Excel 表）各 1 份。各单位须提前一天将本单位的革新文件夹拷贝进会场计算机内，以供评委们使用；在汇报的 PPT 中，革新成果的技术原理须清晰、准确、科普表达出来，可以结合革新培训班讲授的 solidworks 或 3DMAX 等计算机制图工具）。

(3)预验收形式:现场会议验收与函评验收相结合。即各专业不交叉,而是分专业统一集中到某固定地点,由革新人结合多媒体现场演示革新成果实物,并完成答辩。

六、有关站队

各小队、站,机关各办应充分认识加强技术革新工作的重要意义,切实加强对技术革新工作的宣传引导,加强相互间的沟通协调,营造良好的科技创新氛围。同时,为技术革新工作室成立给予支持,多渠道多角度广泛开展宣传动员,激发全员参与技术革新的积极性。

第五节 案例分析—运用 QC 方法降低烧电动机事故率

一、前言

目前,抽油机井所占比例逐年增加,抽油机的动力装置电动机的故障率逐年增加,为保证油田的高效益可持续发展,在依靠科学技术的同时,还要依靠科学的管理方法来强化管理。

二、小组概况

小组概况见表13-1、图13-2。

表13-1 QC小组成员明细表

序号	职务	姓名	年龄	文化程度	成员分工
1	组长	韩××	29	大专	全面协调
2	组员	王××	28	大专	组织协调
3	组员	卢××	40	中专	设备安装及维修
4	组员	褚××	26	大学	设备安装及维修
5	组员	康××	28	中技	设备安装及维修
6	组员	常××	26	中技	设备安装及维修
7	组员	张××	29	中专	资料整理

(1)2007年,某采油队共烧电动机8台,按平均每台11500元算,经济损失达9.2万元。同时,还给生产管理带来了很大的工作量,浪费了大量的人力、物力,企

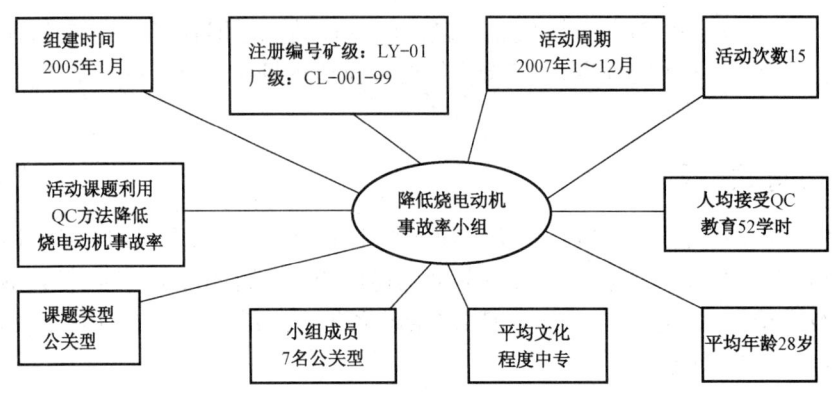

图 13-2 小组概况图

业损失较大。

(2)烧电动机问题存在着普遍性。某单位共有 12 个采油队,据统计 2007 年烧电动机 121 台,1998 年烧电动机 109 台。

(3)目前,企业管理从生产数量型向质量效益型转变。为保证少投入、多产出,走质量效益型发展道路的厂质量方针,需加强管理,从管理中要效益,降低故障率,减少成本消耗。

(4)活动目标值:确定烧电动机事故率从去年的 14.2%(8 台)降为 3.5%(2 台)。

三、分析基本情况

通过对某采油队 2007 年烧电动机情况统计分析和调查验证,基本上找出了烧电动机的因素(表 13-2)。

表 13-2 存在问题统计表

序号	存在问题	频数	累积频数	频率	累积百分数
1	配电箱缺少保护装置	6	6	75.0%	75.0%
2	电动机绝缘老化	1	7	12.5%	87.5%
3	电动机轴断	1	8	12.5%	100.0%
合计			$N=8$		

由统计表可以看出,存在问题最大的是电动机配电箱缺少保护装置,其累计频率达到 75.0%,对此,找出了五个方面的 11 项因素,为了找出主要因素,QC 小组聘请了我矿有经验的电器责任工程师和小组成员一起,用 0、1 评分法,对 11 项因素进行了原因重要程度评价,重要打 1 分,次要打 0 分。

因素重要程度评分见表 13-3。

表 13-3 因素重要程度评分表

委员	电工新转岗水平低	领导缺少专业知识	空气开关选择不合理	四功能保护箱易损坏	电脑保护器易损坏	热继电器为单项保护	电器元件质量不好	缺少断相保护	缺少电容补偿	环境温差大易失灵	刮风下雨雪易塌坏
韩××	0	1	1	1	1	1	1	1	1	0	0
王××	1	1	1	1	1	1	1	1	1	0	0
卢××	0	0	1	1	1	1	0	1	1	0	1
康××	0	0	1	1	1	1	0	1	1	1	0
褚××	0	0	1	1	1	0	1	1	1	0	1
张××	1	0	0	1	1	1	0	1	1	0	0
常××	1	0	1	1	1	1	0	1	1	1	1
方××	0	0	1	1	1	1	0	1	1	1	0
总分	3	2	7	8	8	7	3	8	8	3	3

通过评分,确定了 6 条主要因素:
(1)空气开关选择不合理。
(2)四功能保护箱易损坏。
(3)电脑保护器易损坏。
(4)热继电器为单相保护。
(5)缺少断相保护。
(6)缺少电容补偿。

四、制定对策

根据某采油队抽油机井配电箱种类和实际情况,QC 小组进行了功能方案对比,见表 13-4。

表 13-4 功能方案对比表

序号	种类	保护功能	所占比例	缺点	优点
1	磁力启动器系统	过载保护	75%	保护少	线路简单价格便宜
2	电脑保护器配电箱	过载保护,短路保护断相保护	11%	不适应恶劣环境易损坏,不易修复,价格昂贵	体积小,保护功能全
3	四功能保护配电箱	过载保护短路保护断相保护自动启机	9%	线路复杂,元件多易损坏不易维修,价格贵	保护功能全

五、实施对策

根据制定的对策,截止到 3 月 1 日,QC 小组逐步完成了各项措施,具体实施见表 13-5。

表 13-5 对策措施表

项目	序号	要因	措施内容	目标	实施人	完成时间
设备原因	1	空气开关选择不合理	选择带过载和短路保护,合理选择容量,使匹配合理	100%	韩×× 卢××	2.5~2.15
设备原因	2	电脑保护器易损坏	拆除改造	100%	康×× 常××	2.10~28
设备原因	3	四功能保护箱易损坏	拆除改造	100%	康×× 常××	2.10~28
材料	4	热继电器为单相保护	改用三相式保护的热继电器	加强过载保护	韩×× 常××	2.15~25
方法	5	缺少断相保护	加装一个中间继电器	杜绝缺相烧电动机	康×× 常××	2.15~25
方法	6	缺少电容补偿	加装一个电容器	减少电动机启动负荷,延长电器使用寿命	常×× 褚××	2.15~28

针对空气开关选择不合理问题,QC 小组严格进行了选择,选择沈阳低压开关厂出的 DZ10-100/380、DZ10-250/380 两种型号。根据电动机的功率,进行合理匹配,杜绝大配小或小配大现象,具体如下:

(1)30 kW,配备 DZ10-100/380 60A 型空气开关。

(2)40 kW,配备 DZ10-100/380 80A 型空气开关。

(3)45 kW,配备 DZ10-100/380 100A 型空气开关。

(4)55 kW,配备 DZ10-250/380 120A 型空气开关。

(5)75 kW,配备 DZ10-250/380 140A 型空气开关。

针对电脑保护器和四功能保护箱易损坏失灵的问题,根据现场使用环境和不易维修及缺少配件等原因,把原箱配件拆除,改为新型配电保护系统。

针对热继电器为单相保护的问题,采取更换为带三相保护的热继电器,加强保护功能,型号为 JR16-150/3D,并按电动机功率匹配为 85A、120A、160A 三种:

(1)30 kW、40 kW,采用 18#,额定电流 85A。

(2)45kW、55kW,采用19#、额定电流120A。

(3)75kW,采用20#、额定电流160A。

在线路中加装一个中间继电器,把 a、c 两相控制小线以外的 b 相引入线圈,使任意一相保险烧都能立即断相保护停机,杜绝两相运转烧电动机事故(中间继电器为10A,价格20~30元)。

加装一个三相移相式电容器进行电容补偿,保护电器设备免受启动大电流的冲击,保护电动机,延长电动机使用寿命,而且能达到减少网络电压波动大和节能的效果。

六、分析效果

1. 统计分析

通过 QC 小组全体成员的努力工作,这种保护性强的配电箱在我队得到实际应用,经过检验,烧电动机的事故明显下降。于 12 月 15 日至 12 月 20 日对烧电动机的因素重新进行了调查分析,效果见表 13-6。

表 13-6 效果对比表

项目	措施前(1998年)	措施后(1999年)	差值
配电箱缺少保护装置	6	0	6
电动机绝缘老化	1	0	1
电动机轴断	1	1	0
累积频率	8	1	7

从上表明显看出,措施前后截然不同,出现问题的频率明显下降,配电箱缺少保护装置因素,造成的烧电动机的事故率降为0,截止到12月,烧电动机一台,烧电动机事故率为1.75%,达到目标要求。

2. 经济效益

从经济效益上看,由于烧电动机事故率的降低,减少直接损失8.05万元;并且提高了油井的时率,保证了产量的完成,减少工程维修费用,具有较高的间接经济效益。全矿将全面推广使用这一成果,预计可减少损失95.7万元。

七、巩固措施及标准化

为了巩固 QC 小组取得的成果,小组成员对本次活动所采取的措施进行了认真总结,制定了以下标准措施:

(1)编制《多功能保护配电箱的配备说明及维修手册》,应用在生产实际中。

(2)加强岗位练兵和技术培训,提高采油工及电工的日常巡回检查能力。

（3）加强配电箱的维修保养工作，制定维修保养制度，做到旬检查，月保养。

（4）将岗位工人对配电箱的维修保养工作考核到队奖金制度中，强化管理。

八、下步打算

通过这次QC小组的活动，取得了一定的成绩，认识到了QC在生产管理中的重要性。同时也看到在我队的生产管理工作中，还存在很多的问题。例如：抽油机井皮带消耗较大，成本较高。因此，我们下步针对《延长抽油机井皮带使用周期》这一课题进行活动，目标值为：由平均102天延长到150天。

第十四章 井下修井安全生产

第一节 HSE 基本知识

一、HSE 管理体系的概念

是指实施安全、环境与健康管理的组织机构、职责、做法、程序、过程和资源等形成的有机整体。

二、HSE 管理体系的功能

是一种事前进行风险分析,确定其自身活动可能发生的危害和后果,从而采取有效的防范手段和控制措施防止其发生,以便减少可能引起的人员伤害、财产损失和环节污染。它强调预防和持续改进,具有高度自我约束、自我完善、自我激励机制,是一种现代化的管理模式,是现代企业制度之一。

三、石油天然气有限公司关于 HSE 的相关理念

(一) 中国石油天然气集团公司反违章六条禁令

(1) 严禁特种作业无有效操作证人员上岗操作。
(2) 严禁违反操作规程操作。
(3) 严禁无票证从事危险作业。
(4) 严禁脱岗、睡岗和酒后上岗。
(5) 严禁违反规定运输易爆物品、放射源和危险化学品。
(6) 严禁违章指挥、强令他人违章作业。
员工违反上述《禁令》,给予行政处分;造成事故的,解除劳动合同。

(二) 中国石油天然气集团公司九条管理原则

(1) 任何决策必须优先考虑健康安全环境。
(2) 安全是聘用的必要条件。
(3) 企业必须对员工进行健康安全环境培训。
(4) 各级管理者对业务范围内的健康安全环境工作负责。
(5) 各级管理者必须亲自参加健康安全环境审核。

(6)员工必须参与岗位危害识别及风险控制。

(7)事故隐患必须及时整改。

(8)所有事故事件必须及时报告、分析和处理。

(9)承包商管理执行统一的健康安全环境标准。

(三)井控十大禁令

(1)严禁无有效证件人员上岗操作。

(2)严禁未经地质风险评估和预案制定开钻。

(3)严禁发现溢流不立即关井。

(4)严禁"Ⅰ级风险井"无"科级驻井"。

(5)严禁未经批准揭开油气层。

(6)严禁坐岗观察脱岗。

(7)严禁揭开油气层后不测后效起钻。

(8)严禁起钻抽吸。

(9)严禁揭开油气层后空井等停。

(10)严禁井控装备不按规定试压。

四、基层站队 HSE 标准化建设标准基本框架

基层站队 HSE 标准化建设标准包含管理要求和设备设施两部分内容。管理要求方面明确了 15 个主题事项,设备设施方面明确了 3 个方面内容。

(一)管理要求

风险管理;责任落实;目标指标;能力培训;沟通协商;设备设施管理;生产运行;承包方管理;作业许可;职业健康;环保管理;变更管理;应急管理;事故事件;检查改进。

(二)设备设施

健康安全环保设施;生产作业设备设施;生产作业场地环境。

五、基层站队 HSE 标准化建设标准内容要求

(一)管理要求

1. 风险管理

(1)风险辨识:工作前安全分析和工艺危害分析等风险管理工具得到有效应用,风险辨识评价全面准确,控制措施有效可行。

(2)重大危险源管理:重大危险源得到辨识,控制措施有效可行。

(3)隐患管理:隐患实行动态管理,及时得到发现、报告并整改。

(4)员工参与:员工参与岗位风险识别,并清楚本岗位的风险和控制措施。

2. 责任落实

(1)岗位职责:按照"一岗双责"和风险管控的要求,所有岗位 HSE 职责清晰明确。

(2)有感领导:基层领导认真落实本岗位 HSE 职责,制定并有效实施个人安全行动计划。

(3)直线责任:管理人员按照"管工作管安全"的原则,认真履行岗位 HSE 职责。

(4)属地管理:属地划分清晰,责权明确,岗位员工能够严格落实属地责任。

3. 目标指标

(1)制定分解:站队和各岗位都有明确的 HSE 目标指标,包括过程性指标和结果性指标。

(2)实施方案:对关键性的 HSE 目标指标制定方案并实施,方案明确完成目标指标所需要的资源、方法、时间及责任等。

(3)跟踪考核:定期检查 HSE 目标指标的完成情况,依据考核细则进行严格考核,鼓励正向激励。

4. 能力培训

(1)上岗条件:明确各岗位上岗条件和能力要求,培训合格,能岗匹配,并持证上岗。

(2)培训实施:培训矩阵得到运用,根据不同岗位人员能力需求制定有针对性的培训计划并得到有效实施。

(3)能力评价:根据日常工作表现和岗位 HSE 目标指标完成情况,定期对岗位员工的 HSE 意识、知识和技能等进行评价。

5. 沟通协商

(1)站队安全活动:每月组织一次安全专题例会,每周至少组织一次安全活动,传达上级 HSE 要求和文件精神,分析安全生产情况,提出安全要求。

(2)班组安全活动:每周开展班组安全活动,分享安全经验和有关事故事件教训,基层领导参加。

(3)岗位员工参与:员工积极参与各种安全活动,安全经验分享、安全观察与沟通得到广泛应用,合理化建议得到及时反馈和处理,不安全行为得到及时发现和纠正。

(4)相关方沟通:与承包商、社区等相关方保持沟通联络,运用 HSE 信息系统,使用和上报 HSE 信息数据。

6. 设备设施管理

(1) 基础资料：所有设备设施基础资料齐全完整，实行动态管理；相关人员熟悉设备设施管理要求。

(2) 检查确认：所有设备设施投用前都经过安全检查确认。

(3) 运行保养：操作规程完善，员工熟练掌握并严格执行；设备设施保养及时到位，定期检验监测，确保正常运行。

(4) 检修维护：备品备件完备，及时检修维护，设备设施不带病运行，不超期服役。

7. 生产运行

(1) 基础资料：工艺技术资料信息齐全完整，相关人员熟悉生产运行管理要求。

(2) 操作规程：所有常规作业活动都编制操作（作业）规程、操作卡片，并实行动态管理，员工熟练掌握本岗位操作规程。

(3) 运行管理：员工遵守工艺纪律和操作纪律，执行岗位操作规程，做好操作记录。落实交接班、岗位巡检制度，规范开停工等操作变动管理。

8. 承包方管理

(1) 培训交底：对承包方员工进行入场教育或培训，并考试合格；作业前进行安全交底，告知现场风险和 HSE 要求。

(2) 属地监管：检查承包方人员资质和工器具可靠性，确认风险控制措施落实到位，对承包方现场施工作业全过程进行监管。

(3) 验收评价：对工作内容和施工质量进行验收确认，对承包方作业过程中的 HSE 表现进行评价。

9. 作业许可

(1) 项目识别：现场所有非常规作业和高风险作业活动都得到识别，相关人员熟悉、掌握作业许可管理程序。

(2) 风险分析与交底：工作前安全分析得到有效应用，能量隔离等控制措施有效可行；作业人员及相关人员清楚作业风险及相应控制措施。

(3) 许可证办理：作业前严格按要求办理许可票证，作业批准人到现场核查、确认后批准作业。

(4) 现场监管：作业过程安全措施有效落实，安全监护、监管到位，作业风险全面受控。

(5) 分析改进：作业许可票证得到有效管理，作业许可活动得到统计分析，并持续优化。

10. 职业健康

（1）危害辨识和监测：对工作场所职业危害进行有效辨识，定期监测和公示，监测结果满足标准要求。

（2）职业健康防护：职业健康防护设施齐全完好，员工熟知工作场所的职业健康危害和防范措施，正确使用个人防护装备。

（3）职业健康体检：员工职业健康体检计划得到落实，职业禁忌人员得到妥善安排。

11. 环保管理

（1）环境因素辨识：环境因素辨识全面，风险评价准确，控制措施有效可行；员工清楚本岗位环境风险和控制措施。

（2）环境因素监测：定期监测环境因素，数据得到有效运用。

（3）污染治理：污染物得到有效控制和治理，主要污染物达标排放，符合国家和地方政府标准要求。

（4）环保设施：污染物处理、防护、监测等设施完备且运行良好，员工能够正确使用和操作。

（5）放射源管理：放射源管理规范，满足法规标准要求。

12. 变更管理

（1）变更程序：各类变更得到严格审批，相关人员熟知人员、工艺、设备变更的流程和相关管理要求。

（2）风险识别：变更前进行风险识别与评价，对变更产生的风险采取控制措施。

（3）人员培训：对涉及变更的人员，特别是涉及新材料、新设备、新技术、新工艺使用的有关人员进行培训，清楚变更风险及控制措施。

（4）信息管理：变更实施后，对涉及的工艺安全信息、操作规程、文件记录等有关信息内容及时更新。

13. 应急管理

（1）应急预案：识别潜在的突发情况和意外事件，建立应急处置预案和岗位应急处置程序并及时更新；预案在内外部得到充分沟通。

（2）物资装备：储备必要的应急物资装备，状态完好并实施动态管理，相关人员能够熟练使用和操作。

（3）应急演练：定期开展应急培训和演练，相关人员熟悉应急预案和处置程序。

（4）应急响应：突发情况下能够及时启动应急程序，正确采取处置措施。

14. 事故事件

（1）事故事件报告：员工了解事故事件的分级分类，熟悉报告流程；所有事故事件得到及时、准确报告,及时上报行为得到奖励。

(2)事故事件调查:所有事故事件得到充分调查,准确分析事故事件原因,并采取有效的纠正预防措施。

(3)资源共享:内外部事故事件教训得到分享。

15. 检查改进

(1)日常检查:岗位巡检、日检、周检、专项检查等各类检查有效开展,及时发现各类问题。

(2)问题整改:各类检查发现的问题形成记录,整改销项;针对问题产生的原因,采取预防性措施。

(3)分析改进:对各类检查发现问题进行统计分析,查找系统性缺陷并改进完善。

六、井下修井作业安全

(一)修井施工现场危害因素识别提示

修井施工现场是高危场所,以下危害因素可能危及您的安全和健康:落物伤害;车辆伤害;触电伤害;火灾伤害;高处坠落伤害;物体打击伤害;中毒窒息伤害;井喷失控伤害;现场泥泞摔伤;爆炸伤害;井架倒塌伤害;上下班房摔伤;检修液压钳及换钳牙不切断动力源伤害;小钩安全装置失效伤害;吊环断裂伤害;吊卡月牙安全销失效伤害;正翻驴头挤伤;地锚拔出伤害;噪声伤害;震动伤害;酸液灼伤;起重伤害;操作失误顶撞天车伤害;跨骑油管伤害;跨骑管线伤害;观看仪表站位不安全伤害;开关阀门站位不安全伤害;排放电缆站位不安全伤害;冲砂不栓安全绳水龙头脱出伤害;观察排液出口站位不安全伤害;作业机刹车失灵伤害;用手抓扶光杆伤害。

(二)危险危害因素控制措施提示

(1)工作人员进入施工现场要严格遵守现场管理制度,服从指挥。

(2)不准跨骑油管及管线。

(3)饮酒者,严禁进入施工现场。

(4)不按标准戴安全帽、穿戴劳保用品,严禁进入施工现场。

(5)严禁高处作业不系安全带。

(6)拆接电、移动电器必须切断电源,戴绝缘手套,有专人监护。

(7)更换钳牙检修液压钳必须切断动力源。

(8)司钻操作前应检查刹车部位、井架提升系统、绷绳地锚,并对防碰天车进行一次设置。

(9)不准抓扶光杆,起下光杆应将光杆上附件移到下部。

(10)起吊物体严禁在吊物下站人,专人指挥,严格执行"十不吊"。

(11)严禁将火种带入施工现场,严禁吸烟,动火有动火作业票,防护措施齐全,动火单位专人监控。

(12)按标准安装防喷器、放喷用钢质硬管线连接,停工要关闭油套管阀门。

(13)提下电缆管柱,排放电缆不准站在电缆支架的前面。

(14)指挥车辆时不准在车辆的正前、正后方指挥。

(15)机动设备的转动部件,在运转中严禁擦洗或拆卸。

(16)观察仪表、排液出口、开关阀门应站在一侧。

(17)班房内不准放易燃、易爆物品。

(18)正翻驴头严格执行操作规程,触摸抽油机前必须做一次是否带电确认,上抽油机前对梯子的牢固情况做一次确认,不准用手盘皮带。

(19)调整井架要有防护措施,禁止同时松开两道绷绳。

(20)不准在作业施工现场进行交叉作业。

(21)含硫化氢气体井施工要穿戴安全防护用品,定期进行监测。

(22)通井机上下拖车平板必须选派有资质的人员,上下拖车操作人员必须对拖车停放位置做一次确认,并有专人指挥。

(23)每个班应检查一次漏电保护器试验按钮。

(24)酸化时应备有清水或小苏打水。

(三)修井队岗位危害因素识别及控制

1. 技术员岗巡回检查点

地质、工艺、施工设计;技术交底方案;应急预案交底;作业指导书;井控设施;计量器具;重点工序施工;新技术、新工艺实施;油水化验操作室;各种阀门、仪表处。

2. 主要危害识别点提示

(1)三设计安全措施和井控措施不全。

(2)施工过程危险危害因素识别不清;技术交底和应急预案交底针对性不强。

(3)作业指导书不具有指导意义。

(4)井控设施不按期校验且安装不标准。

(5)重点工序施工安全防范措施不到位。

(6)新工艺、新技术没有操作规程盲目使用。

(7)化验油水防火防爆设施不全或违反操作规程易引发火灾爆炸事故。

(8)开关阀门、观察仪表站位不对易发生伤害。

(9)跨骑管线易发生伤害。

3. 控制措施

(1)严格按技术负责制要求做好井史井况调查分析,认真编写、审核设计。
(2)严格执行油田井控管理细则,认真进行技术交底和应急预案交底。
(3)按照 HSE 管理体系要求编写作业指导书。
(4)按期对井控设施进行检测,每口井安装后应试压一次,试压合格后使用。
(5)新工艺、新技术使用前制定切实可行的操作规程,并负责培训。
(6)试油队化验室配置 8 公斤灭火器不少于两个。
(7)开关阀门、观察仪表及出口应站在上风口一侧,不应正对。
(8)解卡时不应站在井架正前面及作业机与井架之间。
(9)洗、酸、压、冲等施工不准跨越、跨骑管线。

第二节　单井应急预案

一、总则

(一)目的

为了在该井施工过程中,能快速高效有序地对火灾伤害、爆炸、交通事故和等应急事件进行处理,最大限度地保护员工生命,减少环境破坏和财产损失,特制定此单井应急预案。

(二)应急反应原则

(1)按"保护生命、环境和财产"优先权排列实施应急预案。
(2)疏散无关人员,清点人数,最大限度减少人员伤亡。
(3)及时报警并向有关部门报告。
(4)切断危险源,防止二次险情发生。
(5)保持通信畅通,随时掌握险情发展动态。
(6)正确分析现场情况,划定危险区域,避免次生灾害。
(7)保护好现场,迅速控制事态发展。

二、本井风险分析

本井位于 24 路线向南过清真寺,左侧水泥路第二路口右转,过计量间到围墙左侧。井场有污水处理站,井场周围有芦苇,计量间、生活区门前有井排路,该井 14 柱射孔枪在井内,捞出的枪身有可能在起管柱过程中及起出井口时发生爆炸,造成人员伤亡或套管损坏。捞住落鱼后,联系试油试采分公司生产调度,联系电话:5685036、5685037,由调度通知试油试采分公司俞海等相关技术人员上井指导起打捞管柱,并负责将射孔枪提出井口、拆卸。综合分析,本井存在主要风险为火灾伤害、交通事故、爆炸事故。

三、能力评估

本队建立了应急组织机构,队长、副队长、技术员都参加了国家主管部门组织的井控培训和安全培训,并取得了相应资质;应急小组成员定期参加应急处置的演练与培训;配备了旋塞阀、防喷器、井架防坠器、急救箱、灭火器、防渗布等应急物资和设备。

施工现场已储备压井液,如发生井喷,随时进行压井作业;现场配备常规应急物资,如发生井喷事故,去应急抢险库拉运相关应急抢险物资。

以上措施形成了对井涌和井喷的以及初期火灾的控制能力;能够对受伤害员工进行初期的医护处置。

四、突发事件应急处置措施

(一)火灾、爆炸伤害应急处置措施

(1)如发生火灾、爆炸,应根据不同类型的火灾及火势,采取不同的灭火方法,可用灭火器、生活水源外接水泵灭火,以及撤离周围易燃、可燃物品等办法控制初期火势。不能自行灭火时,立即报火警,并和大队调度联系。

(2)确保人身安全可进行火灾的初期扑救,疏导人员、抢救物资、抢救伤员时,应注意自身安全,无能力处置时,所有人员应尽快往上风口方向撤离火场。

(3)扑救电气火灾时,事故现场由熟悉带电设备的技术人员负责灭火指挥。可选用干粉灭火器、二氧化碳灭火器,不得使用水、泡沫灭火器灭火;灭火人员应穿绝缘鞋、戴绝缘手套等措施加强自我保护。

(4)被救人员衣服着火时,拨打急救中心电话,同时就地翻滚,用水或毯子、被褥等覆盖灭火;伤处的衣物应剪开脱去,不可硬行撕拉,伤处用消毒纱布或干净棉布覆盖,并立即送往医院救治。

(5)抢救伤员的同时,应及时拨打急救中心电话。

(6)灭火结束后,注意保护好现场,积极配合有关部门的调查处理工作,并做好伤亡人员的善后处理。调查处理完毕后,经上级部门同意,立即组织人员进行现场清理,尽快恢复生产。

(7)本井周围情况复杂,如发生火灾,员工应注意自身安全,无能力处置时,所有人员应尽快往上风口方向撤离,并及时拨打急救中心电话。

(二)交通伤害应急处置措施

(1)生产车辆进入施工现场要专人统一指挥和瞭望,设立警示标志。

(2)在防喷演练和启动应急程序疏散路线尽量不要在井排路,要根据实际情况沿着井排路路基下上行或下行。非工作性质禁止到井排路上。

(3)车辆出现交通事故时,驾驶员或乘车人首先撤离井排路到安全区域,避免人员伤亡。有人员伤亡,应立即送往附近医院就医,如果有重伤员直接拨打"急救中心"电话。

(4)当小队不能有效处理时,立即向大队调度进行汇报,实施应急救援抢险。

(5)做好现场保护,等待有关方的现场取证、勘查工作。

五、突发事件信息报送

(一)突发事件信息报送流程

发生突发事件后,小队于10min内向大队生产调度室报告事故情况。大队应根据事故具体情况,判断事故的级别,并于15min内向分公司生产运行部调度室汇报。

大队生产调度室接到突发事件情况报告后,根据突发事件基本情况,及时判断突发事件类型和级别,立即按应急领导小组成员顺序向有关领导和部门通报突发事件情况,按大队应急领导小组要求,启动相应的应急预案。

(二)突发事件信息报送的形式和内容

突发事件发生后,信息应立即通过移动电话或固定电话报告。

报送内容应包括:

(1)突发事件单位。

(2)突发事件发生的时间、详细地点、交通状况。

(3)突发事件可能的原因、性质及其危害严重程度。

(4)突发事件可能的发展趋势以及对抢险的建议和要求。

(5)已经采取的抢险措施。

(6)报警人姓名、电话、职务。

六、预案管理

采取班前会、交接班、现场提问等灵活多样的方式开展培训;采取模拟、实战、模拟和实战相结合的方式开展演练,及时发现和解决演练中存在的问题,修订完善应急预案。

七、预案的实施

本预案自发布之日起实施。

八、附件

(1) 小队应急抢险小组组织机构及联系方式(表14-1)。

表14-1 小队应急抢险小组成员联系方式

序号	岗位	姓名	职务	办公室电话	移动通讯	生产电话
1	修＊＊＊队		队长			
2	修＊＊＊队		小队书记			
3	修＊＊＊队		副队长			
4	修＊＊＊队		技术员			
5	修＊＊＊队		技术员			
6	修＊＊＊队		司机长			
7	修＊＊＊队		班长			
8	修＊＊＊队		班长			
9	修＊＊＊队		班长			

① 小队应急抢险组织机构。

总指挥：队长、书记。

组长：工程技术员、地质技术员、副队长。

成员：修＊＊＊队全体成员。

② 小队应急抢险组织机构职责。

a. 接受大队应急抢险管理办公室领导的指令。

b. 落实现场应急人员和应急设备、器材及其他应急物资，并做到专物专用。

c. 负责组织对突发事件时初期的现场应急救护、逃生。

d. 负责对整个应急行动跟踪记录并编写最终报告。

e. 做好应急预案培训工作，提高全体员工的安全意识，保护现场人员，确保应急救援过程中人员和设备的安全。

f. 坚持干部值班制度，值班人员要坚守岗位，不能脱岗、代岗、酒后上岗，如遇险情领导必须到岗。

(2) 应急救援对外联系方式。

表14-2 应急救援对外联系方式

序号	单位	地址	值班室电话	备注
1	萨尔图区政府总值班室	东风路2号	6392626	开工前3日内落实外援单位及联系人的联系方式
2	萨尔图区安全生产监督管理局	东风路2号	4685442	
3	萨尔图区交警大队指挥中心	新村经六街	4621708	
4	大庆市公安局	新村伟二路	6620555	
5	大庆油田总医院急诊室	团结路	5805120	
6	大庆油田总医院	团结路	5805010	
7	井下作业分公司调度室(应急办)	让区龙十路	5992700,5992801	
8	修井一大队调度室(应急办)	萨区丰收村	5821493,5821932	
9	修井一大队安全办	萨区丰收村	5821427	
10	大庆油田消防指挥中心	让区龙十路	5905119	
11	萨南消防队	采油一厂	5828119	
12	采油一厂工技大队	采油一厂	5811569	

(3)现场应急设施。

表14-3 现场应急设施

序号	名称	数量	用途	负责部门
1	现场通信设备	4部	应急抢险联络	通讯保障组
2	井架逃生器	1个	1岗位逃生	安全警戒组
3	井架防坠器	1套	预防坠落	安全警戒组
4	驻井应急抢险指挥部、急救室(值班房)	2栋	现场指挥、急救	后勤保障组
5	警示标志牌	1套	安全警示	安全警戒组
6	警戒带	600m	划定警戒区域	安全警戒组
7	低压防爆灯	1组	井场照明	通讯保障组
8	风向标	2个	识别风向	抢险行动组
9	8kg灭火器	8个	消防	抢险行动组
10	2kg灭火器	2个	消防	抢险行动组
11	安全警示旗	20面	警示	抢险行动组
12	防火砂	2方	消防	后勤保障组
13	消防锹	4个	消防	后勤保障组
14	消防钩	2个	消防	后勤保障组
15	消防桶	4个	消防	后勤保障组
16	消防斧	2个	消防	后勤保障组
17	急救箱	1个	抢救受伤人员	抢险行动组

(4)大队应急专家。

第三节 环保控制措施

一、依据

本规定依据《中华人民共和国环境保护法》、《大庆油田有限责任公司环境保护管理办法》等法律、法规、办法制定,适合本队日常管理工作。

二、环境监督管理

(1)现场施工作业,按照分公司HSE体系文件及上级环保要求进行施工作业。

(2)在施工作业过程中要积极采取措施,严格执行施工场所用地标准和行车路线,施工现场周围与相邻的农田或环境敏感地带隔开,防止污油、污水、钻井液等污染物流入农田或环境敏感地带。

(3)在工程技术条件允许的情况下,选用无害的化学添加剂,化学添加剂有专人负责管理,防止破损或雨水冲洗流失造成污染。

(4)做好现场施工收尾工作,在搬家前,对井场的污油、污水做好防控措施。

(5)现场施工完毕后,施工产生的污染物在1日内全部回收,及时恢复井场原貌,达到交井环保验收标准。

(6)排放污染物的,按标准承担排污费和超标准排污费。

三、污染防治与生态环境保护

(1)一切从事生产、生活活动所产生的废气、废水、废渣、噪声、振动、放射性、电磁辐射、粉尘、危险废物、生活垃圾等都必须配套污染防治设施,经处理或处置后达到国家环保标准或要求。

① 废水排放管理应遵循"清污分流、清污分治、分级控制、分质处理、污水回用"原则,促进废水的资源化、再利用,从源头减少废水的产生。

② 非固定源产生的作业废水、设备清洗污水及废弃物应进行收集和处理,不得直接向外环境排放。

③ 严禁通过暗管、渗井、渗坑、灌注等方式排放不达标的废水。

④ 控制和减少噪声污染。对噪声源要采取吸声、隔声、减振措施,保证厂界噪声达标;采取有效措施防止修井期间的噪声扰民。

⑤ 应对产生的固体废物加以利用,不能利用的应采取无害化处置措施。暂时不利用或者不能利用的,在采取无害化处置措施前,按照国家相关规定妥善存放。

⑥ 严禁在环境敏感区内建设固体废物处理处置、堆存与填埋场所。

（2）如发生废液污染事故或者其他突发性事件，应当按照应急预案消除或者减轻对环境的污染危害，及时向大队报告。

（3）在值班房内配备消防器材，设置专人值守。

（4）在施工过程中要保护周围环境，防止对自然环境造成破坏；防止和减轻粉尘、噪声、振动等对周围居民区造成污染和危害。施工结束后，修整和恢复在建设中受到破坏的环境。并对施工中发生的一切污染事故及所导致的污染纠纷、污染损失、排污费等负责。

（5）坚持"减量化、资源化、再利用"的原则，积极推行清洁生产和循环经济，开展清洁生产审核。落实清洁生产审核确定的清洁生产方案，合理利用资源和能源，减少对环境的污染和生态环境的破坏。

（6）施工作业进入文物保护区、自然保护区、水源地保护区、风景名胜区等特殊环境敏感地区前，必须对员工进行有针对性的培训，落实环境防护措施。进入保护区施工作业前，必须履行环境管理程序，经请示保护区主管部门同意后，方可进入，并向大队有关部门备案。

（7）生产过程中产生的含油污泥，必须采取回收罐规范存储，依托油田含油污泥处理站进行资源化、无害化处理，回收原油资源。油泥净化含油≤2%后，方可作为铺垫井场等材料加以综合利用。

（8）废弃修井液存储池必须采取防渗措施，修井过程要配备完善的固控设备，废弃修井液要进行无害化处理，修井施工结束要恢复地貌。

（9）施工现场开挖土方要分层取土、分层回填，施工结束后，及时进行土地平整，产生的废物应得到安全处置，场地应恢复地貌。

（10）生产过程中发生污染物异常排放的，应立即采取措施进行回收清理，居民区、耕地、商业区等敏感区域内的污水、污油等废物应在当日组织清理。

四、废弃修井液固化和环保交井管理

（1）相关职责。

① 负责对固化存放集中池的使用情况进行监督。

② 负责配合固化队解决在钻井液池回填、钻井液转运过程中发生的安全、环保、土地等问题。

③ 负责将施工中产生的废弃钻井液转运至固化队指定的存放池。

④ 负责修井施工废弃钻井液无害化及固化的预验收。

（2）废弃修井液无害化及固化处理执行黑龙江省地方标准 DB23/T 693—2000《废弃钻井液处理规范》及油田公司庆油发〔2001〕129号《大庆油田有限责任公司废弃钻井液处理验收管理暂行规定》。

(3)修井施工废弃钻井液的无害化及固化(气温降至零摄氏度以下除外)处理,应在作业施工结束后 30 个工作日内完成。覆土应在油田公司质量安全环保部委托的检测单位进行无害化检测后 7 个工作日内(气温降至零摄氏度以下除外)完成。冬季未能按时处理的废弃修井液,应在下一年度 7 月 30 日前完成无害化及固化处理。

(4)搬家前,将井场的污油控制在防渗布内,存液池里的废液全部回收。

(5)搬家后,将井口及相关设施清洗干净达到设施交井的条件。

(6)施工过程中做好环保预防工作,因未采取任何环保措施或措施不当,造成超井场面积的环境污染纠纷及事故,由该小队承担全部责任。

附录1　施工总结

以下是一口井的施工总结样本。

编码:QR/F1/7-3-07

大庆油田有限责任公司＊＊＊＊＊分公司作业施工成果

井　　　号　　杏＊＊＊丙水＊＊＊
井　　　别　　注水井
驱 动 类 型　　二次采油

施 工 项 目　　修井(液压加固)

施 工 日 期　　2016.5.21—2016.5.30
厂　矿　队　　第＊采油厂采油＊矿西＊队
施　工　队　　修井＊大队＊＊＊队

制　表　人　　＊＊＊

地质技术员　　＊＊＊
工程技术员　　＊＊＊
作业队长　　＊＊＊
大队审核人　　＊＊＊

大庆油田有限责任公司井下作业分公司

保存部门:＊＊＊＊　　　　　　　　　　　　　　保存期限:永久

杏＊＊＊丙水＊＊＊井原井基本数据

钻井基本数据

开钻日期　完钻日期　2000.1.15　完钻井深(m)　补心高(m)　0.00

套管基本数据

套管外径 mm	套管下深 m	最大壁厚 mm	最小壁厚 mm	套管头至补心高 m	套补距 m	四通油管挂 m	人工井底 m
139.70	1,208.60	7.72	6.20	3.25	0.32	0.22	1,194.30

固井基本数据

水泥返高 m	试压压力 MPa	历时 min	压降 MPa	固井质量
935.50	15.00	30.00		优

名称	型号	规范	数量	深度	下井日期
完井管柱					2015.1.12
油管		$\phi62$	109		
原井管柱					2013.4.11
偏心配水器	KPQ-95	$\phi95$		1157.53	
短节		$\phi62$			
封隔器	Y341-95MS	$\phi95$		1160.08	
短节		$\phi62$			
偏心配水器	KPQ-95	$\phi95$			
短节		$\phi62$			
封隔器	Y341-95MS	$\phi95$		1164.23	
油管		$\phi62$	1		
偏心配水器	KPQ-95	$\phi95$			
油管		$\phi62$	1		
挡球		$\phi45$			
筛管		$\phi62$			
导锥		$\phi89.5$		1186.65	

原井结构图

原井调查

2002年1月大修,捞净落物,经打印证实套管在1089.71m错断,最小通径 φ101mm,整形后对1087.3~1091.5m采用φ118mm(壁厚5mm)实施密封加固。2010年1月作业,起注水管柱,测声变仪器在960m遇阻,下注水管柱遇阻,经下φ106mm铅模打印证实套管在1086.37m错断,最小通径φ96mm。2010年6月大修,下入φ114mm×750mm平底铅模打印,铅模印痕为加固管上端面印,完整无损,最小直径φ108mm,测多臂井径:1088.0~1092.0m为加固管井段。2013年4月作业,完井下φ89.5mm导锥1个,φ62mm筛管1个,φ45mm挡球1套,偏心配水器KPQ-95(φ95mm)5级,封隔器Y341-95MS(φ95mm)6级,φ62mm三防油管121根。2015年1月作业,起出φ62mm三防油管45根,查油管公扣脱,下φ58mm滑块捞矛打捞,捞住,起φ62mm油管,负荷至350kN,拔不动,上拔管机拔管柱,负荷至420kN,拔脱,捞出φ62mm三防油管119根,封隔器Y34-195MS(φ95mm)4级,偏心配水器KPQ-95(φ95mm)2级,查短节外螺纹拔断,落物鱼顶为KPQ-95,下回φ62mm油管109根。

****井施工总结

施工目的:液压加固　　　　　　施工日期:2016.05.21 08:00—2016.05.30 08:00

时间	施工工序	施工内容
2016.05.21 08:00	搬家	由××井平搬至杏××井就位
2016.05.21 18:00	施工准备	平井场,铺防渗布,坐钻台,立井架,摆放钻具,补心差0.15m,连接压井管汇、节流管汇、放喷管线和污油污水回收装置
2016.05.21 23:00	放溢流	缓慢打开油套阀门放溢流降压,有溢流返出
2016.05.22 00:00	拆井口	拆井口流程,卸采油树
2016.05.22 02:00	安装井控	安装井控防喷装置,型号2SFZ18-21,用清水对防喷器试压15MPa,稳压10min,压降0.2MPa,试压合格,安装钻井液伞
2016.05.22 04:00	倒油管挂	上提负荷200kN,行程3m,倒出油管挂
2016.05.22 05:00	洗井	连接泵车,用65℃热水11.2m³反循环洗井,泵压4MPa,排量0.4m³/min,打压20min,出口返出蜡和油
2016.05.22 08:00	起原井	起出φ62mm油管109根,管柱总长1038.77m
2016.05.22 12:00	打印	下入φ118mm×320mm平底铅模1个,φ73mm反扣钻杆105根组成钻具打印,钻具总长1002.02m,方余1.87m,遇阻深度1000.3m,打印钻压30kN,起出打印钻具,铅模印痕套管变形印,最小通径φ110mm
2016.05.22 16:00	冲胀整形	下φ112~114mm梨形胀管器(级差2mm)逐级整形,共计整形2次,冲程4~6m,整形深度1000.3m,夹持力由300kN降至35kN,均通过变点

续表

时间	施工工序	施工内容
2016.05.23 00:00	冲胀整形	下 ϕ116~120mm 梨形胀管器(级差2mm)逐级整形,共计整形3次,冲程4~6m,整形深度1000.3m,夹持力由340kN降至26kN,均通过变点
2016.05.23 20:00	打印	下入 ϕ118mm×320mm 平底铅模1个, ϕ73mm 反扣钻杆114根组成钻具打印,钻具总长1088.78m,方余0.93m,遇阻深度1088m,打印钻压30kN,起出打印钻具,铅模印痕为加固管上胀头印
2016.05.24 00:00	磨铣	下 ϕ118mm×320mm 平底磨鞋1个, ϕ73mm 反扣钻杆113根,89mm 反扣方钻杆1根组成磨铣管柱,钻具总长1090.34m,方余2.49m,遇阻深度1088m,用清水正循环磨铣,泵压4MPa,排量 $0.4m^3$/min,钻压12kN,转速60r/min,用量 $15.0m^3$,磨铣进尺0.25m,磨铣至深度1088.25m,起出磨铣钻具
2016.05.24 05:00	套铣	下 ϕ118mm×1000mm 定位套铣筒1个, ϕ73mm 反扣钻杆113根,89mm 反扣方钻杆1根组成套铣管柱,钻具总长1091.02m,方余2.92m,遇阻深度1088.25m,用清水正循环套铣,泵压4MPa,排量 $0.32m^3$/min,钻压10~15kN,转速60r/min,用量 $20m^3$,套铣进尺0.3m,套铣至深度1088.55m,起出套铣管柱
2016.05.24 10:00	打捞	下 ϕ97~60×550mm 母锥2个, ϕ90×1000mm 可退式三滑块捞矛1个, ϕ73mm 反扣钻杆组成打捞管柱,清水循环打捞,泵压4MPa,排量 $0.32m^3$/min,钻压10~15kN,用量 $5m^3$,共计打捞3次,成功率100%,共捞出破损的加固管上胀头碎片若干、加固管1根
2016.05.25 00:00	打印	下入 ϕ118mm×320mm 平底铅模1个, ϕ73mm 反扣钻杆115根组成钻具打印,钻具总长1097.42m,方余7.17m,遇阻深度1090.4m,打印钻压30kN,起出打印钻具,铅模印痕为套管错断印,最小通径 ϕ105mm
2016.05.25 04:00	磨铣整形	下 ϕ25~105×1500mm 笔尖铣锥1个, ϕ73mm 反扣钻杆113根,89mm 反扣方钻杆1根组成磨铣管柱,钻具总长1091.02m,方余0.77m,遇阻深度1090.4m,用清水正循环磨铣,泵压4MPa,排量 $0.4m^3$/min,钻压10~12kN,转速60r/min,用量 $16m^3$,磨铣进尺1m,磨铣至深度1091.4m,起出磨铣钻具
2016.05.25 08:00	冲胀整形	下 ϕ106~112mm 梨形胀管器(级差2mm)逐级整形,共计整形4次,冲程4~6m,整形深度1091.4m,夹持力由300kN降至35kN,均通过变点
2016.05.26 00:00	冲胀整形	下 ϕ114~120mm 梨形胀管器(级差2mm)逐级整形,共计整形4次,冲程4~6m,整形深度1091.4m,夹持力由340kN降至26kN,均通过变点
2016.05.26 16:00	打印	下入 ϕ118mm×320mm 平底铅模1个, ϕ73mm 反扣钻杆122根组成钻具打印,钻具总长1164.2m,方余6.82m,遇阻深度1157.53m,打印钻压30kN,起出打印钻具,铅模印痕为偏心上接头破裂印

续表

时间	施工工序	施工内容
2016.05.26 20:00	套铣	下 φ118mm×1000mm 定位套铣筒 1 个，φ73mm 反扣钻杆 120 根，89mm 反扣方钻杆 1 根组成套铣管柱，钻具总长 1157.8m，方余 0.42m，遇阻深度 1157.53m，用清水正循环套铣，泵压 4MPa，排量 0.32m³/min，钻压 10~15kN，转速 60r/min，用量 15m³，套铣进尺 0.22m，套铣至深度 1157.75m，起出套铣钻具
2016.05.27 00:00	打捞	先后采用 φ96~60×650mm 母锥 1 个，φ50mm×1200mm 滑块捞矛 1 个，φ25~75×1000mm 公锥 2 个，φ73mm 反扣钻杆组成打捞管柱，共计打捞 4 次，成功率 100%。共捞出 KPQ-95 偏心 3 级（均打捞破损），φ62mm 油管短节 3 根，Y341-95MS 封隔器 2 级（其中 2 级破裂），φ62mm 油管 2 根，φ45mm 挡球 1 个，φ62mm 筛管 1 个，φ89.5mm 导锥 1 个。井内落物捞净
2016.05.27 20:00	打印	下 φ120mm×320mm 平底铅模 1 个，φ73mm 反扣钻杆 125 根组成打印管柱，钻具总长 1192.82m，方余 6.32m，遇阻深度 1186.65m，打印钻压 30kN，起出打印钻具，铅模印痕为砂印
2016.05.28 00:00	冲砂	下 φ118mm×320mm 三刮刀 1 个，φ73mm 反扣钻杆 124 根，89mm 反扣方钻杆 1 根组成冲砂管柱，钻具总长 1195.28m，方余 8.78m，下至深度 1186.65m，上提管柱 1.0m，用清水正循环冲砂，泵压 4MPa，排量 0.4m³/min，钻压 11kN，转速 63.5r/min，用量 29.0m³，冲砂进尺 7.65m，即冲至深度 1194.3m（人工井底），起出钻具
2016.05.28 04:00	铅模通井	下 φ120mm×320mm 平底铅模 1 个，φ73mm 反扣钻杆 126 根组成钻具，钻具总长 1202.36m，方余 8.21m，顺利通过变点至深度 1194.3m（人工井底），无夹持力，起出钻具
2016.05.28 08:00	模拟通井	下 φ118mm×5000mm 通井规 1 个，φ73mm 反扣钻杆 125 根组成钻具，钻具总长 1197.5m，方余 3.35m，顺利通过变点至深度 1194.3m（人工井底），无夹持力，起出钻具
2016.05.28 12:00	工程测井	配合十六臂测井
2016.05.28 15:00	焊接加固	下 φ118mm×4000mm（壁厚 5mm，内径 φ108mm）动力加固工具 1 套，φ73mm 反扣钻杆 115 根，钻具总长 1101.1m。调整钻具，方余 9.25m，加固井段：1088~1092m，投铁棒 1 根，长 1.5m，3min 引爆成功，起出加固管柱
2016.05.28 21:00	磁性定位	期间配合磁性定位
2016.05.29 00:00	模拟通井	下 φ105mm×5000mm 通井规 1 个，φ73mm 反扣钻杆 125 根组成钻具，钻具总长 1197.5m，方余 3.35m，顺利通过变点至深度 1194.3m（人工井底），无夹持力，起出钻具

续表

时间	施工工序	施工内容
2016.05.29 04:00	液压加固	下 ϕ114mm×4000mm 膨胀加固管(合金钢)1 根,ϕ62mm 加大油管 105 根,钻具总长 1005.7m,方余 3.85m,加固井段:998～1002m,用泵正打压 43MPa,排量 60m³/min,压力突降至 0,加固成功(加固后内通径 ϕ108mm),起出加固管柱
2016.05.29 10:00	磁性定位	期间配合磁性定位
2016.05.29 12:00	模拟通井	下 ϕ105mm×5000mm 通井规 1 个,ϕ73mm 反扣钻杆 125 根组成钻具,钻具总长 1197.5m,方余 3.35m,顺利通过变点至深度 1194.3m(人工井底),无夹持力,起出钻具
2016.05.29 16:00	试压	下 ϕ62mm 丝堵 1 个,ϕ62mm 尾管 1 根,ϕ62mm 油管 114 根,K344-95 封隔器 2 级,喷砂器 1 级,钻具总长 1109m,方余 3.75m,下至深度 1105.4m,试压井段 4.15～1095.1m,用清水正打压 15MPa,稳压 30min,压力未降,试压合格。起出试压管柱
2016.05.29 19:00	完井	下 ϕ62mm 油管 106 根,管柱总长 1010.18m,坐油管挂,完井深度 1013.33m
2016.05.29 21:00	装井口	拆钻井液伞,拆井控装置,拆污油污水回收装置,装井口采油树
2016.05.30 00:00	收尾	放井架,收拾工具,回收防渗布,平井场,收尾等搬家

井油管组合 1 记录

下井日期:20160529

管柱顶深,m	累计长度,m	累计深度,m	设备规范,mm
3.15	1,010.18	1,013.33	73/73

××井油管组合 1 明细记录

编号	内外径 mm	长度 m	累计长度 m	下深 m	设备规范	编号	内外径 mm	长度 m	累计长度 m	下深 m	设备规范
1	73,62	9.53	9.53	12.68	油管	9		9.56	85.80	88.95	
2		9.53	19.06	22.21		10		9.53	95.33	98.48	
3		9.53	28.59	31.74		11		9.54	104.87	108.02	
4		9.52	38.11	41.26		12		9.52	114.39	117.54	
5		9.53	47.64	50.79		13		9.54	123.93	127.08	
6		9.53	57.17	60.32		14		9.54	133.47	136.62	
7		9.52	66.69	69.84		15		9.44	142.91	146.06	
8		9.55	76.24	79.39		16		9.57	152.48	155.63	

续表

编号	内外径 mm	长度 m	累计长度 m	下深 m	设备规范	编号	内外径 mm	长度 m	累计长度 m	下深 m	设备规范
17		9.52	162.00	165.15		48		9.54	457.55	460.70	
18		9.52	171.52	174.67		49		9.53	467.08	470.23	
19		9.52	181.04	184.19		50		9.54	476.62	479.77	
20		9.53	190.57	193.72		51		9.54	486.16	489.31	
21		9.53	200.10	203.25		52		9.56	495.72	498.87	
22		9.53	209.63	212.78		53		9.52	505.24	508.39	
23		9.52	219.15	222.30		54		9.52	514.76	517.91	
24		9.53	228.68	231.83		55		9.53	524.29	527.44	
25		9.53	238.21	241.36		56		9.53	533.82	536.97	
26		9.53	247.74	250.89		57		9.52	543.34	546.49	
27		9.54	257.28	260.43		58		9.52	552.86	556.01	
28		9.53	266.81	269.96		59		9.23	562.09	565.24	
29		9.52	276.33	279.48		60		9.53	571.62	574.77	
30		9.53	285.86	289.01		61		9.54	581.16	584.31	
31		9.57	295.43	298.58		62		9.53	590.69	593.84	
32		9.53	304.96	308.11		63		9.52	600.21	603.36	
33	73,62	9.52	314.48	317.63	油管	64		9.53	609.74	612.89	
34		9.54	324.02	327.17		65		9.52	619.26	622.41	
35		9.54	333.56	336.71		66		9.60	628.86	632.01	
36		9.52	343.08	346.23		67		9.55	638.41	641.56	
37		9.54	352.62	355.77		68		9.56	647.97	651.12	
38		9.53	362.15	365.30		69		9.52	657.49	660.64	
39		9.50	371.65	374.80		70		9.56	667.05	670.20	
40		9.52	381.17	384.32		71		9.53	676.58	679.73	
41		9.52	390.69	393.84		72		9.52	686.10	689.25	
42		9.54	400.23	403.38		73		9.53	695.63	698.78	
43		9.60	409.83	412.98		74		9.57	705.20	708.35	
44		9.54	419.37	422.52		75		9.53	714.73	717.88	
45		9.57	428.94	432.09		76		9.52	724.25	727.40	
46		9.54	438.48	441.63		77		9.52	733.77	736.92	
47		9.53	448.01	451.16		78		9.52	743.29	746.44	

续表

编号	内外径 mm	长度 m	累计长度 m	下深 m	设备规范	编号	内外径 mm	长度 m	累计长度 m	下深 m	设备规范
79		9.59	752.88	756.03		93		9.54	886.23	889.38	
80		9.54	762.42	765.57		94		9.52	895.75	898.90	
81		9.52	771.94	775.09		95		9.55	905.30	908.45	
82		9.52	781.46	784.61		96		9.52	914.82	917.97	
83		9.52	790.98	794.13		97		9.52	924.34	927.49	
84		9.53	800.51	803.66		98		9.50	933.84	936.99	
85		9.54	810.05	813.20		99		9.52	943.36	946.51	
86		9.51	819.56	822.71		100		9.55	952.91	956.06	
87		9.51	829.07	832.22		101		9.52	962.43	965.58	
88		9.54	838.61	841.76		102		9.55	971.98	975.13	
89		9.52	848.13	851.28		103		9.56	981.54	984.69	
90		9.50	857.63	860.78		104		9.56	991.10	994.25	
91		9.51	867.14	870.29		105		9.56	1000.66	1003.81	
92		9.55	876.69	879.84		106		9.52	1010.18	1013.33	

施工总结与分析

该井于 2016 年 5 月 21 日由井下修井队进行大修施工,经搬家;施工准备;放溢流;拆井口;安装井控;倒油管挂;起原井:ϕ62mm 油管 109 根;下 ϕ118mm × 320mm 平底铅模打印证实套管在 1000.3m 变形,最小通径 ϕ110mm,均逐级整形至 ϕ120mm 通过;经多次磨铣,套铣,打捞出加固管 1 级,下 ϕ118mm × 320mm 平底铅模打印证实套管在 1090.4m 错断,最小通径 ϕ105mm;整形至 ϕ120mm 通过;经多次套铣,打捞,共捞出 KPQ – 95 偏心 3 级(均打捞破损),ϕ62mm 油管短节 3 根,Y341 – 95MS 封隔器 2 级(其中 2 级破裂),ϕ62mm 油管 2 根,ϕ45mm 挡球 1 个,ϕ62mm 筛管 1 个,ϕ89.5mm 导锥 1 个。井内落物捞净。下 ϕ118mm 平底铅模,1186.65m 遇阻,铅模印痕为砂印,下三刮刀冲砂至人工井底(1194.3m),下 ϕ120mm × 320mm 平底铅模 1 个通井至 1194.3m(人工井底),下 ϕ118mm × 5000mm 通井规 1 个通井至 1194.3m(人工井底),工程测井;焊接加固(1088 ~ 1092m),液压加固(998 ~ 1002m);期间配合磁性定位;下 ϕ105mm × 5000mm 通井规 1 个通井至 1194.3m(人工井底),试压(井段:4.15 ~ 1095.1m,合格);完井:下 ϕ62mm 油管 106 根,管柱总长 1010.18m,坐油管挂,完井深度 1013.33m;装井口;收尾。

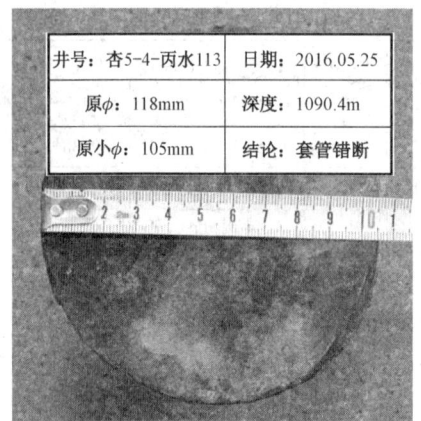 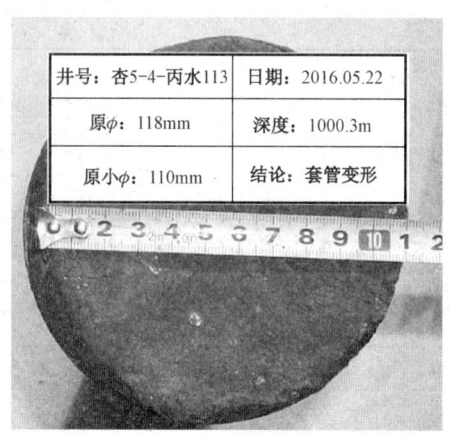

××井铅模图

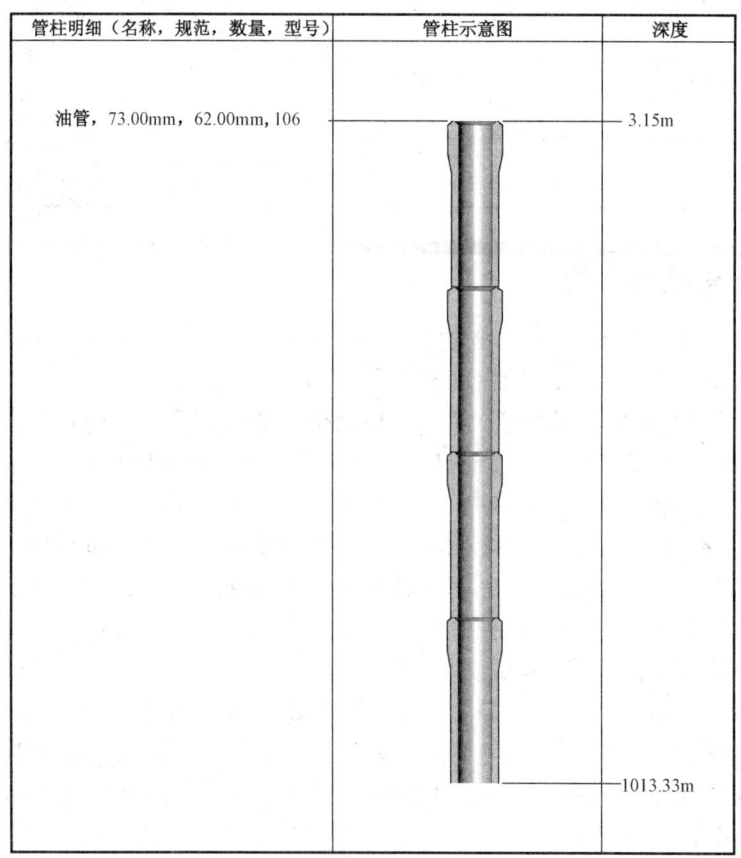

××井完井管柱图

附录2 起下钻防喷演习对标评分标准及防喷演习记录

起下钻防喷演习对标评分标准见附录2。

班长的操作要点

序号	考核项目	考核内容	评分标准（"□"内打"×"为扣分点）	配分	扣分	得分
1	发现溢流	井口出现溢流，停止作业，立即发警报	未发溢流警报，扣4分□ 发溢流报警一声长笛，时间低于10s，扣2分□	4		
2	关井	下放管柱，摘吊卡后上提大钩，短节旋塞阀安装后调整管柱至吊卡下平面距防喷器上平面不高于10cm，发关井信号（两声短笛，时间3s–1s–3s），关闭防喷器后下放管柱，摘吊卡后上提大钩，打死刹车挂空挡熄火	下放管柱顿井口，此项不得分（扣8分）□ 关防喷器前未上提或关后未下放，扣2分□ 未发关井信号，扣2分□ 未发关闭旋塞阀信号，扣2分□ 未发关闭放喷阀门信号，扣2分□	8		
3	集合	发集合信号（三声短笛，时间3s–1s–3s–1s–3s）	未发集合信号，扣2分□ 发集合信号错误，扣1分□	2		
4	组织关井	听到溢流警报后指导各岗位正确关井	未正确指导，扣2分□ 发现问题未纠正，扣1分□	3		
5	清点人数听取汇报	观察风向，选择正确集合点集合，清点人数，听取汇报压力；并向当班干部情况	集合点选择不正确，扣2分□ 未清点人数，扣2分□	4		
6	继续观察压力	安排四岗继续观察压力	未听取四岗压力汇报，扣1分□ 未向当班干部汇报或汇报有误，扣2分□	3		
7	关井时间	从发出溢流报警信号到关闭放喷阀门不得超过3min	关井时间3～4min，扣4分□ 关井时间超过4min，扣8分□	8		
8	关井结果	关防喷器到位，闸板无渗漏	出现一处渗漏，扣2分□	4		
9	主持会议	组织班后会	未组织班后会，扣4分□ 缺少一人，扣2分□	4		
	合计			40		

一岗位的操作要点

序号	考核项目	考核内容	评分标准（"□"内打"×"为扣分点）	配分	扣分	得分
1	就位	听到报警信号后，迅速就位，准备关闭防喷器	听到报警后逃跑不及时，扣2分□	3		
			未迅速就位，扣1分□			
2	关防喷器	听到关井信号后关防喷器	在关井信号发出前关防喷器，扣2分□	5		
			关闸板时反向，扣1分□			
			关防喷器圈数两边不等，扣1分□			
			关防喷器时骑跨管线，扣1分□			
3	集合汇报	到集合点报到	未到集合点报到或选错集合点，扣1分□	1		
4	参加会议	听从班长指挥	未参加会议或未听从指挥，扣1分□	1		
	合计			10		

二岗位的操作要点

序号	考核项目	考核内容	评分标准（"□"内打"×"为扣分点）	配分	扣分	得分
1	装旋塞阀	听到溢流警报后停止作业，待管柱下放后摘吊环，抢装旋塞阀	摘吊环不及时（等待或吊环顶游动滑车），扣1分□	5		
			旋塞阀未上紧或渗漏，扣2分□			
			旋塞阀落地，扣1分□			
			管钳落地，扣1分□			
2	传递信号，关旋塞阀	旋塞阀装好后，传递信号，并协助三岗关闭旋塞阀	出现单吊环，扣1分□	5		
			吊卡销未扣好，扣1分□			
			少传递或传递错信号，扣1分□			
3	集合汇报	到集合点报到	未到集合点报到或选错集合点，扣1分□	1		
4	参加会议	听从班长指挥	未参加会议或未听从指挥，扣1分□	1		
	合计			12		

三岗位的操作要点

序号	考核项目	考核内容	评分标准（"□"内打"×"为扣分点）	配分	扣分	得分
1	装旋塞阀	听到溢流警报后停止作业，待管柱下放后摘吊环，抢装旋塞阀	摘吊环不及时（等待或吊环顶游动滑车），扣1分□	5		
			旋塞阀未上紧或渗漏，扣2分□			
			旋塞阀落地，扣1分□			
			管钳落地，扣1分□			

续表

序号	考核项目	考核内容	评分标准("□"内打"×"为扣分点)	配分	扣分	得分
2	关旋塞阀	旋塞阀装好后,挂吊环,关防喷器后关旋塞阀	出现单吊环,扣1分□	6		
			吊卡销未扣好,扣1分□			
			旋塞阀扳手落地,扣1分□			
			在防喷器关闭前关闭旋塞阀,扣2分□			
			未回传信号,扣1分□			
3	集合汇报	到集合点报到	未到集合点报道或选错集合点,扣1分□	1		
4	参加会议	听从班长指挥	未参加会议或未听从指挥扣1分□	1		
	合计			13		

四岗位的操作要点

序号	考核项目	考核内容	评分标准("□"内打"×"为扣分点)	配分	扣分	得分
1	开放喷阀门	发现溢流后发信号,听到溢流警报后打开放喷阀门,并发出打开信号	发现溢流未报警,扣2分□	6		
			未开放喷阀门,扣2分□			
			未发出放喷阀门已开信号,扣2分□			
2	关防喷器	听到关井信号后关防喷器	在关井信号发出前关防喷器,扣2分□	8		
			关阀门时反向,扣2分□			
			关防喷器圈数两边不等,扣,2分□			
			关防喷器时骑跨管线,扣2分□			
3	关放喷阀门	防喷器和旋塞阀关闭后关闭放喷阀门,读取套管压力	旋塞阀或防喷器关闭前关放喷阀门,扣2分□	7		
			关阀门时人员身体处于手轮危险区域,扣1分□			
			关阀门时反向,扣1分□			
			关阀门不到位,扣1分□			
			未发出放喷阀门已关信号,扣1分□			
			观察压力时双目未平视,压力表选错,读数不准扣1分□			
4	集合汇报	到集合点报到并汇报套压	未到集合点报到或选错集合点,扣1分□	1		
5	继续观察压力	继续观察压力	未汇报套管压力或汇报错误,扣2分□	2		
6	参加会议	听从班长指挥	未参加会议或未听从指挥,扣1分□	1		
	合计			25		

防喷演习记录

队　　号：

大庆油田限有限责任公司＊＊＊＊分公司

防喷演习记录表

井　号		值班干部	
班　长		日　　期	年　月　日
演习班次		开始时间— 结束时间	时　分　秒 —　分　秒
参加人			

防喷演习工况：
旋转作业中发生溢流：
起下管柱及井内有少量管串时发生溢流；
起下钻铤、大直径工具串时发生溢流；
空井时发生溢流。

(1) 发出信号；(停止起下作业；)
(2) 停止旋转作业，停泵(将钻杆或油管接头坐在吊卡上；抢下钻杆或油管；抢下两根以上钻杆或油管)；
(3) 抢装带有提升短节的旋塞阀；
(4) 开启套管阀门；
(5) 先关闭防喷器，再关闭旋塞阀；
(6) 试关闭套管阀门，向值班干部汇报；
(7) 观察并记录井口油管、套管压力值。
讲评：

备注：(1)在所执行的演习工况后面打"√"；(2)在演习过程中七个动作有错误或不足之处直接记录在横线上，没有问题填写正常。

附录3 大庆油田井下作业井控技术管理实施细则

第一章 总　　则

第一条　井下作业井控是保证油田开发井下作业安全、环保的关键技术。为做好井控工作,保护油气层,有效地防止井喷、井喷失控及火灾事故发生,保证员工人身安全和国家财产安全,保护环境和油气资源,按照国家有关法律法规,以及中国石油天然气集团公司《石油与天然气井下作业井控规定》,结合油田实际,特制定本细则。

第二条　井喷失控是井下作业中性质严重、损失巨大的灾难性事故。一旦发生井喷失控,将会造成自然环境污染、油气资源的严重破坏,还易造成火灾、设备损坏、油气井报废甚至人员伤亡。因此,必须牢固树立"安全第一,预防为主,以人为本"的指导思想,切实做好井控管理工作。

第三条　井下作业井控工作是一项要求严密的系统工程,涉及各单位的设计、施工、监督、安全、环保、装备、物资、培训等部门,各有关单位必须高度重视,各项工作要有组织地协调进行。

第四条　井下作业井控工作的内容包括:设计的井控要求,井控装备,作业过程的井控工作,防火、防爆、防硫化氢有毒有害气体安全措施和井喷失控的紧急处理,井控培训及井控管理制度等六个方面。

第五条　本细则适用于在大庆油田区域内,利用井下作业设备进行试油(气)、射孔(补孔)、大修、增产增注措施、油水井维护等井下作业施工。进入大庆油田区域内的所有井下作业队伍均须执行本细则。

第六条　利用井下作业设备进行钻井(侧钻)施工,执行《大庆油田钻井井控技术管理实施细则》。

第二章 井下作业设计的井控要求

第七条　井下作业地质设计、工程设计和施工设计中必须有相应的井控要求或明确的井控设计。要结合所属作业区域地层及井的特点,本着科学、安全、可靠、经济的原则开展井下作业井控设计。维护性作业可以将工程设计和地质设计合二为一。

第八条　各有关单位每年根据油田开发动态监测资料和生产情况,画出或修改井控高危区域图,为井控设计提供依据,以便采取相应防控措施。

第九条　地质设计中应提供井身结构、套管钢级、壁厚、尺寸、水泥返高、固井质量、本井产层的性质(油、气、水)、本井或邻井目前地层压力或原始地层压力、钻遇目的层时使用的钻井液密度和漏失量、气油比、注水注汽(气)区域的注水注汽(气)压力、与邻井地层连通情况、地层流体中的硫化氢等有毒有害气体含量,以及与井控有关的提示。

第十条　工程设计应提供目前井下地层情况、井筒状况、套管的技术状况,明确压井液的类型、性能和压井要求等,提供施工压力参数、施工所需的井口、井控装备组合的压力等级。提示本井与邻井在生产及历次施工作业硫化氢等有毒有害气体的检测情况。

压井液密度的确定应以钻井资料显示最高地层压力系数或实测地层压力为基准,再加一个附加值。附加值可选用下列两种方法之一确定：

(一)油水井为 $0.05\sim0.1\text{g/cm}^3$；气井为 $0.07\sim0.15\text{g/cm}^3$。

(二)油水井为 1.5~3.5MPa；气井为 3.0~5.0MPa。

具体选择附加值时应考虑：地层孔隙压力大小、油气水层的埋藏深度、钻井时的钻井液密度、井控装置等。

第十一条　施工单位应依据地质设计和工程设计做出施工设计,必要时应查阅钻井及修井井史等资料和有关技术要求,选择合理的压井液,并配相应压力等级的井控装置,并在施工设计中细化各项井控措施。

第十二条　工程设计单位应对井场周围一定范围内(有毒有害油气田探井井口周围 3km、生产井井口周围 2km 范围内)的居民住宅、学校、厂矿(包括开采地下资源的矿业单位)、国防设施、高压电线和水资源情况以及风向变化等进行勘察和调查,并在工程设计中标注说明和提出相应的防范要求。施工单位应进一步复核,并制定具体的预防和应急措施。

第十三条　新井(老井补层)、高温高压井、气井、含硫化氢等有毒有害气体井、大修井、压裂酸化措施井的施工作业必须安装防喷器、放喷管线及压井管线。

第十四条　设计完毕后,应按规定程序进行审批,未经审批不准施工。作业设计由大队级主管审批,"三高"井及特殊井由厂级总工程师审批；"三高"井及特殊井措施作业的由油田公司主管领导审批。

第三章　井控装备

第十五条　井控装备包括防喷器、简易防喷装置、采油(气)树、旋塞阀、内防喷工具、防喷器控制台、压井管汇、节流管汇及相匹配的阀门等。

第十六条 井控装备的选择。

（一）防喷器压力等级的选用，原则上应不小于施工层位目前最高地层压力和施工用套管抗内压强度以及套管四通额定工作压力三者中最小者。

（二）压井管汇、节流管汇及阀门等的压力级别和组合形式要与防喷器压力级别和组合形式相匹配。

（三）特殊情况下不装防喷器的井，必须在作业现场配备简易防喷装置和内防喷工具及配件，做到能随时抢装到位，及时控制井口。

（四）根据施工井的作业项目，井控装备选用可按以下形式选择：

1. 取套井作业选用 TC2FZ32－14 液动双闸板承重防喷器及液控系统，同时配备相应压力级别的压井管汇、节流管汇、套铣筒旋塞阀、钻杆旋塞阀。

2. 侧斜井作业选用 TC2FZ32－21 液动双闸板承重防喷器及液控系统，同时配备相应压力级别压井管汇、节流管汇、钻杆旋塞。

3. 大修井作业选用 2SFZ18－14 手动双闸板防喷器，同时配备相应压力级别钻杆旋塞阀、油管旋塞阀。

4. 浅气层发育区、气层发育区、油层气发育区、油层异常高压区等井控高危区域的大修井作业选用 2SFZ18－21 手动双闸板防喷器；气井修井选用 2FZ18－35 液动双闸板防喷器及液控系统，同时配备相应压力级别的压井管汇、节流管汇。

5. 压裂井作业选用 2SFZ18－14 或 2SFZ18－21 手动双闸板防喷器，配备相应压力级别油管旋塞阀。针对井控高危区域施工井，选用 2FZ18－35 液动双闸板防喷器及液控系统，同时配备相应压力级别的压井管汇、节流管汇。

6. 深层气井作业选用 FH18－21 过油管防喷器，2FZ18－35 或 2FZ18－70 液动双闸板防喷器及液控系统和相应压力级别的压井管汇、节流管汇，配备相应压力级别油管旋塞阀。

7. 深层气井修井作业选用 FH18－21 过油管防喷器，2FZ18－35 或 2FZ18－70 液动双闸板防喷器及液控系统和相应压力级别的压井管汇、节流管汇；配备 70MPa 的钻杆旋塞阀和油管旋塞阀。

8. 射（补）孔井作业：

（1）射孔：井底压力低于 20MPa 的井，电缆射孔时选用 STFZ12－21 电缆全封防喷器；井底压力在 20~35MPa 的井，选用 STFZ12－35 电缆全封防喷器。

（2）射孔作业：井底压力低于 20MPa 的井，选用 $2\frac{7}{8}$in 油管旋塞阀(35MPa)、$3\frac{1}{2}$in 油管旋塞阀(35MPa)；井底压力在 20~35MPa 的特殊井施工时选用 SFZ18－35 半封防喷器、$2\frac{7}{8}$in 油管旋塞阀(35MPa)、$3\frac{1}{2}$in 油管旋塞阀(35MPa)。

（3）配合射孔的作业：选用 SFZ18－21 半、全、自封一体化多功能手动防喷器和相应压力级别的油管旋塞阀。

9. 试油测试作业：

（1）产油层：井底压力低于20MPa，选用SFZ18-21半、全、自封一体化多功能手动防喷器；井底压力在20~35MPa，选用SFZ18-35半、全、自封一体化多功能手动防喷器或2FZ18-35远程液压控制防喷器；每口井配备 $3\frac{1}{2}$ in、$2\frac{7}{8}$ in（35MPa）旋塞阀。

（2）产气层：井底压力低于35MPa，选用2FZ18-35液压双闸板防喷器组；井底压力高于35MPa，选用2FZ18-70或2FZ18-105液压双闸板防喷器组；每口井配备 $3\frac{1}{2}$ in、$2\frac{7}{8}$ in（70MPa）旋塞阀和相应压力级别的压井管汇、节流管汇。

10. 油水井维护性作业：根据井内压力情况，选用简易防喷器，配备由提升短节、阀门或旋塞阀、油管挂等组成的快速抢装井口装置；选用SFZ18—14多功能防喷器或选用SFZ18-14半封闸板防喷器、全封闸板防喷器，并配备油管旋塞阀；在高危区域井作业时应选用SFZ18-21多功能防喷器和2SFZ18-21手动双闸板防喷器。

第十七条　井控装备在井控车间的试压、检验：

井控装备、井控工具由各厂工具车间管理。各种井控装置及井控工具必须到油田公司指定的具有集团公司资质的井控车间进行检测。所有井控装备都要建档并出具检验合格证。运行半年或施工已达到60口井的井控装置及井控工具必须进行检测。

第十八条　现场井控装备的安装、试压、检验：

（一）现场安装前要认真保养防喷器，并检查闸板芯子尺寸是否与所使用管柱尺寸相吻合，检查配合三通的钢圈尺寸、螺孔尺寸是否与防喷器、套管四通尺寸相吻合。

（二）防喷器安装必须平正，各控制阀门、压力表应灵活可靠，上齐上全连接螺栓。

（三）防喷器控制系统必须采取防冻、防堵、防漏措施，安装在距井口25m以外，保证灵活好用。

（四）施工气井、取套、侧斜、试油、射孔、补孔、"三高"井时，全套井控装置在现场安装完毕后，用清水（冬季加防冻剂）对井控装置连接部位进行试压。试压到额定工作压力的70%。

（五）放喷管线安装在当地季节风向的下风方向，接出井口30m以外，高压气井放喷管线接出井口50m以外，通径不小于50mm，放喷阀门距井口3m以外，压力表接在内控管线与放喷阀门之间，放喷管线如遇特殊情况需要转弯时，要用锻造钢弯头或钢制弯管，转弯夹角不小于120°，每隔10~15m用地锚或水泥墩固定牢靠。压井管线安装在上风向的套管阀门上。

（六）若放喷管线接在四通套管阀门上，放喷管线一侧紧靠套管四通的阀门应处于常开状态，并采取防堵、防冻措施，保证其畅通。

第十九条 井控装备在使用中的要求：

（一）防喷器、防喷器控制台等在使用过程中，井下作业队要指定专人负责检查与保养并做好记录，保证井控装置处于完好状态。

（二）油管传输射孔、排液、求产等工况，必须安装采油树，严禁将防喷器当采油树使用。

（三）在不连续作业时，必须关闭井控装置。

（四）严禁在未打开闸板防喷器的情况下进行起下管柱作业。

（五）液动防喷器的控制手柄都要标识，不准随意扳动。

（六）防喷器在不使用期间应保养后妥善保管。

第二十条 采油（气）树的保养与使用：

（一）施工时拆卸的采油（气）树部件要清洗、保养完好备用。

（二）当油管挂坐入大四通后应将顶丝全部顶紧。

（三）双阀门采油（气）树在正常情况下使用外阀门，有两个总阀门时先用上阀门，下阀门保持全开状态。对高压油气井和出砂井不得用阀门控制放喷，应采用针型阀或油嘴放喷。

（四）采油树必须满足安装防喷器的要求。

第二十一条 井控装置、井控配件生产制造厂应具有"防喷器全国工业产品生产许可证"和集团公司井下作业防喷器生产资质。

第四章 作业施工过程中的井控

第二十二条 作业过程的井控工作主要是指在作业过程中按照设计要求，使用井控装备和工具，采取相应的技术措施，快速安全控制井口，防止井涌、井喷、井喷失控和着火、爆炸事故的发生。

第二十三条 施工前作业队必须做到：

（一）对在地质、工程和施工设计中提出的有关井控方面的要求和技术措施要向全队员工进行交底，明确作业班组各岗位分工，并按设计要求准备相应的井控装备及工具。

（二）施工现场的值班房、作业设备、井架、工具房、管杆桥、消防器材等摆放或安装要符合安全规定的要求。

（三）对施工现场已安装的井控装备在施工作业前必须进行检查、试压合格，使之处于完好开启状态。

（四）施工现场使用的放喷管线、压井管汇必须符合规定，并安装固定、试压合格。

（五）施工现场应备足满足设计要求的压井液或压井液加重材料及处理剂。

（六）钻台上或井口边应备有能连接井内管柱的旋塞阀或简易防喷装置作为备用的内、外防喷工具。

（七）建立开工前井控验收制度，对于高危地区（居民区、市区、工厂、学校、人口稠密区、加油站、江河湖泊等）、气井、高温高压井、含有毒有害气体井、射孔（补孔）井及压裂酸化井等开工前必须经有关部门验收，达到井控要求后方可施工。

第二十四条　现场井控工作要以班组为主，按不同工况进行防喷演习。

第二十五条　及时发现溢流是井控技术的关键环节，在作业过程中要有专人观察井口，以便及时发现溢流。

第二十六条　发现溢流后要及时发出信号（信号统一为：报警信号为一长鸣笛，关井信号为两短鸣笛，解除信号为三短鸣笛），关井时，要按正确的关井方法及时关井或装好井口，其关井最高压力不得超过井控装备额定工作压力、套管实际允许的抗内压强度两者中的最小值。

第二十七条　压井施工时，必须严格按施工设计要求和压井作业标准进行压井施工，压井后如需观察，观察后要用原压井液循环一周以上，然后进行下一步施工。

第二十八条　拆井口前要测油管、套管压力，根据实际情况确定是否实施压井，确定无异常方可拆井口，并及时安装防喷器。

第二十九条　射孔作业。

（一）常规电缆射孔。

1. 射孔前应根据设计中提供的压井液及压井方法进行压井，压井后方可进行电缆射孔。

2. 射孔前在作业防喷器上安装电缆防喷器。

3. 射孔过程中要有专人负责观察井口显示情况，若液面不在井口，应及时向井筒内灌入同样性能的压井液，保持井筒内静液柱压力不变。

4. 射孔过程中发生溢流时，应停止射孔，及时起出枪身，来不及起出射孔枪时，应剪断电缆，迅速关闭射孔阀门或防喷器。

5. 射孔结束后，要有专人负责观察井口显示情况，确定无异常时，才能卸掉射孔阀门进行下一步施工作业。

（二）油管传输射孔、过油管射孔。

1. 采油（气）树井口压力级别要与地层压力相匹配。

2. 采油（气）树井口上井安装前必须按有关标准进行试压，合格后方可使用。

3. 采油（气）树井口现场安装后要整体试压，合格后方可进行射孔作业。

4. 射孔后起管柱前应根据测压数据或井口压力情况确定压井液密度和压井方法进行压井，确保起管柱过程中井筒内压力平衡。

第三十条 诱喷作业。

（一）抽汲作业前应认真检查抽汲工具，装好防喷管、防喷盒。

（二）发现抽喷预兆后应及时将抽子提出，快速关闭阀门。

（三）预计为气层的井不应进行抽汲作业。

（四）用连续油管进行气举排液、替喷等项目作业时，必须装好连续油管防喷器组。

第三十一条 起下作业。

（一）在起下封隔器等大尺寸工具时，应控制起下速度，防止产生抽汲或压力激动。

（二）在起下管柱过程中，应及时向井内补灌压井液，保持液柱压力平衡。

（三）起下管柱作业出现溢流时，应立即抢关井。经压井正常后，方可继续施工。

（四）起下管柱过程中，要有防止井内管柱顶出的措施，以免增加井喷处理难度。

第三十二条 冲砂作业。

（一）冲砂作业要使用符合设计要求的压井液进行施工。

（二）冲开被埋的地层时应保持循环正常，当发现出口排量大于进口排量时，及时压井后再进行下步施工。

（三）施工中井口应安装好自封封井器和防喷器。

第三十三条 钻磨作业。

（一）钻磨水泥塞、桥塞、封隔器等施工作业所用压井液性能要与封闭地层前所用压井液性能一致。

（二）钻磨完成后要充分循环洗井至1.5~2个循环周，停泵观察至少30min，井口无溢流时方可进行下步工序的作业。

（三）施工中井口应安装好防喷器。

第三十四条 压裂、酸化、化学堵水、防砂等特殊措施作业施工时，要严格按其相关的技术要求和操作规程进行施工，防止井喷。

第三十五条 因特殊原因判断可能形成超压情况下应控制放喷，及时汇报，并做好压井准备。

第三十六条 出现不连续作业、设备熄火或井口无人等情况时必须关闭井控装置或装好井口。

第五章 防火、防爆、防硫化氢等有毒有害气体安全措施和井喷失控的紧急处理

第三十七条 井场设备的布局要考虑防火的安全要求，标定井场内的施工区域严禁烟火。在森林、苇田、草地、采油（气）场站等地进行井下作业时，应设置隔离带或隔离墙。值班房、发电房、锅炉房等应在盛行季风的上风处，距井口不小于

30m,且相互间隔不小于20m,井场内应设置明显的风向标和防火防爆标志。若需动火,应执行SY/T 5858—2004《石油工业动火作业安全规程》中的安全规定。

第三十八条 井场电器设备、照明器具及输电线路的安装应符合SY/T 5727—2014《井下作业安全规程》、SY/T 5225—2002《石油与天然气钻井、开发储运防火防爆安全生产技术规程》和SY 6023—1994《石油井下作业队安全生产检查规定》等标准要求。井场必须按消防规定备齐消防器材并定岗、定人、定期检查维护保养。

第三十九条 在含硫化氢等有毒有害气体井进行井下作业施工时,应严格执行SY/T 6137—2005《含硫化氢的油气生产和天然气处理装置作业的推荐作法》、SY/T 6610—2005《含硫化氢油气井井下作业推荐作法》和SY/T 6277—2005《含硫化氢油气田硫化氢监测与人身安全防护规程》标准。

第四十条 各单位要根据本油区的实际制定具体的井喷应急预案,编制含硫等有毒有害油气井应急预案,要参考SY/T 6610—2005《含硫化氢油气井井下作业推荐作法》的有关规定。

第四十一条 各单位要根据本油区的实际,制定关井程序和相应的措施。

第四十二条 井喷失控后的紧急处理。

(一)一旦发生井喷失控,应迅速停机、停车、断电,并设置警戒线。在警戒线以内,严禁一切火源,并将氧气瓶、油罐等易燃易爆物品拖离危险区。同时进行井口喷出油流的围堵和疏导,防止井场地面易燃物扩散。

(二)迅速做好储水、供水工作,用消防水枪向油气喷流和井口周围大量喷水冷却,保护井口。

(三)成立有领导干部参加的现场抢险组,迅速启动或制定抢险方案,集中、统一领导,负责现场施工指挥。

(四)测定井口周围及附近的天然气和硫化氢气体的浓度,划分安全范围,并准备必要的防护用具。

(五)清除井口周围和抢险通道上的障碍物。

(六)井喷失控抢险施工尽量避免在夜间进行。施工时,不要在施工现场同时进行可能干扰施工的其他作业。

(七)抢险中每个步骤实施前,必须进行技术交底和演习,使有关人员心中有数。

(八)做好人身安全防护工作,避免烧伤、中毒、噪声等伤害。

第六章 井控技术培训

第四十三条 由大庆油田有限责任公司指定的具有井下作业井控培训资格的单位负责进行相关人员的培训、取证和换证工作。

第四十四条 对从事井下作业地质设计、工程设计、施工设计及井控管理、现场施工、现场监督等人员必须进行井控培训,经培训合格后做到持证上岗。要求培训岗位如下:

(一)作业管理:采油厂(分公司)主管作业生产、技术、安全的领导和机关科室有关人员、各大队的有关领导。

(二)作业设计:工程技术大队、地质大队、采油矿、作业大队负责编写设计的有关人员。

(三)作业监督:工程技术大队、地质大队、采油矿等的现场监督。

(四)生产骨干:作业小队的主要生产骨干(副班长以上),作业大队主管生产、技术、安全的有关人员,井控车间的有关人员。

第四十五条 井控培训要求。

(一)对工人的培训,重点是预防井喷,及时发现溢流,正确实施关井操作程序及时关井或抢装井控工具,掌握井控设备日常维护和保养方法。

(二)对作业队生产管理人员的培训,重点是正确判断溢流,正确关井,按要求迅速建立井内平衡,能正确判断井控装置故障,及时处理井喷事故。

(三)对井控车间技术人员、现场服务人员的培训,重点是掌握井控装备的结构、原理,能够安装、调试,能正确判断和排除故障。

(四)对采油厂、井下作业分公司、试油试采分公司主管井控的领导(安全总监)、总工程师,二、三线从事现场技术管理的技术人员的培训,重点是井控工作的全面监督管理,井控各项规定和规章制度的落实,井喷事故的紧急处理与组织协调等。

(五)对预防含硫化氢等有毒有害气体的培训,按 SY/T 6137—2005《含硫化氢的油气生产和天然气处理装置作业的推荐作法》的相关内容执行。

第四十六条 对持有井控操作证者,每两年由井控培训部门复培一次,培训考核不合格者,取消井控操作证。当年到期的井控操作证在年内仍然有效。

第七章 井控工作七项管理制度

第四十七条 井控分级责任制度。

(一)井控工作是井下作业安全工作的重要组成部分,油田公司主管开发领导是井下作业井控工作的第一责任人。

(二)油田公司成立井控领导小组,组长由井控工作第一责任人担任。领导小组下设办公室,办公室设在油田公司开发部。主要负责组织贯彻执行井控规定,制定和修订井控工作实施细则,组织开展井控工作。

(三)采油各厂、井下作业分公司、试油试采分公司以及下属作业大队、作业队、工具车间(站)应相应成立井控领导小组,负责本单位的井控工作。

（四）各单位作业大队必须配备有专（兼）职井控技术和管理人员。

（五）各级负责人要按"谁主管，谁负责"的原则，恪尽职守，做到职、权、责明确到位。

（六）油田公司每半年组织一次井控工作大检查。采油各厂、井下作业分公司、试油试采分公司对本单位下属作业队，每季度进行一次井控工作检查，作业队每天要进行井控安全检查，及时发现和解决问题，杜绝井喷事故发生。

第四十八条　井控操作证制度。

应持证人员经培训考核取得井控操作合格证后方可上岗。

第四十九条　井控装置的安装、检修、现场服务制度

（一）井控（工具）车间。

1. 负责井控装置的建档、配套、维修、试压、回收、检验、巡检服务。

2. 建立保养维修责任制、巡检回访制、定期回收检验制等各项管理制度。

3. 在监督、巡检中应及时发现和处理井控装备存在的问题，确保井控装备随时处于正常工作状态。

4. 每月的井控装备使用动态、巡检报告等应及时逐级上报井下作业专业主管部门。

（二）作业队在施工过程中每个班对井控装置、工具检查一次，并认真填写运转和检查记录。

第五十条　防喷演习制度。

井下作业队必须根据作业内容每月进行一次不同工况下的防喷演习，并做好防喷演习讲评和记录工作。演习记录包括：班组、日期和时间、工况、演习速度、参加人员、存在问题、讲评等。

第五十一条　作业队干部值班制度。

（一）作业队干部应坚持24h值班，并做好值班记录。

（二）值班干部应检查监督井控各岗位执行、落实制度情况，发现问题立即整改。

第五十二条　井喷事故逐级汇报制度。

（一）井喷事故分级。

1. 一级井喷事故（Ⅰ级）。

海上油（气）井发生井喷失控；陆上油（气）井发生井喷失控，造成超标有毒有害气体逸散，或窜入地下矿产采掘坑道；发生井喷并伴有油气爆炸、着火，严重危及现场作业人员和作业现场周边居民的生命财产安全。

2. 二级井喷事故（Ⅱ级）。

海上油（气）井发生井喷；陆上油（气）井发生井喷失控；陆上含超标有毒有害气体的油（气）井发生井喷；井内大量喷出流体造成对江河、湖泊、海洋和环境造成

灾难性污染。

3. 三级井喷事故（Ⅲ级）。

陆上油气井发生井喷,经过积极采取压井措施,在24h内仍未建立井筒压力平衡,中国石油天然气集团公司直属企业难以短时间内完成事故处理的井喷事故。

4. 四级井喷事故（Ⅳ级）。

发生一般性井喷,各单位能在24h内建立井筒压力平衡的井喷事故。

（二）一旦发生井喷或井喷失控应有专人收集资料,资料要齐全、准确。

（三）发生井喷后由下至上逐级上报,2h内要报告公司开发部,并立即报告油田公司主管领导。情况紧急时,发生险情的单位可越级直接向上级单位报告。发生Ⅰ级、Ⅱ级井喷事故,公司开发部接到报警后要立即上报集团公司应急办公室（办公厅）和中国石油天然气股份有限公司勘探与生产分公司,同时向当地政府进行报告;发生Ⅲ级井喷事故,公司开发部接到报警后24h内上报集团公司应急办公室（办公厅）和股份公司勘探与生产分公司。

（四）发生井喷后,要随时保持各级通信联络畅通无阻,并有专人值班。

（五）各单位在每月上旬以书面形式向公司开发部汇报上一月度井喷事故处理情况及事故报告。汇报实行零报告制度,对汇报不及时或隐瞒井喷事故的,将追究责任。汇报格式见附件1、附件2。

第五十三条 井控例会制度

（一）作业队每周召开一次由队长主持的以井控工作为主要内容的安全会议,每天班前、班后会上,值班干部、班长必须布置井控工作任务,检查、讲评本班组井控工作。

（二）作业大队每月召开一次井控例会,检查、总结、布置井控工作。

（三）采油各厂、井下作业分公司、试油试采分公司每季度召开一次井控工作例会,总结、协调、布置井控工作。

（四）油田公司每半年召开一次井控工作例会,总结、布置、协调井控工作。

第八章 附　　则

第五十四条 本细则自印发之日起施行。原大庆油田有限责任公司关于印发《大庆油田井下作业井控技术管理实施细则（试行）》的通知（庆油发〔2004〕66号文）同时废止。

第五十五条 本细则由大庆油田有限责任公司开发部负责解释。

附件:1. 井下作业井喷失控事故信息收集表（快报）

　　　2. 井下作业井喷失控事故报告信息收集表（续报）

附件1 井下作业井喷失控事故信息收集表(快报)

收到报告时间	年　　月　　日　　时　　分			
报告单位				
报告人		职务		联系电话
发生井喷单位				
现场抢险负责人		职务		电话
事故发生地理位置				

基本情况	井喷发生时间		机组类型		施工单位	
	井号		井别		井型	水平井□　定向井□　直井□
	油层套管尺寸(mm)		人工井底(m)		油层井段(m)	
	构造		地层压力(MPa)		目前管柱的垂深(m)	
	表层套管下深(m)		井内液体类型		井内液体密度(g/cm³)	
	施工作业主要内容					

有毒气体类型	H_2S□　CO_2□　CO□		人员伤亡情况	

井口装备状况	防喷器状况	额定工作压力(MPa)			
		型号			
		开关状态		开　□	关　□
		可控或失控		可控　□	失控　□
	采油树型号、状况	型号	完好情况		开关
	地面流程状况					

内防喷工具状况	完好情况		开关状态	

井喷具体状况	喷势描述及估测产量			
	喷出物	气□	油□	水□	气油水□
	环境污染情况				

周边500m内环境状况	居民	数量		工农业设施	名称及数量	
		距离(m)			距离(m)	
	江、河、湖、泊的距离					

已疏散人群	

附件2 井下作业井喷失控事故报告信息收集表(续报)

事故级别	Ⅰ□ Ⅱ□ Ⅲ□ Ⅳ□		有毒气体含量	H₂S( ) CO₂( ) CO( )			
井口压力	油管压力			套管压力			
现场气象、海况及主要自然天气情况	阴或晴			雨或雪		风力	
	风向			气温		海浪高	
井喷过程简要描述及初步原因							
井身结构及管柱结构图							
邻近注水、注气井情况							
救援地名称及距离							
周边道路情况							
已经采取的抢险措施							
下一步将采取的措施							
井场压井材料储备	重压井液	密度	(g/cm³)		量		(m³)
	工程用水			(m³)			
	加重材料	重晶石	(t)	石灰石粉	(t)	铁矿石粉	(t)
救援需求							

附录4　吉林油田公司石油与天然气井下作业井控管理规定

第一章　总　　则

第一条　为确保井下作业过程中的井控安全,根据 Q/SY 1553—2012《中国石油天然气集团公司石油与天然气井下作业井控技术规范》及相关标准文件,结合吉林油田井下作业生产实际,制定本规定。

第二条　本规定是对井下作业井控设计、井控装备、作业过程中的井控要求、井控职责等做出的具体规定,适用于吉林油田自营区和合资合作区的井下作业施工。

第三条　利用井下作业设备进行钻井(含侧钻和加深钻井)的施工,执行《吉林油田公司石油与天然气钻井井控管理规定》;利用钻井设备进行试油(气)和测试施工,执行本规定。

第四条　带压作业施工执行 Q/SY 1119—2007《油水井带压修井作业安全操作规程》和 Q/SY 1230—2009《注水井带压作业技术规范》等文件及相关标准。

第二章　井控设计

第五条　井下作业井控设计不单独编写,应该在地质设计、工程设计和施工设计中包含井控设计的内容和要求,并按照规定程序进行审核、审批。

(一)地质设计的井控要求。

1. 地质设计中应明确施工井所处区块的风险级别,并在设计封面右上角标明(A级风险、B级风险、C级风险)。具体分级原则见《吉林油田公司井控管理办法》。

2. 基础数据。

(1)井身结构数据:目前井身结构,各层套管钢级、壁厚、外径和下入深度,人工井底、射孔井段、层位、水泥返深和固井质量等资料。

(2)地层流体性质:本井产层流体(油、气、水)性质、气油比等。

(3)压力数据:原始地层压力(目前地层压力)或本施工区域地层压力系数,井口压力等。

(4)产量数据:产量(测试产量及绝对无阻流量)、注水量、注气(汽)量等。

(5)老井状况:试、修、采等情况,目前井下状况(包括水泥塞和桥塞位置,油管的钢级、壁厚、外径、下深,井下工具名称规范,井下套管腐蚀磨损)和井口情况等资料。

(6)邻井情况:邻井的注水或注气(汽)井口压力,本井与邻井地层连通情况,邻井的流体性质、产量、压力、有毒有害气体资料。

(7)钻井情况:钻井显示、测录井资料、中途测试及钻井液参数等资料。

3. 风险提示。

(1)标注和说明:在地质设计中对井场周围500m范围内(含硫油气田探井井口周围3km、生产井井口周围2km范围内)的居民住宅、学校、厂矿(包括开采地下资源的矿业单位)、国防设施、高压电线和水资源情况以及风向变化等情况进行标注和说明。

(2)异常高压等情况提示:对本井及构造区域内可能存在的异常高压情况进行提示和说明。

(3)有毒有害气体提示:对本井或本构造区域内的硫化氢、二氧化碳等有毒有害气体的情况进行提示和说明。

(二)工程设计的井控要求。

1. 工程设计应根据各区块风险级别,结合施工工艺情况对施工井进行风险评估,按照危害级别从高到低划分为Ⅰ类井、Ⅱ类井、Ⅲ类井,并在设计封面右上角标明。具体分类原则见《吉林油田公司井控管理办法》。

2. 工程设计应依据地质设计提供的井场周围一定范围内的情况,制定预防措施。

3. 根据地质设计提供的地层压力,预测井口最高关井压力。

4. 压井液密度的确定应以地质设计中提供的本井目前地层压力为基准,再加一个附加值。附加值可选用下列两种方法之一确定:

(1)油水井为 $0.05 \sim 0.10 g/cm^3$ 或 $1.5 \sim 3.5 MPa$。

(2)气井为 $0.07 \sim 0.15 g/cm^3$ 或 $3.0 \sim 5.0 MPa$。

具体选择附加值时推荐:浅井以压力附加值为准,深井以密度附加值为准。含硫化氢等有毒有害气体的油气层压井液密度的设计,其安全附加密度值或安全附加压力值应取上限值。

5. 根据地质设计的参数,明确压井液的类型、密度、性能、备用量及压井要求。压井液备用量按以下要求确定:

(1)Ⅰ类井现场压井液的备用量应为井筒容积的1~1.5倍。

(2)Ⅱ类井、Ⅲ类井压井液可集中储备。

6. 给出施工所需要的井控装置压力等级和组合形式示意图,还应提出采油(气)井口装置以及地面流程的配置及试压要求等。

7. 设计中,不需要配置压井与节流管汇进行井下作业的,应明确要求安装简易压井与放(防)喷管线,其通径不小于50mm。

8. 工程设计中选择的作业管柱应满足井控要求。

9. 依据地质设计中硫化氢等有毒有害气体的风险提示,制定相应的防范要求。

(三)施工设计的井控要求。

1. 依据地质设计和工程设计,施工设计中应有明确的井控内容。应包括(但不限于)以下内容:

(1)压井液要求:性能、数量。

(2)压井材料准备:清水、添加剂和加重材料。

(3)防喷器的规格、组合及示意图,节流、压井管汇规格及示意图。

(4)井控装置的现场安装、调试与试压要求等。

(5)管柱内防喷工具规格、型号、数量。

(6)起下管柱(油杆)、旋转作业(钻、磨、套、铣等)、起下大直径工具(钻铤或封隔器等)、钢丝(电缆)作业和空井时,应有具体的井控安全措施。

(7)明确环境保护、防火和防硫化氢等有毒有害气体的具体措施及器材准备。

2. 按照相关要求编写井控应急预案。

第三章 井控装备

第六条 井控装备、井控辅助仪器的配备应按以下要求执行:

(一)防喷器及内防喷工具选用原则。

防喷器压力等级的选用应不小于施工层位目前最高地层压力、所使用套管抗内压强度以及套管四通额定工作压力三者中最小值。

1. Ⅰ类井、Ⅱ类井可选用的防喷器组合形式执行《中国石油天然气集团公司石油与天然气井下作业井控规定》中的规定,有毒有害气体超标的井应选用环形防喷器,有钻台作业井应使用液动防喷器。高压、高含硫井,应安装剪切闸板防喷器。

2. Ⅲ类井可不安装防喷器,但必须配备简易防喷装置。

3. 内防喷工具压力等级应与防喷器压力等级一致。

(二)压井、节流管汇(线)选用原则。

1. 压井管汇、节流管汇等装备的压力级别和组合形式应与防喷器压力级别和组合形式相匹配,$2\frac{7}{8}$in 完好油管可作为放喷管线使用,压井、节流管汇的组合形式执行《中国石油天然气集团公司石油与天然气井下作业井控规定》中的规定。

2. 节流管汇上应同时安装高、低量程压力表,压力表朝向井场前场方向,下端装截止阀,低压表下端所装截止阀处于常关状态,高压表下端所装截止阀处于常开状态。高压表量程和节流管汇额定工作压力相匹配,低压表量程为高压表量程1/3左右。

第七条 含硫地区井控装备、井控辅助仪器的选用应符合行业标准 SY/T 6610—2005《含硫化氢油气井井下作业推荐作法》的规定。

第八条 井控装备试压要求。

(一)试压要求及介质。

1. 试压介质为液压油和清水(冬季使用防冻液)。

2. 除环形防喷器试压稳压时间不少于 10min 外,其余井控装置稳压时间不少于 30min,密封部位无渗漏,压降不超过 0.7MPa 为合格。低压密封试压稳压时间不少于 10min,密封部位无渗漏,压降不超过 0.07MPa 为合格。

3. 采油(气)井口装置在井控车间和上井安装后,试压稳压时间不少于 30min,密封部位无渗漏,压降不超过 0.5MPa 为合格。

(二)井控车间试压。

1. 防喷器、内防喷工具、节流管汇、压井管汇、射孔阀门按照额定工作压力进行密封试压。闸板防喷器还应做 1.4~2.1MPa 低压密封试压。

2. 防喷器控制系统及液动闸阀应用液压油做 21MPa 可靠性试压。

(三)现场试压。

1. 闸板防喷器在套管抗内压强度 80%、套管四通额定工作压力、闸板防喷器额定工作压力三者中选择最小值进行试压。

2. 环形防喷器封闭钻杆或油管(禁止无管柱封零)在不超过套管抗内压强度 80%、套管四通额定工作压力、闸板防喷器额定工作压力的情况下,试其额定工作压力的 70%。

3. 防喷器控制系统在现场安装好后按 21MPa 压力做一次可靠性试压。

4. 连续油管防喷器根据设计施工压力进行试压。射孔阀门、防喷管线、压井管汇、节流管汇按照额定工作压力进行试压。

5. 放喷管线和测试流程的试压值不小于 10MPa。

6. 分离器现场安装后,其试压值为分离器最近一次检测时所给的最高允许工作压力(新分离器按照额定工作压力试压)。

7. 采油(气)井口装置按其额定工作压力试压。

8. 以组合形式安装的井控装置,按各部件额定工作压力的最小值进行试压。

9. 井控装置在现场更换配件后还应进行试压。

第九条 现场井控装备的安装要求。

井控装备安装前,必须经有资质的井控车间进行检验、试压合格。

(一)采油(气)树的安装要求。

1. 采油(气)树运到现场后要进行验收检查,各零部件齐全,阀门开关灵活,主体无损坏。

2. 采油(气)树安装时,应先将四通底法兰卸开,将各钢圈清洁干净并涂抹润滑脂,确保钢圈无损坏。

3. 再将法兰连同套管短节安装到井口的套管接箍上,将钢圈安放在法兰的钢圈槽内并涂好润滑脂,然后将整套采油(气)树装好,依次对角上紧各连接螺栓,装齐油管、套管压力表。

4. 压裂、酸化等大型施工的采油(气)树井口必须要加固。

(二)防喷器的安装要求。

1. 施工前,建设方应确保施工井井口装置齐全、完好。

2. 现场安装前认真检查闸板尺寸与施工管柱尺寸是否吻合,检查钢圈尺寸、螺孔尺寸与防喷器、套管四通是否吻合。

3. 井口四通及防喷器的钢圈槽应清理干净,并涂抹润滑脂,然后将钢圈放入钢圈槽内,确认钢圈入槽后,上下螺孔对正和方向符合后,上全螺栓,并对角上紧,螺栓两端余扣均匀。防喷器的旁侧孔应背向作业机方向,液压管线接头面向作业机方向。

4. 防喷器安装后,应保证其通径中心与天车、游动滑车在同一垂线上,垂直偏差不得超过 10mm。

5. 根据设计要求使用环形防喷器并且配备钻台的井,安装完毕后,应用 4 根不小于 9.5mm 的钢丝绳和花篮螺栓在井架底座的对角线上绷紧、找正固定。

6. 具有手动锁紧机构的闸板防喷器应装齐手动操作杆,靠手轮端应支撑牢固,其中心与锁紧轴之间的夹角不大于 30°,并挂牌标明开、关方向和圈数,如手动操作杆的高度大于 1.5m,应安装操作台,且保证手轮之间不相互干扰,气井施工可考虑增加手动操作杆的长度及加装手动防护板。

(三)防喷器控制系统的安装要求。

1. 防喷器控制台安装在面对作业机侧前方,距井口 25m 以外,同其他设施的距离不少于 2m,周围 10m 内不得堆放易燃、易爆、腐蚀物品。

2. 远程控制台电源应从配电箱总开关处直接引出并单独设置控制开关;应保持远程控制台照明良好,且应接地保护。

3. 远程控制台电控箱开关旋钮应处于自动位置,控制手柄应处于工作位置,并有控制对象名称和开关标识;控制剪切闸板的三位四通阀应安装防误操作的限位装置,控制全封闸板的三位四通阀应安装防误操作的防护罩。

4. 远程控制台处于待命状态时,蓄能器压力为 17.5~21MPa。

5. 控制系统的液压管线在安装前应用压缩空气逐根吹扫,所有管线应整齐排放,连接时接口应密封良好,拆除的管线应用堵头堵好,以保证管线畅通。

6. 管排架与防喷管线、放喷管线的距离应不少于 1m,车辆跨越液控管线处应安装过桥盖板进行保护。

(四)井控管汇的安装要求。

井控管汇包括节流管汇、压井管汇、防喷管线和放喷管线等。

1. 压井、节流管汇的安装要求。

压井、节流管汇应安装在距井口 3m 以外,且平正。闸阀要挂牌编号标识,并标明开关状态。

2. 防喷管线的安装要求。

(1) Ⅰ类井的防喷管线应采用法兰连接,Ⅱ类井的防喷管线应采用法兰或螺纹连接,并尽量平直引出。如需要转弯时,转弯处应使用不小于 90°锻造钢制弯头连接。

(2) 采油树四通的两侧应接防喷管线,四通闸阀应处于常开状态,防喷管线上若安装控制闸阀(手动或液动阀)应接出钻台底座以外。防喷管线长度超过 7m 时,中间应有地锚、基墩或沙箱固定。

3. 压井、放喷管线的安装要求。

(1) 压井管线应安装在当地季节风的上风方向,接到便于实施压井操作的适当位置,并固定牢固。

(2) 放喷、压井管线通径不小于 50mm。放喷管线应使用钢质管材。含硫油气井的井口管线及管汇应采用抗硫的专用管材。

(3) 放喷管线的布局要综合考虑当地季节风向、居民区、道路、油罐区、电力线及各种设施等情况,管线出口不得正对电力线、油罐区、宿舍、道路以及其他设施或障碍物。

① Ⅰ类、Ⅱ类井的放喷管线应接至距井口 30m 以外的安全地带(其中高压油气井和高含硫化氢等有毒有害气体的井放喷管线应接至距井口 75m 以外的安全地带)。因特殊情况,放喷管线长度达不到相关要求时,应由建设方组织进行安全评估,制定针对性的安全措施,经建设方主管领导批准后方可施工。

② Ⅲ类井可不接压井、放喷管线,但应保证套管阀门齐全、灵活好用,现场应备至少接出井场外安全地带的放喷管线。

(4) 两条管线走向一致时,应保持大于 0.3m 的距离,并分别固定。

(5) 管线尽量平直引出,如因地形限制在转弯处应使用夹角不小于 90°锻造钢制弯头。

(6)管线每隔 10～15m 应用地脚螺栓、螺旋式地锚、活动基墩或沙箱固定,与管线管径相匹配的压板固定(固定压板宽 100mm、厚 10mm),转弯处前后 1.5m 以内应固定,放喷管线出口处使用双水泥基墩或双砂箱固定,距出口端不超过 1.5m。悬空处要支撑牢固,若跨越 10m 宽以上的河沟、水塘等障碍,应架设金属过桥支撑。

① 地脚螺栓水泥墩基坑长×宽×深为 0.8m×0.6m×0.8m,遇地表松软时,基坑体积应不小于 $1.2m^3$;预埋地脚螺栓直径不小于 20mm,长度不小于 0.5m,压板圆弧应与放喷管线一致。

② 螺旋式地锚规范要求:螺旋式地锚桩本体外径不小于 70mm,螺旋盘片厚度不小于 5mm、长度不小于 1.5 周、直径不小于 25mm,地锚旋入地下深度不小于 80cm,用直径不小于 20mm 的螺栓紧固压井、放喷及防喷管线,压板圆弧应与放喷管线一致。

③ 活动基墩或沙箱的总重量不低于 200kg,沙箱钢板厚度不小于 5mm,用直径不小于 20mm 的螺栓紧固压井、放喷及防喷管线,压板圆弧应与放喷管线一致。

(7)放喷管线在车辆跨越处装过桥盖板,放喷管线管出口应具备点火条件。

(8)测试用压井管汇、防喷管线、节流放喷测试管汇的压力级别应与防喷器压力级别相匹配,安装固定要求同上。

(五)其他井控装备安装要求。

1. 内防喷工具应摆放在钻台上备用,并有连接井内管柱与旋塞阀、回压阀的配合接头及回压阀抢装工具,内防喷工具应处于常开状态;每次起下作业时应开关活动旋塞阀一次。

2. 起下变径管柱时,钻台(操作台)边应配置一根防喷单根,其外径与防喷器的闸板尺寸相匹配。

3. 大修、试油队的循环罐应配齐液面直读标尺,并便于操作。

4. 分离器距井口应不小于 15m,非橇装分离器用水泥基墩地脚螺栓固定,立式分离器应用钢丝绳对角四方绷紧、固定。分离器本体上应安装与之配备的安全阀,排污管线固定牢靠并接入废液池或废液罐。安全阀的开启压力不应超过分离器额定工作压力的 80%。分离器、安全阀现场安装完毕后应进行试压,分离器试压值为额定工作压力的 80%,安全阀应进行密封、开启压力试压。

5. 含有毒有害气体的井要在钻台、循环罐、井口和生活区等处安装防爆排风扇。

第十条 井控装备回井控车间试压周期相关要求。

(一)除带压作业使用的井控装备每 3 个月送回井控车间检修、试压外,其余井控装备每年送回井控车间检修、试压一次。

(二)新购置的井控装备在使用前,要送至井控车间进行试压。

第十一条 井控装备使用要求。

(一)防喷器的使用要求。

1. 在使用过程中,作业队要定岗负责检查与保养,确保井控装备处于完好状态,并标明开关状态。

2. 起下管柱作业前应检查防喷器闸板是否完全打开,严禁在防喷器闸板未完全打开的状况下进行起下管柱作业。

3. 半封闸板只能用于封闭油管本体的关井,禁止用半封闸板封闭油管接箍、钻铤和方钻杆等大直径工具。

4. 全封闸板只能用于空井情况下的关井,禁止在井内有管柱的情况下关闭全封闸板。

5. 具有手动锁紧机构的闸板防喷器关井后,应手动锁紧闸板。打开闸板前,应先手动解锁。锁紧和解锁都应一次到位,且解锁后应回转 $1/4 \sim 1/2$ 圈。

6. 环形防喷器可在井内有方钻杆、钻铤、钻杆、套管及空井的情况下进行关井。一般在空井状态下尽量使用全封闸板关井,在全封闸板刺漏时,可用环形防喷器进行应急处置。

7. 环形防喷器或闸板防喷器关闭后,在关井套管压力不超过 14MPa 情况下,允许管柱以不大于 0.2m/s 的速度上下活动,禁止转动井内的钻具和油管(钻杆)接箍通过闸板防喷器。

8. 在防喷器上法兰面上起下管柱作业时,上法兰必须装保护装置。

9. 油管传输射孔、排液、求产等工况,严禁将防喷器当作采油树使用,必须换装采油树。

10. 不连续作业时,必须及时关井。

(二)防喷器控制系统的使用要求。

1. 作业队要每班定岗检查一次远程控制台管汇与蓄能器的压力是否符合要求,电泵与气泵运转是否正常,液控管线是否漏油,油量是否充足,发现问题立即进行整改,保证防喷器控制系统处于完好状态。

2. 防喷器控制装置的控制手柄都应标识,禁止随意扳动。

3. 防喷器控制装置的液压管线不使用时,端口的活接头应加以保护。

(三)采油树和简易井口的使用要求。

1. 施工作业前应检查采油树、简易井口,确保部件齐全。

2. 卸下的采油树和简易井口要及时清洗、检查、保养,闸门保持全开状态。

3. 检查井口四通法兰的钢圈槽、顶丝、阀门并进行保养,不齐全的安装齐全,损坏的应更换。

4. 当油管悬挂器坐入四通后应将顶丝全部顶紧。

5. 双阀门采油树在正常情况下使用外侧阀门,内侧阀门保持全开状态。

6. 放喷或求产时,应采用针型阀或油嘴放喷,严禁使用采油树阀门控制放喷。

(四)压井、节流管汇的使用要求。

1. 各阀门要进行编号、并标明开关状态,作业队要定岗每班检查开关状态,并活动开关一次,及时保养。

2. 压井管汇不能用作日常的灌注压井液和注灰作业用。

(五)内防喷工具及其他井控装置的使用要求。

1. 操作台上(或井口附近)应备有能连接井内管柱的防喷单根、内防喷工具、防窜装置(工具)、简易防喷装置、变径接头等井控装置。

2. 其额定工作压力应不小于所选用的防喷器压力等级,专用扳手要放在方便取用的地方。简易防喷装置的抗拉强度应满足施工作业的需要,额定工作压力应不小于作业井口的压力级别。作业队要定岗检查保养,每次起下作业时应开、关活动一次。

3. 井控辅助仪器要按照检测周期定期进行检测,合格后方可使用。

第十二条 井控装置及管线的防冻保温工作。

1. 从每年的10月下旬至次年的4月上旬或日最低气温在0℃以下,均需对所有井控装备和管线进行防冻保温。

2. 防喷器采用暖气或电热带缠绕的方式进行保温。

3. 防喷管线、节流压井管汇及地面高压管汇采用电热带缠绕的方式进行保温。

4. 应将使用过的液气分离器及进液管线的残余液体及时排掉,并对所使用的节流、压井管汇及放喷管线进行吹扫,以防止冰堵。

5. 远程控制台要配备防爆电保温设施,使用低凝抗磨液压油。

第四章 作业过程的井控要求

第十三条 起下泵杆作业的井控要求。

(一)配备施工所需的泵杆变扣和泵杆悬挂器。

(二)采油(气)树两侧的生产阀门处于开启状态。

(三)发生溢流时,应立即抢装泵杆悬挂器,如果喷势较大无法安装泵杆悬挂器,应立即将泵杆丢入井内,关闭井口。

第十四条 射孔作业的井控要求。

(一)常规电缆射孔。

1. 射孔前,要安装射孔防喷器(阀门)、压井管汇(线)、(放喷管线)等井控装备,并按要求进行试压。认真核对"射孔通知单",确保射孔层位及井段准确无误。

2. 射孔前,应按照设计要求进行预压井,压井后方可进行射孔施工,射孔队必须配备专用射孔电缆剪。

3. 射孔过程中,作业队要指派专人负责观察井口显示情况,若液面不在井口,应及时向井筒内灌入同样性能的压井液,保持液面在井口。

4. 射孔过程中发生溢流时,应立即停止射孔,快速起出枪身实施关井;若来不及起出枪身时,由现场监督负责根据溢流性质和大小决定抢下钻具的深度和剪断电缆时机后实施关井。由射孔队负责剪断射孔电缆,作业队负责关闭射孔防喷器(阀门)或全封闸板。

5. 射孔结束起射孔枪身时,应控制电缆上提速度。起出枪身后应立即下管柱,不允许空井。

6. 预测能自喷的井、解释为气层或含气层的井不得采用常规电缆射孔方式进行射孔作业。

(二)油管传输射孔。

1. 下射孔管柱前,要安装压井和节流管汇(线)等,并按照本规定中的规定进行试压,合格后方可进行下一步施工。

2. 定位、调整管柱后安装采油(气)树,采油(气)树压力级别要与地层压力相匹配。

3. 射孔前,应按照设计要求进行预压井,压井后方可进行射孔施工。

4. 起射孔管柱前,应根据测压数据确定压井液密度和压井方法进行压井施工,并安装防喷器。

第十五条 诱喷作业的井控要求。

(一)抽汲诱喷。

1. 对压力系数大于1.0的地层,应控制抽汲强度。每抽汲完成一次后,将抽子提出,关闭油管阀门,观察20min,无自喷显示后,方可进行下一次抽汲。

2. 抽汲出口与计量罐之间连接的管线应使用钢制管线,并按照本规定要求锚定牢固。

3. 发现抽喷预兆后,应及时提出抽子,快速关闭油管闸门;不能及时提出抽子时,作业队应剪断抽汲绳,快速关闭油管阀门。

4. 解释为气层的井不应进行抽汲作业。

(二)连续油管气举排液。

1. 用连续油管进行气举排液、替喷等作业时,必须装好连续油管防喷器组,并进行试压,合格后方可进行下一步施工。

2. 排喷后立即起连续油管至防喷管内,关闭采油(气)树清蜡阀门。

3. 油层已经射开的井,不允许用空气进行排液,应采用液氮等惰性气体进行排液。

(三)特殊井、异常高压井和高含硫化氢等有毒有害气体的井,不允许夜间进行诱喷作业。

(四)放喷时应用针型阀或油嘴控制,经分离器分离出的天然气和气井放喷的天然气应点火烧掉,火炬出口距建筑物及森林应大于100m,且位于井口油罐区主导风向的下风侧,火炬出口应固定牢靠。

第十六条 起下管柱作业的井控要求。

(一)按照设计要求安装井控装备,锚定牢固,并按要求试压合格后方可进行下步施工。

(二)起下封隔器等大直径工具时,应按照相关操作规程控制起下作业速度,平稳操作,不得猛提猛放,距射孔井段300m以内,起下管柱速度不得超过5m/min,防止产生压力波动等情况。

(三)如出现抽汲现象,每起10根管柱要循环或挤压井一周。

(四)起下管柱过程中,若液面不在井口,视情况向井内补灌压井液,保持井内压力平衡。

(五)起下作业过程中,根据施工管柱、配件及入井工具的尺寸规范,及时更换闸板。

第十七条 冲砂作业的井控要求。

(一)冲砂作业必须安装闸板防喷器和自封封井器(有钻台井装导流管),冲砂单根安装单流阀或旋塞阀。

(二)冲砂前用能平衡目的层地层压力的压井液进行压井。

(三)冲砂作业时资料员或三岗位(场地工)坐岗观察、计量循环罐压井液量,并填写坐岗记录。

(四)冲砂至设计井深后循环洗井一周以上,停泵观察,确定井口无溢流时方可进行下步作业。

第十八条 钻磨作业的井控要求。

(一)钻磨前按照设计要求进行压井作业。

(二)钻磨作业要安装旋塞阀或单流阀,并按设计要求安装井控装备,且锚定牢固。

(三)钻磨过程中,要有专人进行坐岗观察循环液的增减情况,发现溢流或漏失时立即停止钻磨作业,进行关井。

(四)钻磨完成后,要充分循环洗井1.5~2个循环周,停泵观察,确定井口无异常后,方可进行下步施工。

第十九条 压裂酸化措施作业的井控要求。

(一)所选压裂井口耐压强度应大于设计施工最高井口压力,压裂管汇的耐压强度要高于本地区最高破裂压力的1.5~2.0倍。对于井口压力等级达不到标准的井,由产能建设单位对压裂施工的风险进行评估,并经各单位主管领导同意后方可施工。

(二)压裂井口要全部装齐,螺栓对称上紧,阀门应开关灵活,井口用钢丝绳固定绷紧。

(三)压裂酸化前,应检查压裂管汇是否有合格证、是否在安全使用期限内,不得使用不合格和超期限产品。

第二十条 起下电潜泵作业的井控要求。

(一)作业队必须配备专用电缆剪。

(二)起下管柱作业时,按照起下管柱作业的要求执行。

(三)一旦发生紧急情况,立即剪断电缆,按程序关井。

第二十一条 拆卸防喷器、安装采油(气)树作业的井控要求

(一)用符合设计要求的压井液压井,保持灌注压井液至井口。

(二)压稳后,由专人进行坐岗观察,观察时间应大于拆卸防喷器和安装采油树时间总和的2倍以上,确定井口无异常后,再次循环一周以上,方可进行下一步施工。

第二十二条 不连续作业的井控要求。

不连续作业时,应及时关闭防喷器、连接简易防喷装置或安装采油(气)树,录取油管、套管压力。

(一)井内有油管且油管悬挂器能通过防喷器的情况下,不连续作业时间较长时需将油管悬挂器坐入采油(气)树四通,上紧全部顶丝,连接旋塞阀和压力表,录取油管、套管压力。

(二)井内有油管且油管悬挂器不能通过防喷器的情况下,不连续作业时间较长时需卸下防喷器,安装采油(气)树,录取油管、套管压力。

(三)井内无油管,等措施期间,应及时安装简易防喷井口或关闭全封闸板防喷器,必要时下入不少于井深1/3的管柱。

第二十三条 取换套管作业的井控要求。

(一)有表层套管和技术套管的井必须安装防喷器。

(二)没有表层套管和技术套管的井下入40m导管后固井,并按设计要求进行试压,合格后安装防喷器。

(三)取换套管作业前,采用注水泥塞等方式封闭已经打开的油(气)层,并按

设计要求进行试压,合格后方可进行下步施工。

第二十四条 长停井、废弃井的井控管理要求。

(一)长停井应保持井口装置完整,并制定巡检、报告制度;"三高"油气井应根据停产原因和停产时间,采取可靠的井控措施。

(二)长停井在施工前,建设方要详查捞油井的地质资料,详细掌握生产时及停产后的情况、井内层位的射开状态、固井质量、套管完好情况等,并组织进行井控风险评估,制定可行的安全措施。长停井和废弃井的具体施工要求执行 SY/T 6646—2006《废弃井及长停井处置指南》。

(三)采油(气)及注入井废弃时,井口套管接头应露出地面,并用厚度不低于 5mm 的圆形钢板焊牢,钢板面上应用焊痕标注井号和封堵日期。气井及含气油井废弃时应安装简易井口,装压力表,盖井口房。

(四)已完成封堵的废弃井每年至少巡检 1 次,并记录巡井资料;"三高"油气井封堵废弃后应加密巡检。

第二十五条 发现溢流后的关井要求。

发现溢流后应立即报告司钻,由司钻或班长负责用开关式气喇叭统一发信号进行指挥操作。信号统一为:报警信号为一长鸣笛(15s),关井信号为两短鸣笛(2s—1s—2s),解除信号为三短鸣笛(2s—1s—2s—1s—2s)。关井时,按关井程序及时关井,其关井最高压力不得超过井控装备额定工作压力、套管实际允许的抗内压强度 80% 两者中的最小值。

第二十六条 坐岗观察要求。

(一)作业时,资料员或三岗(场地工)必须坐岗,有压井液循环时应每半小时填写一次坐岗记录。

(二)坐岗人员要检查灌注管线的连接情况和储液罐内压井液的储备情况及性能是否符合设计要求。

(三)坐岗记录包括时间、工况、井深、起下管柱数、修井液密度、修井液灌入(返出)量、修井液增减量、原因分析、记录人、值班干部验收签字等内容。

(四)发现溢流、井漏、油气显示等异常情况应立即报警。

第二十七条 作业队井控例会要求。

作业队每月召开一次由队长主持的井控工作例会,并做好例会的文字记录或实况录音的年度存留工作。

第二十八条 作业队防喷演习要求。

(一)防喷演习工况包括起下管柱、旋转作业(钻、磨、套、铣等)、起下大直径工具(钻铤或封隔器等)、起下油杆、钢丝(电缆)作业和空井时等六种工况,演习中涉及测井等相关服务单位时,相关服务单位也应参与配合防喷演习。

（二）作业班组每月对本班组涉及的每种工况进行一次防喷演习，并做好防喷演习的文字记录或实况录像的半年保存工作。

第二十九条　作业队干部24h值班要求。

（一）作业队干部应坚持24h值班，并做好交接班记录。

（二）值班干部应监督检查各岗位井控职责、措施的执行和落实情况，发现问题立即整改。

第五章　防火、防爆、防硫化氢等有毒有害气体的安全措施和井喷失控的紧急处理

第三十条　井场作业设备的布局，要考虑防火、防爆、防硫化氢等有毒有害气体的安全要求。

（一）井场布局要求。

1. 值班房、发电房应在井场盛行季节风的上风处，值班房、工具房、锅炉房、发电房和储油罐距井口不小于30m，且相互间距不小于20m。

2. 大修在钻台、值班房、循环罐各设立1个风向标，在不同方向上划定两个紧急集合点并有明显标识；小修在值班房、井场醒目位置各设立1个风向标，风向标宜设在照明区，施工人员要注意风向的变化；在不同方向上划定两个紧急集合点并有明显标识。

3. 在井场入口或值班房应设置明显的防火、防爆、防硫化氢等有毒有害气体安全标志，设置危险区域图及逃生路线图。

（二）井场内严禁烟火。

1. 井场内严禁吸烟、接打手机。

2. 进入井场的车辆应配备防火帽，在井场检测有可燃气体或井口发生油气溢流时，必须关闭防火帽旁通。

3. 井场内若需动火，应执行Q/SY 1241—2009《动火作业安全管理规范》中安全规定，其中工业动火等级划分和工业动火作业审批程序及权限也可以执行SY/T 6283—1997《石油天然气钻井健康、安全环境管理体系指南》，做到申请报告书没有批准不动火、监护人不在现场不动火、防火措施不落实不动火。

4. 钻台（操作台）等重要设施周围禁止堆放易燃、易爆等物品，并保持清洁。

（三）有二层台的井架，二层台必须配备逃生装置，逃生绷绳上端应固定在便于逃生处，逃生绷绳与地面夹角在30°~45°之间，着陆点应设缓冲沙坑（物）。

第三十一条　井场电器设备、照明器具及输电线路的安装应符合SY/T 5727—2014《井下作业安全规程》、SY/T 5225—2012《石油与天然气钻井、开发、储运防火、防爆安全技术规程》和SY/T 6023—1994《石油井下作业安全生产检查规

定》等标准要求。井场必须按消防规定备齐消防器材并定岗、定人、定期检查、维护和保养。

第三十二条 在含硫化氢等有毒有害气体井进行井下作业施工时,应严格执行 SY/T 6137—2005《含硫化氢的油气生产和天然气处理装置作业的推荐作法》、SY/T 6610—2005《含硫化氢油气井井下作业推荐作法》和 SY/T 6277—2005《含硫化氢油气田硫化氢监测与人身安全防护规程》标准。

第三十三条 含硫化氢的井关井后,需要放喷时,由作业队值班干部实施对放喷管线出口点火。

第三十四条 井口、地面流程、入井管柱、仪器、工具等应具备抗硫腐蚀性能,制定施工过程中的防硫方案,完井时应考虑防腐措施。井场内合适位置设置风向标、警示标志、逃生通道、临时安全区和紧急集合点,在钻台上、井口附近、放喷管线出口处、生活区等气体易聚集的重点场所安装硫化氢监测仪、防爆排风扇等仪器设备,并配备足够数量的正压式空气呼吸器(现场人员每人1件,并且备用数量不少于2件)及其他救援设备。压井液的pH值要求控制在9.5以上,加强对压井液中硫化氢浓度的测量,保持压井液中硫化氢浓度含量在 $50mg/m^3$ 以下。作业相关人员上岗前应接受硫化氢防护技术培训,经考核合格后持证上岗。作业前,应向全队职工进行防硫化氢安全技术交底,并进行防硫化氢演练。

第三十五条 井喷失控的处理。

(一)井喷失控后严防着火和爆炸。应立即停钻机(修井机)、机房柴油车、锅炉,切断井架、钻台、机泵房等处全部照明灯和用电设备的电源,熄灭一切火源,需要时打开专用探照灯,并组织警戒。

(二)一旦发生井喷事故,应迅速启动各级井喷应急预案,成立相应级别的现场抢险领导小组,统一领导,负责事故现场抢险指挥。立即向当地政府报告,协助当地政府作好井口500m范围内居民的疏散工作。

(三)设置观察点,定时取样,监测大气中的天然气、硫化氢和二氧化碳的含量,划分安全范围。

(四)抢险方案的制订和实施要同时考虑环境保护,防止出现次生环境事故。

(五)继续监测污染区有毒有害气体的浓度,根据监测情况决定是否扩大撤离范围。

(六)迅速做好储水、供水工作。有条件应尽快由注水管线向井口注水防火或用消防水枪向油气喷流和井口周围设备大量喷水降温,防止着火和保护井口。在确保人员安全的前提下,将氧气瓶、油罐等易燃易爆物品撤离危险区。

(七)抢险中每个步骤实施前,均应按 SY/T 6203—2014《油气井井喷着火抢险作法》中的要求进行技术交底和模拟演习。

（八）抢险施工应尽量不在夜间和雷雨天进行，以免发生人身事故，以及因操作失误而使处理工作复杂化；施工同时，不应在现场进行干扰施工的其他作业。

（九）抢险人员应根据需要配备护目镜、阻燃服、防水服、防尘口罩、防辐射安全帽、手套、便携式硫化氢监测仪、可燃气体监测仪、空气呼吸器、耳塞等防护用品，避免烧伤、中毒、噪声等人身伤害。

（十）井喷失控处理未尽事宜，按 SY/T 6203—2014 执行。

第六章　井下作业施工各方井控职责

第三十六条　甲方现场监督的井控职责。

（一）检查作业队井控措施的落实情况，参加并监督施工队组织的工程技术、井控措施和井控应急预案交底会。就工程、地质、井控装置和井控措施等方面的具体要求对现场所有工作人员进行交底。

（二）在交底会上，对现场所有工作人员进行工程、地质、井控装置和井控措施等方面的具体要求。

（三）检查压井液密度及其他性能、现场储备的应急重压井液和加重剂数量等是否符合设计要求。

（四）在进行射孔、压井、压裂以及其他重点工序施工时应在现场监督指挥，常规射孔发生溢流时现场根据喷势决定是否抢下管柱或剪断电缆。

（五）监督作业队的井控自查自改、井控装置试压、坐岗观察、班组防喷演习和压井施工数据录取等井控措施的落实情况。

（六）代表建设单位对施工单位的施工准备工作进行检查和验收，督促施工单位及时整改现场存在的井控安全隐患和各级主管部门检查出的问题。

第三十七条　施工单位的井控职责。

（一）施工单位是施工现场井控责任的主体，发生井喷事故时，成立由作业队井控第一责任人为组长，各工程技术服务方现场最高领导为副组长，其他相关人员为组员的联合井控领导小组，由井控领导小组组长统一指挥、协调现场各技术服务单位，完成井喷抢险工作。

（二）施工单位根据建设方提供的地质和工程设计，编写施工设计，明确压井液的性能和数量、压井材料的准备情况、井控装置的组合示意图和压力级别、施工过程中的井控安全措施、发生井喷后的关井方法、有毒有害气体防护措施等内容。

（三）成立井控领导小组，严格落实各项井控管理制度和施工井"三项设计"要求的井控技术措施，认真组织整改建设方及上级井控管理部门提出的问题。

（四）严格按照设计要求施工，施工中发现溢流等异常情况时按照要求及时正确关井,并及时向现场监督、建设方和有关部门汇报。

(五)根据设计的风险提示及气候特点执行详细的应急预案,并定期进行演练,确保施工安全。

(六)施工单位的有关人员应持有效的井控操作证上岗。

第三十八条 射孔队的井控职责。

(一)射孔队的现场操作人员要持有效的井控操作证上岗。

(二)射孔前应积极配合作业队开展井喷应急演练。

(三)射孔前要与作业队认真核对射孔通知单,防止发生误射。

(四)射孔队应配备专用电缆钳,防止发生意外时能迅速剪断电缆。

(五)射孔前应认真检查井口的井控装置是否正确安装,井筒液面是否符合要求,对于没有按照要求安装井控装置和液面不符合要求的井有权拒绝施工。若在不符合条件的情况下强行施工发生了井喷事故,按有关规定追究射孔队的责任。

(六)若在常规射孔时发生井喷,要迅速起出电缆,若不能起出时要迅速剪断电缆,并配合作业队迅速关井。

(七)在现场发生井喷等意外情况时,听从作业队井控第一责任人的指挥,积极参与抢险、在紧急情况时,按照规定路线撤离到安全地带。

(八)在含有毒有害气体区域的作业施工,自行配备相应的气体检测仪和正压式呼吸器等设备,并指定专人进行巡回检查。

第三十九条 压裂队的井控职责。

(一)压裂队的队长、现场指挥、技术员及井口操作工要持有效的井控操作证上岗。

(二)压裂前应积极配合作业队完成井喷应急演练。

(三)压裂前要与作业队认真核对施工井井号及其他相关数据。

(四)压裂前应检查作业队使用的压裂井口、管汇是否进行检测合格,阀门开关是否灵活,地面管线是否锚定合格。对压裂井口和管线不符合规定的井不得进行施工。

(五)压裂前要按设计要求做好套管压力平衡措施,确保安全施工。

(六)压裂过程中,井口操作工要认真检查井口装置是否有渗漏等异常情况,若发现异常时要及时向现场指挥汇报。

(七)现场指挥、操作员要认真观察压力变化情况,在压力异常升高且有可能超过井口的额定工作压力时要迅速停车,并根据监督指令确定下一步的施工方案。

(八)在现场发生井喷等意外情况时,听从作业队井控第一责任人的指挥,积极参与抢险,不得盲目撤出施工现场,确保井口设备的完好,为后续处理创造条件。在紧急情况时,按照规定路线撤离到安全地带。

（九）在含有毒有害气体区域的作业施工，自行配备相应的气体检测仪和正压式呼吸器等设备，并指定专人进行巡回检查。

第四十条　原钻机试油（中途测试、投产）各方的井控职责。

（一）原钻机进行井下作业施工时执行《吉林油田井下作业井控实施规定》。

（二）现场应成立由作业单位参加的井控联合领导小组。组长由防喷器等井控装置所属的钻井队或试油队队长担任，副组长由另一方队长和钻井或试油监督担任，成员由钻井队、试油（或测试）队的井控领导小组成员和其他联合作业队伍的领导组成。

（三）钻井队负责所属井控装置的维护、管理和使用。

（四）试油（或测试）队负责配备与所属管柱相匹配的内防喷工具和所属井控装置的维护、管理和使用。

（五）若洗压井、灌液、试压均使用钻井队的钻井泵时，则由钻井队按照试油（测试）队人员的技术指令操作循环系统。

（六）在钻井循环罐系统和灌注设备等没拆除前，由钻井队负责坐岗与灌注工作；在钻井装备拆除以后，由试油（测试）队负责坐岗与灌注工作。

（七）日费制原钻机试油（测试）作业，由油田公司现场试油监督全面负责现场的井控应急工作，钻井队、试油（测试）队及其他作业队人员按指令做好相应的井控工作。

（八）在含有毒有害气体区域的作业施工，自行配备相应的气体检测仪和正压式呼吸器等设备，并指定专人进行巡回检查和维护保养。

（九）如发生井喷事故，由井控联合领导小组组长统一指挥应急抢险，钻井队和试油（测试）队要全力协同配合。

第七章　附　　则

第四十一条　本办法中的实施证据：
《井下作业井控综合记录》，编号 NKKP－ZC－06。

第四十二条　本规定由公司钻采工程部（井控管理办公室）负责解释。

第四十三条　本规定自下发之日起执行。《石油与天然气井下作业井控实施细则》（吉油工程字〔2011〕83号）文件同时废止。

参 考 文 献

[1] 中国石油天然气集团公司人事服务中心. 井下作业工(上册). 北京:石油工业出版社,2004.
[2] 中国石油天然气集团公司人事服务中心. 井下作业工(下册). 北京:石油工业出版社,2004.
[3] 中国石油天然气集团公司职业技能鉴定指导中心. 井下作业工. 北京:石油工业出版社,2012.
[4] 吴奇. 井下作业工程师手册. 北京:石油工业出版社,2008.
[5] 崔凯华,苗崇良. 井下作业设备. 北京:石油工业出版社,2013.
[6] 晁华庆. 大庆油田提高采收率研究与实践. 北京:石油工业出版社,2006.
[7] 吴奇. 井下作业监督. 北京:石油工业出版社,2003.
[8] 王新纯. 井下修井施工工艺技术. 北京:石油工业出版社,2005.
[9] 白玉. 井下作业实用数据手册. 北京:石油工业出版社,2007.
[10] 于胜泓,郭志伟,穆剑,等. 井下作业安全手册. 北京:石油工业出版社,2015.